普洱学院人文素质规划教材

小学全科教师教学技能修炼

主　编　孙卫新
副主编　文　萍　马春雨　杨定胜　吴红娅

北京大学出版社
PEKING UNIVERSITY PRESS

内 容 简 介

本书由来自三所地方高校的五位研究者协力编写，全书旨在梳理和归纳小学全科教师常用的教学技能。本书立足于教师“教书育人”的本职工作，先梳理了“育人”工作中班级工作、德育和心理健康疏导方面的常用技能，然后提炼出全科教师常用的语文、数学、英语三门课程的教学技能。书中引入案例作为理论结合实际的实证，每章均列有教学目标和思考与练习作为检验教学重难点的参考。

本书可供从事小学教师职业的在校大学生学习参考，也可作为新入职小学教师学习的参考资料。

图书在版编目(CIP)数据

小学全科教师教学技能修炼/孙卫新主编．—北京：北京大学出版社，2023.2
ISBN 978-7-301-33582-6

Ⅰ．①小…　Ⅱ．①孙…　Ⅲ．①小学教师—师资培养—教材Ⅳ．①G625.1

中国版本图书馆 CIP 数据核字（2022）第 211258 号

书　　名	小学全科教师教学技能修炼 XIAOXUE QUANKE JIAOSHI JIAOXUE JINENG XIULIAN
著作责任者	孙卫新　主编
策 划 编 辑	李娉婷
责 任 编 辑	耿　哲　李娉婷
数 字 编 辑	金常伟
标 准 书 号	ISBN 978-7-301-33582-6
出 版 发 行	北京大学出版社
地　　址	北京市海淀区成府路 205 号　100871
网　　址	http://www.pup.cn　新浪微博：@北京大学出版社
电 子 信 箱	pup_6@163.com
电　　话	邮购部 010-62752015　发行部 010-62750672　编辑部 010-62750667
印 刷 者	北京虎彩文化传播有限公司
经 销 者	新华书店
	787 毫米×1092 毫米　16 开本　16.75 印张　396 千字
	2023 年 2 月第 1 版　2023 年 2 月第 1 次印刷
定　　价	56.00 元

前言

PREFACE

小学全科教师是指在农村小学能够承担多门学科教学任务的小学教师，其突出特征是“一专多能”，“一专”指具备小学主干学科课程教学的能力，“多能”指具备小学其他学科课程教学的能力。小学全科教师就业主要面向农村小学，尤其是农村小学教学点。

小学全科教师的需求源于国家和各地政策端的供给侧需要和农村小学（尤其是教学点）的需求侧需要。从供给侧看，党的二十大报告提出，要“加快义务教育优质均衡发展和城乡一体化，优化区域教育资源配置”。2012 年是小学全科教师培养的重要政策发布时间节点，这一年，国家层面多次下发相关文件进行统筹规划和部署安排，如《国务院关于加强教师队伍建设的意见》（国发〔2012〕41 号），教育部、中央编办、国家发展改革委、财政部、人力资源和社会保障部《关于大力推进农村义务教育教师队伍建设的意见》（教师〔2012〕9 号）。随后，广西、河南等多个省份也相继发布相关指导性文件，把农村小学全科教师（以下简称小学全科教师）作为免费定向师范生培养，如 2013 年广西壮族自治区《关于实施农村小学全科教师定向培养计划的通知》（桂教师范〔2013〕19 号）提出“定向招录一批初中、高中优秀毕业生，分别按照 5 年制、2 年制专科层次小学教育专业培养方案，培养一批既能适应基础教育改革发展和全面实施素质教育需要，又能承担农村小学各门课程教学任务的全科教师。定向师范生在校期间享受免费教育，毕业后按协议定向就业。”2015 年，《河南省农村小学全科教师培养工作实施方案（试行）》（教师〔2015〕881 号）提出“为乡村教学点免费定向培养一批热爱教育事业、基础知识宽厚、专业技能扎实、德智体美全面发展、综合素质高、具有实施素质教育和一定教育教学研究及管理能力的、胜任多门学科教学和‘下得去、留得住、教得好’的农村小学全科教师”。相应地，各地高校纷纷开展小学教育专业全科教师培养工作。

从需求侧看，尤其是在经济文化教育水平相对落后的农村小学，小学全科教师需求量巨大。我国幅员辽阔，各地教育发展水平不同，随着国家审慎实施农村小学撤点并校策略，小规模农村小学（百人以下的农村小学和教学点）将在一定时期内存在并尝试发展，边远农村小规模学校急需大批高质量的小学全科教师。由于历史条件、自然条件、经济文化发展水平、结构性缺编等方面的原因，我国边远农村的小学教学点承担着培育社会主义接班人、教育公平与均衡、义务教育控辍保学、脱贫攻坚等任务，这些任务的实现，需要一大批“下得去、留住好、教得好”的小学全科教师。据教育部的统计数据，2020 年全国有 90295 个小学教学点，共有 3476933 名在校生，6357 个复式班。以 2020 年云南省为例，全省共有 10688 所小学，3044 个小学教学点，66 个小学复式班。另外，在实践中普遍存在小学教师同时兼任非专业的学科课程教学的情况。可见，我国对于小学全科教师的需求有着巨大的缺口。

需要说明的是，本书所指的小学全科教师与国外和国内某些经济发达地区所指的小学全科教师在内涵上有很大不同。本书所指的小学全科教师主要是为了解决农村地区师资短缺问题，尤其是解决农村小学和教学点艺术、体育等学科师资缺乏的问题。在培养层次上，国内小学全科教师培养主要有初中起点五年制师范专科、高中起点三年制专科、高中起点四年制本科三个层次。国外小学全科教师实行“包班制”，但不是包办所有课程，尤其是不包办艺术、体育类课程，而且国外小学全科教师对生源质量和教师的学历层次要求比较高。随着我国经济、社会、教育、文化等方面软硬实力的增长，可以预见，未来的小学全科教师培养也会吸纳国外和国内经济发达地区的成功经验，培养优秀的小学全科教师必将成为现实。

编写本书时恰逢小学全科教师定向培养政策在全国推广，可谓应时应景。来自不同学校、不同专业，具有不同教学研究背景的同人贡献了自己的专业智慧，具体分工为：普洱学院发展规划中心孙卫新老师拟定提纲、编写第二章、统稿；云南师范大学党委组织部马春雨老师编写第一章；玉溪师范学院文学院杨定胜老师编写第三章；玉溪师范学院教务处文萍老师编写第四章；普洱学院教务处吴红娅老师编写第五章。

感谢北京大学出版社第六事业部李虎主任、责任编辑耿哲，他们从本书的选题、编写要领、修改等方面都给予了莫大的支持和帮助！感谢本书引用和参考的文献作者，他们的真知灼见给予了本书精彩的启示和专业的实证！

孙卫新

2022 年 11 月于普洱学院

目录

CONTENTS

第一章

教师的“道”：育人

教学目标

1. 了解《中小学教师职业道德规范》中关于师德的表述。
2. 能够运用班级共同体的理念开展班级管理工作。
3. 理解心理健康教育的重要性，了解常见的心理疏导途径。

第一节　师德的修炼

百年大计，教育为本。教育大计，教师为本。作为教育活动的主体之一，教师被誉为“人类灵魂的工程师”，从事着“太阳底下最光辉的职业”，教师素养关乎国家前途和民族未来。正因如此，古今中外对教师职业的认识及界定无不寄予着国家、民族的希望，人们一直在积极探寻教师之“道”。从功能作用层面来认识教师，如《周礼注疏·卷九》注“师氏”云：“师，教人以道者之称也”，唐韩愈《师说》云：“师者，所以传道受业解惑也”。从道德品质角度来认识教师，如汉扬雄《扬子法言·学行卷第一》云：“师者，人之模范也”，汉董仲舒《春秋繁露·卷第一》云：“善为师者，既美其道，有慎其行”。自1994年1月1日起施行的《中华人民共和国教师法》第一章第三条对教师的界定为：“教师是履行教育教学职责的专业人员，承担教书育人，培养社会主义事业建设者和接班人、提高民族素质的使命。”相对于教学技巧的“术”而言，“育人”是教师落实立德树人根本任务之“道”。

党的二十大报告提出，“我们要坚持教育优先发展、科技自立自强、人才引领驱动，加快建设教育强国、科技强国、人才强国，坚持为党育人、为国育才，全面提高人才自主培养质量，着力造就拔尖创新人才，聚天下英才而用之”“加强师德师风建设，培养高素质教师队伍，弘扬尊师重教社会风尚”。强化现代化建设人才支撑的关键在人才培养，人才培养的关键在教师，而教师之本，重在立德。党的十八大以来，习近平总书记多次就加强师德师风建设发表重要讲话，强调评价教师队伍素质的第一标准是师德师风，先后对广大教师提出“四有”“四个引路人”的标准和期望。广大教师要遵循立德树人根本任务，把教书育人和自我修养相结合，以德立身、以德立学、以德施教，努力成长为政治素质过硬、业务能力精湛、育人水平高超的高素质教师。

一、师德的政策法规背景

教育部、中国教科文卫体工会全国委员会2008年修订的《中小学教师职业道德规范》对师德有如下表述。

（1）爱国守法。热爱祖国，热爱人民，拥护中国共产党领导，拥护社会主义。全面贯彻国家教育方针，自觉遵守教育法律法规，依法履行教师职责权利。不得有违背党和国家方针政策的言行。

（2）爱岗敬业。忠诚于人民教育事业，志存高远，勤恳敬业，甘为人梯，乐于奉献。对工作高度负责，认真备课上课，认真批改作业，认真辅导学生。不得敷衍塞责。

（3）关爱学生。关心爱护全体学生，尊重学生人格，平等公正对待学生。对学生严慈相济，做学生良师益友。保护学生安全，关心学生健康，维护学生权益。不讽刺、挖苦、歧视学生，不体罚或变相体罚学生。

（4）教书育人。遵循教育规律，实施素质教育。循循善诱，诲人不倦，因材施教。培养学生良好品行，激发学生创新精神，促进学生全面发展。不以分数作为评价学生的唯一标准。

（5）为人师表。坚守高尚情操，知荣明耻，严于律己，以身作则。衣着得体，语言规范，举止文明。关心集体，团结协作，尊重同事，尊重家长。作风正派，廉洁奉公。自觉抵制有偿家教，不利用职务之便谋取私利。

（6）终身学习。崇尚科学精神，树立终身学习理念，拓宽知识视野，更新知识结构。潜心钻研业务，勇于探索创新，不断提高专业素养和教育教学水平。

教育部印发的《中小学教师违反职业道德行为处理办法（2018 年修订）》，明确了师德负面清单的内容，指出应予处理的教师违反职业道德行为如下。

（1）在教育教学活动中及其他场合有损害党中央权威、违背党的路线方针政策的言行。

（2）损害国家利益、社会公共利益，或违背社会公序良俗。

（3）通过课堂、论坛、讲座、信息网络及其他渠道发表、转发错误观点，或编造散布虚假信息、不良信息。

（4）违反教学纪律，敷衍教学，或擅自从事影响教育教学本职工作的兼职兼薪行为。

（5）歧视、侮辱学生，虐待、伤害学生。

（6）在教育教学活动中遇突发事件、面临危险时，不顾学生安危，擅离职守，自行逃离。

（7）与学生发生不正当关系，有任何形式的猥亵、性骚扰行为。

（8）在招生、考试、推优、保送及绩效考核、岗位聘用、职称评聘、评优评奖等工作中徇私舞弊、弄虚作假。

（9）索要、收受学生及家长财物或参加由学生及家长付费的宴请、旅游、娱乐休闲等活动，向学生推销图书报刊、教辅材料、社会保险或利用家长资源谋取私利。

（10）组织、参与有偿补课，或为校外培训机构和他人介绍生源、提供相关信息。

（11）其他违反职业道德的行为。

二、师德的修炼

（一）爱国守法

爱国主义是中华民族的传统美德，也是社会主义核心价值体系的一个重要方面。“守法”是保证我国现代化建设健康稳定发展的内在要求。随着我国法律制度的健全和完善，我国法治化水平的逐步提高，法治化进程的进一步加快，公民的自觉守法显得越来越重要。爱国和守法是全社会人员都应该遵守的道德规范，教师当然也不例外。不过，中小学教师的爱国和守法又具有特殊的职业要求。教师要做到将爱国和守法统一于整个教育活动中，除了自己要模范地爱国和守法外，更重要的是要教会学生在这方面能够分辨是非。

三十多年来，我国在教育法治化方面取得了巨大进展：1986 年通过《中华人民共和国义务教育法》，1994 年 1 月开始施行《中华人民共和国教师法》，1995 年 9 月开始施行《中华人民共和国教育法》，以及一系列配套法规。其中，《中华人民共和国教师法》（于 2009 年修正）对教师的资格、权利和义务做了详细的规定。教师应自觉遵守《中华人民共和国教师法》等法律法规，在教育教学中同党和国家的方针政策保持一致，全面贯彻国家教育方针，不得出现违背党和国家方针政策的言行。

教师要做到依法执教，首先必须做一个遵纪守法的公民，遵守社会秩序，恪守社会公德；必须认真学习有关教育、教师和未成年人的法律法规，把依法执教这一教师职业道德规范与其他相关法律法规联系起来，全面地理解依法执教的内涵。从事教育工作，教师应该了解两个最基本的法律，即《中华人民共和国教师法》和《中华人民共和国未成年人保护法》。

（二）爱岗敬业

教师要把教书育人作为终身职业，把自己的理想、信念、青春、才智毫无保留地献给学生和教育事业，做好本职工作，把一点一滴的小事做好，把一分一秒的时间抓牢。具体要求如下。

第一，教师要忠诚于人民的教育事业，志存高远。志存高远就是追求远大的理想，追求卓越，获得教师职业上的成功。教师职业上的成功包括两个方面：一是成就学生，让学生成才，让学生成人；二是成就自己，在成就学生的过程中，提高自己的教育教学水平，著书立说，成名成家。

第二，教师要甘为人梯，乐于奉献。甘为人梯，前提是一个“甘”字，就是要愿意；关键是一个“为”字，就是要做；落脚是一个“梯”字，就是铺路。甘为人梯，呼唤一种“配角”意识。中小学教育是一项事业，需要有人在台前，有人在幕后；有人在前方，有人在后方；有人当主角，有人当配角。不可能人人都往显处站，不可能人人都担当主角。不要总说自己的工作重要，别人的工作不重要；不要总说自己的工作难，别人的工作容易；不要总认为少了自己不行，少了别人可以；不要总感到自己吃了亏，别人占了便宜。

第三，教师对待工作要勤勤恳恳，高度负责。俗话说：“业精于勤，荒于嬉；行成于思，毁于随。”在工农业生产中，一时的失误只会影响一批产品，而教师教学上的失误却会影响一代人，因此教育无小事。例如，备课时要突出教学的重难点，要注意认真对待教学对象——学生，强调学生的主体性，注意教学的科学性、艺术性，注重教学评价中的课课清、日日清、周周清；批改作业时要全收全改，细心认真地关注每个学生的答案，要能在作业本中体现出教师对学生的爱；辅导学生时不仅要重视对学优生的锦上添花，也要对学困生雪中送炭，认真对待日常教育教学中的每个环节，对自己的本职工作必须抱有高度的责任感，一丝不苟，尽职尽责。

第四，教师不能敷衍塞责。教师的敷衍塞责将给整个教育事业和学生的终身发展带来巨大的损失，有的损失甚至是无法弥补的。教师的敷衍塞责有两个方面：一是教学上的敷衍塞责，比如有的教师出工不出力，备课的时候只备教材，不备学生，没有尊重学生的主体性，不能体现新一轮基础教育课程改革（以下简称新课改）的精神，对学生的作业主要看其答案的对与错，追求答案的标准性，忽视学生作业中出现的创新观念，甚至有的教师一本教案用几十年；二是在育人上的敷衍塞责，具体表现为事不关己高高挂起，多一事不如少一事，认为管理学生是班主任、政教学生处的事情，与自己无关。

（三）关爱学生

所谓关爱学生，就是关心爱护学生，这是教师职业道德规范的基本要求之一，也是身为人师的基本素质之一。关爱学生有利于培养学生的自信心，有利于培养学生的仁爱心，有利于增强教师的感召力。

1. 平等公正地爱学生

在21世纪的今天，师生之间已不再是过去那种“一日为师，终身为父”的关系，建立一种新型的、平等的师生关系已经成为时代的要求。“教师必须蹲下来看学生”，教师是“平等者中的首席”，这些新课改中反复强调的理念时时在提醒教师，必须以平等的心态看待学生。有些教师在关爱学生方面存在认知误区，觉得给学生一点关怀，学生就应该马上感激涕零，拿出实际行动来回报老师。

教师要公正对待学习成绩不同的学生。在以学生成绩考核教师的教育体制下，很多教师的心容易偏向学习成绩优秀的学生。有的教师虽然嘴上不说，但心里早已把学生分成了三六九等。对成绩优秀的学生宠爱有加：学习上有疑问，大开小灶；班干部选举，优先考虑；评优评先，重点推荐。对成绩落后的学生厌弃冷漠：学习上有困难，不闻不问；班干部选举，不予考虑；评优评先，基本靠边。这样只关爱部分成绩优秀学生的行为是有失公正的。每个学生都是独立的人，都是平等的教育主体，享有同样的权利，也理应受到教师同等的关爱。因此，以公正之心关爱全体学生，无论其成绩优劣，是教师必须具备的职业道德。另外，教师还要平等对待家庭出身不同的学生。

2. 关爱的同时要严慈相济

教师对学生的关爱不是一味纵容，宠爱溺爱，而是爱中有严，严中有爱，严慈相济。教师要善于把多关爱和严要求结合起来，这样的关爱才是完整的爱，才是有利于学生健康成长的爱。

俗话说得好：“严是爱，松是害。”可见“严”与“爱”是不矛盾的。没有严格的要求就无法达到理想的教育效果。学生高尚品德的形成，优异成绩的获得，强健体魄的拥有，无一不是严格要求的结果，所以古人才说“严师出高徒”。对学生的严格要求，乃是一种特殊的关爱，甚至可以说是一种更高层次的关爱。当然，教师对学生的严格要求也要把握分寸，要严得合理。所谓合理，就是指教师对学生提出的要求要符合学生的年龄特征。如果教师对学生提出的要求不符合学生的实际情况，不利于学生的健康成长，那这样的严格要求就是不合理的。

关爱学生就要做到以慈母般的心肠体谅学生，宽容学生。

宽容学生的错误。学生处于成长之中，难免会犯下各种各样的错误。教师要提醒自己：犯错误是学生的权利。教师要留给学生足够的时间去反思问题，改正错误，引导学生认识到问题所在，而不要动辄毫不留情地批评或惩罚学生。

宽容学生的不足。全面发展的学生固然讨人喜爱，但毕竟是少数，多数学生还是存在这样或那样的不足。关爱学生就要宽容学生的不足，那如何才能做到这一点呢？答案是看进步，看长处，看优点。教师要多找找学生的优点，多看看学生的进步，自然就能做到发自内心地去关爱学生。

3. 为学生着想

关爱学生就要处处替学生着想，想学生之所想，急学生之所急，这样的关爱才算是落到了实处。

保护学生安全。作为教师，如果看到学生有危险都不肯伸出援手，那也就谈不上关爱学生了。保护学生安全是教师义不容辞的责任，也是对教师关爱之心是否真诚的一次考验。汶川地震时，教师经受住了考验，他们用鲜血和生命做出了光辉的榜样，赢得了全国人民的尊敬。真心关爱学生的教师看到学生有危险绝不会袖手旁观。教师要本着关爱之心，时时处处提醒学生，教育学生，做到预防为主，防患于未然。如果遇到火灾、洪水、地震等紧急情况，首先要疏散学生，自觉做到学生利益优先。

关心学生健康。健康是一辈子的事，马虎不得。尤其是中小学生正处在长身体的关键时期，教师要格外关注。关心学生健康包括关注学生心理健康和身体健康，提高教育教学水平，切实减轻学生课业负担。

维护学生权益。在学校，教师就是学生的知心人，是学生的依靠，主动维护学生的权益也是关爱学生的具体体现。例如，中小学生拥有的最重要的也是最基本的权利是受教育权，即未成年人有依法接受规定年限义务教育的权利。

案例 1-1-1

苏珊的帽子

苏珊是个可爱的小女孩。可是，当她念一年级的时候，医生却发现她那小小的身体里面竟长了一个肿瘤，必须住院接受3个月的化学治疗。出院后，她显得更瘦小了，性格也不如往常那样活泼了。更可怕的是，她那一头原先美丽的金发，现在差不多都掉光了。虽然她那蓬勃的生命力和渴望生活的信念足以与癌症死神一争高低，她的聪明和好学也足以补上落下的功课，但是每天顶着一颗光秃秃的脑袋到学校去上课，对于她这样一个六七岁的小女孩来说，无疑是非常残酷的事情。

老师非常理解苏珊的痛苦。在苏珊返校上课前，她郑重地在班上宣布："从下星期一开始，我们要学习认识各种各样的帽子。所有的同学都要戴着自己最喜欢的帽子到学校来，越新奇越好!"

星期一到了，离开学校3个月的苏珊第一次回到了她所熟悉的教室。但是，她站在教室门口却迟迟没有进去，她担心，她犹豫，因为她戴了一顶帽子。

可是，使她感到意外的是，每个同学都戴着帽子，和他们那五花八门的帽子比起来，她的帽子显得那样普通，几乎没有引起任何人的注意。一下子，她觉得自己和别人没有什么两样了，没有什么东西可以妨碍她与伙伴们自如地见面了，她轻松地笑了，笑得那样甜，笑得那样美。

日子就这样一天天过去了。现在，苏珊常常忘了自己还戴着一顶帽子。而同学们呢?似乎也忘了。

【案例评析】

教育是事关中华民族伟大复兴的基础事业，党的二十大报告提出，要"办好人民满意的教育""全面贯彻党的教育方针，落实立德树人根本任务""坚持以人民为中心发展教育，加快建设高质量教育体系，发展素质教育"。教育之道，道不远人。它就在我们身边，这个小故事让我们感叹苏珊的不幸，更让我们感叹这位老师的细心和深情。她用一个小小的行动，精心而巧妙地呵护了一个孩子脆弱的心灵，让孩子建立了自尊和自信，这位老师真正用行动诠释了教育的爱。

4. 切忌体罚、心罚

体罚通常是指通过对人身体的责罚，特别是造成疼痛，来进行惩罚或教育的行为。心罚通常是指教师用不适当的语言或行为（如讽刺、挖苦和歧视等）对学生施行的心灵惩罚。这两种行为都是不被允许的，都是无视学生人格和尊严的典型表现，也是教师自身素质低劣的反映。

（四）教书育人

教书育人指的是学校教师在组织教学活动过程中，以教育内容为载体，强健学生的体魄，传授给学生系统的科学文化知识，培养学生树立正确的审美观和健康向上的人格。教书育人的核心是育人，教书是手段，育人才是目的。

1. 遵循教育规律，实施素质教育

遵循教育规律，实施素质教育，通过培养学生形成良好的品行，促进学生良好发展。在教育教学中只有遵循教育规律，尤其是遵循教育要适应年轻一代身心发展这一规律，才能实现教育的目的。教育要适应年轻一代身心发展的顺序性，循序渐进地促进学生身心的发展。教育也要适应年轻一代身心发展的阶段性，对不同年龄阶段的学生，在教育内容和方法上应有所区别。社会进步对教育的内容提出了新的要求，素质教育正是顺应了社会和教育发展规律的要求。21 世纪，信息传递的迅捷让学生获得知识的途径更加广泛，因此教给学生准确获取知识的方法和能力才是教育的关键。素质教育不能只是一句空口号，而应落到实处，应加大步伐落实新课改，加大力度进行校本课程的研究与开发，让学生乐学、善学，能学以致用。

素质教育不只包括对学生知识与能力方面的培养，学生的良好品行和全面发展也是素质教育的重要内容。良好的思想品德为学生的发展指明了方向，好的行为习惯为学生的发展提供了保障。现代学生视野开阔、思维敏捷，善于接受新信息和新知识。如果学生没有养成良好的思想品德和行为习惯，那么他们就容易迷失方向，走上歧途。例如，随着计算机网络的迅速发展，部分学生由于缺乏自我控制能力和是非辨别能力，终日沉溺于虚拟的网络中，致使学业荒废，实在让人感到痛心。

2. 因材施教，促进每个学生的发展

世界上没有两片相同的树叶，也没有两个完全相同的人。如果教师用千篇一律的教学方法、教学内容来教育学生，就会扼杀许多人才。我们的教育更应该强调的是培养对社会有用的人才。教育家朱熹曾说过：“圣贤施教，各因其材，小以成小，大以成大，无弃人也。”要做到这点，教师首先要敢于承认和面对学生的个体差异性，从思想观念上把学生看成平等的有区别的主体，而不是待加工的“零部件”。其次，教师要尊重每个学生，又要向他们提出一定的要求。教师应尊重学生的兴趣、爱好、意志、性格等方面的不同特点，充分发挥学生的个性；从每个学生的实际出发，对他们提出相应的要求并为其制定相应的发展目标；组织教育活动时采用多种教学方法，努力让每个学生都参与其中，成为课堂教学活动的主体，最大化挖掘每个学生的潜力。

3. 培养学生的创新精神

有创新才有发展，有创新才有进步。党的二十大报告提出，“人才是第一资源、创新是第一动力”，要“培育创新文化，弘扬科学家精神，涵养优良学风，营造创新氛围”。要培养出有创新精神的学生，前提是有会创新的特别是具有科学精神和追求真理的教师。这就要求教师能突破旧的思维方法，不断探索新的教育教学规律，不断尝试新的教学方法与风格，改进自己的工作。新时代背景下，教师要能重新审视大家认为理所当然的事情，并对其进行新的解释和说明。在培养学生的创新精神时，教师要注意给学生创设一个平等、宽松、民主的环境，营造创新氛围，允许他们挑战权威。教师要尊重学生的观点，对新观点的提出要加以鼓励，对探索的方法进行指导。教师要保护学生的兴趣和好奇心，激发他们的求知欲。兴趣是学生最好的老师；好奇心强的人对新奇事物总是主动去探索；求知欲旺盛的人，对所面临的问题不会满足于现成的答案或者已有的结论，而是会更加积极地思考和探索，试图发现新问题，做出新解释。兴趣、好奇心和求知欲与创新精神是紧密相关的，是培养创新精神的关键。新事物的出现起初多不为人所接受，多会受到他人的嘲讽、打击，这会让创新者产生自我怀疑，感到不安。而独创性是创新精神最本质的内容，教师要鼓励学生的独创性行为。教师要允许学生按照自己的猜想去探索问题，鼓励他们用超出书本的知识去创造性地解决问题，按照自己的设想去进行实验。

4. 践行学生评价改革要求

党的二十大报告提出，要“培养德智体美劳全面发展的社会主义建设者和接班人”。教师应深入贯彻落实《深化新时代教育评价改革总体方案》的要求，改革学生评价方式，促进学生德智体美劳全面发展。教师要坚持以德为先、能力为重、全面发展，坚持面向人人、因材施教、知行合一，坚决改变用分数给学生贴标签的做法，创新德智体美劳过程性评价办法，切实引导学生坚定理想信念、厚植爱国主义情怀、加强品德修养、增长知识见识、培养奋斗精神、增强综合素质。

（五）为人师表

在我国，第一次使用“师表”二字的是汉朝的司马迁，他在《史记·太史公自序》中说：“国有贤相良将，民之师表也。”意思是国家的贤明相臣和优秀将领，是黎民百姓学习的榜样，所谓“师表”就是学习的榜样。为人师表常被作为对教师的道德要求，指的是教师的言谈举止、仪表风度应该成为学生学习的榜样，所谓“师者，人之模范也”。

一名教师要做到为人师表，需要从哪些方面努力呢？

1. 内在品质上做一个高尚的人

一个品质高尚的人，应是一个情操高尚、知荣明耻的人。拜金主义、享乐主义等极端个人主义的思想对社会造成了不小的负面影响。作为一名肩负着教书育人神圣使命的教师，作为社会的一分子，我们有责任、有义务率先高举“知荣明耻”的大旗，从自己做起，从小事做起，加强自身修养，处处为人师表，使自己成为一名具备高尚情操的人，为弘扬社会新风，促进社会道德发展尽一份力。

一个品质高尚的人，还应是一个严于律己、以身作则的人。以身作则就是以自己的行动做出榜样，凡是要求学生做到的，教师应该先做到。作为一名教师，要时刻注意严于律己、以身作则，牢记“身教重于言教”的道理。

2. 行为举止上做一个文明的人

一个文明的人，要做到衣着得体，要做到语言规范，用文明语。普通话无疑是教师的职业语言。然而现实中，有一些教师的普通话并不标准，甚至还有个别年龄较大的教师用方言授课，这些都是不合规范的。教师的文明举止可以充分展现教师高雅的气质、翩翩的风度，可以帮助教师赢得学生的尊敬甚至崇拜。

3. 正确处理各方面的关系

首先要正确处理个人与集体的关系。现代社会需要的是创新型、复合型人才，培养这样的人才不是哪一位任课教师、哪一位班主任个人能力所能及的，而是教师集体团结协作的成果。因此，教师个人的工作与集体的合作是分不开的。同时，教师个人的成长也离不开集体，因此教师要自觉地把个人的发展与集体的命运联系在一起，依靠集体的发展来带动个人的进步。作为一名教师，要牢固树立大局意识，自觉维护集体的利益，关心集体的发展，树立校荣我荣、校耻我耻的观念，把个人融入集体之中，和集体共同成长。

其次要正确处理与同事的关系。在大力发展市场经济的今天，各行各业都展开了激烈的竞争，教育领域也不例外。提倡竞争，能促使教师振奋精神，发奋图强，在教学岗位上做出更大的成绩。但是，有些教师不能以良好的心态看待竞争，视自己的竞争对手为冤家对头，互相拆台、互相贬低，破坏了教师之间应有的合作关系。这些教师只看到了教师之间竞争的一面，没有看到教师之间更多的是合作的关系。当代社会倡导的是双赢、互利，教师之间也不例外。大家互相学习，共同提高，一起进步，何乐而不为？

最后要正确处理与家长的关系。教师一定要尊重家长，切忌趾高气扬，随意指责、训斥家长。学生犯了错，请家长到校配合教育本是情理之中的事，但不能伤害家长的自尊心，更不允许训斥家长。

4. 拒绝谋取不正当利益

有些教师充分利用自己当班主任或任课教师的权利，千方百计地为自己谋取不正当的利益。当教师节快要来临的时候，个别教师就会采取各种不同的方式来提醒学生——教师节快到了，给老师准备点什么礼物呢？有的教师会在班上隐晦地暗示学生；有的教师会吩咐班干部发动同学给老师买礼物。除了收受礼物，个别教师还盯上了学生家长手中的权力，利用家长为自己办私事，谋私利。在各种教师利用职务之便为自己谋取私利的行为中，社会指责最多、反响最大的当数有偿家教。有些教师热衷于此、乐此不疲，上班时马马虎虎、敷衍了事，下班后生龙活虎、干劲十足。学生、家长苦不堪言，不去老师那儿补课吧，怕学生掉队，跟不上；去老师那儿补课吧，确实有些负担不起，真是两难。试问这样的教师如何对得起"为人师表"四个字。

社会在进步，观念在变化，但为人师表作为教师的职业操守之一，永远具有存在的现实意义。对于一名教师，处处为人师表应是永恒的、自觉的追求。

（六）终身学习

党的二十大报告提出，要"建设全民终身学习的学习型社会、学习型大国"。当今世界，科技突飞猛进，信息与日俱增，社会各个领域的知识不断由单一走向多元，不断向更深更广的层面发展。终身学习既是一种理念，也是一种生活和学习态度，贯穿于整个人生，是人自发的、主动的、持续的教育过程，突破时间和空间的限制。每位教师都应树立终身学习的理念，不断提升自身的专业水平，通过持续的学习来提高自己的专业能力，使自己的教育观念、教学方法跟上时代的脚步，满足教学的需要。教师不应满足于做一个教死书的教书匠，而应立志成为一个教育教学的研究者、终身学习的示范者和引导者，应更加主动地融入和利用教育数字化浪潮，引导学生树立处处能学、时时可学的学习意识和理念。

要坚持终身学习，就要崇尚科学精神，拓宽知识面，更新知识结构；就要潜心钻研业务，勇于探索创新，不断提高专业素养和教育教学水平。在教育实践中，教师终身学习有3条可行路径。

1. 反思——从自己的教学中学习

教师的反思，简单地说，就是指教师在教学过程中，将自我和自己的整个教学活动作为意识的对象，不断地对自我及教学活动进行积极、主动的计划、检查、评价、反馈、控制和调节的过程。反思性实践不仅能促使教师经验的量增加，还对教师经验的质的提高有帮助。传统观念认为，一个教师任教20年后就能因为经验的积累而成为专家型教师。但从反思型教师的教育观来看，一个教师是否能发展成专家型教师与其教龄不存在必然联系。如果不进行反思，教20年书与教2年书或2个月书没有什么根本区别。反思性实践被认为是造就专家型教师的重要手段。反思性实践不仅帮助教师实现了对教学合理化目标的追求，而且也重新塑造了教师角色形象，提升了教师专业地位，扩大了教师专业自主权。

2. 合作——在与同事的对话中成长

合作对于个人的学习非常重要。如果我们不与人交往，我们能学到多少东西是有限的。合作的能力正在成为后现代社会十分需要的能力之一。只要一个人思想开放（提倡探索），他个人的力量与有效的合作结合后将变得更为强大。当今教师的学习与专业发展已经呈现出从教师个体发展转向教师群体发展的趋势，权力的下放使学校有越来越大的自主权，也使教师学习与专业发展中的个体需要与整个学校目标之间的冲突发生改变。因此，传统的教师学习与专业发展模式必须更新。与其他教师沟通、交流既是一种学习的能力，又是一种学习的重要途径，更是提高教师及教师群体学习成效的重要手段。为此，向其他教师学习的能力与协助、指导其他教师学习的能力及愿望，都将成为教师学习和专业发展的重要内容。从国际视野来看，合作也是近年来西方发达国家极力倡导的教师专业发展途径之一。构建教师合作文化也是新课改向广大教师提出的重要要求之一。教师要实现专业的深入发展，必须打破彼此孤立与封闭的状态，学会与他人进行合作。

3. 共生——在与学生的互动过程中实现教学相长

这里所说的“共生”不只是“共同生存”的意思，而且包含“共同成长、共同发展”的内涵，是指教师与学生的共同成长与发展，教师发展与学生发展的有机整合。如果用中国传统的、人们耳熟能详的术语来代替的话，就是“教学相长”。学生的成长与发展可以为教师发展提供契机。从理论上讲，学生的多样性、发展性、不确定性使其不断地提出教师需要解决的问题，刺激教师产生问题意识，而问题意识正是学习和发展的契机。因此，我们可以说，成长和发展中的学生通过刺激教师产生问题意识从而为其发展提供契机，是教师发展中不可或缺的催化剂。同时，学生的成长与发展还可以成为教师发展的动力源之一，学生的健康成长和发展使教师从自己的劳动中获得一种自我实现感。正是这种自我实现感激发教师一如既往地投身于教书育人工作。

现在，越来越多的教育工作者认识到，学校教育的主要任务是教学生学会学习，以及教学生学会思考、学会做人和做事的本领。现代学校追求的“学”，需要教师与学生共同学。

教育是教人从善的事业，师德对教师本人、学生乃至整个社会影响都很大。特别是目前社会正处于转型期，对师德的研究更加重要、紧迫。然而有关师德的现状还存在很多不足之处，师德建设的成效也广受诟病。造成这种情形的原因是多样的，如市场经济的影响、多元文化的冲击等。此外，学术界和实践界对师德概念的理解和表述的分歧也是造成这种情形的主要原因之一。

第二节　班级工作与德育

一、班级工作

1. 班级

班级是班级授课制的组织基础。班级授课制诞生于西方近代资本主义兴起的时代，由于要普及教育，扩大教育教学的规模，提高教育教学质量和效率，因此分散的小农经济和封建隔绝状态下长期实行的个别教学组织形式受到否定、批判，班级授课制开始施行。据考证，率先使用“班级”一词的是文艺复兴时期的著名教育家伊拉斯谟。但班级授课制公认的奠基人是 17 世纪捷克的教育家夸美纽斯，他不仅总结了当时已有的班级教育实践经验，而且从理论上加以论证。19 世纪初，德国教育家赫尔巴特等人进一步完善了班级授课制，提出了具体的教育步骤，使得班级成为学校最基本的教育教学单位在欧洲广泛推广开来，并在此后的教育发展中显示出强大的生命力。在我国，最早实行班级授课制的学校是 1862 年开办的京师同文馆。1904 年，清政府颁布了《奏定学堂章程》（癸卯学制），规定取消私塾，设立学堂，此后班级授课制在全国推广开来。

学校教学工作以班级为基本组织形式，学生的思想政治教育工作也是以班级为基本单位进行的。班主任是班级工作的组织者和领导者。在新的历史时期，随着社会和教育的发展，随着对班级管理理论研究的进一步深入，人们对班级的内涵有了新的认识，归纳起来有以下几点。

（1）班级是一个生命共同体。

一个班级通常是由数十位学生组成的一个共同体，他们服从于共同的组织目标和组织规范，参与共同的活动，并在活动中进行着多种形式的交往。按人生阶段划分，通常认为小学生处于童年期，自 6/7 岁到 11/12 岁，刚好贯穿小学阶段。这一时期被叶澜教授定位为“人生的奠基阶段”：童年期是培养社会各种人才所必经的奠基时期，同时也是为个人的一生发展奠定基础的时期。童年期是儿童超越家庭范围的社会化的起始阶段，也是整体性的自我意识的萌生时期。

“三岁看大”的关键期理论

童年期教育的核心任务是帮助学生学会学习并热爱学习；学会在特殊的社会环境——学校中生活，并热爱学校、集体，做学校、集体的小主人，为他们今后的学习和形成积极的、有所作为的人生态度打下坚实的基础。所以，从一定意义上讲，班级是一个生命共同体。

（2）班级是一个学习共同体。

班级是为特定的教育教学目的而组织起来的正式组织，班级组织的重要任务之一就是满足学生的学习需求。班级组建后，意味着在大多数时间里，一个班级的学生要在一个群体里共同学习、生活，系统地学习科学文化知识，掌握基本技能技巧，并学会为人处世。在学习过程中，学生之间相互观摩、启发、切磋、砥砺，从而增加教育的影响源。

（3）班级是一个发展共同体。

班级是学校的基层组织，同时也是一种社会组织，是学生学习社会生活的地方。学生在学校生活中大部分时间是在班级中度过的，并且学校基本的教育教学管理活动也是围绕班级而组织和开展的。因此，以班级为单位承载的教育教学活动的重要功能之一就是系统地促进学生的社会性发展，在班级中生活使学生在原有社会性的基础上进一步成长为“社会的人”。除此以外，班级还有另一种同样重要的功能，即班级生活通过促进学生自我意识发展、兴趣发展和交往发展，从而促进个性发展。因此，班级又是一个发展共同体。然而，班级对学生社会性和个性发展的促进作用是有条件的，它是通过班主任的管理使班级成为学生社会性和个性发展的生活空间。

2．班级管理

阐述班级管理的含义，首先要厘清班级和班集体这两个概念的关系。班级和班集体是两个不同的概念，班集体是班级发展的高级形式。经过学校编班形成的只是班级，不会自然而然地形成班集体。班级要成为班集体是有条件的，必须具备班集体的特征：共同的奋斗目标、坚强的领导核心、有序的组织机构、统一的行为规范、和谐的人际关系、亲社会的共同活动、健康的集体舆论。这些特征是班集体建设的理想标准，也是衡量班级群体发展水平的基本指标。

要使一个普通的班级成为班集体就需要进行班级管理。所谓班级管理主要是指班主任或在班主任带领下的班级领导核心，按照一定的目标和原则，运用科学的手段和方法，为培养和巩固优良的班集体，促进学生社会化与个性化和谐发展而采取的一系列行动。

班级管理包括以下几个要素。①组织。班级管理必须在组织中进行，单枪匹马无所谓管理。②目标。班级管理的目标是建设一个有凝聚力的、有正确舆论导向的班集体。目标是班级管理的灵魂，没有目标的管理便是盲目的、无序的、混乱的管理。③资源。班级管理要依托各种资源，没有资源便无法进行管理。班级组织中的资源包括人、财、物、信息等。其中，人包括班主任、各科教师、学生、学校行政及后勤人员等；财主要是指保证班级教育活动顺利进行的日常开支；物包括教室、场地、设施设备等；信息则是指各种视听教材、图书资料、网络信息等。班级管理者正是依托了这些资源，才使得班级管理活动得以顺利进行。④效率和效用。班级管理所追求的是效率和效用，即最大限度地发挥人力、物力、财力的作用，用最小的代价换回最高的效率和最好的社会效果，这样才能体现班级管理的实际价值。

上述4个要素缺一不可，缺少了其中任何一个要素都不能构成班级管理活动。但是，仅仅有这4个要素还不足以说明班级管理活动一定能达到预期的效果，还必须依靠具体的管理手段和技能，也就是通常所说的管理职能，即计划、组织、激励、协调、控制。班级管理者只有通过这些管理职能，才能保证班级管理活动达到完美和高效的境界。

当然，班级管理工作面对的并不总是理想型的共同体结构，还常常需要面对很多难以处理的问题型实践。作为班主任，更要有笃定从容的心态和处变不惊的分析问题、解决问题的能力。具体如下。

（1）要全面地、联系地看问题。

唯物辩证法的观点认为，整个世界就是一个有内在联系的统一体，每个事物内部各要素之间互相联系，同时又与周围的事物互相关联、互相作用。所以，班级管理必须坚持全面地、联系地看问题，防止孤立片面地看问题。当前，不少学校的班级管理只抓智育，不抓德育；只重视成绩好的学生，不重视学习有困难的学生；只给上面展示“政绩”，不谈学生中出现的种种问题。这些做法显然偏离了学校教育的目的。那么，班级管理者如何做到全面地、联系地看问题呢？

① 从宏观角度讲，这要求班级管理者紧扣党的教育方针，抓学生的全面发展。党的二十大报告提出，要“全面贯彻党的教育方针，落实立德树人根本任务，培养德智体美劳全面发展的社会主义建设者和接班人”。这个目标的实现需要千千万万所学校为之努力，学校管理包括班级管理都应为这个教育目标服务。学校培养的人才要为现代化建设服务，现代化建设需要德智体美劳全面发展的学生作为人才储备。所以，班级管理不能站在眼前的小团体利益上，应有大局观念，“坚持为党育人、为国育才”，构建和谐优质的学习环境，培养学生德智体美劳全面发展，更好地为教育目标服务。

② 从微观角度讲，这要求班级管理者全方位、多层次地深入解读学生。首先，要掌握每个学生的基本情况，包括姓名、出生年月、健康状况、兴趣爱好、个性特长、家庭情况等，并分析每个学生德、智、体、美、劳几方面的发展情况。其次，要掌握班级的整体情况，要了解学生的性别结构、学生来源情况、住址的分布等；要了解班级形成发展情况，如人际关系是否良好，班级领导核心是否健全，各类小群体的特点和情况等；要分析全班学生的思想状况和精神风貌，包括班风、集体舆论、学生的品德及遵守纪律的情况；要把握全班学生的学习情况，包括学习态度、学习方法、学风、学习成绩、知识结构及偏科的情况；要了解学生能力的整体水平，学生对教师教学水平的满意度及对教师的期望等。俗话说“知己知彼，百战不殆”。班级管理者只有全面地了解学生和研究学生，才能根据学生的实际情况，制定明确的班级目标，提出切实可行的管理措施。

（2）要用发展的眼光看问题。

世界万事万物都在不断地发展变化，所谓“士别三日，当刮目相看”“非昔日吴下阿蒙”，说的就是这个道理。客观事物的这种不断变化的性质要求班级管理者要用发展的眼光看问题，要把客观事物置于其发展的具体过程中加以研究，力戒静止不变地看问题，防止思想僵化。当今社会的快速变迁使得教育环境更加复杂，导致教育上出现了各种各样的问题。面对这样的管理环境，班级管理者需要不断地学习新知识，研究新情况、新问题，采取新措施，要把当前小学生的问题放在社会变革的大背景下研究，创造性地解决班级管理中的问题。班级管理者要认识到，解决班级中存在的问题不可能一蹴而就，一劳永逸。班级管理者要在全面了解学生的基础上，坚持用发展的眼光看待学生。要认识到今天的优秀生如果不合理引导，明天就可能成为平庸之辈。而今天的“后进生”经悉心呵护，也可能成为明天的栋梁。所以班级管理者要辩证地看待学生，甚至把学生的“短处”看“长”，如学生的“淘气”意味着聪明和创造性。班级管理者要将只看短处转变为开发特长，善于发现学生尤其是“后进生”的闪光点，善于发现、保护、培植和完善他们的特长，相信每个学生都会成功。

有人发出疑问，现代教育管理的最高境界是什么？是发现，是班级管理者的独特发现。高明的班级管理者应该是一个特别敏锐并善于把握的发现者，他能从一般中发现特殊，从平庸中捕捉非凡，从共性中把握个性，甚至从丑陋中看到美好。班级管理者应该能够从每个学生身上发现其闪光点和不同点，并给予激励。

（3）要透过现象看本质。

客观事物是现象与本质的统一。现象与本质的关系十分复杂：同一本质可以表现为不同的现象，相同的现象可以反映不同的本质，本质常常为假象所掩盖。所以，在班级管理中，作为班级管理者要力求把握事物的本质和规律。比如，评价一个班级的德育工作，不能光看这个班级做了多少件好事，开展了多少次活动，而要看这个班级的学生是否通过活动提高了道德认识水平，培养了良好的品质。看一个班级的管理成效，不能光看学生的升学率，而要看是否促进了学生的全面发展。

班级管理者如何透过现象看本质呢？这就要求班级管理者长期不懈地综合考查学生，深入研究学生。班级管理者应随着学生的发展进行长期的、多方面的、多角度的观察，并对多方面观察的结果进行综合分析研究，从而透过现象看本质，找出规律性的东西。

在开展班级管理活动的过程中，要时时与人打交道，特别是与学生打交道。所以，一切班级管理工作的安排，除了要考虑政治和社会因素，还要考虑另外一个重要因素，即学生的心理因素。就班级管理而言，班级工作计划的制订、班干部的选举、学生德育活动的组织、班级环境的布置、值日生表的安排等，表面上看都是一些管理技能问题，实际上无不与教和学的心理有关。为什么一些班主任或任课教师与学生相处总是不够融洽？其中的一个重要原因是其缺乏对学生心理的了解。因此，班主任和任课教师要掌握教育心理学知识，否则就无法有效地进行班级管理工作。

小学生的身心发展正处于由幼儿期向少年期过渡的时期，这一时期的年龄特点是：“从发展速度上看，这是一个相对平稳的时期。儿童的身体缓缓生长，心理上一般没有十分尖锐的自我冲突。”所以，班级管理者要客观辩证地解读小学生身心发展的年龄特点，既要看到心理矛盾相对稳定、调和的一面，也要看到他们独特情感发展的需要，还要看到他们个性心理的差异，这样才能准确把握并对学生因势利导。

二、德育实践

在几千年的中华民族发展过程中，中国形成了十分丰富且有价值的德育文化和德育思想。西周的周公就提出了“以德配天，敬德保民”的德育思想。对于德育，儒家、法家、墨家、道家各有论述，也各有特点，在这些学派的主要著作中对有关中国传统德育的诸多问题均有所涉及和论述。在我国传统德育思想中，儒家的德育思想具有很高的历史地位和思想价值，对后世的影响也最为深远。在儒家的《论语》《礼记》等一系列的经典著作中，比较完整地讲述了我国古代德育的主要作用、主要内容和主要方法。儒家的德育思想也把道德教育和提高个人的品德修养看成治国平天下的重要前提和根本要求。

在德育作用思想方面，儒家思想的代表孔子比较赞同周公“以德配天，敬德保民”的思想，认为国家只有重视德治，才能安定社会，赢得民心，江山社稷才会稳固。孔子还进一步提出：“道之以政，齐之以刑，民免而无耻；道之以德，齐之以礼，有耻且格。”孟子作为儒家思想的继承者，他对孔子的德育思想进行了进一步的阐述和规范，提出：“恻隐之心，人皆有之；羞恶之心，人皆有之；恭敬之心，人皆有之；是非之心，人皆有之。恻隐之心，仁也；羞恶之心，义也；恭敬之心，礼也；是非之心，智也。”他强调可以通过德育的教化，使人明白人与人之间的伦理关系。之后的荀子对人性的理解虽然和孔孟有所不同，但是他也极为重视德育教化的重要作用。再后来，以朱熹为代表的思想家也十分重视德育教育的重要作用，认为德育可以激发出人的善性。朱熹提出：“礼乐射御书数之际，使之敬恭朝夕，修其孝弟忠信而无违也，然后从而教之格物致知以尽其道，使知所以自身及家，自家及国而达之天下者，盖无二理。”与朱熹在德育思想上有相同认识的还有其同时代的陆九渊。

在德育内容思想方面，孔子提出了把“礼”和“仁”作为德育教育的核心内容。他指出，“礼”是规范和调整社会关系的重要原则，通过“礼”的规范，可以提高人对伦理纲常的认识，从而促进社会的和谐稳定；“仁”是社会规则中包含的重要精神，通过“仁”的思想教化，使人与人之间相亲相爱，进一步巩固通过“礼”的规范而形成的社会秩序。荀子也认为“礼”应该作为德育的中心内容，是修身齐家治国平天下的重要保证，他提出了“故人无礼则不生，事无礼则不成，国无礼则不宁”，并认为要维护社会的政治秩序和等级制度就必须对人民进行礼教。将“礼”作为德育教育的主要内容的倡议者还有贾谊，他提出了礼治天下的思想。

在德育方法思想方面，中国传统德育思想的很多方法在今天仍然有很大的借鉴意义和价值。儒家的德育方法注重个人的自我修养，儒家同时还提出了身教重于言传、慎独的方法，现在看来这一方法仍值得我们继续学习和发扬。传统的德育还注重德育环境的建设。孔子认为影响人道德形成的原因是多方面的，包括社会环境、人际环境、家庭环境等。孟子也重视德育环境的作用，提出了“近朱者赤，近墨者黑”等思想。这些传统德育思想是我国优秀传统文化的一部分，影响了一代又一代的中华儿女。

随着我国社会主义伟大建设进入新的历史阶段，“四个全面”战略布局和“两个一百年”奋斗目标工作中出现的新情况和新要求，对我国在新的历史时期的德育工作提出了新的要求和新的期望。新时期的德育思想体系，正是在我国全面建成小康社会的伟大征程中，在努力实现伟大复兴中国梦的进程中提出来的，它是对我国新时期社会主义建设在精神层面需求的有效回应，具有鲜明的人民性和时代性，对我国的社会主义建设实践具有重要意义。

第三节　心理健康教育与疏导

随着社会和经济的不断发展，社会竞争日益激烈，成长中的青少年面临的心理压力与日俱增。处于中小学阶段的学生无论是生理还是心理都处在一个快速变化发展的阶段，若其承受的内外部压力超出其负荷，便容易出现各种各样的心理问题。作为国家经济社会发展的储备军，中小学生的心理健康问题不仅关系着自身的健康成长，更关系着国家的未来。因此，关注中小学生的心理健康和心理发展，已成为当代世界各国的基本共识。

一、学校心理健康教育的背景与定义

此部分的学校心理健康教育仅指中小学心理健康教育。

（一）学校心理健康教育的背景

20世纪80年代，我国学校心理健康教育开始萌芽。1988年，《中共中央关于改革和加强中小学德育工作的通知》的出台标志着中小学心理健康教育正式起步。

1999年，教育部首次就心理健康教育问题印发了《关于加强中小学心理健康教育的若干意见》。2002年，教育部印发的《中小学心理健康教育指导纲要》中明确指出："心理咨询是一项科学性、专业性很强的工作，也是心理健康教育的一条重要渠道。大中城市具备条件的中小学校要逐步建立和完善心理咨询室（或心理辅导室），配置专职人员。"随着国家对心理健康教育的重视，各学校相继配备了专职的心理健康教育教师，以期培养青少年良好的心理素质、促进其身心健康发展与素质全面提高。

（二）学校心理健康教育的定义

关于中小学心理健康的定义可从有关文件中得出。1999年8月，教育部印发的《关于加强中小学心理健康教育的若干意见》将中小学心理健康教育定义为："中小学心理健康教育是根据中小学生生理、心理发展特点，运用有关心理教育方法和手段，培养学生良好的心理素质，促进学生身心全面和谐发展和素质全面提高的教育活动。"2002年，教育部印发的《中小学心理健康教育指导纲要》关于开展中小学心理健康教育工作提出要"根据中小学生生理、心理发展特点和规律，运用心理健康教育的理论和方法，培养中小学生良好的心理素质，促进他们身心全面和谐发展"。2004年，教育部印发的《中等职业学校学生心理健康教育指导纲要》指出："根据中等职业学校学生生理、心理特点和发展的特殊性，运用心理健康教育的理论和方法，培养学生良好的心理素质，促进他们身心全面和谐发展。"2012年，教育部印发的《中小学心理健康教育指导纲要》（2012年修订）（以下简称纲要），将中小学心理健康教育定义为："中小学心理健康教育，是提高中小学生心理素质、促进其身心健康和谐发展的教育，是进一步加强和改进中小学德育工作、全面推进素质教育的重要组成部分。"

纲要从指导思想、基本原则、目标和任务以及实施途径等方面提出了学校心理健康教育的审美方向。纲要指出，心理健康教育在指导思想上，注重学生心理和谐健康，加强人文关怀和心理疏导，根据中小学生生理、心理发展特点和规律，把握不同年龄阶段学生的心理发展任务，运用心理健康教育的知识理论和方法技能，培养中小学生良好的心理素质，促进其身心全面和谐发展。在基本原则上，要以学生发展为根本，遵循学生身心发展规律，坚持科学性与实效性相结合；坚持发展、预防和危机干预相结合；坚持面向全体学生和关注个别差异相结合；坚持教师的主导性与学生的主体性相结合。心理健康教育的总目标是提高全体学生的心理素质，培养他们积极乐观、健康向上的心理品质，充分开发他们的心理潜能，促进学生身心和谐可持续发展，为他们健康成长和幸福生活奠定基础。在实施的基本途径上，心理健康教育要防止学科化的倾向，避免将其作为心理学知识的普及和心理学理论的教育，要注重引导学生心理、人格积极健康发展，最大限度地预防学生身心发展过程中可能出现的心理行为问题。

二、学校心理健康教育的科学性、艺术性和审美性

学校心理健康教育应实现科学性与艺术性的和谐统一，只有审美取向才能协调二者的关系，使二者实现和谐发展。

（一）学校心理健康教育的科学性

人的心理是按照一定自然规律发展的，心理健康教育应该在遵循人体自然心理规律的基础上实施科学教育，基于教育者个人的经验之谈是有悖于心理健康教育的科学性的。因此，学校心理健康的科学性是指学校进行心理健康教育的计划、组织和实施时，要遵循心理健康教育客观规律和学生身心发展的规律，并结合学校的实际。在教育过程中，要让学生把握认知、情绪、意志、能力、气质、性格等心理规律。另外，还要让学生了解他们所处年龄阶段独有的心理特征，以及社会交往、心理自我调节等方法。总之，学校心理健康教育作为科学性的活动，它的实施过程是具有严格逻辑化的过程，在目标要求、施教对象和方法等方面都要遵循其固有的客观规律。学校心理健康教育的科学性体现在以下几个方面。

第一，学校心理健康教育将“真”作为心理健康教育活动的研究对象，进而揭示心理健康教育的本质和规律，这属于理性、认识范畴。学校心理健康教育主要采用如说明、论证、推理和实验等科学的研究方法，在规制和程序上着重强调共性、普遍性和必然性，并结合教育实验和试验同步进行。

第二，学校心理健康的客观标准。心理的客观性主要表现在心理内容、心理活动和心理表现等方面，心理内容能够反映客观现实，心理活动的产生依赖于外界实践活动，心理表现则可以外显为客观的言语和行为。心理健康的评价存在一些客观的标准，如统计学标准、社会规范标准、生活适应标准、心理成熟标准和生理学标准等，同时，心理健康教育要遵循人的身心发展规律和学校心理健康教育的规律。因此，建立于现有科学的、客观的标准和规律之上的学校心理健康教育活动也表现出必备的客观性。

第三，学校心理健康教育活动的设计。学校心理健康教育设计需要通过科学的手段和方法了解学生的真实情况和心理需要，然后把不同程度的问题进行归类，对问题较为严重的学生需要进行追踪并提供相应帮助，从而提高学生心理健康教育的有效性。学校可以通过确立科学的目标，在课堂教学或课外活动中使学生了解心理健康基本知识并学会进行相应的心理调适，培养学生良好的个性品质，提高学生适应社会生活的能力。有效教学方法的确定，能够让学生更快更好地接受心理健康知识，从而提高教学质量。常用的教学方法有讲授法、调查法和实验法等。另外，拟定周密的教育教学程序和步骤，有利于心理健康教育活动顺利展开。

第四，学校心理健康教育活动的操作性。学校心理健康教育活动的操作性包括心理健康教育目标的可操作性、活动步骤的可操作性及评价的可操作性。学校心理健康教育活动的操作性决定了在心理健康教育活动中，要通过持续的科学操作达到促进学生心理不断发展的目的，要循序渐进地、系统地、有条不紊地培养学生形成健全的人格和健康的心理。

第五，学校心理健康教育活动的实施过程与评价。学校心理健康教育活动的实施过程与评价要充分地体现其科学性，实施过程的科学性主要表现在有序性、逻辑性、灵活性、创造性等方面，实施过程的科学性决定心理健康教育活动的成败。评价的科学性表现在评

价资料的准确性、客观性，评价结果的正确性、有效性等方面，科学的评价是心理健康教育活动实施的保障。

（二）学校心理健康教育的艺术性

学校心理健康教育的艺术性（人文性）表现在教育活动中人对教育活动目标的人文规定，以及对教育对象的情感和精神的关怀等方面。而学校心理健康教育的科学性（技能性）则是指活动过程中教育实践主体对教育教学规律的探索，对规范和技术的研究、运用等。学校心理健康教育对教育目的的发现和运用是艺术性（人文性）的体现，而学校心理健康教育对教育活动中客观规律性的主动探索和驾驭是科学性（技能性）的体现。两者都体现了在教育活动中人作为实践主体的主动与能动、创造与自由的主体特性。

（三）学校心理健康教育的审美性

学校心理健康教育活动科学性与艺术性的和谐统一，即能体现其审美性，这是由美的本质所决定的。审美作为美学范畴，又称美感。审美活动就是人类的一种特殊的精神活动。通俗来说，就是人在客观对象某种属性的刺激下，感受到了它的“美”。“美”既有客观性又有主观性。实际上，美不是存在于客体和主体的某一方面，而是存在于二者之间的交互关系中，对象以其固有的性状作用于我们，我们则以自发的活动反作用于它，在这种交互作用中，客体与主体完全是相互关联的，互相都不能离开对方而存在。

可见，审美具有客观性和主观性，是二者的有机统一。而审美的客观性和主观性能够体现审美的科学性和艺术性。因此，学校心理健康教育科学性与艺术性的和谐统一，即能体现其审美性。

从审美关系来看，学校心理健康教育科学性和艺术性的结合是审美性的体现。人在认识、改造和掌握客观现实的过程中，与之形成了最基础层面的三种关系，即实用关系、道德关系和审美关系。其中，实用关系是思想的最终目的，与其相对应的是人的理智与认知，它旨在认识和掌握客观事物产生、形成、发展的规律的基础上，利用它们来满足人的各种实际生活的需要。实用关系聚焦于“合规律性”，“合规律性”即去伪求真，尽可能使利益最大化。从研究角度来讲，实用关系属于科学研究范畴。道德关系是行为的最终目的，与其相对应的是人的意志与行为，它旨在调节和规范个人与群体、人与人乃至人与自然的关系，以此来满足人们生存和发展的需要。道德关系聚焦于“合目的性”，“合目的性”即惩恶扬善，尽可能达到和谐社会。审美关系是感受的最终目的，与其相对应的是人的情感，它在一定意义上超越了实用功利，是人对客观事物采取关照态度而获取精神快乐与情感愉悦的自由自觉、物我交融的关系。审美关系介于“合规律性”与“合目的性”之间，表现为知美审丑，尽可能使人心旷神怡。总之，要将科学性与艺术性有效结合、取长补短，二者的凝结就是审美。

从价值目标来看，学校心理健康教育科学性和艺术性的和谐共生能体现其审美性。从美学的角度出发，学校心理健康教育活动不仅要具有“真”与“善”的基本属性，还要有“美”。学校心理健康教育活动应该以追求“真”“善”“美”全面统一的发展为目标。学校心理健康教育活动的“真”体现在教师专业修养以及对学生科学知识和技能的传授等方面，也指学校心理健康教育活动过程中遵循的科学的、客观的心理教育规律（合规律性）。学校心理健康教育活动的“善”指学校心理健康教育活动要以一定的道德规范和思想体系为指导，“善”主要体现了道德关系的“合目的性”。

“善”是“真”的前提，如果学校心理健康教育活动不具备“善”的属性，那么它“真”的属性就难以得到表现。

“美”可以表现为教师的教学形态之美、教育方法之美、教学过程之美、教学创造之美等。教师和学校的审美能够在无形中影响学生的审美。其实“美”在某种程度上蕴含着“真”与“善”的内涵，因此，在“真”“善”“美”三者的关系中，“美”是独特的，是有魅力的，是最具包容力的，它是“真”（合规律性）和“善”（合目的性）的统一。

审美性是指实用关系和道德关系的统一，即“合目的性”与“合规律性”的统一。学校心理健康教育既具备科学性也具备艺术性，如果将科学性与艺术性有效结合，优势互补，即形成学校心理健康教育的最高形态——教育的审美性。学校心理健康教育的审美性的实现意味着教育活动科学性与艺术性两大品质表征的充分和谐统一的实现。学校心理健康教育的科学性为艺术性提供理论基础和科学依据，学校心理健康教育的艺术性建立在符合心理健康教育科学所揭示的规律和原则之上，是科学性的发挥和升华。科学的价值要依靠艺术的表现和升华得以充分发展，而心理健康教育客观规律会因掌握和运用它的主体不同或表现形式不同而产生不同的效果。心理健康教育的审美性是其科学性与艺术性发生联系和相互作用的中介，是科学性与艺术性的有效融合。

根据教育部印发的《小学教师专业标准（试行）》，小学教师专业发展包含专业理念与师德、专业知识、专业能力三个维度。专业理念与师德包括职业理解与认识、对小学生的态度与行为、教育教学的态度与行为、个人修养与行为四个领域。树立符合标准的理念意识，培育四个领域的态度，践行四个领域的行为，是对小学教师的基本要求。

思考与练习

1. 简述小学教师的职业道德。
2. 举例说明小学生的年龄特征，并提出相应的班级管理工作方法。
3. 针对留守儿童，设计一次心理健康教育主题活动。

第二章

教师的“术”：技能

教学目标

1. 了解教育见习与教育实习的意义和途径。
2. 掌握说课的理念和要求，能规范地说课。
3. 能对应教师职业发展阶段理论，认识公开课对于教师专业发展的意义，独立准备一堂公开课。
4. 了解翻转课堂的理念，学会使用录屏软件并制作一节 15 分钟以内的微课。

第一节　教育见习与教育实习的技能

一、教育见习

见习、实习，都和“习”字相关，“习”字是核心，繁体字形为“習”（古字形见图 2－1）。《说文解字》解释为：“习，数飞也。”《礼记·月令》曰：“鹰乃学习。”意思是小鸟反复多次练习试飞，即练习飞翔。因此，见习、实习都强调到一线工作岗位的实际情境中观摩、体验，突出实践对于理论运用于实际的重要性。

（甲骨文）

（小篆）

图 2－1　“习”的古字形

（一）什么是教育见习

见习，指的是到实际的工作情境中观看、观察、观摩，获取直观的感性经验。有学者将教育见习定义为师范院校的教学环节。学生在教师指导下，对中小学和幼儿园的教育、教学、学校生活等各方面工作及其设施进行观察和分析，一般不参加实际工作。教育见习常分散在各学年或在实习前结合教育课程集中进行。其目的是丰富学生的感性认识，加深学生对理论的理解，激发学生热爱教育工作的思想感情，培养学生的观察和分析能力。

教育见习的首要特征是观察、观摩，“见习”一词中，“见”字的甲骨文字形是，上面是“目”，下面是“人”。在人字的上面加上眼睛，突出眼睛看见的作用。《说文解字》解释为“见，视也”，即看见、看到。因此，教育见习要求学生到中小学课堂现场去用心看、用心观察，并将这种直接观察到的间接经验默会于心，与课堂上学到的理论知识融会贯通，进而形成自己的直接经验。

教育见习是到中小学现场实践和体验有关教育工作的一种形式。教育见习可以分散地、单一地进行，学校组织学生利用业余时间到中小学去了解教育教学的情况，或开展一些社会调查。教育见习可以和教育理论课程教学相结合，学校可以为学生单独安排一定时间进行教育观察，或见习班主任工作；也可以结合中小学的第二课堂，通过帮助中小学生进行一些课外辅导或组织一些课外活动来进行；还可以利用学生的教育实习期集中安排见习；等等。无论何种形式的教育见习，都需要见习者通过观察、分析与思考，逐步加深对学校的了解、对教师的了解、对中小学生的了解。

（二）教育见习的意义

在当代教师培养由单一的师范教育向教师教育转型的大背景下，国家不仅重视职前对师范生的培养，也重视其职后专业发展，改变了长期以来职前培养与职后专业发展脱节的情况。教育见习属于教师职前培养的内容之一，是教师教育过程中非常特殊的前置环节，也是不同于教育实习的一种特殊教育实践。国内师范教育在专业人才培养方案中，在对教育见习的重视程度、学分和课时量比重、具体实施过程及落实程度等方面都呈现出薄弱的特征。一般来说，由于观念认识、人力、物力有限以及大学与中小学联系松散等原因，教育见习在人才培养方案中的学分占总学分的比重往往不超过2%，课时一般安排在本科大三、专科大二，学生参加教育实习前的一个学期，持续时间为1～2周，总课时量为40～80学时。更有甚者，教育见习只是写在人才培养方案和课程表中，学校并没有安排专门的指导教师带领学生走进中小学课堂第一线。

在全球中小学师资培养由高师院校承担向由高师院校与综合类大学共同承担转变的大趋势下，教师资格证不再是师范生的专有名片。甚至在新招录的教师中，具有师范教育专业背景的大学生不再占据压倒性优势。然而由于教育见习在综合性大学专业人才培养方案中很少专门设置，因此新教师岗位适应时间长、能力欠缺，甚至理想信念缺失等问题逐渐凸显。2015年教师资格证"国考"政策的出台，有效提高了师资的质量，在这一政策中尤其突出了教育实践能力。鉴于此，教育见习作为师资培养的第一道实践关，对于准教师的成长，其作用和意义都是不言而喻的。

教育部《关于加强师范生教育实践的意见》明确提出，要在师范生培养方案中设置足量的教育实践课程，以教育见习、实习和研习为主要模块，构建包括师德体验、教学实践、班级管理实践、教研实践等全方位的教育实践内容体系。在实践中，教育见习是师范生从学习教育理论到教育实习的过渡环节，是师范生理论与实践相结合、接触和学习教育教学实践知识和经验的宝贵机会。师范生通过见习教师教育教学活动，能初步了解和学习在教学一线的教育教学工作要求、特点和规律；通过了解一线教师教育教学实践活动的环境、内容、过程、细节和意义，能够更好地理解教师职业的基本含义，为实习做好准备。

可见，教育见习不是一个可有可无、走走形式过场的摆设，而是关乎准教师树立从教意识，感受教育教学理念，将理论与实践结合的一个重要环节，它本身就是准教师的实践素养之一。形象地说，教育见习是准教师走上教师生涯的第一步，这第一步走得稳当与否，关乎其未来的教师专业发展。从认识和行动上重视教育见习是学习者也是指导教师需要反思和研究的课题。

（三）国内外常见的教育见习模式

国内外教育见习可分为职前见习和见习教师两种模式。前者是由人才培养方案统一设置的教育见习，后者则是指见习教师制。

1. 职前见习

从本质上讲，职前见习是教育实践课程实践教学的途径之一。

国外对教育见习的重视使其表现出见习准备充分、专业指导充分、见习时间充足、见习程度充分等特点。

发达国家的教师教育多数重视职前见习。美国推进教师教育改革时，着重强调职前见习在教师培养中的重要作用。由美国政府主导的"驻校模式"教师教育项目，旨在使师范生获得一线教学实践经验。突出师范生职前见习在教师教育中的作用和地位，既是美国教育改革的特征，也是美国教师教育未来发展的一个趋势。

韩国也重视职前见习，各教育大学见习时间为6～10周不等。职前见习形式一般分为参观见习和授课见习两种。参观见习主要以了解课堂流程、班级管理的基本形态、学生行为方式、学校环境等为目的，具体分为两个阶段：参观见习Ⅰ（教育教学观察）于大二上半学期进行，时间1周；参观见习Ⅱ（辅助进行教育教学活动）于大二下半学期进行，时间2周。授课见习（教案研习、教案设计、试讲、深入了解小学生、特殊儿童指导等）于大三下半学期进行，时间4周。

2. 见习教师制

见习教师制是一种人事管理制度，下面介绍一下不同国家的见习教师制。

(1) 英国师资培育制度。Pupil-teacher system 也称"小先生制"，是一种建立在学徒制基础上培养小学专职教师的制度。见习生是从初等学校中挑选出来的年龄约为13岁的优秀生，由接受国家视察的学校校长以带徒弟的方法将他们培养为教师。学习年限为5年，薪水由国家支付。学徒期满后，考试合格者可任助教，成绩优异者可入师范学院继续学习3年，最后成为合格教师。1875年后，英国开始建立见习教师培训中心。1896年后，见习生年龄提高至15岁。1907年，英国又将见习生年龄提高至年满16岁并要求受过4年中学教育。20世纪30年代，此制度被正规师资培训制度所替代。

(2) 苏联培养高等学校师资的教育制度始于1972年，设立于有权培养研究生的高等学校。招收对象为35岁以下接受过高等教育并经推荐的高校工作人员、应届毕业生及有志于教育事业的其他干部，见习期1年。见习期间需进一步学习专业知识，接受教师职业训练并完成一定工作量。见习期满后，经见习评议委员会推荐者可直接录用为助教或教员，未被推荐者将返回原单位，应届毕业生仍按原专业分配工作。

(3) 德国教师教育见习制度在世界上独树一帜。进入21世纪以来，为了提升教师教育质量，德国政府对其见习制度进行了调整，主要表现为将见习阶段准入条件改为通过第一次国家教师资格证书考试或者获得新型硕士学位；明确教育见习阶段的持续时间为12～24个月；规范见习阶段为三个阶段，即定向阶段、独立教学阶段、考试阶段；制定见习阶段教师教育标准，对见习阶段的目标、准入条件、见习教师的资格要求与录取标准、见习阶段的活动形式、见习教师行为领域的能力标准以及第二次国家教师资格证书考试标准等内容做出指导性的规定。

(4) 我国最有代表性的见习教师制是上海市实施的见习教师规范化培训。2012年，上海市教委发布《中小学（幼儿园）见习教师规范化培训指导意见（试行）》，在全国率先试点见习教师制，强化中小学见习教师规范化培训，内容主要包括职业感悟与师德修养、课堂经历与教学实践、班级工作与育德体验、教学研究与专业发展四个方面。这要求新入职的教师须完成1年的规范化培训，"在培训学校或培训基地进行培训的时间应在50%以上"，实质上是要求见习教师接受充分的浸润式培训。一方面，让见习教师浸润于优秀的教育教学团队之中，把见习教师置于优秀教师所组成的指导实践共同体之中，使其充分学习多元、多维的教育教学行为规范，提升教育教学实践能力。另一方面，让见习教师浸润于优秀的基地学校文化之中，通过了解优秀学校的办学历史、学校理念，感受教育教学氛围，加快对教师职业和个人社会角色的认同；浸润于学校优质的教育理想追求之中，让见习教师深入了解教育事业，更新自身教育理念；浸润于充满教育艺术的师师互动、师生互动的课堂文化之中，让见习教师深刻体验教育艺术的内涵和魅力。

据上海市师资培训中心见习教师规范化培训项目管理组研究显示，见习教师规范化培训不仅有效提升了新教师的整体水平，还激活了基层学校教师的专业发展活力。截至2019

年年底，见习教师规范化培训的整体推进已为上海市带来了三项显著的成果：培育了一支扎根在基层的高水平指导教师队伍；在全市建立了442所见习教师规范化培训基地学校；形成了一套系统的、可复制与可推广的见习教师规范化培训工具包。

（四）教育见习的内容与阶段

1. 见习内容

常见的教育见习内容包括教学观摩，即观察学生、观察班主任工作等。

教学观摩是一种常见的教学实践活动，教学观摩包括情境观摩和课堂观摩两种形式。现代信息技术的迅猛发展使得情境观摩得以实现，随着互联网、计算机、智能手机的普及，通过网络渠道获取各种类型教学视频变得很方便，我们可通过网络共享的教学视频感受课堂教学过程，并在观摩过程中暂停、重播视频课例，反复咀嚼和品味课堂教学过程，从而获得直观的教学经验。课堂观摩则是实习生走进课堂教学现场，调动视觉、听觉，身在其中，感受课堂教学中师生之间的对话、交流，一边观察、一边思考，在思想意识中发生或同化或顺应的知识重构，形成属于自己的第一手的原汁原味的教学观感。

案例 2-1-1

教学观摩

在教学观摩中，见习生扮演着双重角色：既是虚心向任课教师学习的“学生”，又是审视课堂教学全过程的“教师”。整个观摩过程经历四个阶段。

第一阶段：听课前的教学设计活动。在听课之前，见习生要先进行预案处理——钻研本节课的教材和课程标准的相关内容，预先设计出本节课的教学程序。

第二阶段：听课中的教学比较活动。本活动是对教师教学知识进行评价，特别是对其中的显性知识（教学设计、知识点处理、教学方法和教学手段）和隐性知识（仪表、教态、风格、气质和语言）进行比较性的学习。见习生在听课过程中通过将自己设计的教学程序（教材处理、教学方法、重难点教学和教学手段等）与教师的教学程序进行对比，发现自己教学设计的不足，并有针对性地吸收各类课堂教学经验。

第三阶段：听课中的教学批判活动。听课，既包含着见习生对教学的认同与比较，也需要见习生对教学各个相关环节展开批判性的思考，激活求异思维，变被动接受为主动汲取。

第四阶段：听课后的教学反思活动。听课结束以后，见习生对前面三个阶段活动中所获取的各种课堂教学信息进行归纳、整理和总结，并在反思的基础上，利用学习到的教学经验，重新设计出适合自己特点的课堂教学程序，构建出更为完善的课堂教学模式。

资料来源：徐文基，毛加宁．高师生教师式听课行为能力的建构：教育见习听课的“四阶段活动法”研究与实践［J］．乐山师范学院学报，2008，23（11）：41-43.

（1）观察学生。

首先，从学生的外在表现了解学生的心理活动。观察学生的课堂行为表现、了解学生的心理特点，是提高教学效率的重要途径。课堂上学生的表现可以说是多种多样的，有的认真听讲、有的左顾右盼、有的上课睡觉、有的交头接耳、有的做小动作。学生这些不同的外在表现，也反映了学生不同的心理活动。

其次，从学生的学习状况了解学生的心理活动。在平时教学时，我们常常看到不同的学生有着不同的学习态度，在课堂上所反映的学习状况也是不一样的。对此，我们要充分了解他们各自的心理状况，在教学中采取多种教学手段来吸引住每个学生。严格的管理和风趣的教学及让学生探究的学习方式，是学生能较好接受的教学形式。

最后，填写教学观摩记录表（表 2－1）。

表 2－1　教学观摩记录表

<table>
<tr><td>授课时间</td><td></td><td>授课班级</td><td></td></tr>
<tr><td>授课主题</td><td></td><td>授课教师</td><td></td></tr>
<tr><td>听课人</td><td colspan="3"></td></tr>
<tr><td>学生听课情况</td><td colspan="3"></td></tr>
<tr><td colspan="3">教学内容：</td><td>教学过程安排：</td></tr>
<tr><td colspan="4">观摩教学体会：</td></tr>
</table>

（2）观察班主任工作。

跟班听课，熟悉班上学生的基本情况，了解班主任日常工作的内容和方法，了解开展主题班会的一般程序和方法，了解班主任对学生进行思想教育的一般方法。

见习期间观摩一次主题班会课，并填写好主题班会记录表（表 2－2）。

表 2-2　主题班会记录表

班级		班会主题	
时间		班会地点	
参加人		主持人	
班会记录：			

2. 教学试讲

“试讲”是校内见习的一种重要形式，是指师范生在学习了教育学、心理学、学科教学法等教育教学的理论知识并见习观摩了真实的课堂教学之后，在分析教材、设计撰写教案的基础上，尝试“上课”的一种实践教学。通过试讲形成一名实习教师或准教师所具备的重要能力——课堂教学实践能力，为正式实习和今后的教学工作积累实践性知识。试讲程序如下。

(1) 钻研教材，选定课题。

熟悉中小学课程体系及新课程标准，熟悉课堂教学的基本环节，选定试讲内容。

(2) 准备说课，编写教案。

在选定内容之后，开始备说。先根据教学大纲的要求，运用所学基础理论知识，分析教学内容，确定教学目的、教学重难点以及教法、学法的运用，准备教具，设计整个教学过程，设计板书，确定检测教学效果的方式方法等，并将其形成书面文字。然后由试讲指导教师召集试讲小组成员进行模拟教学——说课，由试讲人讲述自己的说课稿，最后由小组成员相互评论，指导教师做总结评价。说课结束后，试讲人根据评价，调整教学设计，编写科学规范的教案。

(3) 讲课。

经过充分的准备，试讲人根据自己修订好的备课教案轮流上讲台讲课，综合运用已学过的学科专业知识、教育心理学理论进行完整的教学。

(4) 课后评议。指导教师和试讲小组其他成员要认真做好听课笔记，试讲完后，师生共同评教，认真分析优缺点，评教内容应涉及教案、教态、板书、教具、课堂用语、教材分析、知识的正确性、教法选用情况等。试讲人认真记录指导教师和同组学生提出的建议和意见，并进行自我反思，填写试讲情况小结。

二、教育实习

(一) 教育实习的内涵与主要流程

教育实习常被定义为师范院校高年级学生的教育、教学实践活动，它是师范院校教学环节之一，也是理论联系实际的重要环节。内容包括参观、见习、试教，代理或协助班主任工作及参加教育行政工作等。目的是让师范生把学到的专业知识和技能运用于实际，培养教育、教学能力，全面锻炼、培养独立工作能力，接触、了解、熟悉和热爱儿童、青少年，巩固献身教育事业的思想。时间一般为6～8周。

教育实习是师范生走上教师岗位的桥梁，是促成师范生树立从教意愿，培育教师情怀，锻炼专业知识与能力，形成教育实践知识的重要渠道，是职前教师专业化发展进程中的关键环节。

教育实习的主要流程为：申请实习学校—联系实习学校—报到—确定实习指导教师—跟班跟岗实习—实习成绩评定—实习结束—上报实习材料。

（二）实习准备

教育实习是直接感受教育实践的第一个关键环节，因此需要做一些准备工作，这些准备包括思想准备、教学技能准备和材料准备。

1. 思想准备

师范生需要树立起热爱教育事业、坚定从教意愿的理想信念。

教师是淡泊宁静的职业。它不可能让人荣华富贵，也不大可能让人声名远播。相反，这一职业需要我们甘于清苦，坚守理想，执着追求；需要我们精心读书，悉心思索，在平凡琐碎的日常中，陪伴学生进步和成长。

教师是塑造幸福的事业。在与年轻的、纯洁的心灵互动的过程中，教师用自己的生命精心呵护着学生的成长，在塑造的过程中，教师看到的、真切感受到的是希望，而不是失望。在传播知识、探究知识的过程中，教师时刻在探索真理。从这一点上讲，教师又是内心最富足的一群人，这份工作已超越了满足生存必需的职业劳动，上升到了潜心育人、探究真理的事业高度。

师范生还需做好认识教育实习的意义、重视师生安全的思想准备。师范生走上教育实习岗位的过程，是一个角色转换的过程。对师范生来说，在校学习期间，学习知识、遵守规则、重视安全等意识都是由大学教师来强调的，上课状态、遵规守纪等方面情况都依个人喜好、认识而定；而当上实习教师后，面对一群初生牛犊似的小学生，怎样让他们遵守纪律、注意安全、专心学习突然变成自己要解决的问题。教育实习是走过场，拿着实习鉴定到实习单位盖一个红印戳，填上几句空话、套话的评语吗？会因为实习单位即将给实习生安排繁杂的事务，且不会发放工资（补贴）而觉得教育实习丝毫没必要认真完成吗？或者，会因为实习所在的偏远山区，吃住行用都极度简陋不便，而心生退意，刚实习就想离开吗？进入实习学校前，师范生确实需要认真思考教育实习的意义，做好从学生角色向教师角色转换的思想准备。

2. 教学技能准备

教师是一门专业化程度较高的职业，因此实习生参加教育实习前，需要做一系列的教学专业技能准备，此处简单列举几项。

（1）试讲。校内试讲是模拟讲课，需要由实习生组成合作小组，遴选小学课程里面的某一课题，再由实习生轮流扮演教师和学生的角色，到学校空闲教室完全按照中小学教学时段、常见教学流程模拟教学。在情景模拟中，实习生之间的角色互换是关键，可申请专业教师现场听课指导。讲课完毕，小组成员之间互评，重点是提出改进的建议。有条件的学校的实习生还可以申请微格教室，在里面试讲，完成之后观看个人的教学录像，反思改进教态、教学语言、教学流程、板书等细节。一般来说，校内试讲以2～3次为宜，完成之后，实习生需提供一份规范的教学设计（教案）给指导教师。

（2）搜集与处理教学资料。教育实习一般于每年的秋季学期展开，在此之前是时间相对宽裕的暑假，适合用来搜集和处理与教育实习关系紧密的教学资料。比如通过互联网查阅电子课本和教学视频、阅读相关课程标准、查阅教师教学用书、借阅小学课程教材等。简言之，这个暑假，可以为教育实习做“临阵磨枪”式的冲刺准备。

3. 材料准备

由于小学全科教师的实习生需远赴他乡或偏远农村，当地生活、交通、学习等条件相对较差，需要他们做好必要的生活资料准备。因此，和实习学校提前沟通显得极为重要，向对方咨询食宿、交通、医疗等信息，以方便实习生在自己的行囊中添置必要的生活用品、医药及书本资料等，做到有备无患。

（三）实习内容

教育部在《关于加强师范生教育实践的意见》中明确提出：“教育实习应包括教学实习、班主任实习、教研实习等多项内容，其中，教学实习应保证足量的课堂教学授课时数。实行实习资格考核制度，师范生必须通过相关课程学习和技能考核合格后方可进入教育实习环节。要建立完善以实习计划、实习教案、听课评课记录、实习总结与考核等为主要内容的师范生教育实习档案袋制度。”

1. 教学实习

教学实习就是课堂教学历练。所谓“纸上得来终觉浅，绝知此事要躬行”，想和做是两回事，教育实习的头等大事就是课堂教学。

教学实习是校内试讲的实战，涉及的主要环节包括：跟班听课—备课—授课—课外辅导—批改作业—评阅试卷等。

跟班听课是在课堂实境中进行的教学观摩，是实习生与实习学校指导教师建立师徒关系的重要纽带，此环节往往会展示出一个完整的教学全过程，需要实习生保持守时守纪、积极主动、谦虚好学等良好习惯和正向态度。指导教师会在备课、班级授课、评课反思、课外辅导、批改作业等不同情境中因材施教，给予切合情境的指导意见。跟班听课往往在教育实习第一周开展，它的效果与教育实习质量关系密切。

案例 2-1-2

实习生的跟班听课行动与启示

D同学说道：“我跟着他（指导教师）就是了，比如说早读跟着他，课间操也跟着他，只要他去班级的时候我都跟着去，跟着学生一起听他讲课，他教语文和数学两科，我就两科都听。”E同学也说道：“我在听课的时候跟着她，课后她会给我一些评价，告诉我哪儿做得好哪儿做得不好，怎么改正等。”由此可见，“跟”是一种有效的行为互动模式。

【案例分析】

“跟”代表了模仿、互动与反馈，在师范实习生的身份认同中是一种普适而有效的行动方式，这种行动方式既可以深入实践以获得直接的经验，也可以通过实践中的互动与反馈取得间接的身份认同经验。实习生在“跟”班的过程中可以获得很多切实的收获。例如，实习指导教师告诉实习生如何管理纪律以保证学生安静下来学习，什么课是好课，教师设计课程要注意什么，课堂上教师应该怎么做，等等。

资料来源：雍恒一，周甜，李鹏，等. 互动与话语中的身份建构：师范生一项实习的案例分析［J］. 教育探索，2013（9）：31-34.

备课是上课前的准备，备课需要“备”什么？一般来说，备课包括“两备”，即备教材、备学情。备教材就是要熟悉教材，以语文课程为例，需做到“三读”：一是读通课文，解决阅读全文的生字词障碍，读出大意；二是读懂课文，达到品味赏析课文重点字词句段和文法特点的层次；三是读透课文，即读出课文的思想高度，达到提炼升华文义的境界。备学情，就是要了解学生的基础、能力和存在的困难，准备好应对策略等。备课的成果是形成一篇教学设计或教学课件。

授课，是实习生真正走上讲台的开始，也是习惯上说的第一堂课。第一堂课因其意义特殊，往往关涉到第一句开场白、第一次和学生共同学习、第一次面对课堂纪律、第一次面对突发教学状况等，需要实习生做好充分的准备，做到“手中有粮，心中不慌”，有板有眼地把课讲通顺、讲稳。

案例 2-1-3

如何上第一堂课

实习生沈同学在教育实习中认真备课与写教案，认真练习与试教，但在上第一堂课时过度紧张，导致课堂教学效果很不理想。这是教育实习中最常见的问题，也是多数实习生都会遇到的问题。

【案例分析】

紧张是人的一种自我保护本能，觉得紧张很正常，但是，过度紧张必然会影响教育实习，是教育实习的大敌。实习生可以通过掌握下面这些方法和技巧，把紧张降到最低的可控程度，使紧张不影响教学水平的发挥。

（1）实习生要充分做好课前的一切准备，进一步提高教学能力，课前准备升高一个层次，紧张的程度就降低一个台阶。

（2）实习生要在课前做好生理和心理的准备，活动四肢，做几个深呼吸，稳定心态，调整情绪，相信自我，强化自信。

（3）提前几分钟进入教室，把教科书、教学提纲、教学用具、计时工具等都摆放到位，在上课前几分钟，先走下讲台与学生沟通交流，互相了解，互相熟悉，互相适应，拉近心理距离。

（4）上课铃响后不要慌忙讲话，可先用视线巡视，把全班学生尽收眼底，再稳定情绪，从心理上占领课堂的制高点，领导和驾驭课堂。

（5）开场白一定要在课前练熟、练精、练透，特别是开课第一句话更要倒背如流，这样即使再紧张也不会卡住，开好了头，这节课也就成功了一半。

（6）如果上课中途由于忘了讲课内容而有些紧张，可以用及时提问或及时安排学生讨论等教学方法来调整教学节奏，这些方法都能有效缓解紧张。

资料来源：李松岭．师范生教育实习典型问题案例分析［J］．科教文汇（下旬刊），2015（10）：34-35．

课外辅导、批改作业、评阅试卷等环节是课堂教学的延伸，主要在课外时间开展，如早读的巡视与辅导、课外作业辅导、学生作业与试卷等批改。这几个环节常需要与个别学生进行单独沟通，实习生要注意结合教育评价的理论与方法，恰当而科学地措辞，实事求是地给予学生鼓励和批评。实习生要对自己的角色有清晰的认识，在完成指导教师安排的任务时就把自己定位为助手，协助指导教师完成相关工作；在独立辅导学生时，就把自己定位为教师，从言辞、行动上妥善处理师生关系。

2．班主任工作实习

（1）定义。

班主任是指班级的教育者和组织者，是学校领导进行教导工作的得力助手。班主任全面负责一个班级的学生工作，组织学生的活动，协调各方面对学生的要求，对一个班集体的发展起主导作用。

班主任工作就是班主任以学生德育工作为核心，以学校学生管理制度为依据，以营建良好班风、学风为抓手，协调与校内外领导、任课教师、学生家长、学生等的关系，通过有计划地开展课内外活动来陪伴学生成长、学习，既关注学生的知识学习，也关注引导学生精神成长的班级管理活动。

参加班主任工作实习对于实习生教育理念与教育实践方法的形成至关重要。对于班主任实习工作而言，实习生首先要做到的就是掌握其内涵，在观念上重视它。

（2）目标。

参加班主任工作实习，不论是实习生还是班主任工作指导教师都需要明确该项工作的目标。“凡事预则立，不预则废”，这句名言强调事前思想准备和行动准备的重要性，明确班主任工作实习应确立好目标并提前做好准备工作。常见的班主任实习工作目标包括实习生能够走近学生、理解学生、热爱学生，有一定的班主任工作能力与组织班级各类活动的能力，具有一定的与学生、学生家长及同行沟通的能力，能相对独立地管理好班级，并注意班级良好氛围的营造。

（3）要点。

班主任工作实习在实施层面具有几个要点，掌握它们，就好比牵住了牛鼻子，可以使班级管理工作规范有效地运转。要点如下所述。

① 就某个主题召开一次班干部会议、一次学生座谈会，就某位学生的某个问题做一次家访。

② 在指导教师指导下策划并主持一次主题班会、一次班级社会实践活动。

③ 学会做好学生的思想工作，课余辅导好学生学习。在指导教师指导下写一份班级情况分析、学生个案分析；学会写学生学期综合评价评语。

④ 重视班级文化建设，学会组织学生设计黑板报，装点班级文化墙，开展班级文艺、体育活动，打造团结、积极向上的班级文化氛围。

案例 2－1－4

一个实习生的班主任工作日程

做一名好的班主任的确很难。不但要做好复杂而又烦琐的教学工作，还要管理好整个集体，提高整体教学水平，同时还要顾及班中每一名学生。这就要求教师不能只完成教学任务，还要多关心留意学生，经常与学生交流，给予学生帮助，让他们感受到老师是在关心他、照顾他。如何形成亦师亦友、积极健康的学习氛围和团结的集体关系，对于实习的新班主任来说是具有很大挑战的。

刚到学校时，校长夏老师就给我大概讲了一下班上学生的整体情况。后来在夏老师的安排下，我第一次与学生们正式认识了，学生们对我很热情，对我的工作也很配合。经过将近一周的跟班与相处，我和班上的学生逐渐熟络起来，对班主任工作也逐渐做得得心应手。

在这短短的几个月里，日常工作方面，我主要是监督学生的学习、纪律和卫生，具体安排如下。

（1）每天坚持上午 7：30 之前到教室督促学生读书和做卫生，监督早读纪律及做好考勤工作。

（2）上午 9：30，在做课间操和眼保健操时，到班上监督学生做操。

（3）中午 12：00，为学生发放营养餐，并在餐后到教室与学生聊天解答疑难问题，了解学生的情况，针对学生的问题进行辅导。

（4）下午 5：00，在大扫除期间，安排、监督学生做好大扫除工作。

（5）在班会期间，观摩班会，学习班主任如何组织、指导班会，并自己设计和组织一次主题班会。

资料来源：普洱学院 2012 级汉语言文学专业袁波撰写的《回味！我的教育实习》，收入普洱学院教务处编《小荷才露尖尖角——2015 届学生实习优秀总结心得体会汇编》，第 7 页。

【案例分析】

“贵在真实”，本篇教育实习班主任工作总结没有华丽的辞藻，感觉也不大像出自中文专业学生之手，但是细细读来，却让人感受到了其中的朴实无华。文中用日程表的形式记录一天的工作，让我们感受到笔者做班主任工作的辛苦、充实和回甘。

对于实习生而言，少一些豪言壮语、多一点务实的教育实习总结，也许是更有效、更有参考价值的材料。当我们开始一段每天都面临很多个“第一次”未知问题的新工作时，我们更关心到底会遇到哪些“第一次”？该怎么办？有可以借鉴的办法吗？这篇总结对从清晨到傍晚的班主任工作日程进行实录，让我们了解了班主任工作的常规日程，也预知到了班主任工作的酸与甜。

3. 教研实习

（1）什么是教研。

教研是教学研究或教育科研的简称。为了与高校或其他专家所进行的科学研究区别开来，根据理论界与教育实践界的共识，教研被界定为研究教学，也就是研究自己的课堂、教学问题、教学经验。根据中小学实践情况，有专家提出，当前的教研的趋向应是校本教研，即“在教学中研究，在研究中教学”。

（2）为什么要开展教研实习。

① 政策依据。教育部《关于加强师范生教育实践的意见》中明确指出教育实践要“构建包括师德体验、教学实践、班级管理实践、教研实践等全方位的教育实践内容体系”。教研实践是教育部对师范生明文提出的要求之一，其重要程度可见一斑。

② 理论依据。教研的主要意义在于改进教学实践。郑金洲认为，教研最大的意义在于“改进实践”，包括“解决学校实际问题”“提升教师教育教学水平”“促进学校持续发展”。孙亚玲认为，教研包括五个功能，即描述教育现象、预测教育的未来发展、改进教育实践、解释教育现象、认识教育研究的特殊性。改进教学实践的目的主要在于通过研究反刍教学，发现自己的教学问题，提高自己的教学水平。

③ 实践需求。使大学生具备探究知识、探寻真理的能力是高校人才培养方案的内在要求，具备探究思维和能力是大学生将来在学习、工作、生活中解决未知问题的不二法宝。因此，在教育实习中实践教研，具备教研的经验、能力是教育实习的重要内容。教研是需要系统性训练的，仅仅依靠在大学期间所学理论，显然不够。然而长期以来，师范类大学生教研训练不足，教研意识淡薄、方法和能力不足等问题比较突出。研究源于实践，问题意识是研究的起点。在广阔的教育领域中，从课堂教学到德育工作，从教材到学生，从心理到行动，每个环节都有值得研究的课题。大学生参加教研实习，不仅源于实践的需求，也反哺实践。

（3）教研实施。

对于实习生而言，教研是一个相对陌生而又神秘的领域，一定要做吗？怎样做？如何迈出第一步？关于这些问题，下面用一个浅显的案例作答。

案例 2－1－5

泗泾小学“教研与专业发展”培训方案

目标

通过教研与专业发展的培训，使见习教师在入职初期就体验到教师工作的挑战，增强见习教师的研究意识和解决问题的思维意识。

主要措施

（1）组织见习教师学习苏霍姆林斯基的《给教师的建议》一书，重点学习“请记住，没有也不可能有抽象的学生”“怎样听课和分析课”“怎样领导教师集体的创造性劳动”“提倡教师在日常工作中做一些科学研究”“我怎样研究和教育学习最差的学生”“怎样使学校教育和家庭教育保持一致”“课堂教学与课外阅读”“提高教学质量的几个问题”“怎样写教师日记的建议”“教师应当写哪些计划”10 篇文章，使见习教师了解教师职业的多重需要，增强见习教师教育、教学的研究意识，从而给见习教师带来工作的乐趣。

（2）考虑到见习教师刚离开大学，不缺理论，而缺应用。因此，培训中要求见习教师学习我校《课堂因细节优化而精彩》这本书，主要是引导见习教师及时了解本学科教学发展趋势与研究动态，使自己的工作与时俱进。

(3) 安排见习教师参加基地校或聘任校的教研活动，了解、熟悉学校教研活动、备课组活动。

(4) 安排一次论坛活动，主题是“如何提升教育、教学工作中的研究的意识”，提升见习教师问题意识和研究意识，增强其进行教师工作的幸福感。

资料来源：周昊撰写的《泗泾小学见习教师规范化培训基地工作方案》，http://www.sjxx.sjedu.cn/ztwz/jswm/nhfzcx/xxgl/detail_381234.html.

【案例分析】

以上内容为上海市见习教师规范化培训基地学校泗泾小学设计的培训方案，培训对象为新入职的教师，方案中关于新教师教研的规范化培训对实习生开展相关工作有较大的参考价值。它从教师阅读专业理论书籍、参加教研组活动、开展论坛等实践角度旗帜鲜明地提出教研的起点和过程，从中，我们不难看出以下启示：教研首先要做到培育问题意识；教研要重视交流和分享。相信细读了上述案例后，实习生对于教研实习的要求和过程将不再陌生，而且心里也会生发一股豪气，立志在自己的实习和将来从教的经历中写下精彩的一笔。

需要说明的是，上述案例有一定的代表性，但放眼各地各校的教研培训，定会因具体情况和要求不同而与上述案例有所出入。希望实习生不要削足适履，生搬硬套，宜活学活用、迁移转化。

思考与练习

1. 教育见习的目的和意义是什么？
2. 制订一个班主任实习工作计划。
3. 对于实习生来说，是管教学纪律重要，还是亲近学生、和学生打成一片重要？
4. 课堂上怎样处理突发事件才能体现出教师的智慧？

第二节　说课的设计与展示

在教师教学技能中，说课技能是贴近课堂教学的一种技能，目前一线教师的教学设计与说课融为一体已成为新的动向。说课广泛应用于教学比赛、新教师招聘、教研组研讨活动，甚至是特级教师评选中，其重要性可见一斑。

一、说课的内涵

说课被冠以正式名称是在 1987 年。当年，河南省新乡市红旗区的教师们受影视戏剧中导演的“说戏”一词启发而提出了“说课”的概念。从此，说课以正式的身份活跃于教研的舞台上。

关于说课的定义有很多，本书结合专家学者和一线教师对说课的界定，主要强调说课与教学设计的关系。所谓说课，是指教师对自己的教学设计进行深度解释和说明的教学研究活动，包括教学目标、教材处理、学情特点、教学方法、教学过程、板书设计等方面的内容，以及有关这些内容的定义、做法及其理论依据说明。

一言以蔽之，说课就是说“教什么”“怎样教”及“为什么这样教”。

以口语描述设想的教学，是说课的基本特点。此时的课并非“实然”状态，而只是说课者设想中的“应然”状态。因此，说课带有一定的虚拟性。

按照时间分类，说课可分为教学前的说课和教学后的说课，前者着重探讨预设的可行性，后者着重谈教学反思与改进。

二、说课的意义

（一）有利于关注学生的学

著名教育家叶圣陶先生曾说“教是为了达到不需要教”。早在两千多年以前的中国古代典籍《礼记·学记》中就有“教学相长”的主张。在新课改背景下，学生是主体、教师是主导的理念越来越深入人心。说课的核心是说明“为什么这样教”，实际上就是问教师如何在教学目标制定、学情分析、教学方法制定、教学实施过程中关注和落实学生的学习活动。

（二）有利于教师专业素养的提升

说课时，教师把说课内容展示出来。同行、专家对说课进行评价并反馈给说课者。这一形式体现出教师的教研过程更多地集中在行动研究的层面上，如何通过说课使教师认真地对某一课题进行深入探讨，并阐明理论依据，对于教师提高自己教学设计的科学性，提升自己的理论素养有着重要意义。

（三）有利于对课堂的聚焦研究

教师通过语言的媒介作用，明确自己的教学意图，阐述自己对教材处理的方法和目的，将备课的全部思维过程表达出来。这种方式将教师的隐性思维变成了显性思维，必将有助于教师对课堂进行整体理解和全面评价，从而使教研的主题更明确，重点更突出，实效更显著。

同行通过倾听教师的阐述，了解教师对课程的深入思考，以及教学行为背后的理论支撑点，从而从“根部”对教师的教学设计进行诊断。

（四）有利于对课堂多向度的观察

不论什么样的课堂，一旦完成，就不能再更改，即使完美到极点，也只是一种毫无悬念的完美，这就是课堂的局限性。但说课则不同，针对不可完全预知的学情，教师可能有好几个设想和猜想，教师斡旋于其中，像一个将军，排兵布阵，这就使得课堂的走向更加精彩，有了选择，有了悬念，有了活力，这就是个体说课中的多向度。

三、说课与上课的异同

（一）相同点

两者的相同点是都要学习课程标准，吃透教材，了解学生，选择教法，设计教学过程。而且，在很大程度上，说课其实就是教师说自己的教学设计。

（二）不同点

（1）要求不同。

上课主要解决教什么、怎么教的问题；说课则不仅解决教什么、怎么教的问题，而且还要说出“为什么这样教”的原因。具体来说，上课是教师根据学科课程标准的要求和本门课程的特点，结合学生的具体情况，针对某一节课的教学内容，选择一定的教学方法和教学手段开展的教学活动，是以保证学生有效学习、促进学生全面健康发展为目的的独立进行的一种教学研究活动。上课主要解决的是教什么和怎样教的问题，所以上课用的教案或教学设计只需要写出教学目标、教学内容、教学流程、教学方法及手段等就可以了，不需要写出为什么这样教的理由和依据。而说课是为了发现备课中忽略的问题、改进教学设计、优化教学过程、提高教师团队整体素质、最终促进教师专业发展的一种集体性教学研究活动。说课最大的特点是不仅要说显性的内容，如教学目标、教学内容、教学方法、教学手段、教学流程和学生情况等，还要说隐性的内容，即教学设计所蕴含的理念及教师对课程的理解等，要让听课者了解说课教师的教学设计意图，明白说课教师所采取的教学行为及其背后所蕴含的科学道理和先进理念。

（2）对象不同。

上课是课堂上教师与学生之间的双边教学活动；说课是课堂外教师同行之间的教学研究活动。上课的对象是学生，说课的对象是具有一定教学研究水平的领导和同行。由于对象不同，因此说课比上课更具有灵活性，它不受空间限制，不受教学进度的影响，不会干扰正常的教学；同时，说课不受教材、年级和人员的限制。

（3）评价标准不同。

上课的评价标准虽也重视教师的课堂教学方案的实施能力，但更重视课堂教学的效果，重视学生实际接受新知识及其智能发展的情况；而说课重在评价教师掌握教材、设计教学方案、应用教学理论以及展示教学基本功等方面。

四、说课的主要内容

说课具有规范的系统的规定，说课的内容会因教师在教育实践中的探索而不同，但以下几个主要内容是不可缺少的。

（一）说设计理念

设计理念一般定位于微观的教学设计（或教学方案），也有人习惯用教学理念（或教学思想）来定位设计理念，后者偏向于宏观设计。设计理念是教师实施课堂教学时所依据的基本理论和行为准则。对于说课者而言，能遵循一定的教学思想或者自创某一教学理念，并向专家、领导、同行进行阐述，是具有显著意义的。说设计理念时，教师要注意以下几个原则。

（1）理念是先进而正确的。

教育教学的思想是随社会时代的发展变化而变化的，很多教学理念曾经风靡一时，但在时代变化的背景下，需要结合实际进行丰富、完善，或者改造、摒弃。比如早期的五段教学法、五环节教学法都因时代、观念的变化而需要进行改造。然而这并不表示老的教育思想就意味着落后和错误。比如中国古代“因材施教”“教学相长”“举一反三”“学思结合”等教育思想依然焕发着活力，老一辈教师于漪的情感教学法、魏书生的六步教学法、李吉林的情境教育等教育思想在教育中仍然发挥着重要作用。

（2）说明简洁明了。

说课使用口语表述，听者大多具有较高的理论素养或丰富的经验，能够理解各种教学理念。因此，说教学理念，必须高度概括，使用简明扼要的语言，不必做冗长的说明。例如，一个学生说课时，只在黑板上写了几个字——知、情、意、行的统一，然后说“下面我根据这一教学理念谈谈《鸿门宴》一课的教学设计”。可谓简明突出，一目了然。

（3）整体是照应的。

教师的教学理念不是用来点缀的，而是要真正落实到自己的教学行动之中的。如果教师的教学理念与实际的教学行为不协调甚至是矛盾的，那么，他的理念说得再好，也是无济于事的。因此，教师说课时一定要注意将自己的教学理念与教学设计统一起来，前后照应，融为一体。例如，有的教师在理念中说的是以学法指导为重，而在具体设计时，却只看到其有教法而没有学法的影子；有的教师在说课时设计了小组合作学习，而在教学过程中，则丝毫没有小组合作的迹象。

案例 2-2-1

“五主”教学理念

下面我将在“五主”教学理念指导下开展我的说课。所谓“五主”，是指以学生为主体，突出学生在教师点拨下的自主性学习；以探索为主线，突出学生在教师指导下的研究性学习；以生活为主题，突出学生在教师引导下的体验性学习；以活动为主要形式，突出学生在教师启发下的讨论性学习；以兴趣为主流，突出学生在教师调控下的愉悦性学习。

【案例分析】

这是浙江省首届教学技能大赛文科组一等奖获得者在说课比赛中的开篇。说课先说教学理念应当成为一种规范，因为教学的一切活动都是在一定的理念指导下开展的。在说课活动中，先说明自己所持的理念，对于后面教学环节的安排是一种有力的支撑，同时也便于听众把握教学设计的精神实质。该案例中的“五主”教学理念是对钱梦龙先生的“三主”教学理念的继承和发展，具有较多的创新成分，而且十分符合新课改理念，因而引起评委的广泛注意。

（二）说教学目标

教学目标是教学设计的灵魂，是课堂教学的指挥棒。教学目标既是教师预设要努力达成的目标，也是学生通过学习要努力达到的程度。说教学目标不仅要说清楚它是什么，更要说明它的设定依据是什么。新课程背景下，教学目标的设定一般参考“三维目标”，即“知识与能力”“过程与方法”“情感态度价值观”。“三维目标”呈现出由浅入深、循序渐进的特点。

案例 2-2-2

“认识圆”说课设计

（1）知识与技能：使学生认识圆，掌握圆的基本特征；初步学会用圆规画圆。

（2）过程与方法：引导学生通过操作、观察、讨论、归纳等一系列方法掌握所学知识。

（3）情感态度与价值观：使学生感悟学数学的乐趣，提高学生的审美情操。

资料来源：叶吾忠．《认识圆》说课设计［J］．中小学教学研究，2012（4）：18-19.

案例 2－2－3

识曲听其真——“圆的认识”说课稿

（1）使学生认识圆，知道组成圆的各部分的名称。

（2）使学生掌握圆的特征，理解直径和半径的关系，初步学会用圆规画圆。

（3）培养学生的合作意识和创新意识。

资料来源：王娟红．识曲听其真：“圆的认识”说课稿［J］．甘肃教育，2009（20）：49.

案例 2－2－4

参与·体验·认知——“圆的认识”说课

（1）学生通过动手操作、主动探索等活动认识圆，初步掌握圆的特征，理解在同一圆内直径和半径的关系。

（2）使学生掌握用圆规画圆的方法，培养学生动手操作的能力。

（3）通过观察和参与动手操作、合作探究的学习过程，培养学生认识周围事物特征的兴趣和意识，引导学生运用所学到的数学知识解决简单的问题。

资料来源：陶贤卫．参与·体验·认知：《圆的认识》说课［J］．小学教学设计，2004（32）：25-26.

【案例评析】

以上 3 个关于人教版小学数学六年级上册第四单元“认识圆”的教学目标的说课案例，都有一个共同点：教学目标都设计了 3 个，且教学目标的设计内容非常相似。其中案例 2－2－2 明确以“知识与技能、过程与方法、情感态度价值观”的三维目标模式表述；案例 2－2－3 及案例 2－2－4 虽未明确以“三维目标”表述，但是细究一下，可以发现仍然是“三维目标”的思路。可见，“三维目标”的表述方法在教学实践中，得到一线教师的普遍采纳，是一个简单易行的模式。当然上述 3 个案例都未说明如此设计的依据是什么，于说课而言，如果能够说明缘由，将更为恰当。

（三）说学情

学情，即学生学习的实际情况，是学生年龄特征、心理特征、认知规律、兴趣爱好、学习经验和方法、已有知识结构的总和，它是教师组织教学活动的依据，是学生学习新知识的基础。说学情一定要讲清楚 3 个方面的内容：已有知识和经验；学习方法和技巧；个性发展和群体提高。

案例 2－2－5

《桂林山水》教学设计之学情分析

本节课的教学对象是小学四年级的学生。小学四年级的学生和低年级学生相比具有比较强的自行探究能力，在观察能力、思维能力、语言表达能力方面都有了较大的提高，有着强烈的好奇心与动手操作能力。他们喜欢在自己的探索中获取知识，喜欢在玩中学，喜欢在做中学，喜欢在想中学，喜欢在用中学。对周边的事物有着浓厚的学习兴趣和学习愿望，对学习方式的要求也更加多样化。笔者所在学校的学生全部生活在农村，广阔的乡村山水给了这些学生对大自然最朴素、最丰富的情感，使得他们对自然景色有着更敏锐的感触。因此，网络资源的有效利用可以极大地激发学生学习这篇课文的兴趣，适合从创境激趣入手，以反复阅读领悟、方法分析跟进、练笔升华的方式进行教学。

资料来源：邵书芳．《桂林山水》教学设计［J］．中小学电教，2014（3）：65-67.

【案例分析】

此案例中的学情分析点面结合，关注到小学四年级学生的年龄特征、心理特征、思维能力、兴趣爱好等共性的学情特征，又关注到学生主要生活在农村，具有与大自然密切接触的生活经验，对山水有朴实的感性经验，但同时又不免具有知识面狭窄、见识少等个性特征。执教者基于上述学情分析，采取开发和利用网络资源、创设情境等办法扬长避短，使农村学生在学习《桂林山水》时，既锻炼了能力，又增长了乡土知识。

关注学情的教师，才是真正会落实“以学生为本”的教师，而不是只把这个理念当作口号的教师。关注学情的教师，是“眼中有人”的教师，他们的关注使大多数学生和个性化学生都学有所获。

（四）说教材

教材是教师实施教学的主要工具和依据，是学生学习的对象和内容，是师生沟通的重要媒介，教师只有自己读通了教材，才能进行有效的教学。说教材一般包括以下要点：说本课题或本章节内容在整个学段和年级的教材系统中所处的地位及作用；说本课内容的要点和特点；说本节课的重点、难点及具体的突破方法；说教材处理，包括在教学中对教材详略的处理、拓展延伸的处理、精讲与略讲的处理等。

案例 2-2-6

《梅花魂》教材分析

《梅花魂》是人教版小学语文第九册第二组第六课的内容。第二组围绕“月是故乡明”这个专题，选编了四篇课文，让学生体会作者的思乡情及抒发情感的不同方式。前篇《诗词三首》为游子思乡之绝唱，《梅花魂》则由思乡情升华到了爱国情，从情感与表达方式上传承前篇，也为后两篇阅读课文做了铺垫。本文是归国华侨陈慧瑛的回忆录，描写了远在异国的外祖父通过梅花寄托款款思乡情，浓浓爱国意。文中的第一和第三件事直接表达了这种情感，其他事则属于间接表达。课文高度的审美性和思想性，给学生以有益的熏陶。

资料来源：窦桂梅．回到教育的原点：窦桂梅教育教学管理精华［M］．北京：文化艺术出版社，2011.

【案例分析】

这位教师关注了本课的单元训练重点、教材的前后联系，以及思想感情、表达方式的变化等，这都不错，当然也可以进一步围绕题目进行解读。梅花作为花中四君子之一，已经成为一种具有中国特色的，代表高风亮节的独特的意象。围绕这样的意象，作者所写的几件事彼此之间是怎样构成一个统一的整体为题目中的“魂”字服务的，这些如果能在解读教材的时候再好好加以推敲，相信不仅教材定位能够说得更准，而且说课中的教学设计也能站在更高的视角上进行。

（五）说教学方法

俗话说“教无定法”，适宜的教学方法源自对教材的理解、教学目标的设定和有效的学情分析。同样的教学内容经不同的教师教学，会显示出不同的教学效果，其中教学方法是关键的原因之一。新课改对学生学习活动的关注达到了一个前所未有的高度，要求教师更加关注对学生的学法指导。说教学方法应注意：教学方法与学科特质结合，体现学科特征；教学方法的称谓明确，忌含混其词。对于全科教师而言，了解和掌握各学科常用教学方法很有必要。比如各学科常用的有讲授法、讨论法、情境教学法、练习法、实验法、故事教学法、角色扮演法等，具体到某一门学科如语文，则有朗读法、默读法、情境教学法、读讲义练法、点拨法等。

案例 2-2-7

在教学中，教师通过“自主学习—合作探究—拓展延伸—总结反思”四步教学法，培养学生合作探究、拓展迁移的能力，课堂中充分体现“以学生为主体，教师为主导”的教学模式。

【案例分析】

这是一次课堂教学模式研讨课比赛中，某语文教师提供的教案中关于教学方法的表述，第一，这一表述混淆了教学方法与教学模式的概念；第二，自主、合作、探究是新课改提出的学习方式，是对学习方法的抽象概括，不等同于学习方法；第三，自主合作探究是放在每一门课程中皆可适用的，不具有语文学科的学科特质。

这样的问题并不是孤立的个别现象，而是普遍存在的共性问题。比如师范生在试讲、说课中常会把教学方法表述为举一反三法、搜集材料法、多媒体教学法、合作法等。其关键原因就是不明白教学方法与教学手段、思维方法的差别。

（六）说教学流程

封浜片教学评优说课评价标准

教学流程又称教学过程、教学程序，它是实施课堂教学各个教学环节的过程，因此，可以算作一堂课的主体部分。它体现了教师教学理念的落实情况，学生学习活动的开展情况，教师教学设计的优劣。说教学流程有以下几个要点。

一是清晰具体。要想让听者通过你的说了解你的教学实际，教学流程的设计一定要清晰完整。具体而言，要从新课的引入开始说起，然后按照教学设计逐步展开，说的内容还要包含课堂小结、课后的巩固练习、作业布置、板书设计等教学环节，以及各教学环节的衔接与过渡。但是，切忌把说课稿设计得天花乱坠，像一幅“课堂畅想图”。教学流程的设计要经得住推敲。

二是详略得当。说课毕竟不同于上课，不是每个环节都必须详述的，而且，说课有时间限制，一般为 15 分钟，这就要求说教学流程的时候，既不能太概括，三言两语就说完了，让听者不知道教学的思路；也不能太具体，因为它不等同于课堂实录，不需要像上课一样进行师生问答展示。所以，说教学流程时一般采用概括与具体相结合的方式，对于非重点或次重点的内容，可用概括介绍一带而过，而对于教学的重点、难点则要详细阐述，说清楚其中蕴含的小的环节，以及每个环节中教师是如何指导学生学习的，并预测能达到的效果等。此外，因为说课中的所有教学环节都还只停留在预设的层面上，对教学时间的掌控也只是教师的主观愿望，所以，教师在教学设计中应留出机动时间（3～5 分钟），并设计机动的教学内容，根据教学设计合理使用，切忌将 40 分钟满满地平均分配到各个环节中去。

案例 2－2－8

《四季》说教学流程

为了创设一个扎实有效的课堂，使学生学有所获，这一课我安排了两个课时进行教学：第一课时，识记生字，感悟课文；第二课时，复习巩固，指导书写。根据“教师指导—学生主体—训练主线”的原则，我设计的第一课时教学环节如下。

1. 创设情境，导入新课（2 分钟）

好的开始，是成功的一半。创造好的教学情境，可以激发学生的学习兴趣，使学生能够积极思考、主动发言。于是，上课之初我借助多媒体课件展示美丽的四季图片，并配上诗一样的语言，介绍大自然妈妈的四个女儿，从而引出春、夏、秋、冬这四个季节，并板书这四个字。告诉学生春、夏、秋、冬就是一年中的“四季”，随即板书课题“四季”。学生齐读课题。

2. 初读课文，认识生字（10 分钟）

在学生初读课文之前先欣赏课文的动画视频，然后让学生说说看到了哪个季节的什么景物？学生边汇报我边贴图。这样的设计培养了低年级学生倾听和观察的能力，同时有趣的动画还可以再次激起学生的学习兴趣。

（1）拼读生字，记音。我巧妙地把本课的生字按照两拼音节、三拼音节及整体认读音节分成三类，先让小老师带大家拼读，然后请学生观察并进行总结归类。这样既巩固了刚刚学过的拼音知识，又让学生记住了字音，达到教学无痕的效果。

（2）认读生字，记形。我让学生开火车认读不带拼音的生字，然后交流识字方法，记住生字的字形。同时还要指导学生认识 4 个偏旁。学完后总结学过的“加一加”“比一比”“猜谜语”等识字方法。在识字的同时让学生练习组词、造句，学以致用，充分体现了语文的工具性的特点。

（3）游戏识字，巩固。我用富有童趣的语言创设情境：秋天到了，红红的苹果挂满了枝头，谁想来摘果子？这个环节让学生在玩中学、学中玩，符合低年级的学情特点，同时也跟丰收的秋季紧密联系起来。

3. 细读课文、感受美丽（22 分钟）

（1）学习春天（10 分钟）。

引出课文：首先我问学生最喜欢哪个季节？为什么？接着根据学生的回答顺势引出课

文第一句话“草芽尖尖，他对小鸟说：‘我是春天’。”

观图体会：通过观察草芽图片，感受草芽的小、轻、嫩，所以读“尖尖”一词声音就该轻细一点。

美读加深：尖尖的草芽只有春天才有，所以草芽在对小鸟说的时候是什么表情？学生会回答（高兴、开心、自豪等），请学生也带着这样的表情来念一念。

多读升华：通过自由读、指名读、男女比赛读等多种形式训练学生的朗读能力。

拓展表象：说出春天里的其他事物（如菜花、柳树、燕子等），再利用课件引导学生像课文中的小朋友一样，也给春天写一句话。这一环节的设计意图是：学习语言是语文课的根本任务。学生在品味语言的基础上，美化加深，评价强化，并通过图画表象支撑，进行言语图式拓展的训练。这样学生不但知道了春天的美丽，更学到了句式，达到工具性与人文性比翼齐飞的效果。

（2）课间活动（2分钟）。

因为小学一年级的学生学习持续时间比较短，很容易分散注意力，我就让学生休息休息，一起来唱《春天在哪里》，用歌声来表达对春天的喜爱。

（3）自主学习后文（8分钟）。

在接下来的三个季节里，我让学生合作学习，选择自己最喜欢的季节来学习，培养学生的自主学习能力，知道荷叶（圆圆）→夏天；谷穗（弯弯）→秋天；雪人（顽皮）→冬天。让学生上台表演朗读，通过表演明白“鞠躬”的意思、体会雪人顽皮的样子。经过这样多方式、多层面的指导，学生读起课文来就有声有色了，唱读的问题也就迎刃而解了。

这样的设计让学生动手、动口、动脑，在体验的基础上练习说话，通过品味言语与动作演示相结合为学习文本句式打好基础。

（4）再读课文（2分钟）。

我将学生分成四组（春草组、夏荷组、秋谷组、冬雪组）进行朗读比赛，让学生在激情的朗读中升华情感。

4. 课外延伸、拓展练习（5分钟）

刚才我们分别用朗读、歌声、动作表达了对四季的喜爱，接下来拿起画笔画一画自己喜欢的季节，并在旁边写上关于这个季节的小诗。（ ）（ ），他对（ ）说：“我是（ ）。”用幻灯机展示学生的作品。

这一环节的设计，是在学生读好课文的基础上，开放性地使用教材，让学生画画、编诗，张扬学生个性，培养他们的创新能力和写话能力。

5. 板书设计

四 季

春 夏 秋 冬

（草芽图） （荷叶图） （谷穗图） （雪人图）

好的板书是一篇文章的袖珍版，是课文最精华的体现。在这堂课中，我根据课文内容，设计了这个图文结合式的板书，力求突出重点，做到简明、概括，让学生获得更鲜明的印象和相关知识。

资料来源：李琴琴．小学语文说课稿范例：以《四季》为例［J］．读与写（教育教学刊），2013，10（2）：256-257.

【案例分析】

这个案例中，教师教学流程中体现出来的循序渐进、节奏井然、详略得当、一目了然，及对教学重难点的处理，仅仅从教学时间分配和篇幅长短的角度就可直观地发现。语文课的精髓在于讲出“语文味”，在教学环节安排中，体现在“品读”（细读、赏读）这一部分。例如，“细读课文，感受美丽”环节，执教者安排 22 分钟，共分为 4 个教学步骤：学习春天（10 分钟）—课间活动（2 分钟）—自主学习后文（8 分钟）—再读课文（2 分钟）。而且，此环节的每一个教学步骤，执教者都详细地说明了设计意图。对于次要环节的处理则是一笔带过，简要用一两句话说清楚。

三是理念点睛。说课是一种特殊的教研活动，除偶尔用于评比外，更多的时候是教师之间互相研讨、互相切磋，从而使教学设计不断趋于完善的一种教学研究形式。无论目的是什么，说课都要求教师在一定的高度上对教材及对自己的教学设计有一个理性的思考。所以，说课稿有别于教案的一个重要的标准就是强调说“理”，即不但要说“教什么”和“怎样教”，而且要说出“为什么这样教”，说课者在讲述教学流程的过程中，要针对重难点环节说明自己的理论依据，以便听者从中看到说课者对教材的理解深度以及对教学的认识高度，从而产生共鸣。

案例 2-2-9

一位英语教师在说八年级下册“If you go to the party，you’ll have a good time”一课时，设计了“名言歌曲”这一环节。教师这样说：“通过含有本单元语法点的名人名言和歌曲，激发学生的学习兴趣，让英语语法不再显得晦涩枯燥。*If You Are Happy* 这首歌就是中文‘幸福拍手歌’的英文版，所以学生学起来很容易，这首歌中也包含了这个单元的语法点。‘教是为了达到不需要教’，让学生唱英文歌可以激发学生自主创新学习方法。”

【案例分析】

教师引用著名教育家叶圣陶先生的一句名言“教是为了达到不需要教”，为自己设计的这一个环节点明了依据，指出了高度。

案例 2-2-10

“圆的认识”说课稿

一、说教材的地位与作用

“圆的认识”是苏教版小学数学第十册“圆”这一单元第一节的内容，圆是小学数学“空间与图形”模块中最后教学的一个平面图形，也是唯一的一个曲线图形。在此之前，学生已经认识了长方形、正方形、三角形、平行四边形、梯形等平面图形，对圆也有了初步的感性认识。教材呈现方式是以学生已有的生活经验为引子，结合具体情境和操作激活已有认知结构中的相关经验，引导学生逐步归纳内化，体会掌握圆的本质特征。

二、教学目标与教学重难点

知识与技能目标：使学生认识圆、掌握圆的特征，理解同圆或圆中半径与直径的关系，熟练掌握用圆规画圆的方法。

过程与方法目标：培养学生的动手能力和观察、分析、综合、概括能力，促进学生空间观念的形成。

情感态度价值观目标：通过分组学习、动手操作、主动探索等活动，感受数学的乐趣，培养学生的创新意识和合作精神。

教学重点：使学生掌握圆的特征。

教学难点：使学生掌握用圆规画圆的方法。

三、教法与学法

采用尝试法、操作法、讨论法、引导质疑法等教学方法，引导学生动手操作，把静态变为动态，把抽象的数学方法变为具体可操作的规律性知识，指导学生自由合作、展开讨论、积极探索，探寻特征，巧妙地解决问题，让学生在玩中学、动中思、做中悟。

新课改倡导课堂是师生共同交流的场所，因此把学习的主动权还给学生，这节课我将通过引导学生动手、观察、思考、分析、交流、总结来培养学生相互合作、自主学习、乐于探究的学习精神，养成会学、善学、乐学的学习态度。

四、教学过程

（一）游戏导入，设疑激趣

游戏导入，让学生在有趣情境中感受、体会数学学习的快乐，初步孕伏“一中同长”的思想。设计了一个寻宝游戏——宝物就在老师的右脚5米处，“宝物”可能在哪里？做法是将大吸铁石放在黑板上，代表老师的右脚，用一支笔的长代表5米的距离，用一些小的吸铁石代表“宝物”。启发学生从不同方位摆“宝物”，引导他们思考“如果用一点代表“宝物”，这样的点会有无数个，轨迹就会形成一个圆的平面图形”。

【设计意图】激发学生的好奇心，引发学生想象。游戏中学生通过自己的动手操作，对圆的平面轨迹形成感性认识。

（二）合作交流，探究新知

(1) 说圆，初步感知。让学生展开想象，自由说说生活中有哪些圆的例子，教师给予相应的评价，用多媒体展示向日葵、天坛、大炮、水滴、车轮、双人溜冰等图片，从自然现象、圆形物体、圆形建筑、运动现象等各个方面带领学生走进圆的世界，欣赏圆的美。

【设计意图】贯彻新课改提出的让数学知识生活化的数学教学新理念，引导学生在对圆形成初步认识的同时，学会用数学的眼光去发现生活中的数学美。

(2) 画圆，探索方法。让学生自主探究如何画圆，自己动手画一画。给学生足够的思考时间和空间，肯定学生用不同方法画圆的想法，鼓励创新。共安排三次画圆：第一次学生自主画圆，引导学生寻找成功或失败的原因，总结自我画圆方法；第二次，让学生自由汇报，点名让学生板演画圆，集体分析与评价；第三次学生画圆前设置疑问，如果方法正确，会不会画出一会儿凹一会儿凸的图形？会不会出现椭圆呢？为什么？在画圆的过程中，让学生意会这些问题便可，主要是让他们边画边感悟圆的特征。学生汇报画圆方法，教师总结归纳：画圆的关键是针尖不动（一中）和圆规两脚之间的距离始终保持不变（同长）。教师在黑板上演示用圆规画圆。

【设计意图】让学生在动手实践中逐步建构圆规画圆的认知，体现了学生的主体性，培养学生合作交流、自主探究、归纳概括的能力。

(3) 识圆，探寻特征。认识圆主要是对圆心、半径、直径的认识。由画圆引出“不变的距离”，让学生在圆上找出“不变的距离”，教师顺势揭示了半径的概念。为了让学生加深对半径特性的理解，教师带领学生探究，在画圆的过程中，圆规两脚之间的距离就相当于半径，从而引导学生发现半径长度相等。

让学生剪下圆，拿圆片折一折，反复对折几次，会出现几条折痕。教师讲解：这些折痕就是这个圆的直径。设问：一个圆有多少条直径？组织学生讨论。教师讲解：一个圆有无数条直径，直径交点是圆心。画圆时，针尖不动地方，便是圆心。设问：圆的直径有什么特征？半径与直径有什么关系？学生讨论交流后集体汇报。教师总结：每一个圆的直径和半径都有无数条，直径是半径的 2 倍，圆是轴对称图形，有无数条对称轴。

【设计意图】由导入游戏的笔摆的定长到画圆活动的不变距离，始终贯彻半径定长的概念，探寻出圆的特征，并在操作中获得直观体验。

（4）议圆，对比理解。提出问题：圆之所以成圆，与什么有关？如果它的半径或直径是不一样长的，会是什么图形？自己试一试，画一画，说一说。教师总结归纳：圆之所以成圆，跟半径的长度有关。展示正三角形、正四边形、正五边形、正六边形等多边形，发现具备同样特征，分析得出：圆是正无数边形。

【设计意图】巩固“一中同长”的思想，同时架起了圆与直线平面图形的联系。

五、拓展练习，启发思维

（1）必做题：出示练一练第一题、练习第三题，指定学生板演，其他学生独立完成，教师巡堂帮助学习有困难的学生。学生完成后集体订正。

（2）选做题：出示 3 道比较每组中两个圆的大小的练习题让学生选做，巩固圆的特征。

（3）拓展题：说说车轮为什么要做成圆的，车轴应装在哪里。

必做题、选做题、拓展题的设计旨在针对不同学情分层练习。其中，拓展题设计意在培养学生综合运用所学知识解决实际问题的意识和能力。

六、总结全课，拓展延伸

师生总结本课的主要内容，以对话评价方式让学生说一说自己的感受与收获。布置课外练习：用同样长的绳子分别围成一个长方形、正方形和圆，哪个图形的面积最大？找根绳子围一围、量一量、算一算。

【设计意图】指导学生在总结中提高，在思考中拓展思维。

资料来源：曾婷，李崇爱.《圆的认识》说课稿［J］. 教育教学论坛，2013（18）：247-248.

【案例分析】

此案例为公开发表的说课稿，具有一定的代表性。从框架上看，它分为四大部分：说教材、说教学目标、说教法学法、说教学过程。从规范的说课稿角度看，本案例的优点如下。

其一，设计理念准确而集中。此案例紧扣数学课程标准的要求，围绕“生活数学”的教学理念设计教学，并阐明理由；突出学生生活经验，创设生活情境，将抽象的空间图形“圆”，通过游戏、生活情境等方法转化为具体形象的过程，符合学生的认知思维特点。这种设计理念贯穿说课始终，显得集中而专注。其二，对教材的解读、教法学法得当。小学数学特级教师吴正宪提出做好教学设计（备课）的第一关就是“真正读懂教材”，教师对教材的理解，包括其所处的地位、作用、知识点等内容。本案例对课题所处地位、与学生生活经验的联系都分析到位，并重点说明了本课题的前提知识和基础是什么，及对本课题知识学习有何作用。其三，教学目标与教学重难点的确定层次清楚，紧扣教学设计理念。教学目标依据“三维目标”确定，分为知识与技能、过程与方法、情感态度和价值观三个维度，层次清楚，便于预设和达成，三维目标紧扣“依托生活经验，提高学生动手能力”这个设计理念。确立教学重点、难点的依据是教学目标，本案例的教学重难点均出自“知识与技能”维度的目标，显示出教师务实的态度和着重训练学生掌握知识、提高学习能力的思路。其四，教学过程设计，显示出教学过程循序渐进、环环相扣的节奏感。教学过程包括“游戏导入—合作交流—总结练习—总结延伸”四大板块，每个板块又细化为由浅入深、讲授与练习相结合的教学活动。尤其重要的是，说课者在每个重要教学环节都通过“设计意图”板块旗帜鲜明地说明了自己的设计依据，且这些依据均以课程标准的专业表述为主。这是个值得借鉴的说课方法。

当然，从规范的说课稿角度看，上述案例仍有值得完善的方面，其具体存在的问题如下。其一，学情分析模块需单独说明。案例中，说课者提到了学情分析，但将内容杂糅到“说教材的地位与作用”中，如此一来，学情分析的重要性被弱化了。学情分析是确立教学目标、教学重难点的前提，分析不到位、不贴近实际，都会导致教学目标和教学重难点变成无本之木，成为空谈。在说课中，学情分析并不是可有可无的内容，而是需要高度重视的，恰当的学情分析便于执教者落实“以学生为本”的教学理念。其二，说教学目标、教学重难点、教法与学法等模块时，没有说明执教者的设计依据（或设计意图）。说课和上课的最大区别就是说明设计依据，即说明为什么要这样教。执教者将教学设计中主要内容的设计依据说清楚，有助于专家、学者、领导和同行理解自己的设计意图，或达成共识，或提出改进建议。毫无疑问，教学目标、教学重难点、教法与学法都是课堂教学的航标，这些航标将课堂教学导向何方？航向是否准确？如果能够将确立这些航标的依据说清楚、说明白，就能更好向专家、学者、领导和同行进行汇报和交流，也能获得改进的建议。

思考与练习

1. 辨析说课与上课的异同。
2. 请依据义务教育课程标准，为人教版《去年的树》这篇课文撰写说课稿。

第三节 公开课的设计与展示

案例 2-3-1

小千谷小学的开放教室

一走进小千谷小学，迎面而来的是学生的声音：“欢迎到我的学校来!”听到学生喊：

"请到我们的教室啊!"真是比什么都高兴。学生是真诚的、坦率的。在十分重视学生生动活泼地生活的学校里，每个人都能坦率地表达自己的喜怒哀乐。和平泽校长一起访问、参观教室的时间对我来说是非常珍贵的，看到平泽校长和蔼可亲地和走廊里遇到的学生说话，我仿佛听到了那一个个学生的呼吸声，目睹的这些情景给我讲述着这所学校的一切。

小千谷小学的教育是通过悠久的历史和无数人的努力才得以发展起来的。每次出席一年一度的"谈谈小千谷小学的昨天"并听到前任校长、教师、当地的人们以及毕业生的讲话时，我都深深感受到学校不是一朝一夕就能建设和发展起来的，它需要一个漫长的过程；同时我也深深认识到学校的传统风格是非常重要的。这一传统，简言之，就是"开放教室、开放学校"的做法。我想，今天学生的欢笑应归功于那些"开放教室、开放学校"的前辈们和小千谷小学的优良传统。

资料来源：佐藤学．静悄悄的革命：创造活动、合作、反思的综合学习课程［M］．李季湄，译．长春：长春出版社，2003.

【案例分析】

日本作为经济发达国家，教育的发达和先进也是公认的事实。上述案例引自当代日本教育家佐藤学的著作，其中提到的小千谷小学再现了其描绘的"教室里的风景"。这种风景的营造，除了优良传统，还应归功于学校"开放教室、开放学校"的措施。开放教室，就是"打开教室的大门"，每个教师都相互开放自己的教室，每个教师都面向全校教师上公开课。

这幅图景描绘了以公开课为核心的开放教室改革行动的效果：学生自信、乐观、包容，教师自信、乐于分享、可亲可近，社区人士同心同德。这堪称公开课制度的范例，是公开课共享文化的典范。

一、公开课的内涵

（一）公开课的定义

公开课在我国已贯穿从幼儿园至大学的整个教育体系，其开展形式蔚为壮观。公开课即公开教学，又称观摩教学，是教学的一种特殊形式，是供教师与有关人员观看、聆听并进行评析的教学活动。其目的是探讨教学规律，研究教学内容、形式、方法和评价，或推广教学经验，进行教学改革实验。

余文森教授认为公开课泛指开放课堂，同事、同行、家长、领导或专家等都可以进入课堂听课；特指有组织的、有一定规模的、有特别准备的课堂，主要包括 3 种类型：示范型公开课、研究型公开课、竞赛型公开课。

对于公开课的定义，学术界认识大体一致，为方便对公开课进行分类研讨，本书沿用余文森教授的观点。

（二）公开课的特点

公开课是课堂教学的一种形态，它具有教学的特征，也具有教学研究的特征，同时还具有区别于"常态课"（家常课）的独特性。

1. 发展

公开课作为课堂教学的一种形态，呈现在受众面前最显著的形式就是课堂教学过程，这一过程体现了教学的核心特征：发展，既包括学生的发展，也包括教师的发展。

得益于皮亚杰的认知发展理论、维果茨基的“最近发展区”、赞可夫关于教学与发展的论述，我们认为，“发展”是教学过程的核心特征。教学过程中的发展，从宏观层面说，指身体机能的发展，包括身体的成长和健康；从微观层面说，指学生认知心理的发展，包括情感、态度、价值观等非智力因素的发展；从中观层面说，指智力和技能的发展，包括知识、方法、技能等。

公开课是教师专业化发展的重要途径和平台。教师围绕教材和学生，通过精心解读教材，确定教学目标，设置系列教学环节和活动，在反复的磨炼和教育教学理论与实践的探究过程中，使自身的专业化发展水平得到显著提升。

2. 交流

公开课是面向同行、专家、领导公开展示的课堂教学，其目的在于通过交流找出成功的经验，发现存在的问题和提出改进的建议。交流的对象包括授课班级学生、校内年级组（教研组）同行、专家、领导等；交流内容包括教材课题的解读、课程标准理念的落实、教学目标设置、学生认可程度、教学过程、教学风格、板书设计、教学手段应用、教学突发事件处理等。

在这多层次的交流中，教师得以走出“只缘身在此山中”的迷障，“聆听窗外的声音”，更新知识结构、获得教学参考和借鉴，拓宽教学视野。此外，公开课经常作为教师教学工作考核、评聘职称、评选荣誉称号的重要指标。

3. 打磨

普通教师、名师都或多或少上过公开课，历数新课改后的知名教师，无一不是通过一些脍炙人口的公开课作品而被熟知的。小学语文的于漪、李吉林、窦桂梅、王崧舟等名师，小学数学的吴正宪、徐斌、华应龙、钱金铎、夏青峰等名师，小学英语的戈向红、田湘军、刘兆义、黄慧、陈依、黄耀华、谢文婷等名师，都以独特的教学风格成为小学教育界的明星。他们的公开课，看似平淡自然，实则无不历经千锤百炼和精心打磨。至于普通教师，为站稳讲台或者展现自己的教学功夫，对公开课也无一不慎之又慎。

《庄子·庖丁解牛》中说：“虽然，每至于族，吾见其难为，怵然为戒，视为止，行为迟。动刀甚微，謋然已解，如土委地。提刀而立，为之四顾，为之踌躇满志，善刀而藏之。”教师对公开课的重视，好比解牛大师庖丁于细节处、困难处，全神贯注、全力以赴，从教学目标设置、学情分析、教学手段与方法的选择，到导入语、配乐、配图、课堂语言、板书设计，全都力求体现匠心。

（三）公开课的意义

1. 促进教师专业发展

公开课有利于促进教师专业发展已经成为教育理论界和教育实践界的共识。朱晓民等认为，从积极的一面说，公开课活动是一种较为有效的教师专业发展途径，或者说是教师实现专业发展的必然选择，尤其是年轻教师必须经过多次的、各个级别的公开课历练，才能最终走向成熟。韩国海认为，随着基础教育课程改革的逐步展开，新课程理念对教学提出了新的要求，教师必须加强对课程实施的研究，这就促成了公开课与研讨等研修方式相结合的局面。公开课与教师专业发展实现了四个层面的融合：通过研讨课来探讨新课程教学；通过“靶课”来促进教师成长；在研讨课中增强专业底蕴；在叙事与行动中审视职业生涯发展。在教学实践中，很多教师也高度认同公开课，详见如下案例。

案例 2-3-2

访谈：一线教师眼中的公开课

我们学校鼓励教师参与各种比赛活动。除了校内比赛，还要参加区级或市级的教学技能大赛，这对教师也是一种促进。说起校内比赛活动就比较多了，它有不同层面的，比如有年级组的、有学科组的，还有外校教师来我校观摩、培训，这对教师来讲也是一种学习，你给人家上一节观摩课的过程也是不断地提升自己的过程。

2. 分享交流

公开课把常态课的教学情境放置到同行、专家等陌生面孔云集的一个特殊场域中。执教者多半需要仔细审视自己的教学设计，寻求同伴帮助，这有助于执教者跳出既有教学框架，不断反思自己的教学设计，以期达到最佳表现效果。

不可否认，在我国基础教育界的教学工作方面，存在以竞争为特征的现象，教师们各自为战。由于期中考、期末考、升学考时，学校要对教师教学的班级成绩排名，甚至将其与教师年终的绩效考核挂钩，因此，教师辛辛苦苦琢磨出来的招式是不肯轻易示人的，更不用说毫无保留地教授给他人。

然而，到了公开课层面，尤其是由公开课代表学科、学校、地方参加课赛的时候，教师们通过教研组研讨、集体备课、集体评议等途径形成“头脑风暴”，都努力为公开课代表建言献策。教师个人教学理念、教学设计的呈现，同行、专家的评议，使得公开课打破了常态课的封闭状态，体现出分享与交流的价值，意义非凡。

案例 2-3-3

主题教学，知易行难（片段）

在得到窦校长的指点后，我重新修改了教案，抓住“枫叶如丹”做文章，引导学生逐步体验秋之内涵。第一层，“枫叶如丹”之“丹”代表了秋之色彩；第二层，“枫叶如丹”之“丹”代表了秋之生命；第三层，“枫叶如丹”之“丹”代表了恒久的生命。正如窦校长所言，韵味，不仅仅是感觉。

案例的作者杜朝晖老师描述的是清华大学附属小学的校内公开课，杜老师在公开课上得到著名小语特级教师窦桂梅老师的倾囊指点后，根据建议对自己的教案进行了修改。可见，在教学能力提高方面真是“听君一席话，胜读十年书”，专家的指点可以让教师少走很多弯路。

3. 促进学科教学研究

从教学理论与教学实践的关系来看，公开课较好地体现了两者的结合。首先，公开课是教学理论的一个活的案例或标本，它本身就是一种情境性的教学理论，教学理论又通过公开课得以体现。而为了上好公开课，教师一般也都会更自觉、更有意识地寻找可以支持和引领的教学理论，从而赋予公开课更多的理论色彩和导向。其次，公开课是教学变革的先锋，是教学实践的一个新的创举、新的尝试，是一种教学探索和教学创新。总之，公开课推进了理论的实践化和实践的理论化，所以它较常态课具有了更高的研究价值，不少新的教学法就是通过公开课得以传播的。因此，公开课是值得学习和借鉴的，不少一线教师对公开课特别是名师的公开课如饥似渴，也是因为这个道理。

4. 打造和树立教学形象

实践中，很多教学名师是通过公开课声名鹊起的，他们甚至打造出了优秀的个人和学校形象，达到了双赢的效果，因此，公开课也成为实践中普通教师成长为名师的“捷径”。能代表学校和地区参加高级别的公开课比赛，意味着这位教师的教学得到了认可，能在高级别的公开课比赛中获得优秀的成绩，意味着这位教师得到了专家和同行的认可与好评。教师和选送单位的形象、地位、名誉可谓“毕其功于一役”。参加比赛且赛后成名的教师，通过对自己教学经验及教学理念的提炼、反思、总结和升华，为未来的专业发展打下了坚实基础。乃至于很多教育行政部门在组织辖区教师评聘职称、评定“骨干教师”“学科带头人”“名师”时，都会把“示范公开课”作为考评的核心指标之一。

当然，正如很多专家所指出的一样，公开课在教学实践中衍生出很多弊端，如重外在轻内容的“形式化”，重教师的表演轻学生习得的“作秀化”，重结果轻过程的“功利化”，重示范轻研讨的“贵族化”，重袭用轻内化的“拿来化”，等等。想减少这些问题的发生，就需要我们结合公开课的实质，回到教学研究、促进师生发展的原点，扎实开展公开课，默默前行。

二、公开课的实施

公开课在教育实践中大体包括 3 种类型：竞赛型、研究型、示范型，从空间分布上看，有校内和校外之分。在实施这 3 种类型公开课的时候，需要先厘清其理论基础和实施途径。

1. 公开课实施的理论背景

在国内外教育研究成果中，众多研究者都不吝笔墨地讨论过公开课实施的背景。其中，关于教师专业发展阶段论的观点无疑为公开课分类实施提供了坚实的理论基础。

当代日本教育家佐藤学在《静悄悄的革命》一书中提出“既没有两所完全相同的学校，也没有两个完全相同的教室。无论哪所学校、哪个教室，其存在的问题都各不相同”，因此，“要改变学校，就要从内部开始”。“改变的方略”就是以公开课为主线进行三年改革：第一年，在学校里建立起教师间公开授课的校内教研体制；第二年，提高研讨会的质量，以新的授课方式和教研活动为中心，重新建构学校的内部组织、机构；第三年，以学生和教师有目共睹的转变为依据，把新的授课方式和课程设置正式固定下来。

这三步走的方略落实到公开课上，大致可理解为：第一年开展学校所有教师的开放教室“观摩课”；第二年简化组织结构，重建以教研活动为核心的机构，重在开展“研讨课”；第三年召开改革成果研讨会，重点展示研究成果“示范课”。

2. 国内外公开课分级分层实施理论

有学者对公开课展开个案研究，并提出了概括性的分级分层实施的观点。

新手教师的“三关课”。它指的是新手教师在三年内必须通过“汇报”“展示”“观摩”三种不同类型的方式，来磨炼其教学基本功及驾驭课堂的能力。

青年教师的“优质课”。青年教师每年都必须参加“优质课”比赛活动（又称赛课），进行校内的公开课教学评比。赛课不仅能使教师展现专业能力及提升职业形象，更能激励教师成长并拓宽他们的视野。

35 岁以上教师的“研讨课”。其目的并非比赛，而是让资深教师有展示自己教学经验与能力的舞台，同时也让资历浅的教师有观摩学习的机会。

以教师专业化发展的阶段来分类分层实施公开课活动，无疑是一个行之有效的抓手和切入点。

国外对于教师专业发展阶段有众多具有代表性的观点，如凯兹将幼儿教师的专业发展分为四个阶段：求生期、强化期、求新期、成熟期；伯林纳将教师按教学专长发展分为五个阶段：新手教师、熟练新手教师、胜任型教师、业务精干型教师和专家型教师。伯林纳的五阶段说在我国得到广泛认同。

国内的大多观点是学者内化国外先进理论所形成的。比如叶澜教授提出的五个阶段：非关注阶段、虚拟关注阶段、生存关注阶段、任务关注阶段、自我更新关注阶段。

卢真金教授也提出了五个阶段：①适应与过渡期，以刚入职的教师为起点，成为适应型教师；②分化与定型期，由适应型教师发展为知识型、经验型和混合型教师；③突破与退守期，由知识型、经验型和混合型教师发展为准学者型教师；④成熟与维持期，由准学者型教师发展为学者型教师；⑤创造与智慧期，由学者型教师发展为智慧型教师。

钟祖荣老师基于大数据分析，提出“根据素质、能力表现，结合教龄将教师专业发展划分为五个阶段：适应期（工作 1 年）、熟练期（工作 3～5 年）、探索期（工作 10 年左右）、成熟期（工作 15 年左右）、专家期（工作 20 年及以上）”，具体见表 2－3。

表 2－3　教师专业发展“五阶段”及其主要关注点

阶段名称	教龄/年	常见教师称呼	主要关注点
适应期	1	新任教师	教学技能、教学内容分析
熟练期	3～5	合格教师	把握教材与学生发展，提升驾驭课堂的能力
探索期	10	熟练教师	教学反思，形成教学风格
成熟期	15	骨干教师	提升教学研究能力，避免职业倦怠
专家期	≥20	专家教师（特级教师、学科带头人）	总结教育教学特色，提升引领示范、指导他人的能力

本书采用上述的“五阶段”说，将对不同阶段的教师公开课分类分层实施的途径进行分析。

3. 公开课的实施途径

公开课实施的流程大体可归纳为：个人备课—试讲演练—集体备课—集体磨课—公开授课—观摩评议—反思总结。因公开课类型和级别不同，可能会在上述流程基础上有所增减。

下面，我们具体分析公开课分类分层实施的途径。

(1) 适应期新任教师公开课的实施。

适应期新任教师，也称“新手教师”，其教学工作重点在熟悉教材、掌握教学规范、锻炼教学基本功、适应学校教研模式（文化）方面。学校会依据其专业背景和学校实际情况，将其分配到不同的教研组，并安排资深教师“教传帮带”，以使其尽快适应职业角色。新任教师在备课、上课方面应随时向指导教师请教，并通过汇报课，或者观摩课向同行展示教学状态，展示的重点是教学基本功。

案例 2-3-4

新任教师的访谈

导师制对苟老师的帮助很大，他的导师是王老师，王老师同样也是数学老师。一般来说，在导师制机制下，都是由同学科的资深教师担任导师。苟老师谈到王老师对他的指导时，说：“王老师就跟我说小学数学课怎么上，指导我如何进行数学教学。另外，如果遇到问题，我就会去找她，请她指导。王老师有时会抽空去听我的课。”（访苟老师于 2013-11-28）

导师的指导着重于新任教师的教学基本功，苟老师说：“外面比赛是很激烈的，基本功不好是不行的，来参加的老师都是各校的优秀教师，所以，相比较之下，基本功就非常重要。”（访苟老师于 2014-05-27）

【案例分析】

上述案例是研究者对西北某小学的个案调查，研究者采用田野调查中的访谈法，挖掘了一位新任教师对汇报公开课的看法。这个案例在国内具有一定的代表性：一方面是老教师对新任教师的指导，另一方面，新任教师通过汇报课公开展示其学习效果，重点在于教学基本功的展示。这个过程也是新任教师专业发展的必经之路。

(2) 熟练期合格教师公开课的实施。

熟练期合格教师一般指入职 3～5 年的年轻教师，这个阶段的教师的首要任务是站稳讲台，即能准确解读教材，能灵活运用教学技能授课，能熟练使用教学设备，能融入学校教研文化。考核的标准有两个：一是看教学班学生成绩，二是通过公开课展示其教学样貌。在此阶段，恰当的公开课类型是观摩课。

案例 2-3-5

初步“认识角”（教学片段）

课题：认识角

教学内容：苏教版义务教育课程标准实验教科书，数学二年级下册，64～67 页。

教学片段

师：小朋友们，你们喜欢读课外书吗？

生：喜欢。

师：同学们的许多课外书都在“图书角”，我们班的图书角，就在教室后面的一个角落。今天，我们就来认识“角”。

（点评：也许这位教师是想先创设情境：读课外书，向图书角借书，图书角在教室的一个角落等。然后由“图书角”和“角落”引出新课“认识角”。但这位教师所犯的错误是将语义不同的生活语言中的“角”和数学名词“角”混为一谈，把不相干的东西扯在一起，这样做不利于数学概念“角”的形成。）

资料来源：李士錡，张晓霞，金成梁. 小学数学教学案例研究［M］. 北京：高等教育出版社，2010.

【案例分析】

熟练期合格教师的特点是掌握了基本的教学技能和教学流程，能按部就班地把课堂教学组织好，这一时期教师发展的重点在于准确把握和解读教材，增强驾驭课堂教学的能力。但对教材的理解未必就真正准确，不经过几轮教学磨炼和反思，对教学内容的理解都未必是准确的。正如上述案例“点评”指出的，熟练期教师也会经历似是而非的教学过程，却不一定能认识到错误。

（3）探索期熟练教师公开课的实施。

探索期熟练教师一般指入职 10 年左右的青年教师，其特点是教学基本功扎实，熟悉教材，教学技能熟练，由关注教师的教逐步向关注学生的学过渡。本阶段熟练教师发展的重点是重视教学反思，初步形成自己的教学风格。

案例 2-3-6

如何提高二年级识字课堂的有效性（节选）

毕晓春

在一年级时，课文多以诗歌形式呈现，教学时大多采用韵语识字的方法。对于韵语识字教学步骤我已烂熟于心，但心里很困惑的是，由于二年级识字教学起着承上启下的作用，这时的识字教学应该与一年级有什么不同？在学生掌握了一定的识字能力后，怎么让识字课堂更有效率？如何提高学生识字的速度和质量，如何把枯燥无味的识字教学变得生动有趣呢？

带着这样的思考，我讲了《祖国在我心中》一课。但由于走不出韵语识字的固有框架，对已形成模式的教学步骤没有了新鲜感，因此我在备课时已经没有了兴奋点，上课时有走过场的感觉，完全没有扎扎实实教识字的状态。

经过窦校长的评课后，我感触颇多。重新备课后，我打破了原有的模式，并通过再一次讲，找到了识字课的感觉。重新设计的教学过程，重点在于把文中出现的生字进行分类，使难记字、难写字、熟字等字在恰当的时机分步出现，这样不仅突出了重点，而且分散了难点，有利于学生在快乐的氛围中不知不觉地记住这些生字。

资料来源：窦桂梅．回到教育的原点：窦桂梅教育教学管理精华［M］．北京：文化艺术出版社．2011．

【案例分析】

探索期熟练教师对教学技能和课堂教学调控可谓信手拈来，对教学内容也比较熟悉，可以达到不拿教材、教案也可以上课的程度。但恰恰是这个原因，导致教师可能已没有了仔细钻研教材、探索教学法的激情了。这一阶段教师发展的重点是结合学情，培育适合自己特点的教学风格。

（4）成熟期骨干教师公开课的实施。

成熟期骨干教师包括教龄为15年左右的教师群体，他们拥有丰富的教学经验，职称大部分为小教高级。如果能潜心教书育人的话，他们极有可能成长为骨干教师，也就是教学业务的骨干。骨干教师的特点是具有独特的教学风格，熟悉学情，能够引领教研活动，其负面特征则是有可能进入职业倦怠期。这一阶段骨干教师发展的重点是“目中有人”，即站在学生立场思考和研究教学内容、教法与学法，从而突破和创新，走出职业倦怠。

案例 2－3－7

估算费用（教学片段）

（成都高新区教研室李建萍、成都高新区芳草小学游琼英设计）

课题：估算费用

教材：北师大版小学数学五年级下册，2006年12月版

教学目标

（1）能根据估算目的和实际需要选取数据、设计运算步骤，并对估算的合理性进行解释。

（2）能对估计结果进行评价，进而掌握估算的策略。

（3）体会估算的价值，培养估算的意识。

教学过程

（1）感受估算的价值。

师：陶奇一家要到商场去购物，在购物的过程中会遇到哪些问题呢？

屏幕展示：在下列哪种情况下，估算比精确计算更有意义，说说理由。

（2）探究估算的方法。

师：下面是陶奇的购物账单。

××超市

果　汁	16.00元
火腿肠	13.00元
蔬　菜	8.00元
洗发水	23.00元
洗衣粉	6.00元
牙　膏	3.00元

师：你能估算出陶奇大约花了多少钱吗？请每个同学把自己的估算方法写在本子上。

(3) 与精确值对比，反思自己的估算方法与结果。

师：同学们的估算方法都有一定的道理，我在你们估算的时候进行了精算（公布账单总数：69 元）。看到精算的结果是 69，比较自己的估算方法和结果，你有什么要说的？

师：刚才我们谈过比较、反思，发现用四舍五入法、取中间数估、几个数分别凑整等方法比较接近精确值。但只看十位上的数进行估算的方法也有价值，我们可以看到实际的结果一定比 40 大而比 100 小，这可以为我们划定精确值的范围。

资料来源：李士錡，张晓霞，金成梁. 小学数学教学案例研究 [M]. 北京：高等教育出版社，2010.

【案例分析】

成熟期骨干教师的教学特点是我们能更多地看到：教师关注学情，结合学生生活经验，创设恰当的生活情境，并培养学生发现问题、解决问题的能力。在本案例节选的教学片段中，教学目标分别从知识、方法、情感和能力三个方面关注学生的学。本案例中一线教师与教研员紧密合作，共同开展教学设计，共同研讨学情，共同破解难题，确定新的发展思路，这种合作也是成熟期骨干教师走出职业倦怠比较可行的一条途径。

公开课主要由适应期的教师、熟练期的教师、探索期的教师、成熟期的教师实施，而对于专家期的教师，即专家教师来说，其主要任务是“开展教育研究或实验，深刻理解学科本质和思想方法、总结和反思自己的教学”。按照教师专业发展“五阶段”的观点，专家教师是教师专业发展的最高阶段。专家教师的内涵可以对照“教育家型教师”来解读。《中共中央 国务院关于全面深化新时代教师队伍建设改革的意见》提出，到 2035 年，要培养造就数以万计的教育家型教师。

三、公开课前瞻

基于公开课在教师专业化发展方面的巨大作用和受欢迎度，可见未来它在教育实践中必然占有一席之地。然而，随着信息化的发展，互联网对政治、经济、文化、教育等领域的深刻影响，必然导致传统观念发生变化，引发传统行业转型，教师专业化发展方面的观念和行为也不例外。据《“十四五”国家信息化规划》预测，2020—2025 年，我国网民规模将由 9.89 亿增长至 12 亿，5G 用户普及率将由 15%增长至 56%，IPv6 活跃用户数将由 4.62 亿增长至 8 亿。这组数据表明，大规模在线学习的信息网络的基础环境将快速发展和完善。

在互联网推动下，公开课的发展方向就是网络公开课、慕课。

（一）政策导向

自 2015 年“互联网＋”行动计划提出后，“互联网＋”上升到国家战略，并得以在官方和民间深入推进。“互联网＋教育”也在教育理论界和实践界中被热议。

“互联网＋教育”给传统教育行业带来深刻变革。最显著的变化趋势有两点。一是促进教育资源由封闭到开放。互联网打破了传统教室、图书馆、实验室的围墙，海量的文化信息以文本、图片、视频等多种形式广泛传播，全球进入共享课堂。二是改变学习方式。传统教学按照班级授课制形式组织教学活动，学习人数、时间、地点、内容都受限制。在“互联网＋”背景下，学习方式由被动走向主动，由规定时间、地点、内容变为个人灵活自由选择。

公开课在“互联网+”背景下，走向网络公开课，助推中小学一线教师专业化发展，已成为必然。在高等教育领域，由教育部主导，着力建设的中国大学视频公开课就是明证；在基础教育领域，教育部于 2014 年开展的“一师一优课、一课一名师”活动，是中小学网络公开课建设的一大举措。

（二）现实需求

公开课走向网络公开课是具有坚实的群众基础和需求的。开展网络公开课对一线教师的专业化发展意义重大。

一是有助于拓展教学实践智慧，完善知识结构。教学实践智慧大部分是教师在躬身实践过程中获得的体验和感悟，即来自直接经验，也可以通过借助他人的间接经验得到拓展。网络公开课的开发与建设意味着，不论是新任教师、合格教师还是骨干教师，都可以通过不同层次、不同类型的网络公开课获得间接经验。从模仿、研讨到批评反思，都可以在观摩海量网络公开课中完成。尤其是视频公开课的形式，让观摩者得以通过视觉、听觉等获得公开课的直观景象，减少了文字描述不能重现课堂的弊端，让观摩者有类似于现场观摩的体验。

二是便于开展个性化学习。个性化学习，是指依据学习者的喜好、目标、时空条件展开学习。网络公开课意味着观摩者可以根据自己的情况，在允许的时空条件下，根据自己的兴趣爱好或者短板，学习自认为需要的知识。对于熟练的知识可以选择不学，对于陌生的、困难的知识可以反复学，直到理解、感悟真谛为止。

三是有助于简化学习之外的其他事务。传统公开课观摩研讨活动由于集中授课、现场观摩的需要，往往产生很多学习之外的附带事务，如外出学习产生的费用负担、时间成本、精神压力等。网络公开课的施行，可以减少此类与学习本身关联不大的杂务，使得学习者可以专心致志，把主要精力投注到学习知识本身上。

（三）实施前瞻

值得进一步关注的是，当前大多数网络传播的中小学视频公开课尚不能与大学公开课媲美，尤其在知识的系统性方面非常欠缺，通过网络形式搜集到的中小学视频公开课资源往往是零碎的、随机的。其开发和建设的方向可以参考中国大学视频公开课的建设思路，同时兼顾基础教育的特点。

目前，我们在互联网上已经能够发现根据这种思路建设的中小学视频公开课，这代表了网络公开课发展的方向，比如由中共中央宣传部发起并建设的“学习强国”平台，其中“教育”频道的“中小学课堂”专栏（图 2-2），收录了由各地宣传机构、专业报刊、地方中小学精选的优质课堂教学视频，无论是教学视频内容的示范性，还是视频的画质都足以满足学习和研究的需要。新冠肺炎疫情发生后，“学习强国”平台推出了“在家上学”专栏，包含小学各学科课程的教学视频，满足学生的线上学习需求。2022 年 3 月，国家中小学智慧教育平台上线，这个平台拥有 6 类资源，包括专题教育、课程教学、课后服务、教师研修、家庭教育、教改实践经验，其中“课程教学”“课后服务”专栏汇聚了大量优质的教学视频资源，教师、学生、家长可根据不同用户身份注册登录，相应也会拥有不同的访问权。该平台还增加了资源操作和互动的功能，所有视频资源均可以投屏播放，课程教学资源可以缓存离线查看。在学习过程中遇到问题还可以点击“提问”，与班级老师进行交流。

图 2－2 “中小学课堂”专栏展示图

第四节 翻转课堂与微课制作

翻转课堂（Flipped Classroom 或 Inverted Classroom），也翻译为翻转教室、颠倒教室等，它源于教学实践，是风靡世界的一股教育改革新思潮，得到了教育理论界和实践界的热议和关注，是近十多年来教育界的一件大事。

一、翻转课堂的由来与发展

（一）翻转课堂的由来

翻转课堂起源于 2007 年由美国科罗拉多州的化学老师伯格曼和萨姆斯进行的教育改革实践。

这两位化学教师发现了一个很多教师都需要面对的问题，他们说：“很多学生会错过大量课程，因为他们要参加比赛和各种活动。学生在去参加活动的路上花费了太多时间。因此，学生会错过我们的课程，却又挣扎着想要赶上进度。2007 年的春天，我们开始利用屏幕内容截取软件来录制 PPT，形成视频课程。我们把录制的课程放到网上，方便学生使用。缺课的学生很喜欢录制的课程，他们很容易就能学到他们错过的课程内容。有些上了课的学生听说有录制的视频课程也会再看一遍。有些学生会在复习考试时再观看这些视频。”

这些视频课程也受到其他同学和教师同行的热烈欢迎。因此，两位教师对其进一步改进，并形成了独特的教学模式，即教师在课前把 PPT 录制成视频课程，发布到网络平台或刻录为DVD发给学生，作为预习作业。第二天到了课堂上，教师针对学生观看视频后提出的问题开展一对一的个性化辅导。从而形成一种课前学习，课中辅导的创新教学模式。

（二）翻转课堂的发展

翻转课堂得以风靡世界，与可汗学院的积极推进有密切的关系。该学院创始人是美国人可汗，可汗早年在华尔街从事基金分析工作。在一个偶然的机会下，他通过使用屏幕捕捉软件录制数学微视频上传到YouTube网站上，为远在千里之外的表妹辅导数学。他的表妹发现通过观看这些微视频，她可以自定学习进度、自由选择时间和空间进行学习，解决了自己数学学习中的问题。这一学习方式逐渐被学生采用，并获得了较大反响。

2007年，可汗建立了一个非营利的在线网站“可汗学院”，把他的讲课视频都放在了这个网站上。2009年，可汗辞去对冲基金分析师的工作，在一间14平方米的工作室内专门录制视频，全身心投入可汗学院的建设中。2011年，可汗在美国一家私有非营利机构TED（Technology Entertainment Design）大会上以“用视频重新创造教育”为主题做演讲报告。盖茨感慨地说，可汗是将科技应用于教育的先锋，他开启了一场革命。

可汗学院的重大贡献在于，它组织了一批专业人士录制了风格一致的教学微视频，从而解决了翻转课堂最大的技术难题——教学微视频稀缺，从而大大减轻了教师自己制作微视频的负担。

发展到今天，可汗学院已成为全球最大的面向中小学教师和学生群体提供各科教学微视频资源的非营利性在线网站。

二、翻转课堂的内涵

（一）概念

翻转课堂是什么？对于这个问题，国内外学者因所站角度不同会给出不同的解释，但翻转课堂作为一种教学流程的变革，是大家普遍的共识。

伯格曼和萨姆斯认为，翻转课堂的概念大概是“将传统上在课堂上做的事情改为在家里做，传统上的家庭作业则在课堂上完成”。

有研究者认为，借由教师录制的课程影片，学生不但能选择在任何时间、地点，以任何形式的载体观看学习影片，也能在课后或家中依照自己的学习速度放慢、暂停、跳过或重复观看。在学校时，教师则将课堂时间更有效地用于协助学生学习，如提供个别指导以帮助学生厘清概念，组织小组讨论，让学生获得练习与学习的机会，为有困难完成练习的学生提供协助。此外，教师还可以设计更深更广的内容使学习速度快的学生能获得挑战，并通过各种方式引导学生从基础的认知层提升至更高的思考层。翻转课堂概念图如图2-3所示。

国内研究者叶波提出，翻转课堂教学活动流程主要分为两个部分：一是在课前进行的，主要有教学视频的制作与发布、学生自定步调的自主化学习等环节；二是在课堂教学过程中师生面对面进行的，包括测试、反馈与合作化学习等环节。

（二）理论依据

综观国内外研究者和实践者对翻转课堂的学理探究，以下几点被认为是翻转课堂的理论依据。

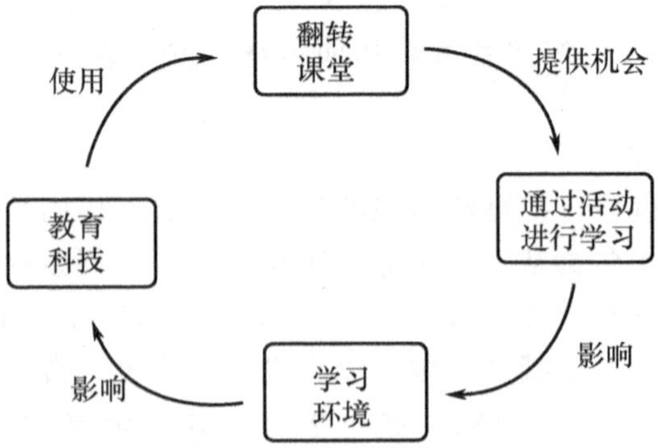

图 2-3 翻转课堂概念图

1. 掌握学习

掌握学习（Mastery Learning）由美国教育心理学家布鲁姆提出。布鲁姆的掌握学习理论承认学生的学习能力、智力是有差异的，但如果提供了适当的学习条件，大多数学生在学习能力、学习速度、进一步学习的动机等多方面就会变得十分相似。知识按照教育目标分类，可分为 6 个层级：识记、理解、应用、分析、综合、评价。该理论强调依据“矫正—反馈”系统对一个层级教育目标进行逐步、有节奏的掌握，以进入下一层级的学习。

伯格曼和萨姆斯提出，掌握学习的基本思想是要按照自身节奏进行一系列的目标学习。学生并非同时学习一个课程主题，每一名学生都可以按照各自预定的目标进行学习。

有研究者提出，翻转课堂是将原本较低层级的记忆和理解，由课内时间转换至课外时间，再将教师课堂时间的专注力放在带领学生从事较高认知层次如应用、分析、评鉴乃至创造的历程活动。

金陵认为，在翻转课堂学习方式下，学生学习结构发生了变化，学习知识主要是在家里，内化知识主要是在课堂，这样，就把课堂正式学习与课外（家里）非正式学习统一起来，在学习时间总量上保持平衡。叶波认为，翻转课堂的教学模式，其实质上就是以“掌握学习”理论为基础，注重群体教学与个别教学相结合的教学形式。

2. 个性化学习

个性化学习是指以学生为中心，以反映学生个性差异为基础，以促进学生个性发展为目标的学习范式。个性化学习理论认为，为了促进学生在各个方面自由、充分、和谐地发展，在学习过程中，应充分考虑学生的个性特点和发展潜能，选择恰当的学习方式、学习手段和评价方法，选择适宜的学习起点、学习内容和学习进程。随着互联网时代的到来，信息技术广泛应用于教育领域，传统的学习内容、进度、起点、目标和要求等的统一性被打破，个性化学习已成为互联网时代的典型特征。翻转课堂的本质是通过对传统教学流程的颠覆，践行“以学生为中心”的个性化学习理念。

从课前学习环节看，翻转课堂教学的重心倾向于这个环节，这个环节主要是通过教师为学生提供学习内容、资源，学生依据教师提出的要求学习。在学习内容方面，学生成为学习的主人，自主选择教师提供的学习内容，根据自己的基础和能力自定进度，甚至可以根据自身认知水平和接受理解能力回看教学内容，直到弄懂为止。在学习地点和设备方面，随着智能手机、平板电脑等智能设备的普及，学生的学习时间和地点有了灵活的选择。在互动交流方面，随着信息技术普及，教学硬件和软件设备的完善，教学平台成为集成课程学习资源、测评、信息发布、互动交流的理想选择，师生、学生之间可以在教学平台进行交互式的讨论、答疑，学生可针对自己的问题进行提问，并得到来自教师和同学的解答。在不具备教学平台的情况下，个性化的交流互动仍然可以依靠微信群、QQ群、微博、论坛等开展。翻转课堂个性化学习图式如图 2-4 所示。

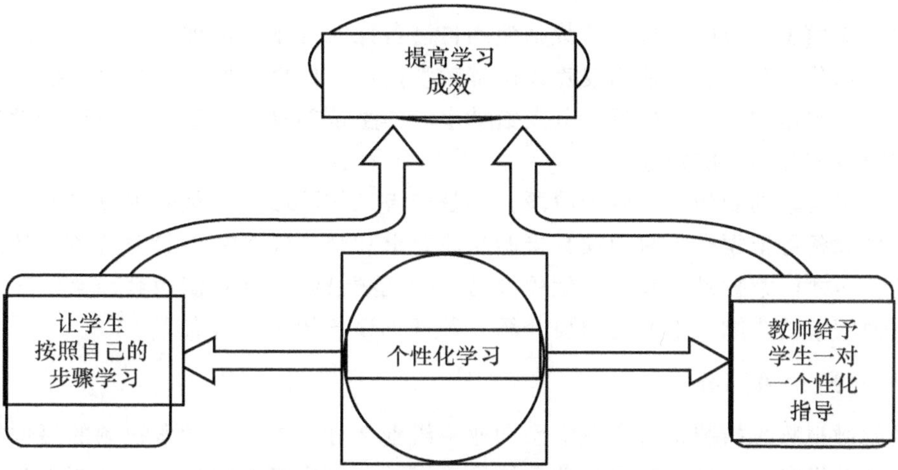

图 2-4　翻转课堂个性化学习图示

从课堂学习环节看，学生的学习仍然体现出个性化学习的特征。翻转课堂把传统的师生讲授环节转变为学习小组答疑、训练、巩固的环节，每个学习小组由 2～4 人构成。针对小组任务，组员之间先独立自主完成作业，再汇报小组学习成果，反馈学习存在的问题和困难，最后小组之间、师生之间互相讨论答疑。争取做到学生都会的不讲或少讲，学生都不会或者大部分不会的多讲、特讲，这样既节约了时间，提高了学习效率，又解决了学生个性化的学习需求，不至于使学生在课堂上开口提问题的机会少、当堂反映问题的机会少，从而累积学习困难和问题。

3. 混合式教学

何克抗教授提出，所谓混合式教学是在以混合式学习（B-Learning）为标志的教育思想指引下，对课堂教学模式实施重大变革所产生的成果。事实上，翻转课堂从一开始就是“课前在家里看教师的视频讲解，课上在教师指导下做作业（或实验）”这两种学习方式的混合；后来翻转课堂在吸纳了“慕课”的特点与长处以后，更进一步发展为“在线开放课程”（分为“完全在线”和“部分在线”）与“课堂教学”方式的混合。

究其本质，翻转课堂实际上就是一种混合了家、校学习空间，混合了课堂、课外学习阶段，混合了传统的面授式课堂教学与在线教学的混合教学模式。

三、翻转课堂的实施

翻转课堂的实施包括教学微视频的准备和实施程序，微视频的准备包括制作或者搜寻高质量的视频，实施程序包括前置（课前）学习和课堂学习。

（一）微视频的制作准备

制作微视频之前需要选择恰当的知识点、进阶练习题、方便适用的录屏软件、相应的视频拍摄和外接硬件设备。

“工欲善其事，必先利其器”，制作微视频需要了解和准备好常用的工具设备。常见的用于拍摄视频的硬件设备有高清摄像机、智能手机、摄像头、附带摄像功能的笔记本电脑等。常见外接设备有便于绘画和动态演示的数位板、便于声音输入的麦克风。常见录屏软件有 PowerPoint、Camtasia Studio 等。

微视频应用于学习的原理是，教师使用自己备课时准备好的课件，打开录屏软件，当课件处于演示状态时，教师使用麦克风讲解教学内容，依靠录屏软件将教师播放和讲解的课件录制为视频格式，保存好后，分发给学生，学生依靠具有播放功能的终端设备观看微视频，并完成教师布置的作业。

因此，微视频的制作分为两个阶段：一是准备工作阶段，二是微视频录制阶段。准备阶段的硬件设备可依据教师对微视频摄制品质要求和个人经济能力量力置备，教师需要经过特定的学习才能掌握录屏软件的使用诀窍；微视频录制受到录制内容、录制环境、录制效果等方面因素的影响。下文先简要介绍几种常见设备的使用特点。

1. 微视频拍摄装备

常见的微视频拍摄装备有专业级别和业余级别之分，拍摄教学微视频的摄像机不必追求专业级别的设备，采用便携式的业余摄像机即可。摄像机的构成分为主要设备和辅助设备，主要设备包括摄像机、数码摄像机、数码单反相机、智能手机、摄像头等，辅助设备有三脚架、摄影灯等。

数码摄像机的优点是拍摄的画质稳定、清晰，便于后期制作和编辑；缺点是需要一定的拍摄基础知识和技巧，手持拍摄时视频画面易抖动失真，建议搭配三脚架拍摄。

数码单反相机用于微视频拍摄是近些年才出现的，在视频画质、景深、特写、夜景拍摄等方面，数码单反相机拍摄效果要优于数码摄像机。以至于近年来，使用数码单反相机拍摄视频的创作者、爱好者越来越多，甚至有的影视剧组也采用轻便灵巧的数码单反相机拍摄具有专业水准的影视剧作。教学微视频往往是在室内且不具备专业灯光设备的条件下拍摄的，很多时候甚至是在夜间拍摄的，需要表现特写的镜头也比较多，选择数码单反相机拍摄教学微视频，也可以作为培养摄影爱好的一个有益探索。

随着科技发展，视频拍摄功能已成为智能手机的一项重要配置。智能手机携带方便、使用方便，逐渐成为我们拍摄照片和视频的主要设备，现在的智能手机能拍摄 1080p 全高清，甚至 4K 画质的视频，对于短视频爱好者来说，一部手机就足以满足需求。使用智能手机拍摄微视频，需要注意以下几点：一是保证手机存储空间足够使用；二是拍摄前准备手机支架，以提升视频画面的稳定性和清晰度；三是将手机调整为飞行模式，以减少其他应用程序对视频拍摄的影响，提高画质纯净度；四是采用横向拍摄，使视频比例更接近电脑和教学投影等设备的比例；五是使用经典构图比例，使拍摄主体位于屏幕三分之二处。

2. 声音输入设备

拍摄教学微视频时，使用具有收音功能的外置声音输入设备，往往会使得声音效果更好，不至于因为充斥着杂音和噪声的音频而影响精心准备和拍摄的视频。外置麦克风是一个不错的选择，相对于内置麦克风而言，外置麦克风在录制电脑屏幕时，不会连点击鼠标和触控屏幕的声音都录下来。在实践中，一种用于网络游戏的无线 USB 麦克风的录音音质接近于录音棚的专业设备，能很好地捕捉到说话者语音和语调、气息的变化，可谓物美价廉，非常适合用于微视频拍摄和录制。

3. 动态批注输入设备

对于需要演示推算过程、为课件做注释、直观展示绘图过程等教学活动而言，一件带有动态批注、绘画功能的手写数位板就显得很有必要。手写数位板往往由三个配件构成：一块支持手写和信号收发的数位板、一支压感笔、一根 USB 连接线，将数位板连接电脑后，可以轻松实现在课件上做动态批注、绘画、书写推算数学公式等活动。市场上数位板品牌较多，可选择面广，使用较多的有 Wacom 数位板。

将这种手写数位板应用到教学课件中可以大大提高教学的直观性、交互性、亲切感，提高学生的关注度和学习兴趣。当然微软研发的 Office 办公系统中的 PowerPoint 也具有批注功能，但是由于只能使用鼠标操作，难度大、速度慢，降低了备课的效率。

4. 录屏软件

随着微课的普及和技术的发展，录屏软件作为必备软件并得到长足发展，使用录屏软件可以轻松捕捉和录取电脑屏幕上的一切活动和轨迹，并且能智能地将捕捉到的这些活动存储和转化为视频文件。演示 PPT、浏览网页、播放音乐、在电脑上做批注等活动都能被录制为视频文件。

在实践中，使用度最高、认可度最高的录屏软件是 Camtasia Studio。使用 Camtasia Studio 录制屏幕视频是翻转课堂的重要手段，本书将在下文结合案例具体讲解。

交互式的电子白板集合了教学投影、互动教学等功能，在教学信息化建设中具有举足轻重的地位，广泛存在于大中小学的多媒体教室，是教师经常接触和使用的设备。电子白板同样具有屏幕录制功能，其优点是贴近教学实践、功能强大，大多数一线教师都经历过培训，熟悉电子白板的功能和术语；缺点是录制需依托电子白板教室，教师只能利用空闲时段使用，且不便于存储视频文件和后期处理。在实践中，可以到学校采购的电子白板厂商的官方网站下载配套软件，安装到自己家的计算机，以解决电子白板录屏、备课的时空局限性。

（二）微视频录制

录制微视频不难，但录制优质的微视频，却需要复杂而系统的训练。微视频的录制包括选题、视频教案的设计、录制、后期编辑等程序。

1. 选题

一段微视频一般 5～10 分钟，选题是最关键的一环。好的选题代表成功了一半，不好的选题会使微视频不伦不类，既不像微视频教学也不像传统的课堂教学。

选题要做到主题集中、鲜明，一个微视频解决一个知识点。对于知识点的选择，应明确该知识点的教学目标，将其落实为教学重难点来制作微视频，围绕知识点设计练习和教学资源。选题不宜贪多求全，也不宜追求系统化和知识的完整。碎片化的知识点分则各自独立，合则形成整体，是微视频选题的要求。

选题要做到合乎规矩。具体来说就是要符合小学课程标准的规定。不可脱离课程标准的要求，包括人为拔高或降低标准，总体上要遵循课程标准规定的目标，细节上要依托教材落实课程标准的具体要求。

选题要符合学情。学情分析是教学设计的前提，录制教学微视频也不应脱离学情。要尊重小学生的认知规律，充满具象的图片、动画、故事等知识，会让他们更容易接受。

2. 视频教案的设计

视频教案的设计包括微课教学设计和视频拍摄文案设计两方面，微课教学设计，主要解决课时目标；视频拍摄文案设计主要解决将微课教学设计落实为拍摄环节的问题。这两方面可以合二为一，也可以分开编写。下面列举实例以辅助说明。

案例 2－4－1

视频教案的设计

【设计步骤】
第一步，锁定问题点：明确该微课要解决的问题。
第二步，梳理关键因素：分析和梳理突破问题点的相关因素。
第三步，设计建构策略：设计呈现问题、讲解陈述的逻辑策略。
第四步，准备素材资源：准备讲解过程中需要调用的教具、素材、资源。
第五步，形成微课脚本：按时间顺序撰写拍摄操作，陈述的内容等。
微课脚本模板：

【微课课题】
授课者

【目标】……
【主要学习对象】……
【建构策略】
(1) 陈述逻辑
引入：……
过程：……
小结：……
(2) 呈现策略
【教具或资源准备】……
【拍摄脚本】

《课题》拍摄脚本

环节	内容	主体操作	陈述句子	助手操作

案例 2-4-2

《“画三角形的高”错点分析》拍摄脚本

环节	内容	授课者操作	授课者陈述	助手操作
开始	出示课题		……	镜头对准课题名称字样，按下录制按钮
引入	出示错题	出示“画三角形的高”的错题作业本	……	
过程	分析原因	模拟产生错误的画高操作	……	
	讲解方法	示范正确画法的关键步骤	……	递直尺、三角板等学具进入镜头
	重复重点	重复示范其中关键点的操作		可考虑是否拉近镜头、放大焦距
小结	结束语		……	在最后一句陈述话语后按停止录制按钮

资料来源：龙丽嫦，曾祥潘，简子洋．用技术解决问题：教师信息素养 88 个情景实例［M］．广州：暨南大学出版社，2014.

具体的录制和后期编辑方法将在下文中以实例的形式进行讲述。

三、微课制作实例

使用录屏软件，是目前微课制作最常用的方法，使用频率最高的录屏软件是 Camtasia Studio。下面将结合 Camtasia Studio 8.6，对录制和后期编辑的步骤和技术进行介绍。

将微视频课件准备好，做好一对一教学的思想准备，开始录课。

1. 录制步骤

（1）设置幻灯片页面大小。

打开 PPT 课件，做好录制屏幕前的准备。以 WPS 办公软件为例，为满足视频格式要求，录制视频前，先对 PPT 课件进行页面设置：单击“设计”→单击“页面设置”→选择“全屏显示（16∶9）”，如图 2-5 所示。

（2）启动录制屏幕项目。

打开 Camtasia Studio 软件，在弹出窗口中选择“新建项目”选项，如图 2-6 所示。

（3）检查录屏软件、外置麦克风、摄像设备是否正常启动。

根据需要在录屏前设置摄像头、音频，选择录制屏幕区域，如图 2-7 所示。

（4）录制课件演示和讲解过程。

单击“rec”按钮（或按快捷键 F9），屏幕出现倒数计时，倒数 3 秒后，软件正式开始录制。录制区域下方会出现 Camtasia 录像机组件界面，可以看到录制的时间。录制过程

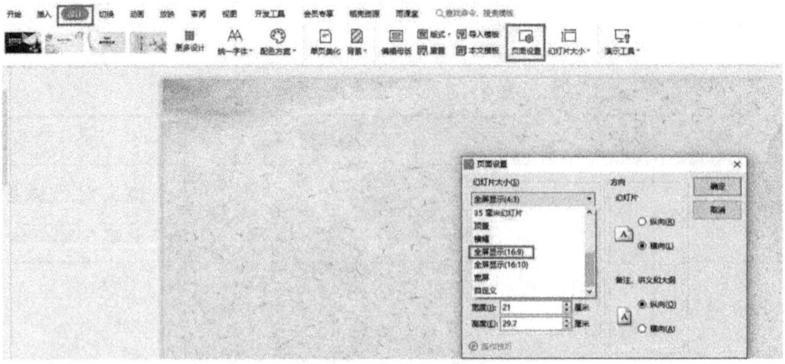

图 2－5　设置幻灯片页面大小

图 2－6　新建项目

图 2－7　录屏前设置摄像头、音频，选择录屏屏幕区域

中如需暂停，可以单击“暂停”按钮，如果录制错误可以单击“删除”按钮。录制完成后，单击“停止”按钮（或按快捷键 F10），完成此次录制，如图 2－8 所示。

（5）保存微视频。

完成录制后，会弹出播放器预览录制视频界面。如果对录制结果满意，可单击软件右上角“分享”按钮，弹出“保存文件”对话框，选择“本地文件”，根据需要选择视频文件格式，并重命名文件名，然后单击“保存”按钮即可完成录制，如图 2－9 所示。如不满意录制的视频，可单击“删除”按钮，重新录制。

图 2－8　录制课件过程图示

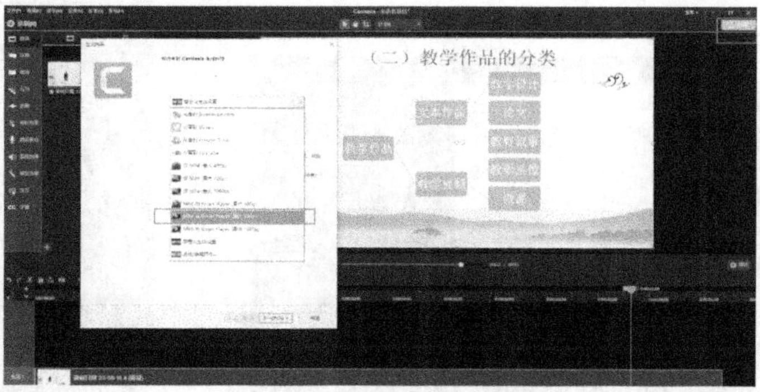

图 2－9　保存或者删除视频

在录制屏幕视频的过程中，需要注意以下几点。一是始终设想听课对象是一个学生，教师在面对面地和他（她）进行交流，如实在难以适应，可准备一份录课脚本，按图索骥进行授课。二是尽量减少教师口语中的口头禅，如果讲错了，不要继续往下讲授，可稍微停顿几分钟，把刚刚讲错的地方重讲一遍，以方便后期对视频进行剪接组合等编辑。三是录制前可将授课素材集中到一个文件夹中，以方便在讲授过程和后期编辑中随时调用。四是准备教学素材时，可围绕教学内容做适当地开发和利用，如拍摄相关的户外图片和视频等。另外，在户内拍摄教师本人讲课或其他视频时，应尽量穿颜色对比明显的服装，不宜穿格纹装；为方便后期视频编辑，可在拍摄对象背后和地面铺设纯蓝色、红色、绿色等幕布，着装颜色应以与背景幕布颜色无交叉、无相似为宜。

2. 后期编辑

教学微视频的后期编辑也可使用 Camtasia Studio 软件完成，通过对视频素材的非线性编辑，可轻松完成添加视频片头、背景音乐、特效、转场、字幕、剪接、合并、进阶练习测试等功能，使教学微视频内容、形式更丰富和立体，充分调动学生的学习兴趣。该软件的主要功能和分区（图 2－10）依次为：工具栏导航、常用工具栏、视频预览区、属性工具和时间轴工具与区域。常用的工具有“媒体”“注释”“转场”“行为”“动画”“音频效果”“视觉效果”“交互”“字幕”等，大多数工具的基本功能可根据日常使用习惯感知和掌握。需特别说明的是：“媒体”工具，主要包括图片、视频、音乐等“媒体箱”和“库”；“注释”工具的主要功能是为视频和图片添加注释和标识，可用于制作标题等注释；“转场”工具的主要功能是进行视频和视频、视频和图片之间的衔接转换，使场景转换更流畅自然。

（1）导入素材。

打开软件，单击“导入媒体”按钮，选择需要导入的由 Camtasia Studio 软件录制的视频文件、其他格式的视频文件、音频、图片等素材，如图 2 - 11 所示。

图 2 - 10　Camtasia Studio 软件的主要功能和分区

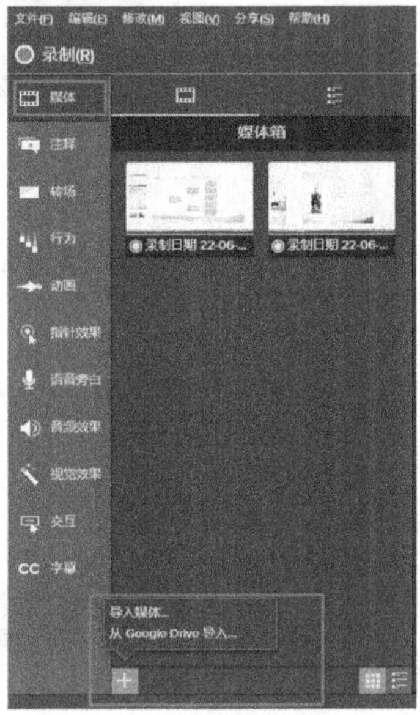

图 2 - 11　导入媒体素材

（2）在时间轴上处理素材。

将剪辑库中的素材按照先后顺序和设计需要拖进时间轴。根据需要可把图片素材与视频素材放入同一轨道；也可把视频素材放入一条轨道，图片素材放入一条轨道，背景音乐放入一条轨道。视频素材和图片素材在时间轴上出现的前后位置，决定了生成视频后画面的先后顺序。几条轨道上的素材出现层次具有高层出现，低层被覆盖的特点，因此，一般将背景音乐放在第一条轨道，再按照讲授内容的先后顺序安排素材在时间轴上的位置，如图 2 - 12 所示。

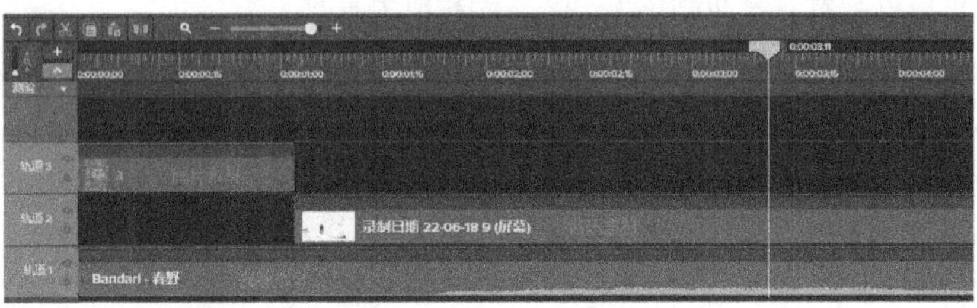

图 2 - 12　时间轴上素材安排与处理

（3）音频处理。

音频素材拖入轨道并预览后，如有编辑需要可进行处理。选中时间轴音频素材，单击“音频效果”选项，根据视频出现、转场、结束等不同场景的需要进行音量调节或使用“降噪”“淡入”“淡出”等功能，如图 2-13 所示。

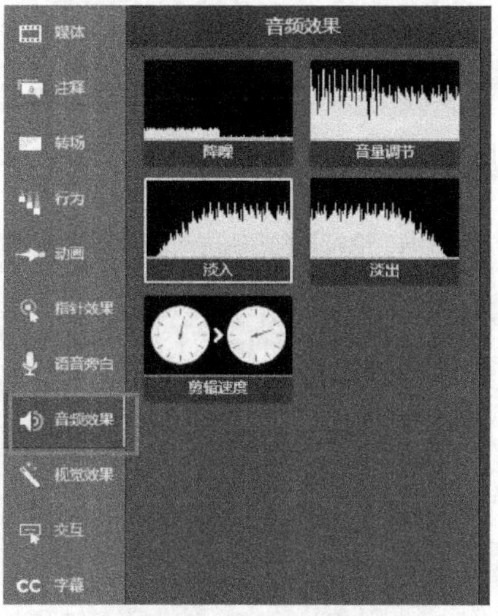

图 2-13 音频处理

（4）分割与合并视频。

分割是指对不需要的视频片段进行分离。先选中素材分割对象，将时间线移动至需要截去的起点，单击“分割”按钮，再将时间线移动至需要截去的终点，再单击“分割”按钮，然后单击鼠标右键，在弹出的快捷菜单中选择“删除”选项即可，如图 2-14 所示。合并视频就是把两段视频按照先后顺序放置在视频时间轴上，先选中这两条视频素材，然后单击鼠标右键，选择“组”选项即完成合并，构成一条新素材。

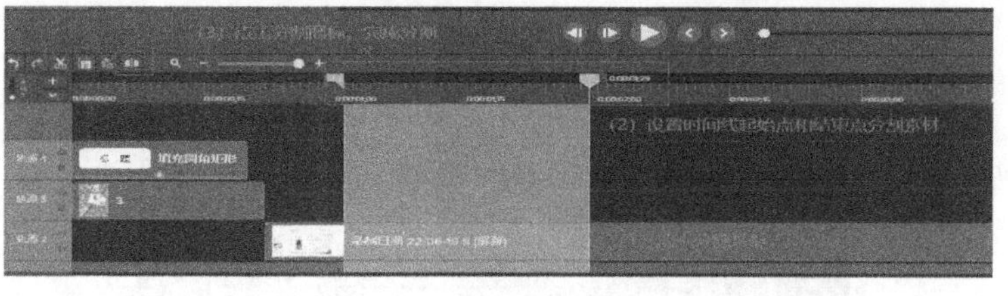

图 2-14 分割视频素材

（5）添加注释。

单击工具条中的“注释”→选择样式→拖动样式至预览视频→调整批注框大小、位置→在时间轴上选择对应素材设置注释出现的时间点和持续时长，如图 2-15 所示。

（6）设置转场效果。

转场效果主要用于不同视频片段之间的衔接与过渡，目的是使视频内容之间的过渡显得更自然、美观。单击工具菜单上的“转场”→选择转场类型→将该转场类型拖动至轨道上需设置转场效果的素材上→设置转场效果时间，如图 2-16 所示。

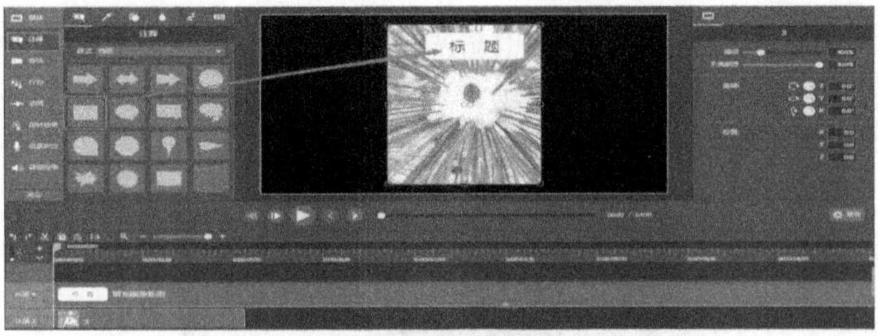

图 2-15 使用注释功能为视频添加标题

图 2-16 设置转场效果

（7）生成视频文件。

完成以上常用处理手段后，就可以渲染和生成完整的教学微视频了。单击菜单栏“生成与分享”选项，根据需要选择视频文件格式和大小，然后单击“下一步”按钮，选择视频存储位置，最后进行渲染和保存，如图 2-17 所示。

图 2-17 生成视频文件

补充说明：对于教学微视频的输出格式和大小，在不同的场合或应用对象不同时，会有不同的要求，需要根据具体要求选择和设置。

四、翻转课堂实施的案例

2012 年被誉为中国翻转课堂元年，自此以后，翻转课堂在中小学课堂中如雨后春笋一样生长起来，积累了宝贵的探索经验。下面我们将通过对小学数学的翻转课堂教学案例的观摩，获得翻转课堂实施的感性经验。

案例 2-4-3

小学数学“认识时间”翻转课堂教学设计

课前思考

翻转课堂作为一种“先学后教”的教学形式，在促进学生自主学习方面有一定的优势。翻转课堂的主要特点是以学生为主体，让学生真正成为学习的主人，学什么、怎么学、何时学，都由学生自行决定。

2013—2014 年，我成了翻转课堂的真正参与者，执教了翻转课堂“认识时间”这节课，通过本节课的教学，我力求达成以下教学目标。

1. 在具体的生活情境中，借助钟面认识时间单位“分”，知道 1 时＝60 分。

2. 结合直观演示和操作，知道在钟面上分针走 1 小格是 1 分，初步认识几时几分（5 分 5 分地数），会读写几时几分和几时半。

3. 借助对时间长短的感受，初步体会时、分的实际意义。

教学过程

下面是我设计这节课的大致过程。

课前，我先录制了一段大约 8 分钟的微视频。为了保证课前观看视频的学习效果，我还设计了学习任务单，具体内容如下。

“认识时间”学习任务单

班级（　　）姓名（　　）

教师：同学们，钱老师将和大家共同学习一节新课“认识时间”，请大家根据钱老师的建议完成学习任务单。希望大家学习时做到“看、思、记、问”四个字。

看：认真观看钱老师发布的微视频。

思：思考这段视频讲了哪些知识。

记：在学习任务单上或者其他地方记下自己的学习收获。

问：看过这段视频后，有关时间的知识，你还有什么问题要问吗？

一、学习任务

1. 学习任务一

观看钱老师录制的微视频，思考下面三个问题：

（1）钟面上有什么？

（2）通过听小精灵的介绍，你知道钟面上不同刻度表示的意思吗？你认识“分”了吗？

(3) 你会讲《老鼠的梦想》这个小故事吗？你能准确读出故事中提到的，如图 2-18 所示的四个时刻吗？

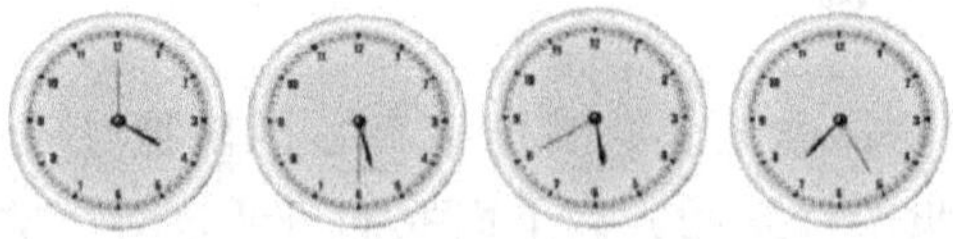

图 2-18 《老鼠的梦想》中的四个时刻

(4) 你知道 1 时等于多少分吗？从 4 时开始，5 分 5 分地数，你能准确地说出分针指向 1，2，3，4，5，6，7，8，9 时所表示的时间吗？

2. 学习任务二

观察自己家里的钟表或电视机上的电子表，看看你喜欢看的动画片是什么时间播出的。

二、分享收获

1. 教师在课件上展示微视频中的四个画面（图 2-19），以这四个画面为线索，引导学生回顾视频中的内容

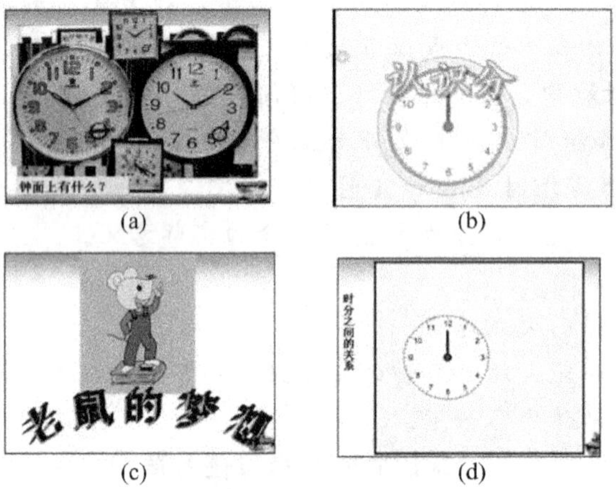

(a) (b) (c) (d)

图 2-19 四个线索

(1) 通过图 2-19 (a)，引导学生说一说钟面上有什么。

学生很容易说出：钟面上有 12 个数；有 3 根针，分别是时针、分针、秒针；有 12 个大格，每个大格有 5 个小格。(学生回答后，教师进行视频回放)

(2) 通过图 2-19 (b)，引导学生说出：时针走一大格的时间是 1 时，分针走一小格的时间是 1 分。

教师提问：分针从 12 起走到 1，走了多少分？按照 5 分 5 分地走，从 12 起走到 2、走到 3……走到 9，各走了多少分？

教师演示课件，学生边看演示，边思考教师提出的问题。

(3) 通过图 2-19 (c)，借助学生喜欢的故事《老鼠的梦想》，进一步认识时间。

(4) 通过图 2-19 (d)，引导学生体会时、分之间的关系。

教师随着故事展示画面，再放大画面上的钟面。随着画面的不同，钟面上分别显示出

4 时、5 时 30 分、5 时 40 分、7 时 25 分。教师启发学生思考：小老鼠觉得偷东西失败是公鸡打鸣的原因，为什么把公鸡的嘴堵住了，太阳还是会出来呢？

启发学生体会：虽然把公鸡的嘴给堵住了，但太阳还是照样会出来的，因为时间是不会停止的。

【设计意图】《老鼠的梦想》这幅连环画来源于美术教材，为了上数学课，我有意在画面中增加了钟表元素，通过把故事和数学联系起来，使学生感到故事中也有数学知识。通过“堵住公鸡嘴”的有趣情境，使学生感受到时间具有“连续性”的特点，感受到时间永远也不会停下来。

2. 认识时和分之间的关系

(1) 教师动态演示课件，让学生体会时和分之间的关系。

在动态演示中，学生获得结果：1 时＝60 分。

学生获得结果后，教师再次动态演示课件（图 2－20），让学生直观地看到，分针顺时针走一圈，时针就走一大格，以便加深学生印象。

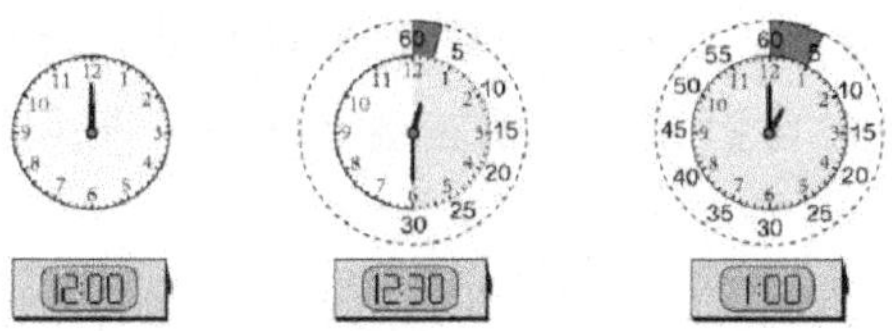

图 2－20　分针和时针的运动

从 12 时到 12 时 30 分，再从 12 时 30 分到下午 1 时。分针走一圈，时针走一大格。

【设计意图】课件的动态演示，主要是为引导学生观察分针和时针的运动情况，通过对两根针运动的速度和走过格子数的观察，直观感受时和分之间的关系。

三、感受 1 分有多长

教师先播放时长 1 分钟的舞蹈《千手观音》，再播放中央电视台时长 1 分钟的电视广告，让学生实际感受 1 分钟有多长。

【设计意图】学生能够读、数 1 时等于 60 分，并不等于学生就真正建立起了时间的量感，通过播放 1 分钟视频的方式，让学生对 1 分钟有真切的感受。

四、进一步认识时间

(1) 教师利用课件动态演示学生从 4 时开始数，5 分 5 分地数，一直数到 4 时 45 分。

(2) 学生自己在作业纸上（图 2－21）填出相应的时间。

图 2－21　认识分针作业

【设计意图】这个教学环节体现了节奏感，在这里我舍得花时间鼓励学生动手操作。先看课件演示，再自己动手填一填，主要是为了强化学生对钟表结构的认识，为接下来认识几时几分打基础。

(3) 教师出示下面的截图（图 2－22），引导学生发现并认识几时几分的规律。

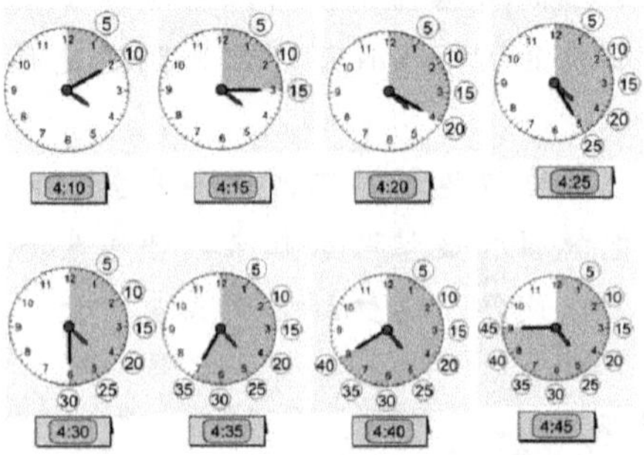

图 2－22　认识几时几分的规律

教师提问：为什么上面 8 个钟面表示的时间都是 4 时多？

通过观看钟面上表示的时间，引导学生发现：只要时针走过数 4（但还未走过数 5），分针从 12 起不管走了多少个小格，都是 4 时多。

【设计意图】由动态到静态，使学生清楚地看到时针、分针的运动方向，有利于在比较中发现规律，概括出读出时间的方法。明确要读出一个时间，应由时针、分针的位置共同来确定。

五、形式多样的练习

(1) 教师课件播放学生小明离家和到校的两个时刻（图 2－23），让学生读出钟面上表示的时间。

图 2－23　易错题辨析

第一个时刻学生读起来一般没有问题。但学生在读到校时刻时可能会出现两种答案：7 时 45 分和 8 时 45 分。教师可利用学生的这一错误，进一步指导如何看时间。

为了突破难点，教师出示下面的两个钟面（图 2－24）进行比较。

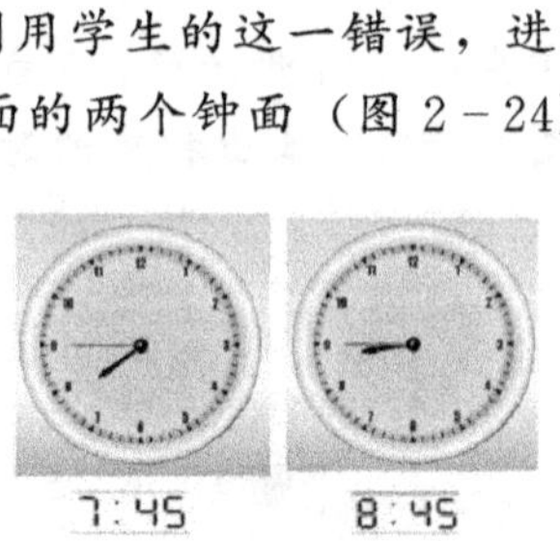

图 2－24　时针位置的辨别

比较两个钟面后，引导学生发现：7 时 45 分时，时针都快到 8 了；8 时 45 分时，时针都快到 9 了。

【设计意图】错误也是一种宝贵的教育资源，让学生把自己的错误暴露出来，然后再充分利用这一错误资源，借助钟面图将 7 时 45 分和 8 时 45 分进行比较，有利于突破教学难点。

（2）结合《冬天的早晨》连环画（图 2－25），巩固认识时间。

图 2－25　《冬天的早晨》

认识最后一个时间 7 时 55 分后，教师出示下面的三个钟面（图 2－26），让学生看一看几时 55 分时指针分别所在的位置。

引导学生发现：7 时 55 分时，时针快到 8 了；8 时 55 分时，时针快到 9 了；9 时 55 分时，时针快到 10 了。

【设计意图】通过小动物们堆雪人的故事，将认识时间情景化，既激发了学生的学习兴趣，又能让学生感受到时间是“有先有后”的。最后一个环节聚焦几时 55 分，再一次在学习难点上发力，通过观察钟面，使学生在头脑里形成清晰的认知。

六、生活中的时间

教师用课件播放生活中和时间有关的画面：火车票、机场大屏幕、公交车站牌、天安门广场升旗和降旗时间等。最后教师播放两个视频：一个是早晨 7 时的新闻，一个是晚上 7 时的新闻（图 2－27）。

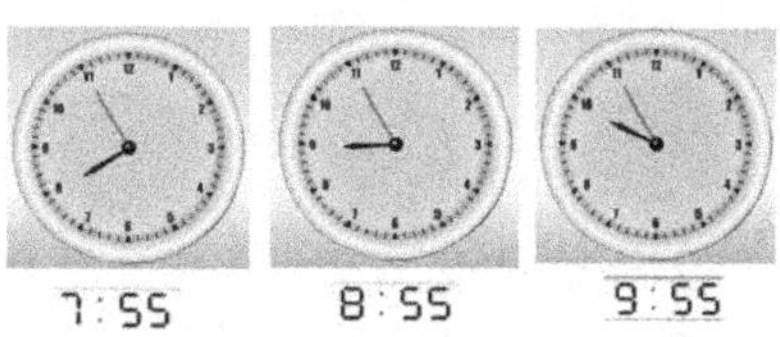

图 2－26　学习难点：几时 55 分

图 2－27　生活场景中的时间画面

教师提出问题：这就奇怪了，在钟表上都是时针指向 7，分针指向 12，为什么在电视上，一个显示 7 时，一个显示 19 时呢？这个问题，留给同学们课下去思考。

【设计意图】让学生带着问题下课，为后续学习“24 时计时法”埋下伏笔。

资料来源：钱守旺．借力翻转课堂 实现少教多学：“认识时间”教学与思考 [J]．小学教学（数学版），2015（Z1）：55－57.

《认识时间》

【案例分析】

特级教师钱守旺老师是小学数学教材的编者之一，他积极参与到一线教师教学改革中，《认识时间》这个课例是钱老师推出的翻转课堂教学设计，在全国各地做过大范围的公开展示，具有较强的示范性。案例展示了小学数学翻转课堂的完整过程：课前学习微视频—完成学习任务单—检查学生完成任务情况—课堂分享交流—解决前置学习难题—当堂练习巩固，为一线教师和研究者提供了一个具有借鉴性和研究意义较大的样例。

就教学内容而言，课例《认识时间》值得称道的地方有很多，如教学围绕“认识时间”这个知识点开展教学活动，体现了微课的特点；充分尊重学生的主体地位与学生的已有经验，注重以学定教；注重跨学科解决数学学科枯燥的问题，提高数学课堂趣味性；在数学教学中加入大量生活元素，注重发现数学与生活的联系；在数学教学中自然地渗透情感教育和道德教育等。

《光的反射》

小学数学翻转课堂视频课例，参看小学数学特级教师钱守旺老师的《认识时间》。

小学科学翻转课堂视频课例，参看深圳南山实验集团田坤《光的反射》。

思考与练习

1. 简述翻转课堂的意义和实施程序。
2. 完成一份小学语文汉语拼音声母教学的微视频拍摄脚本。
3. 利用 Camtasia Studio 软件制作一个小学数学连加连减的示例教学微视频。

第三章

小学语文教学技能修炼

教学目标

1. 了解小学语文教学技能的基本内容，并分析这些教学技能在案例中是如何体现的。
2. 能结合教学实际解释语文课程的性质，整体把握语文课程标准的内容；能够分析小学语文教材的内容体系和结构特点，灵活地使用语文教材。
3. 能在语文教学设计理论的指引下进行备课，熟悉语文教学设计的基本思路。
4. 能够从教学内容的角度进行课例分析，学会从“合宜性”的角度理性把握语文教学内容。
5. 熟悉板书的基本要素和类型，能根据课文内容设计出具有一定新意的板书，学会评价板书的优劣。
6. 能够理性地把握课程资源开发与语文课程的关系，学会运用多种策略开发语文课程资源。

第一节　感受语文教学的魅力

对小学全科教师来说，教好语文需要具备哪些技能呢？在回答这个问题之前，首先要了解语文教学和其他学科教学之间的共性和区别。共性在于基本的教学技能，如课堂的组织技术、讲解技术、教学逻辑技术、导入技术、语言技术、提问技术等。区别在于语文学科独特的课程理解，包括对语文学科性质的认识、对语文课程目标与内容的理解、对语文教材的使用等。从最直观的层面来看，其他学科是通过语言文字来学习相关的知识、概念和原理，而语文学科是直接学习语言文字本身。小学全科教师已经具备了进行语文教学的“技术能力”，因此本章重点要解决的是“教学理解”与“课程理解”这两个问题，这也是成为优秀语文教师的关键。

“教学理解”与教师对课程与教学基本理论的掌握有关，但是抽象的概念体系和原理总是让人望而生畏，因此在教育研究领域，教学理论与教学实践的“两张皮”现象非常突出，教学理论研究处境尴尬。小学全科教师如果从理论层面关注课程的理解问题，可能只是学到一些抽象的概念，并不能马上体会概念背后的教育意义，因此我们遵循“先易后难”“由感性到理性”的认识规律来解决此问题。“课程理解”并不总是以抽象的概念形态存在的，它往往是通过教师对教学内容的选择、教学内容的转化、教学内容的组织与呈现，以及教学行为表征等传递出来的，因此可以通过名师课例研习的方式进入语文教学素养提升通道。名师的教学往往具备这样的特征：①让学生学有所得，教师能够看见学生的学习过程；②符合语文教学规律和学生的学习心理，能够帮助学生理解和使用语言；③教学方式灵活多样，能够调动学生的积极性，让学生感兴趣。可以试想，当教师的教学既灵活又有趣，还能让学生真正地学到东西，那么这样的语文教学必然是充满魅力的。

课例研究确实是一种非常好的教学研究方式，对于教师的专业发展有重要作用。然而，对新手教师或者师范生来说，他们常常不知道如何观摩名师的课，不知道“观”哪里，只会对名师的课有一个总体的感觉，如课堂生动、学生积极性高、课文讲得好等。这样的认识是碎片化的、局部的，新手教师或师范生往往看不到课例背后的“理念支撑”，看不出教学者在每一个教学环节上是如何考虑的，不知道教学活动行为背后的理据：为什么要让学生读呢？为什么要让学生复述课文呢？学生活动的背后承载着什么教学内容？教师对教学内容的选择有怎样的价值考量？因此对小学全科教师来说，观课重要的是“得法”，看出门道才能内化。那么，如何才能挖掘名师课例的价值呢？王荣生教授认为课例研究无非研究两个问题。第一，教学内容。特定的学生学习的特定的内容，即教师应该教什么，或让学生学什么？第二，教学方法，包括教学环境和资源。教师应该怎么教，或应该如何组织学生学习？教学方法的问题，其实就是教学内容如何展开的问题。两者的关联，就是学科教学知识。课例研究之所以有效，之所以可贵，是因为它能够激活、提炼、改善、发展教师的学科教学知识。下面我们以小学语文《咕咚》课文为例进行分析。

《咕咚》是部编本小学语文教材一年级下册的课文。

木瓜熟了。一个木瓜从高高的树上掉进湖里，“咕咚”！

兔子吓了一跳，拔腿就跑。小猴子看见了，问他为什么跑。兔子一边跑一边叫：“不好啦，‘咕咚’可怕极了！”

小猴子一听，就跟着跑起来。他一边跑一边大叫："不好啦，不好啦，'咕咚'来了，大家快跑哇!"

这一下可热闹了。狐狸呀，山羊啊，小鹿哇，一个跟着一个跑起来。大伙一边跑一边叫："快逃命啊，'咕咚'来了!"

大象看见了，也跟着跑起来。野牛拦住他，问："'咕咚'在哪里，你看见了?"大象说："没看见，大伙都说'咕咚'来了。"野牛拦住大伙问，大伙都说没看见。最后问兔子，兔子说："是我听见的，'咕咚'就在那边的湖里。"

兔子领着大家来到湖边。正好又有一个木瓜从高高的树上掉进湖里，"咕咚"!

大伙你看看我，我看看你，都笑了。

《咕咚》在小学语文教材中具有典型性，因为小学语文教材中除了古诗词和删改过的名家名篇，最多的就是这类为了达成小学生语言文字运用目标而编写的学习材料。教材编写者基于小学生学情的考虑，编选的课文大多呈现出这样的特点：篇幅不长，语言和句式并不复杂，主题意义通俗易懂。当然"通俗易懂"是从成年人的角度来看的，学生未必能够体会到。教师看课文"没问题"，学生除字词外似乎也"没问题"，这时，教师就会面临这样的困惑：太简单的课文教什么呢？于是就只能"照葫芦画瓢"，通过听写字词、归纳段落大意和中心思想、讨论"大道理"的形式展开教学。却很少问：我为什么教这些？为什么设计这样的教学环节？这篇课文的教学价值在哪里？依据是什么？也就是说语文教师最容易出现的问题是缺乏教学理性。当然，教学理性是随着教学实践的增多、对课程与教材理解的深入而逐渐产生的，新手教师开始语文教育事业时有一条较为简捷的成长路径，即观摩课例。每一个名师课例都隐含着"教学模型"，新手教师可从名师课例中获得最初的教学认知，实现学科教学知识的发展。同时，他们还可以通过对课例中的不足之处进行判断，训练自己的教学观察力和教学理解力。下面我们看一下《咕咚》课例，通过梳理教学环节，看看教师教了些什么，是怎么教的。

案例 3-1-1

《咕咚》课堂实录

执教者：曹爱卫

板块一：游戏导入，渗透识字方法

师：小朋友，你们喜欢玩游戏吧？上课前，我们先来玩一个游戏，"学一学"。学什么呢？根据老师的语言提示，你模拟出声音。听明白了吗？

生：（齐）听明白了。

师：小鸡的叫声，谁会模仿？

生：叽叽叽。

师：小青蛙的叫声。

生：呱呱呱。

师：第三个有点难，需要好好回忆。你们班主任老师的笑声。

（"哈哈哈哈"，全场笑翻）

师：小朋友，“学一学”只是游戏的第一关。游戏的第二关是“猜一猜”。这三种声音都可以用汉字表示。老师这儿有三组汉字，每组汉字分别是谁的叫声，为什么？

（PPT 出示：1. 哈哈　2. 呱呱　3. 叽叽）

师：小鸡的叫声应该是几号汉字？

生：3 号。

师：为什么？

（生摇头，表示不知）

师：他说不出理由，只是靠感觉。那可不行，谁来帮他？

生：因为小鸡的叫声是“叽叽”，“叽”的左边是一张口，说明和嘴巴有关，右边是个“几”。

师：对，“几”的读音和“叽叽”很像。你是根据字形和读音猜出来的，对吗？

（生点头）

师：谁能像这样来猜猜小青蛙的声音是几号汉字？

生：是 2 号“呱呱”。它左边是一张口，是嘴巴叫，右边是一个西瓜的瓜，读音很像。

师：你看，汉字就是这么有趣！现在请你再来猜猜，这两个字读什么？

生：咕咚。

师：你怎么猜出来的？

生：“咕”左边一个口，右边是一个“古”。“咚”，左边是个“口”，右边是个“冬”。

板块二：初读感知，多形式认读生字

师：故事里呀，是这么写“咕咚”这个声音的（出示课文第一自然段，教师示范读）。这“咕咚”声是怎么回事？

生：“咕咚”是木瓜掉进湖里发出的声音。

师：看，木瓜掉进湖里的“掉”字，左边是什么偏旁？

生：“掉”的左边是提手旁，说明这个字和手有关。

师：对，你真能干，把前面学的识字方法马上就用上了。你们看，曹老师手里拿着一支笔。呀，没拿牢，怎么啦？（动作演示笔掉下去）

师：木瓜怎么会从高高的树上掉进湖里呢？

生：因为木瓜熟了。

师：我们看看这个“熟”字，它的下面是什么？

生：“熟”字下面是一个四点底。

师：这个四点底和什么有关？

生：和水有关。

师：和水没关系。我们上学期学过“点”，学过“黑”，有谁记得吗？

生：四点底和火有关。

师：掌声送给她。她上学期学得非常好。四点底和火有关，如“蒸”“煮”和“烹饪”的“烹”，都是四点底。哦，那我明白了，“熟”就是把木瓜放在火上烧，烧到可以吃了，是这个意思吗？

生：（齐）不是。

师：你们刚才不是说四点底和火有关吗？那这个“熟”是什么意思？谁来告诉我。

生：这个"熟"是木瓜在树上长长长，长熟了的那个"熟"。

师：哦，这里"熟"是指木瓜一直在树上长长长，长成熟了，可以吃了，是吗？

生：是的。

师：谢谢你帮助我。木瓜熟了会从树上掉下来，那桃子熟了会不会从树上掉下来？

生：（齐）会。

师：苹果熟了会不会从树上掉下来？生：（齐）会。

师：杏子熟了会不会从树上掉下来？生：（齐）会。

师：李子熟了会不会从树上掉下来？生：（齐）会。

师：原来植物的果实成熟了都会从树上——（生）掉下来。

师：这是一种很自然的现象对不对？生：（齐）对。

师：木瓜熟了，掉进湖里，发出"咕咚"的声音，这是一个很自然的现象，结果却引发了一个很有趣的故事。

师：你可以这样读。先看看图，再熟读故事。不认识的字，你可以借助拼音读，也可以猜着读，就像我们刚才猜"叽叽""呱呱""哈哈"和"咕咚"一样。争取把故事读正确，读流畅。

……

板块三：紧扣"跑"字，表演探究心理

师：故事读完了，小朋友有什么问题想问吗？会提问的小朋友才是真正会学习的小朋友。

生：为什么大伙都会笑啊？

师：这个问题好！大伙一开始都吓得要死，最后为什么都笑了呢？老师把这个问题写在黑板上（板书"笑"）。还有吗？

生：为什么大伙儿都听小兔子的，跑起来了？

师：对啊，"咕咚"，这个声音很正常，大伙儿怎么都跑起来了呢？（板书"跑"）

生：为什么大家都不思考，直接跟小兔子跑？

师：这个问题问到点子上了。我们先来看看兔子为什么要跑？（出示兔子图片）请一个小朋友来读。（生读第二自然段）

师：兔子为什么要跑？

生：她吓了一大跳，拔腿就跑了。（板书"吓"，板贴"拔腿就跑"）

师：我请一个小朋友来扮演这只兔子。我来扮演木瓜，等会儿我会掉下来。其他小朋友看他表演，等会儿要说出好在哪里，不足在哪里。听清楚了——

（教师突然发出"咕咚"声）

（生一听到，转身，拔腿就跑）

师：他的表演好在哪里？

生：他原先是笑眯眯的，一听见"咕咚"都不笑了。

生：他一听到"咕咚"声，转过身就跑。

生：我觉得"吓一跳"，他还可以表演得再害怕一点。

（师生根据意见和建议，再表演一遍，这次表演相当到位）

师：猴子看见了，问兔子为什么跑。可是课文里没写猴子怎么问，谁能来做一做这只小猴子，问小兔子。

生：兔子、兔子，你跑什么呀？

生：“咕咚”来了，我吓了一跳。

师：这只兔子是这样回答猴子的。小兔子还可能怎么回答？

生：我被吓了一跳，“咕咚”可怕极了！

……

师：小猴子为什么跑？

生：因为小猴子听兔子说“咕咚”很可怕。

师：你很会读书，关注到这个词——“一听”说明小猴子当时根本没有思考，想都没想，是“跟着跑”（板书“跟着跑”）。他一边跑还一边叫……

生：（齐）不好啦，不好啦，“咕咚”来了，大家快跑啊！

师：现在，我请三个小朋友，一个演小兔，一个演小猴，一个演咕咚。

……

资料来源：曹爱卫，刘荣华.《咕咚》教学录评［J］. 语文教学通讯，2017（18）：31-34.

课例的观察与研讨是多维度的，教师要结合小学语文教学的实际来梳理教学环节所承载的教学内容，分析教学内容的合宜性和教学方法的合理性。教学内容的特质决定了教学方法的选择，二者有机地融为一体。名师的教学艺术在于，他们用常规方法就能切中语文教学的实质。接下来，我们就一起看看上述课例有哪些地方符合语文教学的特点，有哪些地方需要改进。

字词教学是小学语文教学的重点之一，通常情况下教师在阅读教学的第一课时里会重点处理字词。然而很多时候我们对字词教学的处理过于简单化了。比如最常见的方法是教师将生字生词打在 PPT 上，注音，让学生一遍遍读，然后当堂写一写。这样做的出发点是让学生“会读”“会写”，但是却会造成学生的理解和思维缺位的问题。这个课例展现了曹老师的识字教学思想，他让原本枯燥的识字教学具有了鲜活的灵魂和魅力，这种魅力来自以下几方面。

（1）紧扣形声字的特点开展识字教学，字义、形象、语境三位一体。

识字与写字教学是小学语文教学的重要内容之一，是低年级段学生语文学习的重中之重。如何教学生识字？这是需要教师去思考的。虽然汉字是象形字，以“图形”的样子呈现出来，但是我们教汉字时不能把汉字当作“图形”要求学生去记，如“这个字是什么样？多一点变成什么字，少一点又变成什么字？”如果让学生去记每一个字的“图形”，会增加他们的学习负担，而且学生容易遗忘，教学效率会非常低。课例中，曹老师联系学生的生活经验，从自然界动物的叫声和人的笑声出发，让学生去猜。通过这些活动让学生理解“口”作为形旁是表达意义的，跟声音有关。通过“叽叽”“呱呱”等拟声词的学习活动，实现学习迁移，使学生对课题“咕咚”二字有了更多的体验。曹老师在教字词时，不是让学生抽象地去记忆，而是在生活的语境中、在游戏活动中构建出字词的形象，从而使学生了解字义。也就是说，识字教学可以通过在语境中勾连学生的经验，帮助学生理解字词的意义。

（2）挖掘课文情境，在不同的字之间建立关联。

先看这个教学片段。

生："咕咚"是木瓜掉进湖里发出的声音。

师：看，木瓜掉进湖里的"掉"字，左边是什么偏旁？

生："掉"的左边是提手旁，说明这个字和手有关。

师：对，你真能干，把前面学的识字方法马上就用上了。你们看，曹老师手里拿着一支笔。呀，没拿牢，怎么啦？（动作演示笔掉下去）

师：木瓜怎么会从高高的树上掉进湖里呢？

生：因为木瓜熟了。

师：我们看看这个"熟"字，它的下面是什么？

生："熟"字下面是一个四点底。

师：这个四点底和什么有关？

生：和水有关。

师：和水没关系。我们上学期学过"点"，学过"黑"，有谁记得吗？

生：四点底和火有关。

师：掌声送给她。她上学期学得非常好。四点底和火有关，如"蒸""煮"和"烹饪"的"烹"，都是四点底。哦，那我明白了，"熟"就是把木瓜放在火上烧，烧到可以吃了，是这个意思吗？

生：（齐）不是。

师：你们刚才不是说四点底和火有关吗？那这个"熟"是什么意思？谁来告诉我。

生：这个"熟"是木瓜在树上长长长，长熟了的那个"熟"。

师：哦，这里"熟"是指木瓜一直在树上长长长，长成熟了，可以吃了，是吗？

生：是的。

师：谢谢你帮助我。木瓜熟了会从树上掉下来……

教师将"掉"字和"熟"字放在一个情境里学习，而不是让学生孤立地认识这两个字。相关研究表明，建立起关联的知识更有助于记忆、理解和运用。对课文情境的运用体现了学生对事物的认知过程：为什么会"咕咚"？因为木瓜"掉"了。为什么木瓜"掉"了？因为它"成熟"了。学生在理解事物的联系当中认识了"掉"和"熟"两个字。木瓜掉进湖里的"掉"字，左边是什么偏旁？学生指出"掉"的左边是提手旁，说明这个字和手有关。在前一环节学"咕咚"时就知道形旁表意，所以学生在这里实现了知识的迁移，知道掉这个动作跟手有关。学习"熟"字时，让学生知道"四点底"所表示的含义跟火有关。但是教师也预测到学生的理解可能会局限于"火"，所以紧接着追问："熟"就是把木瓜放在火上烧，烧到可以吃了，是这个意思吗？由形象到抽象，学生对词义的认识随着语境的迁移而深化。

变换语境可以加深学生对字词的理解。薛法根老师在《剪枝的学问》中也曾让学生理解"成熟"这个词，他把"成熟"一词放在三句话中："果子成熟了""小伙子做事一点儿也不成熟""中国高铁技术已经很成熟了"，也就是给出了三个不同的语境。"师：第一句'果子成熟了'的'成熟'是什么意思？生：就是果子已经可以吃了。""可以吃"，表示可以品尝和触摸，从感官出发，让"成熟"一词和具体事物形象建立联系。当学生已经熟悉水果成熟的语境时，教师通过对话转向另外一个语境，让“成熟”从第一个意义过渡到第二个意义。“师：第二句的‘小伙子做事一点儿也不成熟’又是什么意思？是指可以吃了吗？生：小伙子还没有长大。师：嗯，你考虑得还不够成熟。生：小伙子的经验还不够丰富，还不会做事。”此时“成熟”的意义开始引申和抽象。紧接着再次转入另外的语境。“师：第三句‘中国高铁技术已经很成熟了’，这里的‘成熟’是指长大了、会做事了吗？生：不是。师：对。生：是发展了，可以广泛应用了，而且应用不会出什么问题了。”此时成熟的意义又发生了改变，抽象至第三层的含义。学生对词义的理解是根据语境和对话逐渐深入的。

教师把固态的字词形象化、活化，然后在不同的语境中进行学习迁移，最后落脚于方法的指导。由此可看出教师的教学具有整体性和连贯性，每个步骤之间都有联系，都有学理的支撑。

（3）通过角色扮演活动，让学生体味字词背后的内容。

学习语文最大的困难在于如何读出语言文字的丰富意义。当学生有了一定的识字量后就可以读文章，但是不同类型的文章有不同的特点。例如，实用类文章的意义就是字面意思的直接体现，懂了每一个字的意思就懂了全文的意思，但是偏向文学类的课文的意义不一定通过字面意义来表达，更多的是暗含在“字里行间”。因此多样化的教学活动才能引导学生从表层意义走向深层意义，或者从字面意义走向情感体验。其中，角色扮演活动能够让学生更好地走进课文，对语言文字和课文意义有更丰富的体验。下面的教学片段是用角色扮演活动促进学生对语言文字的理解。

生：她吓了一大跳，拔腿就跑了。（板书“吓”，板贴“拔腿就跑”）

师：我请一个小朋友来扮演这只兔子。我来扮演木瓜，等会儿我会掉下来。其他小朋友看他表演，等会儿要说出好在哪里，不足在哪里。听清楚了——

（教师突然发出“咕咚”声）

（生一听到，转身，拔腿就跑）

师：他的表演好在哪里？

生：他原先是笑眯眯的，一听见“咕咚”都不笑了。

生：他一听到“咕咚”声，转过身就跑。

生：我觉得“吓一跳”，他还可以表演得再害怕一点。

角色扮演活动是一种“冒险”的课堂活动，如果教师对教学内容和学生的学习情况没有了解，这样的活动就很容易成为活跃课堂气氛的形式化的表演，成为课堂的点缀品或调味品，对学生的学习没有促进作用。在这个课例中，活动关注的是学生的表情和动作，从动作上看是否体现出“拔腿就跑”的特点，让这个词从抽象状态变成具体形象的画面。表情上，学生关注到表演从“笑眯眯”到“不笑”，其实是在理解“吓”字。学生说“他还可以表演得再害怕一点”，说明学生对“吓”字的理解不再只停留于字典意义，而是有了自己的体会。这让原本单调和枯燥的字词教学有了鲜活的灵魂（不再只是让学生读一读，写一写，记一记），也充分地彰显出语文课程的实践性特征——立足于语言运用实践。

当然，这个课例并非十全十美，有些问题也同样值得我们注意。

（1）课堂表演活动所占的时间相对来说有点多，和活动所体现出来的教学内容不匹配。

虽然活动使学生对“吓”和“拔腿就跑”的理解更鲜活，但毕竟内容含量比较小，难度也不大。另外，教师将大量的活动放在了对课文原意的重复上，如下面这部分。

师：猴子看见了，问兔子为什么跑。可是课文里没写猴子怎么问，谁能来做一做这只小猴子，问小兔子。

生：兔子、兔子，你跑什么呀？

生：“咕咚”来了，我吓了一跳。

师：这只兔子是这样回答猴子的。小兔子还可能怎么回答？

生：我被吓了一跳，“咕咚”可怕极了！

……

这些内容是可以直接体会和理解的，活动只是在重复每个小动物因为害怕而跑的内容，因此没有必要花这么多的时间。

（2）缺乏朗读指导，应该透过语音层进入情感与心理层。

朗读是小学语文课堂的基础环节，然而多数教师把朗读的功能定位在“读得通顺流畅”“了解文意”层面，有的则重在训练学生“有感情”地朗读，不是让学生体味文章的感情，而是让学生自己读得有感情。在诸多课例中，朗读教学经常处于“形式大于内容”的状态。朗读指导是有学理的，不是读得快与慢的问题，也不是简单的“抑扬顿挫”，而是要基于文义理解去把握语音背后的情态。这个课例可以以下面的方式进行朗读指导。

首先，从对话语中读出角色的心理活动。让多个学生读小动物说的话，然后让学生自己去评价同学朗读的效果，抓住较好的朗读效果的感觉。当学生觉得同学的朗读比较好时，教师追问“为什么读得好”。“不好啦，‘咕咚’可怕极了！”每个小动物的语气都是一样的吗？哪几个的语气相似？谁的语气应该有明显不同？读出野牛和其他小动物的差异。

其次，读叙述语要和读对话语有所差别。指导学生区分不同的语言形式，并运用不同的朗读方法，如叙述语，自然平稳；对话语，体现角色变化；心里话，轻声细语。朗读指导的艺术性在于教师不是在学生朗读实践之前先介绍朗读的知识，而是随着朗读实践活动的开展，随着学生感知的加深，顺势引入朗读知识。此时的朗读知识教学与学生的语文活动和语文认知是同步发展的，而不是先入为主地“贴标签”，不是先介绍知识再去找证据，此时的语言文字被活化了。

最后，教师进行“错误尝试”，以加深学生的印象。通过对比，学生对朗读的效果有了直观感受，充分了解了汉语语音“表达情感”的作用。通过读来理解，说明朗读不是形式化的课堂活动，而是指向内容理解的，这就是在“教语文”。

（3）过于注重对教学内容的“预设”，忽视课堂的“生成”。

任何课堂教学都具有很强的生成性，因为教案是预设的，虽然老师在备课时也会估量学情，但是这种估量是静态的，是大方向的，而课堂上学生的学习情况则是复杂的、具体的、动态的。预设好的教案是课堂教学的蓝图，但是在实际教学过程中是可以灵活调整的。在这节课中学生提出了一个很好的问题：为什么大伙都会笑啊？但是教师并没有解决，而是转向课堂表演活动“拔腿就跑”。教师没有处理好两个问题。一是对课堂动态学情的把握。学生的问题有时候可能会难一些，教师需要一步一步铺垫才能最终解决，那么把这个问题暂时放一放是可以的，但是在这节课结束前一定要回来处理。角色扮演活动并没有促使学生对课文有更深的理解，也没有丰富学生的认知，因此这个活动可以简化，为解决学生提出的“为什么大伙都会笑啊”留下时间。二是阅读理解活动和写字教学应该适当区隔，不能杂糅在一起。例如，在这节课中，学生的阅读理解问题还没完成，就加入了“教”写字的内容，这是不妥当的。写字教学可以放在课文理解结束之后。

课文最后一句话“大伙你看看我，我看看你，都笑了”是很值得品味的。学生可能会觉得小动物是在笑自己太胆小，搞不清楚状况就吓到了，从而获得一种理性认知，懂得一个道理。但是学生难以抓住“笑”字背后的情感内容。例如，大家都笑了，每个小动物笑的时候内心活动一致吗？小兔子在笑什么？大象在笑什么？野牛又在笑什么？兔子笑自己胆小，被声音吓住了；猴子和大象等动物，可能既是笑小兔子，也在笑自己“跟风”；野牛笑的是别人。如果教师能够抓住课堂的生成性，那么语文教学将会更有风采、更有魅力。

课例既蕴含着“教什么”，也蕴含着“怎么教”；既体现出教师对学科内容知识的独到理解和把握，又体现出教师在特定教学情境中的教学智慧，即对教学目标的把握、对教学内容的选择、教与学的活动设计、知识的呈现样态等。这告诉我们，语文教学是复杂而又美妙的。

语文教学的尴尬在于“教和不教一个样”，教师讲的学生都会了，只是在课堂上重复学生的认知，而学生没留意到的地方或者难以把握的地方，教师却很少触及。因此，教师需要知道学生在看原文没有障碍的时候教什么？是不是让分析停留在学生自己能达到的认知水平？小学全科教师需要不断学习名师课例，从中分析教学理据，不断反思教学，才能达成语文学科“教学理解”“课程理解”的目标，才能成长为优秀的语文教师。

思考与练习

1. 当一名优秀的语文教师需要具备哪些教学素养？什么素养是语文教师所特有的？

2. 在《咕咚》的教学中，课例中的教师是如何处理字词教学的？你看了课例后有哪些收获？

第二节　小学语文课程标准与教材评介

一、《义务教育语文课程标准（2011年版）》评介

语文是国家课程，它既含有国家的意志，也含有对中小学生语文素养的要求，这些因素主要由语文课程标准来体现。在新课改推进10年后，教育部于2011年实施《义务教育语文课程标准（2011年版）》（简称2011版语文课程标准），它主要由“前言”“课程目标与内容”“实施建议”“附录”四块内容组成。前言除了介绍2011版语文课程标准的课程设计思路，还介绍了课程性质和课程基本理念。“课程目标与内容”先介绍了总体目标与内容，然后分四个学习阶段（1～2年级、3～4年级、5～6年级、7～9年级）来介绍学段目标与内容。每一个学段目标与内容都包含了“识字与写字”“阅读”“习作（写话或写

作)”“口语交际”“综合性学习”五个方面。语文课程标准是课程编制和教材编写的指导纲领，对语文教师的教材使用和教学实施有重要的影响。然而早期的语文课程标准因其“大”而“泛”的特点，令教师难以把握，因此它对教师的影响只停留在政策层面和理念层面。换句话说，语文课程标准所代表的理想课程和教师实际操作的课程之间是有很大差别的，因为这与语文课程标准的“落地转化”、教材“内容化”和教师的“课程理解”有很大关系。

（一）对语文课程性质的理解

1. 对语文课程性质的认识的发展及教学影响

作为一名语文教师，可能首先要问的问题是“语文是什么”。这是一种专业意识，因为从常识来看，只有你对自己所做的事有根本的理解，才能把事做好。然而教育界对语文本质的认知一直在发展和变化，而不同的认知对教学实施有很大的影响。“语文是什么”这个问题有很长的历史渊源，从 1963 年最早明确语文的工具性开始，到后来的“思想性”，再到纠正太过于偏向“工具性”问题而产生的“人文性”，再到 1997 年全国语文大讨论，然后到 2001 年提出的“语文是重要的交际工具，是人类文化的重要组成部分。工具性与人文性的统一是语文课程的基本特点”。这说明在不同的阶段，专家、学者和一线教师对语文课程的理解是不相同的，这也给语文课程“教什么”带来了障碍。然而即便是 2001 版的语文课程标准，对语文是什么的问题也没有给出明确的解释，它只是将工具性与人文性综合了起来，取得两者暂时的平衡。它依然没有回答语文学科的独特性问题，因为工具性并不是语文学科特有的，比如哲学也是人们认识世界和改造世界的工具；人文性也不是语文学科的特性，比如历史学科承载了民族文化，也有很强的人文性。

当然如果把工具性定位于“交际工具”，我们就马上想到了“语言”，于是得出“语言”教学是语文教学的主要内容。这样的思考方向对语文教学的影响就是把语言学的知识系统地搬进语文教学中来，语言学知识成了语文知识，语文教学的任务就变成了让学生掌握这些语言学知识，如语音、词汇、句法、语法等。这样的“课程理解”影响了教师的课堂教学行为，使教师把有生命、有血肉的课文当成了承载语言学知识的材料，它还曲解了叶圣陶的“用教材教”的理念，使教师认为课文本身不是学习的内容，理直气壮地肢解课文进行语言学分析。以教语言学知识为目的的语文教学重视先进行语言学知识的系统传授，再用练习题对知识加以巩固，而不再重视课文的情感和学生学习的兴趣，因此长此以往学生就会慢慢缺乏对语文学习的兴趣。最终逐渐形成了这样一种现象，即学生掌握了语言学知识，但不能有效地将其转化成听说读写能力；语文考试考得好，不等于学生的语文能力好。这就说明在片面的“工具性”的理念下，教学内容的选择和教学方法的使用偏离了提高学生语文能力的方向。

人文性是在纠正工具性偏失的情况下出现的。长期语言学知识的灌输让学生丧失了对语文学习的兴趣，学生成为知识的容器，丧失了主体性。因此教育界开始强调语文是人类文化的重要组成部分，期望通过加入文化的基因，有效改造语文教学的结构。然而在新课改中又容易出现这样的问题，即在语文知识被淡化的背景下，语文教学教什么呢？这就很容易导致语文教学从工具性的一端滑向人文性的一端，导致教师把语文课上成品德课、情感教育课、思想教育课、历史课、社会学课等。比如苏教版的《小露珠》要么被上成认识露珠形成过程的自然课，要么被上成“学习小露珠牺牲奉献精神”的思想品德课。人文性和工具性成为语文教学难以交融的两端，两者难以整合成一个“共生”的有机体。

“工具性与人文性的统一是语文课程的基本特点”似乎抓住了语文课程的本质特征，其实这只是为了化解工具性与人文性之争而采取的综合办法。它似乎解决了两者的争端，但是并没有解决语文教学中二者“油水分离”的问题。小学语文教师常常用这样的方法来实现工具性与人文性的统一，如第一课时让学生读写生字、分析结构等，第二课时再抓人文、抓情感，而没有走“言—意—情”的发展路径。工具性与人文性的统一似乎缺乏抓手，缺乏属于语文课程本质特征的东西。例如，历史课既是认识社会历史的工具，也兼具涵养学生品格的人文性，那么，语文课和历史课的根本差别在哪里呢？在这样的情况下，2011 版语文课程标准对语文课程进行了更具体的界定。

2. 语文课程性质的新发展与课程理解

2011 版语文课程标准对语文课程的性质进行了更为明确的界定：“语文课程是一门学习语言文字运用的综合性、实践性课程。义务教育阶段的语文课程，应使学生初步学会运用祖国语言文字进行交流沟通，吸收古今中外优秀文化，提高思想文化修养，促进自身精神成长。工具性与人文性的统一，是语文课程的基本特点。”其中最为核心、最为基础的是“语文课程是一门学习语言文字运用的综合性、实践性课程”。它指明了以前工具性和人文性都无法言明的语文特质，厘清了很多教学乱象。我们在前面提到历史课既是认识社会历史的工具，也兼具涵养学生品格的人文性，语文课和历史课的根本差别在哪里呢？根本差别就在于语文课程学习语言文字运用，进行语文实践。历史课只是通过语言文字来让学生学习历史事件，培养学生的历史意识和人文情怀，但是学习语言文字本身不是它的教学目的。而语文课程中虽然涉及历史人文的内容，但其主要目的是学习语言文字的运用。对语文课程定义的理解需要抓住三个关键要素：“综合性”“实践性”“语言文字运用”，对这三个要素的理解直接影响着语文教学的走向。

（1）综合性。

语文课程的综合性主要从两个方面来理解，即语文学习材料的综合性、语文课程目标与内容的综合性。语文学习材料的综合性是指选入语文教材的选文是多种多样的，有古诗词，如《枫桥夜泊》《山行》；有寓言故事，如《刻舟求剑》《掩耳盗铃》；有神话故事，如《普罗米修斯盗火》；有传统历史故事，如《司马光砸缸》；有散文，如《桂花雨》；也有作者编写的知识小短文等。综合性既给语文课程带来了丰富多彩的内容，赋予语文课程独特的魅力，但同时也给语文教师的教学实践带来迷惑。当“人文性”观念与语文学习材料的综合性相遇时，语文课就容易被上成历史课、社会问题批判课等，这是需要语文教师特别注意的地方。语文课程目标与内容的综合性，是指语文学习中听、说、读、写几大板块的内容是相互联系的，听说读写能力需要全面发展，不可偏废。要注重语文与生活的联系，注重知识与能力、过程与方法、情感态度与价值观的整体发展。

（2）实践性。

2011 版语文课程标准指出：“语文课程是实践性课程，应着重培养学生的语文实践能力，而培养这种能力的主要途径也应是语文实践。”这句话隐含着两层意思：①培养学生语文实践能力是语文课程的目标；②实现这个目标的途径是语文实践。这句话的难点是语文实践既是目标，也是途径。正确认识语文课程的实践性，对我们纠正语文教学的问题有很大帮助。

第一，语文并非知识性或理论性课程，而是实践性课程。这说明掌握系统的语言知识不是语文教学的最终目的，而是实现学生语文能力提升的手段。但是当前我们的语文教育出现了偏差，原因就在于我们把系统知识的传授当成了教学目的，也就是把手段当成了目的。在中考和高考中，语文试卷检测的内容大部分是学生掌握的语文知识，只有少部分是检测学生语文能力的（如作文）。这样的观念导致语文测试也变味了，阅读理解题不能有效考查学生的阅读能力，而是考查“情景交融”“形散神不散”“典型环境中的典型人物”等语文知识；作文考试则成了“总—分—总”文章结构、“好词好句”“论点论据论证”等知识的简单拼接。在该思想的主导下，语文实践变成了“做题训练”“知识讲解”，这导致了语文教学的异化。

第二，语文学习并非对静态语文知识的掌握，而是在知识基础之上的能力（语言文字运用能力）运用。提升学生语文能力的途径是语文实践，这说明语文学习过程不是知识的灌输过程，不是教师的讲授过程，而是学生在听说读写活动中实现学习、获得提高的过程。教学过程不是知识的单向传递，不是以掌握知识为最终目的的，而是让学生通过学习活动与知识“相遇”，将语言学系统的公共知识通过学习活动转化成学生的个体知识，在活动中体验和建构知识；通过知识的“介入”，让学生某方面的语文能力与学习活动开始之前相比获得提升。

（3）语言文字运用。

有机整合工具性与人文性“语言文字运用”是语文课程性质的核心要素，它表明语文课程的主要任务是让学生学会运用祖国的语言文字。紧抓语言文字运用（简称语用）的精神，可以有效化解工具性与人文性相互隔离的矛盾，让二者相互促进。实现语言文字运用目标的首要因素是“理解”语言文字。语言文字运用不能简单地理解为学生用词造句的能力，也就是说让学生重复写字、组词造句的教学活动，并不一定能很好地提高学生的语用能力。当学生对词语表意的“妙处”不理解时，即使他能写出这个词，但是并不会运用，识记下来的只是“消极词汇”。然而构成学生语言文字运用能力的是“积极词汇”，怎样才能使学生的“消极词汇”向“积极词汇”转变呢？根本途径是让学生理解语言文字在表情达意方面的“妙处”。

由语言文字基本词意的感知到语境意义的理解——指向人文性。教学中最常见的问题是工具性与人文性“油水分离”，教师要么将语言知识（词汇、语法、修辞等）单独挑出来讲，要么架空文本，脱离文本中具体的语言文字进行人文思想的分析。脱离人文思想的知识是“死”的，是不能有效转化成语用能力的；而脱离具体语言文字的人文思想分析是“空”的，是“贴标签”的，并不能真正建构学生的人文精神。语言词汇单独存在时是处于“惰性状态”的，学生识记困难，只能“死记硬背”。语境却能激活词语的功能和意义，让语言文字活起来。要实现语用目标，就要能够理解课文的篇章和大意，如果不理解语意，语用就无从谈起。课文篇章、大意是与思想、作者情感、文化等人文要素紧密相连的，理解文意的过程，就是体验人文性的过程。因此训练学生语用能力的第一阶段就是要让他们从字词的基本意义出发，读懂文章，把握整体的文意和思想感情，使得他们在读懂人文性的过程中发展了语用能力。

在人文思想的深层理解中品读语言文字的“妙处”——指向工具性。当学生对课文整体的思想内涵和人文特点有了比较深的体验后，他们对局部语言文字的运用会有更深层次的理解。对于《枫桥夜泊》教学中的“乌啼”，多数学生在初读诗歌时仅把它当作普通的“写景”来看，领悟能力更深一点的学生可能读出了“烘托”作者心情的味道。然而当学生对作者十多年艰苦奋斗和刻苦攻读的努力付诸东流、理想破灭的挫折感、人生的无力感有了较深的体味时，就会通过全诗弥漫的“愁”绪来加深对诗句局部文字的理解。诵读时把拖音放在“啼”上，读出来的感觉是乌鸦在不停地啼叫，拉长了“乌啼”这个动作延续的时间，“不停地啼叫”让作者的烦躁感加重了。因此理解了课文的人文内涵后，学生对具体的语言文字就会有更深的理解，这就是从“质”的层面来提升学生的语用能力了。

从上面的分析中可以看出，工具性与人文性并不矛盾，也不是“油水分离”的，二者是可以相互促进、相互影响的。工具性的实现能加深学生对课文人文性的理解，而对人文性的理解又促进了学生对局部语言文字的深层理解，从“质”的层面提升语用能力，更好地实现了工具性。因此在语文教学中要把工具性和人文性统一在语言文字运用中，统一在学生的语文实践活动中。

（二）解读语文课程的目标与内容

2001 版的语文课程标准与其他学科课程标准之间最大的差异是缺乏“课程内容”，这从课程标准的目录中就可以看出来。这说明在其他学科看来不成问题的“课程内容”却是语文课程的大问题。可能有的教育研究者会对这样的说法感到很诧异，因为“课程内容教材化”在教育研究领域是个常识话题，语文课程内容肯定是体现在语文教材中的。国家不是出版了多套语文教材了吗？怎么能说缺乏课程内容呢？然而语文课程的特殊性就在于语文教材不是课程内容的直接呈现，不是直接可以供教师使用的教学内容，它只是由一篇篇课文组成的“学习材料”。我们可以这样思考，数学教师在一节课上要讲什么内容？这是在教材上规定了的，一个定理或者一个公式。然而语文教师的困惑是“这节课要讲一篇散文，那这篇散文要教什么呢?”语文教材提供给教师的只是课文，课文本身并不是教学内容，也就是说语文教材内容并不等于语文教学内容，于是研发语文教学内容的任务就落在了一线语文教师身上。尽管 2011 版语文课程标准把“课程目标”改成了“课程目标与内容”，但是在实质的内容层面，语文课程内容依然不清楚。课程内容夹在课程目标里面，于是就形成了“内容目标”这一类别。

1. 语文课程目标的分类

王荣生教授认为从目标的表述方式来看，我国的语文课程目标大体上可分为三类：内容目标、能力目标和活动目标。内容目标又称“内容标准”，它指明学生需要学习什么，即学习内容，如“能够区分写实作品和虚构作品，了解诗歌、散文、小说、戏剧等文学样式”。能力目标又称“表现标准”，它指明学生在什么方面应该达到什么水平，如“写记叙文，做到内容具体；写简单的说明文，做到明白清楚；写简单的议论文，努力做到有理有据”。活动目标又称“表现性目标”，它指明学生要进行什么样的听说读写活动，并期望学生在这些活动中进行相应的语文学习，如“能主动进行探究性学习，在实践中学习、运用语文”。

下列学段目标中，哪些属于内容目标？哪些属于能力目标？哪些属于活动目标？这样分类有何作用?

(1) 用普通话正确、流利、有感情地朗读课文。

(2) 初步学会默读，做到不出声，不指读。学习略读，粗知文章大意。

(3) 能联系上下文，理解词句的意思，体会课文中关键词句表达情意的作用。能借助字典、词典和生活积累，理解生词的意义。

(4) 能初步把握文章的主要内容，体会文章表达的思想感情。能对课文中不理解的地方提出疑问。

(5) 能复述叙事性作品的大意，初步感受作品中生动的形象和优美的语言，关心作品中人物的命运和喜怒哀乐，与他人交流自己的阅读感受。

(6) 诵读优秀诗文，注意在诵读过程中体验情感，展开想象，领悟诗文大意。

(7) 在理解语句的过程中，体会句号与逗号的不同用法，了解冒号和引号的一般用法。

(8) 积累课文中的优美词语、精彩句段，以及在课外阅读和生活中获得的语言材料。背诵优秀诗文 50 篇（段）。

(9) 养成读书看报的习惯，收藏图书资料，乐于与同学交流。课外阅读总量不少于 40 万字。

上面这 9 条是第二学段（3～4 年级）的阅读目标，其中好几条都有“能”字，用“能”字表现出来的目标属于能力目标，也有的表述是用“学会”这类词语来传达能力目标。由此观之，第 1～5 条可以看作能力目标。第 7 条“体会句号与逗号的不同用法，了解冒号和引号的一般用法”指明了具体的学习内容，所以是内容目标。第 6、8、9 条不是对学生能力层面的要求，也没有规定学习内容，而是表达了语文学习的一些活动，如“养成习惯”“积累词语”等，这一类型的目标属于活动目标。有时候三类目标是杂糅在一起的，如在同一条目标的表述中既有能力目标，又有活动目标，或者活动目标中有内容目标。比如第 5 条本来是能力目标，但是句子最后面的“与他人交流自己的阅读感受”却是活动目标。各类目标的混杂加大了理解的难度，也说明语文课程的目标与内容具有复杂性。

那么区分语文课程目标的三种类型有何意义呢？类型不同，体现了课程内容与课程目标的关系不同。以“内容”形式体现出来的课程目标，内容本身就是目标，也就是说只要完成了里面规定的内容，也就达成了目标，二者具有一致性。而在能力目标中，课程内容本身不是目标，而是达成目标的手段。能力目标只是规定了学生应该达到什么样的学习结果或者水平，它并不体现具体的课程内容，没有指明要学习哪些内容才能实现此目标。也就是说，在内容目标中，为达成目标要学习哪些内容？这在目标表述中是清楚指明了的。而在能力目标中，为达成目标要学习哪些内容？里面却没有明确地规定，需要借助一定的语文知识来实现，此时的语文知识本身并不是目标，而是实现目标的中介、途径。在活动目标中，规定了需要开展的语文学习活动，如“积累课文中的优美词语、精彩句段”可以是摘抄，可以是背诵，也可以是仿写。这些学习活动本身就是课程目标，也就是说只要开展了这些学习活动，本身就达成了课程目标。由此可看出，在三种类型的目标中，最难实现的是能力目标。而在语文课程目标里能力目标占的比重最大，这也是语文课程实施困难的重要原因之一。

2. 语文课程目标体系

（1）总目标与分段目标的有机联系。

表面上看2011版语文课程标准中的课程目标呈现出一条条列出的散乱状态，但事实上它们相互之间是有逻辑联系的。“总目标”一共十条，是对九个年级学习目标的总述，分别从知识与能力、过程与方法、情感态度与价值观三个方面来设计。比如，“具有独立阅读的能力，学会运用多种阅读方法”属于知识与能力目标范畴；“能主动进行探究性学习，激发想象力和创造潜能，在实践中学习和运用语文”属于过程与方法目标；“在语文学习过程中，培养爱国主义、集体主义、社会主义思想道德和健康的审美情趣，发展个性，培养创新精神和合作精神，逐步形成积极的人生态度和正确的世界观、价值观”属于情感态度与价值观目标。

学段目标是对总目标的具体分解，它根据每一阶段学生的学情对总目标进行细化。比如总目标第3条是“培育热爱祖国语言文字的情感，增强学习语文的自信心，养成良好的语文学习习惯，初步掌握学习语文的基本方法”。这条总目标就分阶段地在学段目标中分解细化了。比如，第一学段（1～2年级）的识字与写字目标是“喜欢学习汉字，有主动识字、写字的愿望”；第二学段（3～4年级）是“对学习汉字有浓厚的兴趣，养成主动识字的习惯”；第三学段（5～6年级）是“能用毛笔书写楷书，在书写中体会汉字的优美”；第四学段（7～9年级）是“临摹名家书法，体会书法的审美价值”。在热爱祖国语言文字的情感方面，第一学段强调“喜欢”和“愿望”，第二学段注重“兴趣”和“习惯”的培养，第三学段强调体会汉字的优美，第四学段强调书法审美价值。虽然这些学段目标出现在“识字与写字”领域，但是都体现了总目标所强调的“情感”和“习惯”。由此可见，2011版语文课程标准中的课程目标不是零散的，而是一个前后照应的、有关联的体系。

（2）课程目标的“螺旋上升”。

由于语文知识并没有严密的序列，不像理科知识那样清晰完整，也不能形成与之一一对应的语文能力，因此学段目标之间并不是线性的增长或者提升关系，而是在部分内容的重复中向前发展，呈现螺旋上升的状态。为了直观地了解此特点，我们以同一个内容点（或知识点）为例，梳理不同学段目标对同一内容点的表述。

比如“对词句的理解”，不同的学段目标分别是这样表述的。

第一学段：结合上下文和生活实际了解课文中词句的意思，在阅读中积累词语。

第二学段：能联系上下文，理解词句的意思，体会课文中关键词句表达情意的作用。能借助字典、词典和生活积累，理解生词的意义。

第三学段：能联系上下文和自己的积累，推想课文中有关词句的意思，辨别词语的感情色彩，体会其表达效果。

第四学段：在通读课文的基础上，理清思路，理解、分析主要内容，体味和推敲重要词句在语言环境中的意义和作用。

对同一内容点进行不同学段的比较分析，才能读出其中的共性和差异。四个学段目标都谈到了词句理解问题，第一学段强调理解语句的途径是“上下文”和“生活实际”。第二学段将“结合”改成了“能”，增加了对字典和词典的使用，要求有所提升；重复了第一学段的“上下文”和“生活实际”，对词句的理解不仅包含“意思”层，还增加了“表达情意”，要求更高了一个层级。第三学段也重复了“上下文”因素，但是有两个突出的更新之处，即“推想”和“感情色彩”。该学段要求学生不仅要理解词句的意思，而且还要辨别感情色彩，是对上一学段“表达情意”的推进，更重要的是强调了学生的“推理能力”，这已经属于比较高级的阅读能力了。第四学段出现了“语言环境”，而前几个学段提到的“上下文”只是语境的一个部分，缺少背景语境和文化语境等要素。“体味”一词表明第四学段的目标已经重视学生对词句的感性体验和主观感受，“推敲”强调对词句的理性思考，既包括了前一学段的“推想”之意，而且还体现出“反复”之意。反复推想和推理，玩味语言，又是更高一个层级的语文能力。

2011 版语文课程标准陈列的一条条课程目标，表面上看会给人带来繁乱之感，但是当我们潜心细细品读时，就会发现其中大有深意。用词上的每一处细微变化，都体现了对语文课程的理解的深化。

（三）解读“实施建议”

1. 将“以学生为本”从理念层具体落实到教学操作行为层

新课改实施以来，以学生为本的教育理念深入人心，然而从理念认同到专业践行还有很大的距离，部分一线教师仍处于迷茫状态，无所适从。一方面，他们在努力摆脱“控制型”“灌输型”教学传统；另一方面，传统的惯性思维一直在牵制着教学改革，每向前迈出一步都倍显艰难，导致以学生为本的理念难以落实到具体的教学行为中。在这样的情况下，2011 版语文课程标准在“教学建议”中尽量彰显以学生为本的理念并将其转化成具体的教学操作行为。首先，在思想上倡导师生平等，提出“语文教学应在师生平等对话的过程中进行”“学生是语文学习的主体，教师是学习活动的组织者和引导者”，从而厘清了师生角色，教师不再是传统的主宰课堂的绝对权威。其次，在教学操作层面主张教学内容、学习材料与学生心理特点相吻合，如“识字教学要注意儿童心理特点，将学生熟识的语言因素作为主要材料”。最后，教学方法与策略层面也力求接近学生心理，建议“运用多种识字教学方法和形象直观的教学手段，创设丰富多彩的教学情境”，重视手段的使用与情境的创设。

2. 清楚认识语文教育的特点

语文课程所具有的较强的开放性，虽然有利于师生发挥主观能动性和创造性，但是也容易导致教学内容散乱，甚至偏离语文教育的轨道，把语文课上成政治课、思想品德课、历史课的情况时有发生，因此 2011 版语文课程标准在实施建议中强调了语文课“应该做什么”。比如，“语文教学要注重语言的积累、感悟和运用，注重基本技能训练，让学生打好扎实的语文基础”，强调了语言的积累、感悟和运用。尽管语文课文丰富多彩，课文里含有很多历史、社会知识，有很多作者个人的情感和审美趣味，但是语文教学不能偏离“语文”的轨道。无论是在学知识中学会使用语言，还是在体味感情中学会运用语言，都要指向语言文字运用，这就是语文教育的特点。

3. 纠正新课改实践中的“偏误”做法

在新课改实践中，由于教师对新理念只处于粗浅的认识或者“认同”状态，没有深入理解，因此在教学实践中贯彻新课程理念时就会出现“形式化”或“事与愿违”的情况。

有的教师在课堂上让学生自主、合作、探究学习，以这样的行为来落实以学生为主体的理念，其出发点是好的，但是却流于形式。最常见的现象是学生小组讨论热烈、课堂交流活跃，但是教师对学生的讨论缺乏引导，对讨论结果也不进行梳理和评价，只是以“有道理、有自己独特的见解”这样大而空的夸赞之词点评学生，还美其名曰“保护学生的积极性”。教师退居二线成为课堂教学的“主持人”而不是“组织者”，以为这种行为就是“把课堂还给学生”，以为这就是以学生为主体，然而在整个课堂教学中学生什么也没学到，也就是说在进入课堂（学习）的前后，学生的认知没有发生任何变化，这实质上是一种假学习行为。因此 2011 版语文课程标准强调“教师应加强对学生阅读的指导、引领和点拨”，在学生的学习过程中教师不能“缺位”。当然，也要防止另外一种极端情形，即教师将课堂变成自己学问的卖弄场、表演场。2011 版语文课程标准于是指出“不应以教师的分析来代替学生的阅读实践，不应以模式化的解读来代替学生的体验和思考”，也就是要尊重学生独特的理解和感受。2011 版语文课程标准是在新课改推进十年后修订出台的，因此很多实施建议都是“对照”这十年来教学实践中出现的问题来阐述观点的，如“要善于通过合作学习解决阅读中的问题，但也要防止用集体讨论来代替个人阅读”。这是因为发现了这样一个现象，在教学实践中小组讨论请代表发言时，话语权常被好学生掌控，其他学生就丧失了表达、思考的机会，于是 2011 版语文课程标准提出了这些建议。

类似的例子还有很多，如“各学段关于朗读的目标中都要求‘有感情地朗读’，这是指，要让学生在朗读中通过品味语言，体会作者及其作品中的情感态度，学习用恰当的语气语调朗读，表现自己对作者及其作品的情感态度的理解。朗读要提倡自然，要摒弃矫情做作的腔调”。这一建议具体阐释了什么才是“有感情地朗读”，列举了教学实践中“矫情做作的腔调”，要避免这种虚假的“有感情地朗读”。这告诉我们只有对课文有了理解，才能实现“有感情地朗读”。如果师生不能进入课文，对课文没有很好地理解，此时要求“有感情地朗读”只会成为“矫情做作的腔调”，这说明朗读和理解是紧密相连的。我们要学会观察课堂教学活动背后的实质内容，学会区分内容与形式，学会辨识语文活动中的真学习和假学习，真正理解 2011 版语文课程标准的精神。

4. 如何处理教学实践中的困惑点和疑难点

新课改后语文教育中最大的困惑是“我们还要不要教语文知识?”因为 2001 版的语文课程标准说不宜刻意追求知识的系统和完整，从政策层面降低了语文知识在语文教学中的重要性。于是一线教师很迷惑，除掉了语文知识后，语文教学教什么呢？由此带来的误解是把知识与能力目标当作低层级的目标，而把情感态度与价值观目标当作高层级目标。在各类教学比赛中还发现一种现象，讲知识的课堂被当作是落后的，情意浓浓的课堂才被认为是符合新课改的。于是语文知识在教学实践中光明正大地退场了。王策三先生敏锐地发现了这个现象，发文指出要认真对待轻视知识的教育思潮，从而引发了一场全国皆知的“钟（钟启泉）王（王策三）之争”，这场争论让大家重新审视知识的教学问题。语文教学还需要教语文知识吗？2011 版语文课程标准给出了答案，“在阅读教学中，为了帮助理解课文，可以引导学生随文学习必要的语文知识，但不能脱离语文运用的实际去进行‘系统’的讲授和操练，更不应要求学生死记硬背概念、定义”。2011 版语文课程标准明确指出语文教学需要教语文知识，但不是什么都教，而是教与“理解课文”有关的必要的知识。教的方式是“随文而教”，不能脱离语文运用的实际进行系统讲授和操练，不能灌输给学生让他们死记硬背，而要结合语文运用的实际去教。也就是说，所教的语文知识要为学生理解课文服务，要指向具体的语言文字运用。

2011 版语文课程标准中的四条新理念也很重要，包括：全面提高学生的语文素养；正确把握语文教育的特点；积极倡导自主、合作、探究的学习方式；努力建设开放而有活力的语文课程。因为这四条理念是沿袭 2001 版的语文课程标准，在十年的改革实践中已经深入人心，所以我们就没有必要再对其进行详细解释了。另外，课程评价也非常重要，但只有教育管理部门才具有评价的话语权。由于一线的小学语文教师主要从事具体的教学实践工作，他们对课程性质、课程目标与内容、实施建议的理解非常重要，这些要素和课堂教学的有效性直接相关，因此我们对 2011 版语文课程标准的评介主要从这三个方面来展开。以上讨论只是抛砖引玉，我们可以带着这样的认知思维和认识框架对 2011 版语文课程标准的其他内容进行研习，努力将理念内化成自己的教学实践行为。

二、小学语文教材评介

（一）语文教材概说

语文教材是语文课程内容的载体，“泛指”的语文教材范围广泛，包括社会、家庭、学校中对人的语言文字修养产生影响的一切书面、非书面的材料。“特指”的语文教材是指根据课程标准和教学需要编写，供师生在语文教学中使用的材料，主要包括语文教科书、语文教学参考书、语文学习指导书、语文练习册、语文音像材料、教学软件、语文活动材料、教学挂图、幻灯片等，但人们习惯上称“语文教科书”为“语文教材”。

1. 与语文教材有关的几个概念

语文教材由哪些部分构成？语文教材内容就是要教给学生的内容吗？语文教材内容等同于语文教学内容吗？语文教材内容和语文课程内容有什么区别？王荣生教授对这几个相互联系的概念进行了清楚的阐释。

语文课程内容是语文课程具体形态层面的概念，它主要面对“教什么”的问题。为了有效地达成语文课程标准所设定的语文素养目标，语文课程研制者建议“一般应该教什么”。

语文教材内容是语文教材具体形态层面的概念，它主要面对“用什么去教”的问题。为了使广大的学生较好地掌握既定的课程内容，语文教材编制者提供“通常可以用什么去教”的建议，并通过教材加以具体呈现。

语文教学内容，是语文教学层面的概念，它同时面对两个问题。第一，针对具体情境中的这班学生或这组、这个学生，为使他们或他更有效地达成既定的课程目标，“实际上需要教什么”。第二，为使具体情境中的这班学生或这组、这个学生能更好地掌握既定的课程内容，“实际上最好用什么去教”。语文教学内容既包括在教学中对现成教材内容的沿用，也包括教师对教材内容的“重构”——处理、加工、改编乃至增删、更换；既包括对课程内容的执行，也包括在课程实施中教师对课程内容的创造。

了解这些概念是为了帮助我们正确对待语文教材，摒弃过去那种绝对化的“教教材”

方式，因为语文教材内容并不等于语文教学内容，需要语文教师对教材内容进行理解、转化和创造之后才能形成教学内容。

2. 语文教材的内容体系

语文教材的内容主要由范文系统、知识系统、实践活动系统、助读系统组成。

（1）范文系统。

范文就是课文，语文教材的主体就是由一篇一篇的经典文学作品组成的，它具有示例作用和凭借作用。

（2）知识系统。

语文教材的知识系统包括听说读写的知识、汉语知识、文体知识、文学知识等四个主要领域。

（3）实践活动系统。

2011 版语文课程标准指出语文能力的培养要靠语文实践，学生在一定的理论指导下进行听说读写的训练就是语文实践活动。

（4）助读系统，也称导学系统。

顾黄初先生认为，助读系统的实质性内容就是对学习的要求、重点和方法的提示，对某些疑难问题的诠释，对相关资料的引述等，这种提示、诠释和引述多半采用文字形式，也可以配置一些图表。朱绍禹先生认为，助读系统是对学习要求、学习重点和学习方法的提示，也包括对某些疑难问题的诠释和相关资料的引述。助读系统包括编辑说明、单元学习提示、课文阅读提示、注释、题解、作者简介、参考资料等。人教版小学语文教材在课文中随文增加了批注，这就是助读系统的典型体现。

3. 语文教材的结构类型

（1）分编型。

分编型教材就是把语文教学的内容要素按不同的性质分别编制成几种教材。其优点是内容清楚、系列分明、系统性强。不足之处在于多种教材不容易配合，在教学上难以取得综合效应和整体效应。我国在 20 世纪 50 年代曾经有过短暂的教材分编时期，当时将语文教材分为《汉语读本》和《文学读本》。

（2）合编型。

合编型教材就是把语文教学中的多个方面的内容合编成一套教材。我们现在正在使用的就是合编型教材，把识字与写字、阅读、写作、口语交际、综合性学习合在一本教材中来体现。合编型教材的优点是教师容易从整体上处理教学内容，能取得较好的综合效应。其不足之处在于不容易体现系统性，知识显得杂乱。

（二）部编版小学语文教材评介

部编版小学语文教材是指由教育部直接组织编写的教材，也称“统编教材”，由北京大学温儒敏教授任总主编，以 2011 版语文课程标准为依据来编写，于 2016 年秋季学期开始在全国范围推广使用。这套教材以马克思主义、毛泽东思想、邓小平理论、“三个代表”重要思想和科学发展观为指导，全面贯彻党的教育方针，贯彻落实教育部《基础教育课程改革纲要（试行）》和《国家中长期教育改革和发展规划纲要（2010—2020 年）》的基本精神。部编版小学语文教材的特色如下。

1. 突出整体规划、国家意识

教材紧扣立德树人的新时代要求，以培养德智体美劳全面发展的社会主义接班人为出发点，以“整体规划，有机渗透”为基本思路，潜移默化地将社会主义核心价值观教育、革命领袖和革命传统教育、中华优秀传统文化教育、民族团结教育、海洋与国家主权教育、法治教育六个方面的国家意识巧妙规划设计，安排到识字与写字、阅读、口语交际和习作中。

部编版小学语文教材将落实社会主义核心价值观作为重要的指导思想，发挥了语文教材在育人方面的独特价值。突出革命传统教育，讴歌革命领袖的丰功伟绩，赞颂革命英雄人物事迹，激发学生热爱祖国、热爱共产党的情感，如选编了《吃水不忘挖井人》《王二小》《朱德的扁担》《狼牙山五壮士》《开国大典》《为人民服务》等课文。弘扬中华优秀传统文化教育，增强学生文化认同感和民族自豪感，如选编了古诗词、古代寓言、神话传说、历史故事，还选编了《笠翁对韵》《三字经》《百家姓》《千字文》《弟子规》等传统蒙学读物知识，教材从三年级开始每学期安排一篇文言文，如《司马光》《守株待兔》《自相矛盾》《精卫填海》。这套教材一共编排了129篇古诗文，约占总篇目数的30%。其中，古诗词112首，文言文14篇，古典名著3篇。强化民族团结教育，如一年级上册入学教育中的五十六个民族团结画、图画，选编《大青树下的小学》等课文。突出海洋与国家主权意识教育，如编排低年级识字课“我神州，称华夏，山川美，可入画”，选编了描写我国陆地和海洋、边疆风情风貌的课文，如《日月潭》《葡萄沟》《富饶的西沙群岛》《无名岛》等。在法治教育方面，有些课文中蕴含着可以渗透法治教育的元素。

2. 双线组元，增强目标意识

部编版小学语文教材继承了人教版小学语文教材人文主题组元，整合了识字、阅读、口语交际、习作系统的教材编排经验，在语文要素的训练上达成了回归、实现了超越。所谓“双线组织单元内容”，即以宽泛的人文主题将单元课文组织在一起，同时将语文训练的基本要素，包括必需的语文知识、基本的语文能力、适当的学习策略和学习习惯等，分成若干个知识或能力训练的“点”，由浅入深，分布并体现在各个单元，形成一条贯穿全套教材的显性线索。部编版小学语文教材统筹规划语文要素，明晰了训练的目标意识，体现了训练的序列与梯度。尤其是从三年级开始每个单元一般在阅读与习作的方法、能力或习惯方面各安排一个训练要素，每册有两个重点训练要素。下面以三年级上册双线结构为例进行展示（表3-1）。

表3-1 三年级上册双线结构一览表

单元	人文主题	语文要素
一	学校生活	阅读时，关注有新鲜感的词语和句子
二	金秋时节	运用多种方法理解难懂的词语
三	童话世界	感受童话丰富的想象
四	阅读策略单元：预测	一边读一边预测，顺着故事情节猜想；学习预测的一些基本方法
五	习作单元：观察	体会作者是怎样留心观察周围事物的

续表

单元	人文主题	语文要素
六	祖国山河	借助关键语句理解一段话的意思
七	我与自然	感受课文生动的语言，积累喜欢的语句
八	美好品质	学习带着问题默读，理解课文的意思

部编版小学语文教材由常规特色普通教学单元和创新编排的阅读策略单元两种形式组成。了解和掌握单元构成，有利于读懂教材编排意图和掌握教学策略。部编版小学语文教材普通教学单元结构如图 3-1 所示。

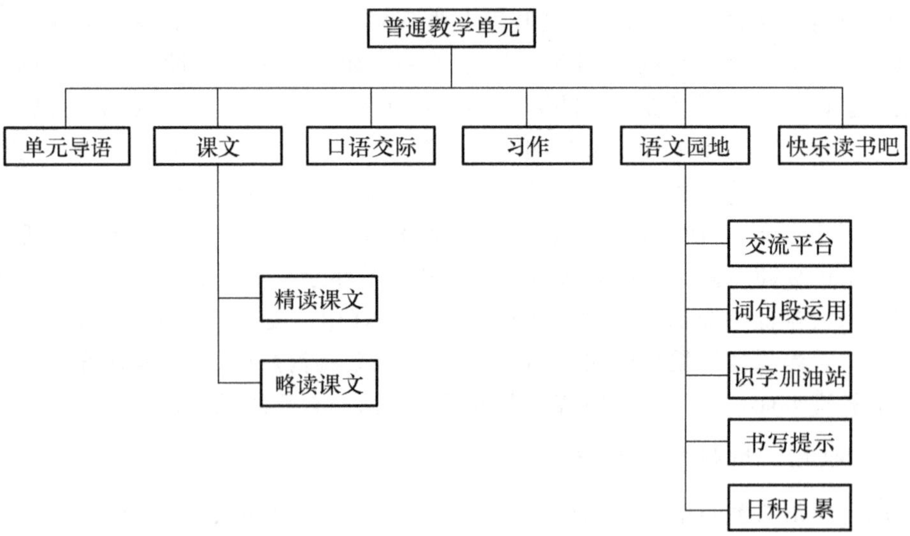

图 3-1　部编版小学语文教材普通教学单元结构

从第二学段开始，在每个教学单元编排了图文契合的“单元导语”，即在精美的画面下用一两句名言警句或者自编、改编的话点明单元主题，从阅读与表达的角度，提示本单元的语文学习要素、学习任务。单元学习目标的清楚明晰，增强了教材使用的可操作性。“课文”为主阅读，“口语交际”“习作”为主训练要素，两者形成“双线”，交叉呈现，由易到难，由简到繁。“口语交际”按照功能与话题两条主线，从倾听、表达和应对三个维度组织口语交际内容，每一个维度在不同学段都有所侧重；“语文园地”主要从“交流平台”“词句段运用”“识字加油站”“书写提示”“日积月累”五个方面进一步落实本单元的目标；“快乐读书吧”基于课外阅读课程化的理念，引导学生读整本书，是单元教学内容的重要组成部分。

部编版小学语文教材阅读策略单元结构如图 3-2 所示。

对应不同的年级，阅读策略可分为预测、提问、提高阅读速度、有目的地阅读四种。每个阅读单元都会紧紧围绕对应的阅读策略来组织内容模块。以提问策略为例，阅读策略单元总体由以下几个模块构成。“单元导语”主要介绍单元主题和语文要素，“阅读时尝试从不同的角度去思考，提出自己的问题”，明确了单元目标是让学生学会在阅读过程中提问。“精读课文”的课后不仅有识字与写字的内容，还重点配备了练习题，用来强化学生

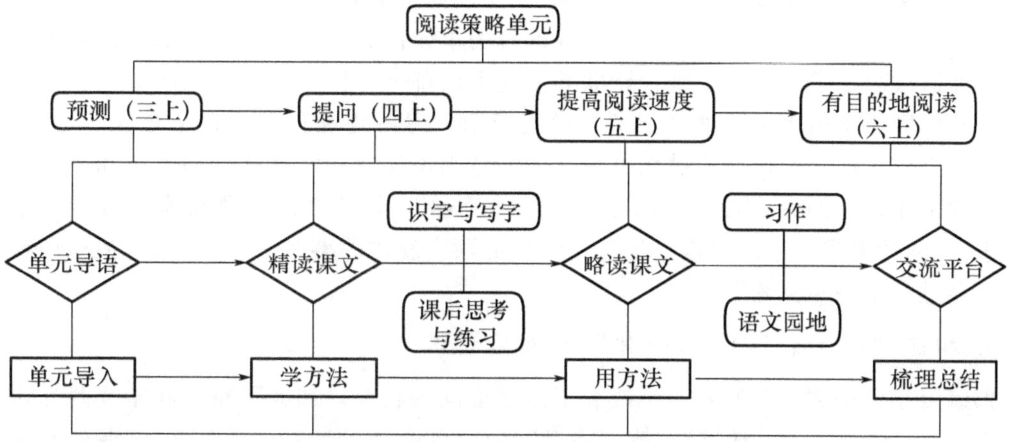

图 3-2 部编版小学语文教材阅读策略单元结构

的“提问”意识和习惯——先让学生自己边读边提问，然后教师整理问题清单或选择有价值的问题，最后组织学生进行交流，从不同的角度提问。“略读课文”用几个问题引导学生发现和选择写作内容，使问题成为写作的“思维支架”，其中的“语文园地”所包括的“识字加油站”“日积月累”“词句段运用”，与本单元的提问策略内容没有直接联系。“交流平台”要求学生对单元内容进行梳理和总结。提问策略单元的教学目的可总结为四方面：一是阅读时要开动脑筋、积极提问；二是要从不同的角度提问和深入思考问题；三是筛选出最有价值的问题，以加深对课文的理解；四是养成敢于提问、善于提问的习惯。

3. 体现学用结合，强化主体意识

部编版小学语文教材语文活动设计突出生活语文理念，学语文与用语文贯穿于全套教材之中，强化学生学习的主体地位。教材根据不同年龄段的特点，对课后思考练习题进行活动化设计，如一年级上册《小小的船》课后练习。

读一读，照样子说一说。

船 小小的船　　　　月儿 弯弯的月儿

天 蓝蓝的天　　　　星星 闪闪的星星

“我的发现”“展示台”“交流平台”“快乐读书吧”等栏目的设置，是通过联系学生自身语文积累与生活经验，展示学习过程的语文活动。“口语交际”“习作”的安排也尽量结合联系学生生活实际、生活经验的话题，使他们敢说话、想说话，有话可说、有内容可写，使学与用相结合，进而不断提升学生的语文能力。比如，看火车票识字、看公园导游图识字；元旦节快到了，为“元旦联欢会”设计一个海报，要求是除了配上优美的水墨画，还要有打动人心的宣传语，吸引更多的同学来参加元旦联欢会。

先识汉字再学拼音，改变以往先学拼音后学识字造成抽象学习、学习困难的局面。先识汉字再学拼音，突显汉字的重要地位，让拼音教学服务于识字教学，更符合刚入学的小学生的生活和学习需求，可以让学生更多地感受到语文学习的快乐。

4. 彰显文体意识，贯彻能力训练

部编版小学语文教材尽力彰显文体意识，贯彻能力训练，尽量避免教师把选文都上成记叙文。选文在以应用文、记叙文等实用文为主体的基础上，选编了一定数量的文学作品。从单元的组元方式来看，以文学体裁编排的单元占有一定的比例，如童话故事、寓言故事、神话故事、民间故事、现代诗歌等。还有以鲁迅等作家作品组织的单元、以中国古典名著和外国文学名著组织的单元等。单元导语，思考题和拓展题，综合性学习、习作、名著选读突出了语文知识“形散而神聚”的文体知识体系。尤其是“阅读”和“表达”两大主线紧密相连，如阅读要求“练习创造性地复述”，习作要求“创编童话故事、创编生活故事”；阅读要求“按照起因、经过、结果的顺序复述故事”，习作要求“把一件事情的起因、经过、结果写清楚”。

5. 构建“两课型”“三位一体”的阅读意识

部编版小学语文教材有意识地改变了课型混乱的状况，加大了精读和略读两种课型的区分度，改“精读”为“教读”，改“略读”为“自读”。“教读”“自读”“课外阅读”形成了“三位一体”的阅读教学结构闭环模型，如图 3－3 所示。

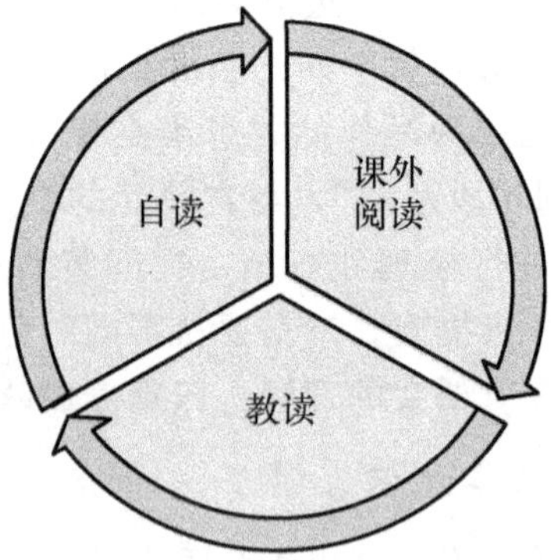

图 3－3 “三位一体”的阅读教学结构闭环模型

“三位一体”阅读教学结构以“教读”“自读”两种基本课型为依托，融入“课外阅读”，构成了以“教读”为基础和起点，推动学生“自读”为过程，“课外阅读”（课内外延伸要求）为终点，由“课外阅读”提升“教读”“自读”质量的一个相互促进、彼此补充的闭环模型。

6. 课外阅读融入教材，培养读书意识

引导学生多读书、读好书、读整本书，将课外阅读作为教材的组成部分，实现“课外阅读课程化”，是部编版小学语文教材编写的基本思想，虽然每册教材课文篇数减少了，但总阅读量却增加了。在第一学段，“快乐读书吧”主要推荐童谣、儿歌及情节简单、有趣的儿童故事等，重在培养学生对书的认识，如引导学生关注书名、作者、封面、目录等；同时注意学生良好阅读习惯的养成，如爱护图书。在第二、三学段则推荐不同种类的书籍给学生，开拓学生的视野。推荐时根据作品的难易度，将内容较简单的童话、寓言等安排在第二学段，小说之类的文学作品安排在第三学段。第二、三学段“快乐读书吧”的体例结构一致，由“你读过这本书吗”和“相信你可以读更多”两个栏目组成。

“和大人一起读”，是部编版小学语文教材的一个亮点，目的在于培养学生的读书意识，引导亲子共读、师生共读，形成有效阅读积累，奠基语文素养。小学一年级设置了

“和大人一起读”，意在和学前教育衔接，从一开始就培养学生的读书兴趣。小学中高年级几乎每个单元都有延伸的课外阅读。虽然部编版小学语文教材的课文篇目变少了，但课文变长了，到中年级开始有3000字以上的课文。另外，部编版小学语文教材还编排了若干阅读策略单元，教学生怎样阅读进而学会阅读。比如，从读封面、读目录、读序言开始读整本书；从读儿歌童谣到读寓言故事到读整本书；等等。要让学生读书，教师首先要读书。教师要探索和实践如何把“教读”“自读”和“课外阅读”三者结合起来，融为一体，要想办法激发学生读书的兴趣。

7. 关注学生学习心理，注重科研意识

部编版小学语文教材重视学术界有关语文认知规律的研究成果，如吸收字频研究成果，优先编排认识300个基本字，以尽快解决学生的阅读障碍问题；借鉴同类教材优点和百年语文教材研究的重大成果，使教材更加符合小学生学习语文的规律。教材扩大了开本，插图和装帧设计优美，单元导语、选文、语文园地的言语表达亲切、贴近生活，增加了“识字加油站”“和大人一起读”。

思考与练习

1. 部编版小学语文教材实现了课外阅读课程化，在教材已有阅读内容的基础上，应该选择什么样的书籍让学生阅读？

2. 与其他人文学科课程相比，语文课程的独特性在哪里？

3. 部编版小学语文教材改变了传统的编排方式，教师应该如何开展不借助拼音的识字教学？在拼音教学中应如何引导学生利用已识字去学习音节？

第三节　小学语文教学设计的理论与实践

语文教学设计能力是将课程理解、语文知识、教学实施的预设、学情把握、学习活动等因素融为一体进行学理安排的能力，是语文教师应该具备的最基本的能力。语文教学设计沟通着课堂前的准备和课堂教学的实施，它决定着课堂教学的成败，因此本节内容是本章内容的核心部分。很多人把语文教学设计简单地等同于教案，这种认识是片面的，因为教案是进行教学设计以后最终呈现出来的教学实施方案，它体现的是教学设计的结果，但是并没有把思考的过程展现出来，也就是说教案并不直接展现“这样设计”的理由，不直接传达学理依据。语文教学设计是一个动态的流程，从依体式定课文关键点，到依学情定教学点，从教学内容的选择到教学环节的展开，再到教学活动的设计，是层层递进、层层深入的。语文教学设计同时也是一个连续思考与不断反思的过程，对每一个内容选择和活动安排都要充分思考“我为什么教这些内容？”“我为什么这样教？”“每一步教学活动的安排是基于什么考虑的？”，不断思考不断反思才能真正促进教师的专业发展。

进行语文教学设计一定要避免这种错误的做法，即部分教师进行教学设计时首先想到的不是认真研读课文，而是从网上大量下载这篇课文的教学设计和解读文章，结果使自己的教学设计成为别人教学设计的“拼盘”，将自己淹没在别人的研究中，长此以往会让自己丧失思考的能力。这样的做法会使教师进入不了课文，没有自己的理解和感悟，进而导致语文教学缺乏情感因素，成为干巴巴的知识灌输或者零碎的课文分析。为什么许多教师只会按照“解题导入—作者介绍、背景介绍—读课文—整体感知—段落大意—中心思想或者主题—写作特色”这样固定的、模式化的、僵化的教学流程来完成教学？因为这样的教师根本没有进入课文，没有对课文形成独特的感知和体验，不知道该教课文的哪些内容。因此养成良好的备课习惯非常重要，要先认真细读几遍课文再开始教学设计，将自己对语文的感知和理解融入进去。

本节内容我们将以部编版小学六年级语文教材的一篇课文《桥》为例，以学理的思考过程与具体化的操作形式来展现教学设计的动态流程。请认真阅读案例 3－3－1，本节所有内容将围绕它来展开。

案例 3－3－1

桥

黎明的时候，雨突然大了。像泼。像倒。

山洪咆哮着，像一群受惊的野马，从山谷里狂奔而来，势不可当。

村庄惊醒了。人们翻身下床，却一脚踩进水里。是谁惊慌地喊了一嗓子，一百多号人你拥我挤地往南跑。近一米高的洪水已经在路面上跳舞了。人们又疯了似的折回来。

东面、西面没有路。只有北面有座窄窄的木桥。

死亡在洪水的狞笑声中逼近。

人们跌跌撞撞地向那木桥拥去。

木桥前，没腿深的水里，站着他们的党支部书记，那个全村人都拥戴的老汉。

老汉清瘦的脸上淌着雨水。他不说话，盯着乱哄哄的人们。他像一座山。

人们停住脚，望着老汉。

老汉沙哑地喊话：“桥窄！排成一队，不要挤！党员排在后边！”

有人喊了一声：“党员也是人。”

老汉冷冷地说：“可以退党，到我这儿报名。”

竟没人再喊。一百多人很快排成队，依次从老汉身边奔上木桥。

水渐渐蹿上来，放肆地舔着人们的腰。

老汉突然冲上前，从队伍里揪出一个小伙子，吼道：“你还算是个党员吗？排到后面去！”老汉凶得像只豹子。

小伙子瞪了老汉一眼，站到了后面。

木桥开始发抖，开始痛苦地呻吟。

水，爬上了老汉的胸膛。最后，只剩下了他和小伙子。

小伙子推了老汉一把，说：“你先走。”

老汉吼道：“少废话，快走。”他用力把小伙子推上木桥。突然，那木桥轰的一声塌了。小伙子被洪水吞没了。

老汉似乎要喊什么，猛然间，一个浪头也吞没了他。

一片白茫茫的世界。

五天以后，洪水退了。

一个老太太，被人搀扶着，来这里祭奠。

她来祭奠两个人。

她丈夫和她儿子。

一、教学内容确定：文本解读与教学解读的契合

教学设计最先开始考虑的要素是“教什么”，即教学内容，而不是“怎么教”（教学方法），因为只有教学内容确定下来以后才能进一步考虑教学环节和教学方法。影响教学内容选择的因素主要有三个，一是课文文本，也就是“这一篇课文”本身蕴含的内容；二是教学目标，当然单篇课文的教学目标不能简单套用课程目标，教学目标是课程目标的具体化和细化；三是学情，也就是学生学习这篇课文的主要障碍在哪里，困难在哪里，这是教学的起点。根据王荣生教授的观点，确定教学内容需要做几件事：一是文本解读，寻找课文的“关键点”，将课文最独特的内容和最独特的韵味读出来；二是分析学生学习的疑难处，基于学情分析进行教学解读，思考学生在读这篇课文时会在哪些方面遇到阅读困难；三是找到课文“关键点”和学生学习的疑难处相重合的地方，这就是教学点，也就是教师应该教的内容。在语文教学设计过程中，对文本进行教学解读是非常重要的，是教学的基础。

（一）对课文进行多层次、多维度的文本解读

文本解读是上好语文课的基础，是语文教师必须具备的硬功夫。在小学语文教学一线有这样一种观点，即学生理解能力有限，教师如果把课文解读得太深，学生听不懂，所以深度的文本解读是没有必要的。这种看法得到一部分人认同，因为表面看来它是结合学情的角度来谈的，而且也符合小学语文重在语言积累的目标，深度分析确实不是小学语文教学的主流。这种观点的片面性在于，如果没有对课文进行由表及里、由浅入深的解读，那课文的独特性就读不出来。读不出课文个性的课堂，是缺乏语文韵味的。另外，并不是说教师要把深度的解读结果告知学生，而是教师要有广博的储备，能够在课堂上引导学生，至于学生能够读到哪一层，取决于课堂上学生的学习状态，教师可以根据情况在课堂上灵活调整。目前最严重的问题是，教师讲的学生自己也能读出来，学生自己不懂的或者自己没读出来的，教师也没讲，导致学生学习后与学习前没有任何认知上的变化，出现“学和不学一个样”的现象。这种现象导致学生和家长都轻视语文学科，社会上也认为学生的语文水平不是教师教出来的，而是学生自己在阅读中学出来的，语文教师由此处于很尴尬的地位。因此，为了改变这种情况，不管学生能够理解到哪个层次，语文教师在备课时对课文进行全面、细致而又深入的解读都是非常必要的。如何进行文本解读呢？可以从以下几方面来看。

1. 正确的阅读取向

王荣生教授认为阅读取向是指阅读主体采取哪种方式来阅读，即抱着什么样的目的，怎样来看待文本。他把阅读取向分为三种，第一种是常态，是正常人在正常情况下的阅读方式；第二种是异态，是在特殊情况下采取的阅读方式，比如研究《西游记》里的官场文化和欣赏《西游记》这部小说的阅读方式是不一样的，前者就是异态；第三种是变态，这

种取向只有在语文教学中会出现。比如用考试的眼光来读课文，读到一个地方就画下来，注明“这里是动作描写”，再读一个地方又注明“这里是细节描写”，将灵动的文章肢解成一个个拿来印证某些语文知识的碎片。按照变态的阅读方式进行教学设计必然导致课文的魅力消失，必然会败坏学生学习语文的胃口，因此语文教师必须坚持常态的阅读取向。

2. 变换视角反复阅读课文，读出课文的独特个性

语文教师对课文要有耐心，不能只读一遍就去看网上的教案，要花时间多读多体味，走进课文内部去感受丰富多彩的文本世界。

首先，不要以语文教师的身份去读，要以文学爱好者或者普通读者的身份从欣赏的角度去读，也就是进行“常态阅读”。将自己投入文本中，抓住自己读课文的“初感”，随着里面的人物或者作者的情感而感受喜怒哀乐。先把“初感”抓住，虽然不一定马上就有理性思考，但是阅读初感往往能够触碰到课文的特质。

其次，以文学研究者的身份去读，对自己初读时的感受进行理性分析，去抓文章的独特之处。我初读的时候为什么不自觉地笑了？是事件本身很有趣，还是作者使用了风趣幽默的语言？这些文本自身的特点有助于寻找教学关键点。

最后，将自己从课文中读出的东西按照由浅入深的层次进行排列，将多层次的内容都彰显出来。这一过程的目的是打开阅读思维，找寻文本更多的意蕴。

（二）依据文本独特的体式，找到课文的关键点

1. 通过文本体式确定教学关键点

每篇课文都有自己的体式，体式有“类的特征”，如诗歌是一类，散文、小说、实用文各是一类。读文章要体现出文体“类”的特点，也就是说要用读小说的方式去读小说，用读实用文的方式去读实用文，用读诗歌的方式去读诗歌。比如“电视遥控器说明文”是实用类文本，主要是介绍操作性知识，所以语言是准确的，不能用读诗歌的方式去读它。而“千里莺啼绿映红”是诗歌，就不能拘泥于它的现实准确性，不能说“千里莺啼，谁人听得见?”诗歌是艺术化的，不能用读实用文的方式去读它。体式除了有“类”的特殊，还可以细化到小类，如散文这类文体下面还可以分出叙事性散文、抒情性散文、说理性散文等。《桥》是一篇微型小说，小说可以从人物、环境、主题、情节、叙述视角等方面进行解读，因此备课的第一步就需要按照小说体式的特点对课文进行解读，从中可以读出以下几个层面的内容。

（1）故事层：在洪水即将淹没整个村庄之际，全村人只能从独木桥上过。老党支部书记和他的儿子把逃生的机会让给别人，而他们却被洪水吞噬。

（2）主题（歌颂党员的牺牲奉献精神）。

（3）“意料之外情理之中”的结尾。

（4）“意料之外情理之中”的阅读效果是怎样实现的。

（5）环境对情节的推动作用。

（6）老汉像山一样的人物形象。

这一阶段的重点在于领悟课文丰富的内涵，只有对它有丰富的感知和理解，才能为下一阶段教学内容的选择奠定基础。

2. 学情分析与教学内容确定

学情分析是教师对学生学习情况的一种预估，其背后的学理是学生一望而知、一读即知的内容不用教；以学生的认知水平很难理解，远远超出学生的生活经验和认知水平，无论教师采用多少种方法讲授学生也很难学会的东西，也不用教，这些都不能成为教学内容。教师应该教的内容是那些学生有点感知，但是自己却说不清道不明的东西，或者是教师不点出，学生就看不出来的东西，又或者是学生以为自己已经看懂，实际上却没真正看懂的东西。

《桥》是一篇主题先行的课文，主题（歌颂党员的牺牲奉献精神）是很容易被学生读出来和感受到的，因此它是教学的起点，而不是终点。另外，故事层也容易被学生掌握。“在洪水即将淹没整个村庄之际，全村人只能从独木桥上过。老党支部书记和他的儿子把逃生的机会让给别人，而他们却被洪水吞噬。”学生读完这些以后基本可以复述故事内容，因此故事层也不是主要的教学内容，而只是教学的起点。

我们再来看第（3）层（“意料之外情理之中”的结尾）和第（4）层（“意料之外情理之中”的阅读效果是怎样实现的），这两个层次是相互关联的。“意料之外情理之中”的结尾是学生阅读后能够感受到的，作者最后才揭示事情的真相，让学生突然有“哦，原来是这样”的感觉，心理受到冲击。学生感受到是一回事，能够理解并说清楚又是另一回事。第（3）层是学生自然能够体会到的，教师不讲学生也有这样的感受，因此不是教学的主要内容。但是学生并不能说清楚这样的感受从何而来，而发现文本独特的技法正是提升学生阅读能力的重要方面，因此第（4）层是这篇课文的核心教学内容。

这篇课文的特点在于作者通过对人物多重身份的隐藏和揭示来实现“意料之外情理之中”的阅读效果。文中最主要的人物有两个，两个人都有多重身份。作者先揭开他们的前两重身份：党支部书记和党员，一个老汉和一个小伙。当大水即将淹没村庄的时候，全村人都挤向独木桥，此时党支部书记（老汉）组织村民撤离。由于要保持秩序避免出现更大的混乱，老汉要求党员排在后面，让其他村民先走，但是一个小伙却排到前面了。老汉把他揪出来吼道：“你是党员吗？排后面去。”两个人的矛盾冲突就此形成。后来村民都过了桥，桥快塌的时候，老汉让小伙先走，小伙却让老汉先走，此时读者对两个人的关系产生疑惑，小伙本来是要排到人群前面先走的，因为求生是人的本能，但是当他被老汉拦下来后，却还让老汉先走，两个人的关系不一般。等最后桥塌了，洪水淹没了两个人，而老太太来祭奠她的丈夫和儿子，这时读者才知道原来两人是父子。在小说中，先是老汉不让儿子先走，因为儿子是党员；后来又让儿子先走，因为自己是父亲。两个主要人物都有多重身份，故事开始时作者只让读者知道其中两重身份，而最关键的父亲和儿子身份到最后才揭示，让读者恍然大悟。作者让人物具有多重身份，然后对多重身份进行隐藏和揭示，最后造成了“意料之外情理之中”的阅读效果，这就是这篇文章最大的特点。

确定了一个教学内容之后，再来看第（5）层（环境对情节的推动作用）。学生不仅容易把小说的故事当作情节，而且容易孤立地看待环境和情节。这篇小说先是塑造了危急的环境：“黎明的时候，雨突然大了。像泼。像倒。山洪咆哮着，像一群受惊的野马，从山谷里狂奔而来，势不可当。”这样危急的环境，导致人们有了逃生的行为，“死亡在洪水的狞笑声中逼近。人们跌跌撞撞地向那木桥拥去。”于是才有了大家争相过独木桥，而老汉让小伙子排后面，最后两人都牺牲了的情节。环境和情节之间的关联非常重要，这种关联易被学生忽视，因此第（5）层的内容也应该成为重要的教学内容。

另外，关于第（6）层（老汉像山一样的人物形象），学生能够认识到表面内容，“他不走，他把生的机会留给他人”。但对老汉精神的理解容易概念化，空洞化。因此从多个层面欣赏老汉的言行能够丰富学生对老汉的认识，从而避免“贴标签”现象。

从课文独特的文本体式和学生会遇到的疑难处来看，这篇课文最终可以确定三点教学内容。

（1）“意料之外情理之中”的阅读效果是怎样实现的。

（2）环境对情节的推动作用。

（3）老汉像山一样的人物形象。

这是我们从学理的层面不断追寻文学解读与教学解读的契合点，对文本进行文学解读与教学解读的结果。

二、教学环节的展开与教学活动的设计

教学环节的展开也就是教学内容的布局过程，把贯穿整个教学设计的教学内容分解成几部分，每个环节完成一部分，每部分内容又由多个教学活动来实现。因此每个教学环节都是由教学内容、教学活动两部分构成的。教学活动又分为教师“教”的活动和学生“学”的活动。传统教学的弊端就在于只注重教师教学活动的设计，而不注重学生学习活动的设计，结果在各种教学比赛中学生成为教师的配角，学生和观课人员一起观看教师在台上表演，而学生只要做好配合就可以了。这就是典型的“以教师为中心”的课堂，也是许多一线教师习惯了的教学思维。在观摩课上我们会发现，观课的教师一般只看教师的活动（教师的朗读、讲解、课堂组织、板书等），却很少有人观摩课堂上学生是如何学习的，很少注意学生在课堂上的学习状态。因此教师在做教学设计时要努力做到从以“教”的活动为中心转向以“学”的活动为中心。

教学环节可以按以下思路来设计。

首先，把确定好的三点教学内容按照先易后难的顺序进行排列。最容易的是“环境对情节的推动作用”，最难的是“意料之外情理之中”的阅读效果是怎样实现的。据此，整个课堂教学可以分为以下三个环节。

（1）感觉环境描写的“危急形势”。

（2）品味老汉“像山一样”的人物形象。

（3）体会“意料之外情理之中”的艺术效果。

其次，将每个环节的教学内容都转化成学生的学习活动，进行活动设计。每个教学环节都是由多个学习活动构成的。教师要思考课文中哪些部分、哪些语段和表现此环节的教学内容有关？学生应如何对这些语段进行学习？如何将学习活动安排在教学环节中？

基于上面的考虑，我们可以根据案例 3－3－1 来进行《桥》的教学设计，具体如下。

《桥》的教学设计

一、感受环境描写的“危急形势”

1. 默读课文，勾画描写洪水的语句，感受形势的危急

这个学习活动的目的是让学生先关注环境描写，读出小说营造的危机感。

2. 从短句、短段等表达形式层面读出危急的形势

从句式特点、段落特点着眼，让学生感受到语言形式可以反映出文章的意义或者情势。

黎明的时候，雨突然大了。像泼。像倒。

山洪咆哮着，像一群受惊的野马，从山谷里狂奔而来，势不可当。

“像泼。像倒。”一句话只有两个字，而且用“像”字，使得本来只是客观环境的雨，也染上了某种主观的情绪。“山洪咆哮着，像一群受惊的野马，从山谷里狂奔而来，势不可当。”这一句写出了洪水之凶猛。

3. 勾画写桥的句子，将洪水、桥和人群的反映关联起来，读出危机感

让学生找出相关句子进行品读。

近一米高的洪水已经在路面上跳舞了。人们又疯了似的折回来。

死亡在洪水的狞笑声中逼近。

人们跌跌撞撞地向那木桥拥去。

水渐渐蹿上来，放肆地舔着人们的腰。

木桥开始发抖，开始痛苦地呻吟。

这些环境描写的特点是：水—人—桥。将三者联系起来，从而读出危急的情势。

二、品味老汉“像山一样”的人物形象

1. 面对危急形势，对比老汉和人群的反应，体会老汉沉着、冷静的性格

可以从下面这些语句中读出来。

是谁惊慌地喊了一嗓子，一百多号人你拥我挤地往南跑。近一米高的洪水已经在路面上跳舞了。人们又疯了似的折回来。

人们跌跌撞撞地向那木桥拥去。

老汉清瘦的脸上淌着雨水。他不说话，盯着乱哄哄的人们。他像一座山。

老汉冷冷地说：“可以退党，到我这儿报名。”

2. 从两个“吼”字读出老汉的情感

老汉突然冲上前，从队伍里揪出一个小伙子，吼道：“你还算是个党员吗？排到后面去！”老汉凶得像只豹子。

老汉吼道：“少废话，快走。”他用力把小伙子推上木桥。

第一个“吼”字，表达出老汉愤怒的情绪。因为小伙子是党员却想排在队伍前面逃生，违背了党员的宗旨。

第二个“吼”字，表达出父亲焦急的心理，充满了对儿子的爱，是在生命危急时刻想把生的希望留给儿子的那种父爱。

3. 提问：为什么把老汉比喻成一座山？

4. 提问：你还从哪些地方看出老汉高尚的品格？

三、体会“意料之外，情理之中”的艺术效果

1. 把“一片白茫茫的世界”之后的内容删除可以吗？为什么？

删除了就不知道老汉和小伙子的父子关系，就不会冲击读者的内心，小说就不会这么感人。

2. 探究“意料之外，情理之中”的艺术效果是如何传达出来的？

作者通过对人物多重身份的隐藏和揭示来实现“意料之外，情理之中”的阅读效果。

思考与练习

1. 通过阅读本节内容，你认为自己在教学实践（教学实习）备课过程中经常犯的错误有哪些？你将如何进行调整？

2. 阅读教学内容应该如何确定？结合具体的课文谈谈你的思路。

第四节　小学语文教学内容合宜性的课例研究

本章第三节我们主要探讨了教学设计的理论与实践，以一篇课文作为案例贯穿始终。在这一过程中我们始终坚持一条原则，即教学设计以教学内容为基础。如果没有合适的教学内容，那么教学环节与教学活动安排只是“花架子”。可以说，教学内容决定了语文教学的水平、艺术层次和效果，因此本节我们通过《小露珠》这个课例来集中探讨教学内容问题。

苏教版小学语文教材三年级上册有一篇课文《小露珠》，内容如下。

夜幕降临了，草叶上、花朵上、禾苗上出现了一颗颗小露珠。小露珠爬呀，滚呀，越来越大，越来越亮，到黎明的时候，已经有黄豆粒那么大了。

“早哇，像钻石那么闪亮的小露珠。”蹦到大荷叶上的小青蛙对小露珠说。

“早哇，像水晶那么透明的小露珠。”爬到草秆上的小蟋蟀对小露珠说。

“早哇，像珍珠那么圆润的小露珠。”落在花朵上的小蝴蝶对小露珠说。

小动物们都喜欢小露珠。

一会儿，太阳公公披着云霞，爬上了东山，染红了天空，照亮了大地。霞光中，小露珠光彩熠熠，把所有的植物都装点得格外精神——金黄的向日葵，碧绿的白杨树，紫红的喇叭花，还有数不尽的鲜花嫩草，都像俊俏的小姑娘戴上了美丽的珠宝，显得更加生机勃勃。

小露珠爬着，滚着，笑着。她感到有一股热气袭来。渐渐地，太阳公公散发的热量越来越大，小露珠的身子也越来越轻了。她渐渐地变成了水蒸气，向空中飘去。向日葵向她点头，白杨树向她招手，喇叭花动情地吹奏着乐曲。大家多么想把小露珠留住呀。小露珠向大伙儿一一告别，她笑盈盈地说："我明天还会来的。"

讨论交流，这篇课文该教什么呢？

在云南昆明某区的教师教材培训会上，有教研员指出，此篇课文是科普小品文，重在教给学生小露珠的形成过程，培养小学生认识大自然的能力。你同意这样的观点吗？为什么？

这篇课文不是科普小品文，而是一篇童话。在前一节教学设计中我们曾经专题介绍过，确定一篇课文的教学内容主要考虑两个方面：一是对课文的教学解读（包括前一阶段的文本解读，也包括根据课程目标对课文的教学考量）；二是学情分析（包括学生的知识积累、认知起点、心理特点等）。教学解读最基本的途径之一，是依据文本体式来解读，如果对课文文本体式的判断出了问题，那么教学内容的选择肯定也会出问题。对于《小露珠》这篇课文来说，如果把它当作科普文，那是从科学的眼光来看它的，如果把它当作童话，那是以文学的眼光来看它的，两者之间的区别是相当大的。科普小品文重在让学生学习科学知识，而童话重在让学生感受文学的精神力量。此文主要是向学生介绍小露珠是怎样形成和消失的吗？是要介绍小露珠的客观形态吗？明显不是。学生感受到的不是客观存在于自然界的小露珠，而是已经被作者人格化了的小露珠，此文的目的是让学生在人性或者道德的潜移默化中受到教育。

话题又转回来，这篇课文该教些什么呢？教学内容是哪些呢？

既要结合童话的特点和课程标准对此学段的学习要求来考虑，还要让学生读出课文语言文字的独特性。语文教学内容不能脱离语言而空谈思想内容，也不能局限于字词教学而不见字词背后蕴含的思想内容，一定的语言文字肯定传达了一定的内容、思想或者情感，而特定的思想内容肯定要通过合适的语言文字传达出来，两者是融为一体的，在教学过程中不能将它们单独割裂开。可以这样来考虑：以感受小露珠鲜活的形象为中心，感受她的活泼可爱，感受她乐于助人的精神以及她和周围事物之间的友谊。在此过程中进一步考虑她活泼可爱的形象是如何传达出来的？从哪些语句中可以体现出来？这就将思想内容具体化到了语言文字运用。

（1）让学生复述故事，可以锻炼他们的语言表达能力和整合课文内容的能力。

此时教师要搭建支架，引导学生将文中的关键词找出来，并把这些关键词串起来进行复述，这样才能真正提高学生的复述能力。

（2）感受小露珠的形象。不能空谈，要品位体现小露珠形象的语言。

形态层：闪亮、透明、圆润；句式（像……那么……）。

动作层：爬着，滚着，笑着。

变化层：越来越大，越来越亮，越来越轻。

（3）精神品质：助人为乐（把所有的植物都装点得格外精神）。

（4）友情。（向日葵向她点头，白杨树向她招手，喇叭花动情地吹奏着乐曲。大家多么想把小露珠留住呀。小露珠向大伙儿一一告别……）

（5）模拟对话活动，将对话的语气体现出来，将说话时的动作也表现出来。

“早哇，像钻石那么闪亮的小露珠。”蹦到大荷叶上的小青蛙对小露珠说。
“早哇，像水晶那么透明的小露珠。”爬到草秆上的小蟋蟀对小露珠说。
“早哇，像珍珠那么圆润的小露珠。”落在花朵上的小蝴蝶对小露珠说。

（6）优美词语和句子的品析。

俊俏、生机勃勃、动情、笑盈盈……
太阳公公披着云霞，爬上了东山，染红了天空，照亮了大地。
……

以上只是提供了教学内容选择的思路，在具体进行教学设计的时候，还要根据一定的逻辑将上面这些内容按照一定的顺序进行排列。

网上关于《小露珠》的课堂实录或者教学设计，注重提升课文的价值观目标，认为课文的主题是写出小露珠的牺牲奉献精神。这并不是忠实于课文的，而是教师自己的理解，是经不住推敲的。在语文教学中最容易出现的也是最严重的问题，就是随意发挥语文教学内容，因为差之毫厘，谬以千里。接下来我们通过课例研修的方式来探讨这个非常重要的问题。

案例 3-4-1

语文教学内容“随意发挥”的病理分析

——以苏教版三年级上册《小露珠》为例

随着新课程改革的深入发展，语文教育研究的重心从“怎么教”转向“教什么”，也就是从教学方法层面转向教学内容层面，这是由语文学科的特殊性和复杂性决定的。其他学科的教学内容是以固定的形态直接呈现在教材中的，而语文教材只是学习的材料和对象，它虽然体现着教学内容，却不是教学内容的直接呈现。教材中的每一篇课文教些什么，是需要语文老师认真研读后再根据其教育价值来确定的。由于每位教师对课文独特性及教学价值的认知不同，因此同一篇课文在不同教师的教学中呈现出来的教学内容也不一样，语文教学内容的选择与确定直接关系到语文教学的效果及课改的成败。通常情况下，评价一堂语文课的最低标准是语文教学内容是否正确，然而确定教学内容核心环节的课文解读是多元而无固定答案的，所以教师不能简单明了地看出教学内容的正确性。于是语文教学过程中经常会出现一些“似是而非”的教学内容，表面上看正确，实则错误。这类错误在很大程度上是由于语文教师在课堂上对课文的随意解读以及对教学内容的随意阐释发挥造成的。下面我们就以苏教版语文教材三年级上册《小露珠》为例，谈一谈部分教师对语文教学内容的处理是如何陷入“随意发挥”的误区的，并对造成这种弊病的原因进行分析。

《小露珠》深受小学生喜爱源于两方面的因素。首先，课文体裁符合儿童的兴趣和接受心理。这篇课文是童话体裁作品，符合儿童喜欢听故事读故事的天性，在叙述故事过程中采用比喻、拟人的修辞手法增强了课文的形象性，并与儿童原始的幻想心理相吻合，从而激发学生的想象和学习兴趣。其次，童话体裁作品利于课堂上师生之间的对话，为教师搭建了人文教育和情感教育的平台，容易唤起学生的学习热情，从而激活课堂，让教师体会到单篇课文的教学成就感。因此童话作品教学相对来说容易实现“教师爱教、学生爱学”的理想化的教学境界。常规视角下《小露珠》的教学内容主要涉及这几个方面：品味和把握优美的字词；体会比喻、拟人修辞的妙用；通过角色扮演让学生入情入境，引导学生揣摩品味课文中洋溢着的喜爱与快乐的情感；最后是情感升华，加深学生对小露珠无私奉献、无怨无悔的高尚品质的认识。我们带领“国培计划”学员深入小学听了多堂《小露珠》教学示范课，并查阅了中国知网上十多篇关于《小露珠》的教学设计和解读文章，发现许多一线语文教师对这篇课文的教学存在着一个共同性的偏误——随意发挥教学内容。

一、“随意发挥”教学内容的思维运作过程

1. 偷换词语，曲解文意

偷换课文中的词语，在不知不觉中改变课文的意义是随意阐释教学内容的起点。课文中有这样一段文字：霞光中，小露珠光彩熠熠，把所有的植物都装点得格外精神——金黄的向日葵，碧绿的白杨树，紫红的喇叭花，还有数不尽的鲜花嫩草，都像俊俏的小姑娘戴上了美丽的珠宝，显得更加生机勃勃。许多教师在课堂讲解过程中是这样来解读的：“看到这么多的花草树木在自己的滋润下变得那么俊俏、那么精神，小露珠可高兴啦!”“写了小露珠由形成到消失的过程以及小动物和植物对小露珠的喜爱，表现了小露珠外表美丽，心灵美丽，她在美化、滋润万物的同时蒸发牺牲了自己。赞扬了小露珠无私奉献、无怨无悔的高尚品质。”课文中出现的词语是“装点”，根本就没有“滋润”一词，而部分教师在讲解过程中逐渐把原文中的“装点”无意识地改成“滋润”，这叫作“偷换概念”，这反映出部分语文课堂教学科学性与严谨性不足的问题。

有人认为改变一个词语只是小问题，没有必要咬文嚼字，然而关键词语的改变会引发整篇文章语意及思想内涵的变化。课文中把小露珠比喻成钻石、水晶和珍珠，强调的是她外表美丽。小露珠成为“美丽的珠宝”去“装点”别人时，就具体形象而言是在装饰“他者”的外在生命。如果将“装点”换成“滋润”，传达出来的意义是她在润物无声地滋润其他生物的生命，侧重于对“他者”内在生命成长的贡献。简而言之，“装点”只是为“他者”带来外表的美丽，而“滋润”却给“他者”带来生命的成长；“装点”是表层的奉献，而“滋润”是生命的深层次奉献；“装点”一词指向的是小露珠对“他者”外在生命的意义，而“滋润”指向的是她对“他者”内在生命成长的意义。不同的词语指向不同的语意，产生不同的表达效果。词语变化了，文意也就随之变化，如果在课文讲解中偷换词语概念就会造成曲解作品原意的情况。

2. 文本解读随意，故意拔高文章的立意

上文谈到的偷换词语、曲解文意，从本质上讲是文本解读陷入“随意性”误区的表现，由此带来的问题是文章的立意在无形中被拔高。本篇课文中小露珠对万物的装点和阳光下蒸发的情节成为许多老师关注的重点，成为他们在课堂上进行社会道德与价值观教育的重要支撑材料。本来这是符合语文新课程三维目标的相关理念的，但是在具体的教学解

读中容易走入误区——突出小露珠的牺牲精神。有研究者认为，“在小露珠的装点下，所有植物都‘格外精神’‘生机勃勃’，这本就是一种可贵的精神，又是以‘润物细无声’的方式进行的，一点也不张扬，一点都不自夸，正如清代诗人龚自珍赞颂的‘化作春泥更护花’，多么可贵。”

他说小露珠身上有一种可贵的精神，这种赞扬的态度是符合文意的，但是这种可贵的精神到底是什么呢？他通过引用诗词“化作春泥更护花”来传达的精神，里面蕴含的是牺牲精神。另外一位老师的分析更直接明了，他认为小露珠“在反射太阳光，美化大自然的同时蒸发牺牲了自己”。以上分析都得出了“牺牲精神”的结论，这是值得商榷的。

第一，牺牲精神体现在哪里？牺牲不仅指生命逝去了，更指为了正义或者别人的利益而舍弃自己的生命，具有崇高的文化精神在里面。许多教师认为小露珠滋润了万物，是为别人利益着想，所以当她生命逝去的时候就有牺牲的精神内涵。但是我们要明白课文的原意，像上文指出的“装点”并不是“滋润”，她的消失并不是化入泥土滋润万物，也不是融化进万物的肌体中去促进“他者”的生命成长。换句话说，小露珠并不是为滋润万物而牺牲的，而是因为阳光的热量致其蒸发了。所以说牺牲精神并不符合文章的原意，而是教师“自以为是”生发出来的，是解读课文随意、不科学不严谨的结果。

第二，小露珠蒸发在课文中并没有生命逝去的含义，她的蒸发其实是自身生命的轮回，是表达生命将以另外一种形式出现。课文本身并没有传达出死亡意识，而且儿童心中的死亡意识也比较淡薄。课文最后的情节是小露珠向大伙儿一一告别，她笑盈盈地说：“我明天还会来的。”在儿童眼中，“水蒸气”是小露珠另外的一种生命存在形态，表达的只是暂时的离开，并没有传达出生命消失之意，所以解读出牺牲精神是不妥当、不严谨的，有故意拔高文章立意之嫌。

二、教学内容随意性的病理分析

教学内容随意是语文教学经常出现的症状，导致这种情况发生的原因是多方面的，就《小露珠》一文来说，我们可以从如下方面进行分析。

1. 课文内容及语言表达简单，导致教师粗心大意，文本解读粗疏

这是一篇小学三年级的课文，其语言句式及艺术表现手法比较简单，内容直接明了，理解文字和课文意义对于教师和学生来说并没有多大的障碍。因此，部分语文老师自认为对这篇课文早已“胸有成竹”，滋生“轻敌之心”，以至于对文本的解读和教学内容的处理显得随意和粗疏。他们只重视教学过程相关环节的设计，只注意到教学活动和方法的设计，而忽视了对文本意义的准确把握，所以才会“想当然”（无意识）地将“装点”换成“滋润”，缺乏细品文本的耐心和反思意识。

2. 忽视了课文语境对文本解读的限定作用

接受美学和多元解读的观点对语文教学的影响很大，唤起了师生的阅读主体性，让他们以更积极主动的姿态与课文及其作者进行对话。然而在阅读教学过程中往往会出现教师主体性发挥过度的情况，导致架空文本、曲解文本的情况时有发生。自新课改以来，多元解读的观点和行为在阅读教学中非常流行，后来又出现了“多元有界”的观点，这种观点

其实是为了纠正打着多元解读的旗帜进行随意解读、胡乱解读的教学乱象。“多元有界”的实质是突出了文本的限定性，使读者的多元解读受到文本自身规定性的制约。部分老师解读《小露珠》时得出“牺牲精神”的结论，是不符合文本的内在规定性的，我们可以从文本语境的角度来看这个问题。一篇课文的语境包括了上下文所形成的言语环境、情景语境、社会和文化背景语境，《小露珠》全文所传达出来的是一种轻松和愉快的风格，上下文并没有指向牺牲精神。另外，课文中并没有死亡意识，小露珠“渐渐地变成了水蒸气，向空中飘去”，表达的只是她的暂时离开。水蒸气只是她生命的另外一种存在形态，并不是死亡，后文说“我明天还会来的”也证明了这一点。从整篇课文营造的氛围来看，情感基调是快乐和美好的，并没有悲壮或者悲情的色彩。小露珠的生命并没有消失，并不是为了别人而牺牲，但是为什么许多教师非要给课文归纳出一个牺牲精神的结论呢？重要原因之一就是教师的文本解读忽视了文本语境的限定作用。

3. 用成人立场代替儿童立场，把成人的价值观强加于儿童身上

有些教师没有过度解读牺牲精神，而是认为这篇童话“表现了小露珠外表美丽、心灵优美，赞扬了她无私奉献、无怨无悔的高尚品格”。这种分析一半合理，一半值得商榷。课文前半部分通过小青蛙、小蟋蟀和小蝴蝶的话语，称赞小露珠像钻石那么闪亮、水晶那么透明、珍珠那么圆润，确实表现了小露珠的外表美丽，而她又把万物装点得很漂亮，表达了她心灵美丽，也可以说她有一定的奉献精神。但是侧重无怨无悔的道德品质就和全文的风格和内涵不一致了。一方面，课文充满了童真童趣，充满了对美好生命的称赞，是各物种生命之间的相互赞美，学生无法读出无怨无悔的品质。另一方面，把简单美好而又纯真的情感体验提升到无怨无悔层面，是受成年人先入为主的阅读思维的影响，把成年人的生命价值观强加于儿童身上，儿童应有的生命价值观反而被遮蔽。

这篇课文是童话，但许多课堂却把它上出了成年人的课的感觉，因此，下面这些问题是需要认真思考的，如此文思想主题的重心是否在“牺牲”上？无私奉献、无怨无悔在文中如何体现？这样的主旨是否会让学生感到沉重？用这样的道德评价给学生灌输思想，使他们从小就要承担很多本应该属于成年人承担的社会责任，压抑他们幼小的心灵，不符合处于小学三年级阶段学生的心理发展情况。脱离文本给学生强制灌输太过于意识形态化的东西，导致他们虽然不能理解却要被强制认可，这是一种道德绑架，会造成学生的道德认知与道德行为相脱离，造就其“伪善”的性格，容易培养出少年老成、口是心非的“伪善型”学生。

4. 对语文课程三维目标的认识肤浅、僵化，缺乏理性思考

在带“国培计划”2014年小学语文置换项目的50位学员进入重点小学进行跟班研修时，恰好听了两位教师的《小露珠》阅读教学课。在课后讨论中，针对授课教师以“牺牲精神”为出发点解读课文的做法，学员们都表示赞同，认为这样的解读较好地实现了语文课程三维目标中的“情感态度和价值观目标”。上文我们已经从多个角度分析了这种做法是错误的，但是为什么这种做法会得到绝大多数学员老师的认同呢？这说明部分老师对语文课程改革的相关理念的认识处于表面层次，他们不但混淆了课程目标与教学目标，把三维目标简单地套用在教学过程中，而且很少反思教学目标设置的合理性。

把《小露珠》的价值观目标设置为“牺牲精神”是教师缺乏教学理性的随意行为，是

不符合文本自身的特点和学生的身心发展规律的，是故意拔高立意的，是对儿童生命价值观的歪曲。教师先入为主，从成人视角以宏大的意识形态价值替代了儿童的生命价值观，只单纯地爱别人、讲奉献，不考虑实际的需要和价值而随意舍去自己的生命，这会导致个体生命价值的迷失。在什么情况下牺牲生命才有价值？我们可以转换这篇课文的故事情节来说明这个问题。如果课文的故事是：天不降雨，大地干旱，向日葵和白杨树等其他植物快要渴死了，这个时候小露珠出现了，她滚进干裂的泥土里滋润万物，延续了万物的生命，那么这个故事才能突出牺牲精神，也才让牺牲生命更有价值。然而这篇童话的故事发展并不是这样的。

那《小露珠》的价值观目标如何设置才合理呢？还是应该从客观的文本分析入手，忠实于文本，不拔高也不贬低，定位于“助人为乐”的精神和感恩的思想层面。

这篇课文简单来说讲的是小露珠与小动物、植物之间建立友谊的故事，他们相遇，相互问候，玩了一次装点的游戏。小露珠点亮和装点“他者”的生命，帮助别人的同时也给自己带来快乐。文中小动物对她热情的问候和真诚的赞美，都充满着童趣与纯真的美好之情。“大家多么想把小露珠留住呀”是对玩伴情谊的珍视，上升一点说是友谊。对玩伴的离开虽然有不舍，但是蕴含的是快乐，而不是悲壮，体现出的意蕴是简单的美好，而不是“高大上”的深沉。小露珠渐渐地变成了水蒸气，她为什么还笑着呢？首先，因为离别是暂时的，她还会再回来的，所以没有伤感。其次，因为她看到大家对她依依不舍，被别人珍惜和喜爱是快乐的事。最后，小露珠认为能给别人带来美丽就是最快乐的。乐于助人的精神是价值取向所在，其他植物对她恋恋不舍的情节则是感恩的体现，但是并没有过度宣扬牺牲精神。

强调牺牲精神是教师通过偷换词语、曲解文意，拔高文章立意等一系列无意识的教学行为实现的，这是教师忽视文本限定性而对教学内容的随意发挥，是向儿童强调灌输成人的价值观，对课堂教学的价值观目标进行“高大上”的包装的结果。故意伪装高尚、故意深沉，使教学内容脱离文本和学生的认知，其根本原因是教师对课文教学价值的选择偏离了语文学科教学的属性。这也表明在教学过程中教师心中无学生，以学生为主体的教育理念只是流于表面，实质上还是以教师为中心组织教学。

思考与练习

1. 如何认识教学内容与教学方法的关系？
2. 语文教师在教学实践中容易犯“随意发挥”教学内容的错误，你认为原因是什么？

第五节 板书设计与案例评析

一、教学板书的概念及功能

（一）概念

板书既可以用作动词，也可以用作名词。作动词讲，指的是在课堂教学过程中，教师在黑板、屏幕等载体上书写或呈现文字、图表等，以传递和呈现教学信息的教学行为。作名词讲，指的是在课堂教学过程中，教师在黑板、屏幕等载体上以书面语言形式书写或呈现的文字、图表等教学信息。

（二）功能

（1）呈现和传达教学信息。

板书主要是将课堂教学中的信息传达出来，这些信息是教师认为重要的有教育意义的信息，是教师价值选择的结果。

（2）强调教学内容，体现教学思路。

对于阅读教学来说课文所承载的信息非常多，虽然课文内容不等于教学内容，但是一篇课文的教学点是有多个的，需要对每一个教学点进行阐释或者师生共建，因此教学内容是丰富多样的。“知识点＋课文关键点＋教师阐释＋学生学习活动”是课堂教学的存在样态，教学内容分散在这些信息中，容易被淹没，所以教师就把教学内容的重点通过教学板书的形式传达出来，起强调作用。教师还可以用线条、箭头等符号把教学内容点串起来，这就形成了教师的教学思路，“使作者的纹路、教师的思路、学生的学路‘三路’归一，促使师生和作者产生共鸣，从而更好地把握文章的脉络和思想主旨。”原本通过教学话语体系表现出来的教学思路或者学习活动进程就可以通过板书的形式传达出来。

（3）帮助学生记忆，提高学习效率。

学生尽可能当堂消化并记住教学内容，是高效课堂的表现，是学习效率高的表现。板书不是教学信息的全部记录，而是教师把教学内容浓缩成的一个个词汇，学生只要记住词汇就可以回想起整个内容，从而提高效率。此外，教学板书把教学关系转化成线条和图形，能够还原板书词汇在课文中的情境，揭示彼此之间的关系，也有助于学生记忆。

（三）特点

（1）书面性。

板书的语言不是口语，也不是教学课堂语言的忠实呈现，而是提炼出来的与教学内容相关的书面语言，典雅而又规范。

（2）凝固性。

声音是线性的，是稍纵即逝的，因此课堂教学中学生很难完全记住教师的话语，这一分钟记住的东西或许下一分钟就会忘记，这就增加了学生学习的难度。而板书是一种空间的艺术，是写到黑板上的东西，只要不主动擦拭就不会消失，它将教师部分教学话语保存并直观地呈现出来，这就是它的凝固性。

（3）简洁性。

板书空间有限，同时书写板书也受时间的限制，因此教学板书不能太多太杂。它需要提炼主要观点，简洁但不能丢失重要信息。

（4）系统性。

板书通过特殊的逻辑表达式，来呈现教学信息点之间的内在联系。

二、如何设计板书

（一）板书设计的前提：明确板书的要素

设计板书，首先要知道它由哪些要素构成，全面地认识之后才知道应该如何处理板书的各项内容。总体来看，教学板书由内在要素和外在要素构成，外在要素是一些符号，包括文字、线条、表格、图形等；内在要素包括内容信息点和逻辑关系表达式。这里要强调的是内在与外在要素不是彼此分割的，而是融为一体的，因为内容信息点是通过文字表达出来的，逻辑关系表达式是通过线条、图表等传达出来的。单独孤立的线条和图形由于不能传达教学内容，所以不是板书。如果仅仅有文字，却没有文字间的位置关系或者线条逻辑，那也不是好的板书。在进行板书设计之前就要清楚它的结构要素和各要素的功能，这是有效板书设计的前提。

（二）板书设计的基础：理解教材，概括教学内容

内容信息点是教学板书的核心要素，内容信息点来自哪里呢？来自课文吗？它不是对教材的简单照搬。来自教师吗？它不是教师脱离教材的空谈。它来自教师对教材的认真研读和理解，以及对学情的把握。因此理解教材、梳理内容信息点是板书设计的基础。我们要先宏观把握教材，梳理出课文最值得教的部分，分析学生最值得学的部分，将这些内容作为板书的信息来源。然后要对教学内容进行概括，因为不可能将全部内容照搬到黑板上，这时就需要教师理清重难点，分清主次关系。教师要从教学内容中理出关键点，并转化成词语或者短句，以便于书写和学生理解。

（三）选择教学板书的类型

当内容信息点选择出来以后，就要思考这些内容信息点之间是什么关系？彼此之间有何联系？采用什么样的线条和布局来彰显这些内容信息点？这就需要考虑板书的类型了，当然，我们要根据具体的教学内容来选择。要辨别一个事物，我们需要分析事物的内在结构和因素，因此辨析板书类型的前提是学会辨析板书的信息点以及信息点之间的逻辑关系。

根据不同的标准，板书可以分为不同的类型。板书根据承载的媒介形式可分为传统板书和现代板书；根据传递和呈现教学信息的地位可分为主板书和副板书。主板书呈现最重要的教学内容，因此它必须是一个有层次的整体，具有系统性。副板书展示材料信息和补充内容以便于学生理解主板书，具有临时性和随意性，所以它可以是零碎的。主、副板书在空间上如何安排？一般情况下主板书写中间，副板书写两边，或者主板书写左边，副板书写右边。总之，主、副板书要分开呈现，协调一致，不能杂糅在一起，否则易导致内容模糊、思维混乱。

当然，板书最重要的一种分类方式是根据结构要素来划分的，如表 3-2 所示。

表 3-2　板书结构要素一览表

板书类型	信息点	逻辑关系表达式	特点
纲领式板书	词、词组或短句（要求简洁性）	具有层次性的序号或番号	条理清晰、从属关系分明，有助于学生对知识理解和记忆
语词式板书	词、词组	词语的位置及顺序排列（横、纵）	将复杂的整体知识逐层分解为若干个知识点，抓主干，顺“藤”摸“瓜”
框架式板书	词、词组或短句	各种线条	将复杂内容梳理成简明的框架结构，揭示事物的特征及本质
表格式板书	字词、数据	表格及项目信息	将散乱的信息整理起来，由散乱变系统

续表

板书类型	信息点	逻辑关系表达式	特点
图形式板书	图像、线条、色彩呈现的形象、外貌	图像构成及位置	最具直观性，让学生过目难忘，但是要求教师要有简笔画技能
图解式板书	词、词组或短句、线条等	框架式＋图形式	将分散的知识系统化，揭示事物之间的联系，培养学生的逻辑思维能力
推演式板书	推导演算过程的顺序呈现、字词	箭头	能将思维的过程和学习的过程展现出来
图文式板书	图像、文字	图像与文字的布局	图文并茂，激发学生的学习兴趣，培养学生的观察能力和思维能力

（四）板书设计过程实践：《皇帝的新装》

从不同的角度去考虑教学内容，或者从同一教学内容的不同角度来提取内容信息点，都会导致板书产生不同的“面貌”。比如从故事情节的角度来提取信息点，那《皇帝的新装》就是以“事件”为中心，板书就会围绕着皇帝做新衣、看新衣、展新衣等情节依次展开，然后以线条将这些信息点组织起来，构成图 3－4 所示的形态。

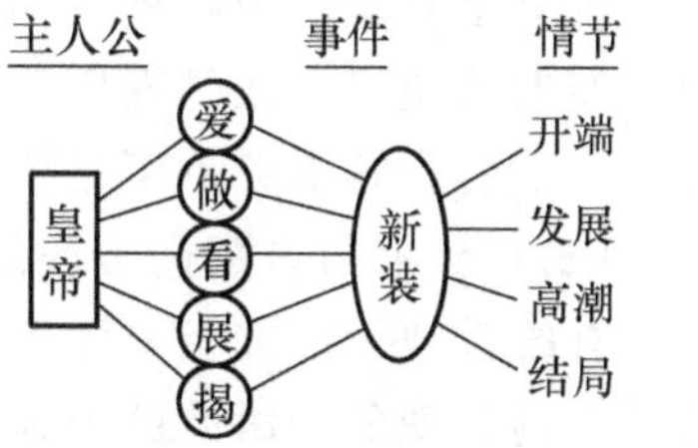

图 3－4　《皇帝的新装》故事情节板书设计

如果关注的最重要的信息点不在于故事情节，而在故事揭示的主题上，那板书设计又会呈现出另外的样态。板书要用最直接、最浓缩、最准确鲜明的一个字词来表现，让人一眼就能看出主题。但是要注意的是，不能因高度浓缩而遗漏信息。首先，课文的主题是“骗”，那板书内容信息点的核心就是这个“骗”字，其他信息点都应围绕它来展开。其次，“骗”字揭示了课文中人物之间的关系，所以人物就应以“骗”字为中心在四周展开布局。最后，通过线条或者箭头等符号将彼此关联起来，就呈现出图 3－5 所示的样态。

如果板书主要关注整篇童话的线索，就会围绕线索“新衣”来设计板书。周围的人对“新衣”持什么样的看法？这些人与“新衣”之间构成了什么关系？此时内容信息点以“新衣”为中心，然后是相关的人物，中间是人物对新衣的态度或看法。这样设计时板书就会呈现出图 3－6 所示的样态。

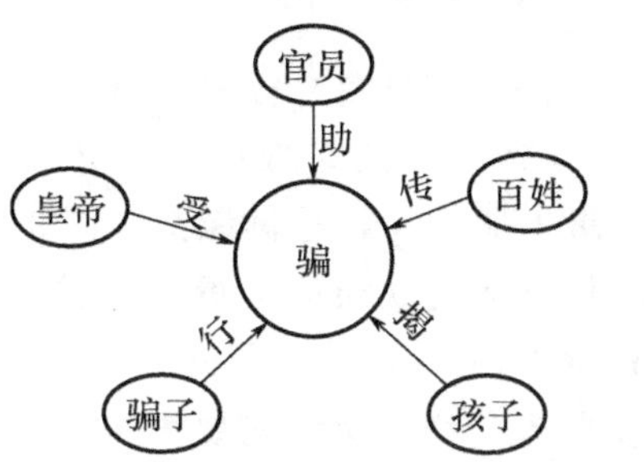

图 3－5　《皇帝的新装》主题板书设计

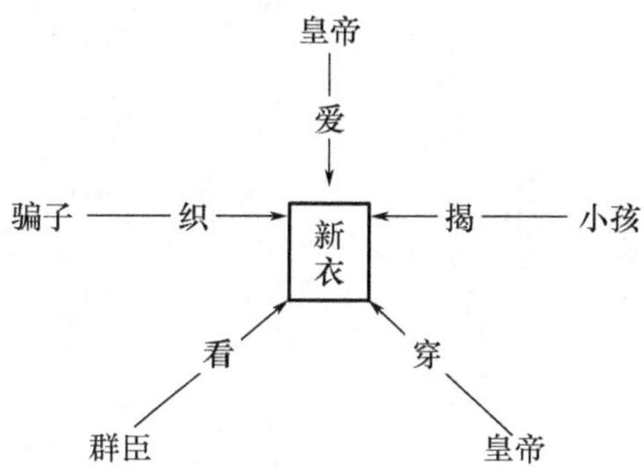

图 3－6　《皇帝的新装》线索板书设计

通过上面的分析我们可以得知这样一个道理：对课文的理解不同，会导致教师对教学内容的关注点不同，从而又进一步导致板书设计出现不同的样态。

三、板书设计的要求

（一）简繁得当

教学板书不能太繁多，否则学生会只注意抄写而不注意听讲。教师不能完全照着念板书，因为毕竟板书不等于讲稿。如果主要的板书是通过多媒体课显示出来的，那制作课件时要注意提纲挈领，用小标题形式总结内容，再分别用两三句话来阐述。小标题层级不能太多，一般情况下不能超过三个层级：一、（一）、1，否则会导致学生思维混乱。但也不能精简到整节课只有几个字，甚至不写板书。

（二）板书材料要和教学内容吻合

板书是对教学内容重点的强调，因此它和教学内容从头到尾是保持一致的，是吻合的。如果出现不一致的现象，就很有可能是由于教师教学思路不清晰导致其在讲课过程中随手写下的内容信息点不是要强调的教学内容。

（三）板书与讲解同步发展

有的教师设计的板书太复杂、太烦琐，导致边讲课边写板书会花费太多时间，还会出现“冷场”现象，因此就习惯于在课堂一开始就展示一大片板书，甚至让板书整板出现。这样做虽然可以节省课堂上写太多字的时间，但是却分散了学生的精力，因为按照习惯学生肯定会先将整个内容看完，此时就会出现教师讲前面内容而学生看后面内容，结果却没听清楚前面内容的现象。另外，提前展示完板书，就会把后面要讲的内容提前揭示出来，这就限定了学生思考的方向。因此教师的板书应该与教师讲解的过程同步进行、同步发展，也就是“讲到哪里写到哪里”。

（四）逻辑关系清晰

板书是为方便学生记忆和理解而存在的，是为方便学生理清学习进程和思维过程而设计的，因此板书的逻辑一定要清晰。如果是纲领式板书，要注意小标题不能混乱，也就是说标题序号和内容层次顺序都不能乱。如果是框架式板书，就要注意内容架构之间的有机联系，注意线条的使用不能多而杂。如果是图形式板书，切忌为了追求图形的新奇效果而让内容信息点混乱。板书不仅要保证内容信息点清晰，而且所表达的逻辑关系也应该清晰。

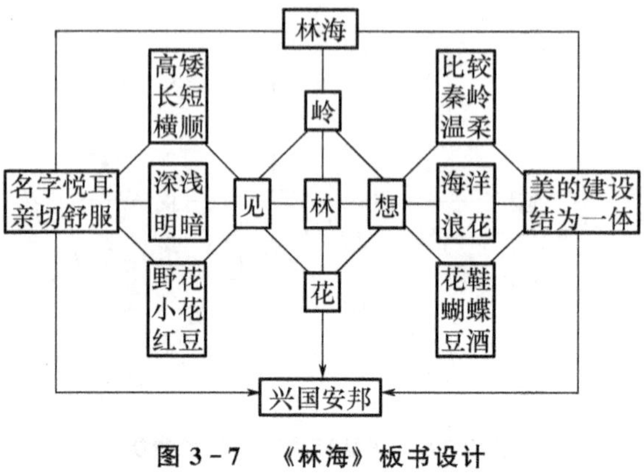

图 3－7　《林海》板书设计

四、案例评析

（一）《林海》板书评析

《林海》是人教版小学语文教材六年级上册的一篇选读课文。图 3－7 所示的板书从直观层面上看很有冲击力，既有对称性，又形成了一个漂亮的图案，极具艺术性。从结构要素来看，此板书由文字和线条组成，二者分别代表了内容信息点和逻辑关系表达式。板书将课文内容从中间展开，一分为二。左边的信息点是对大兴安岭的客观描写，以一个“见”字领起。右边是在“看”大兴安岭过程中作者的主观感受，用一个“想”字统领，思路非常清晰。然后分别从左右两边展开，逐渐将细节引出，向具体内容延伸，显得非常有层次。从板书中可以直接看出，文章主要写了大兴安岭的“岭”“林”“花”，这三个字非常具有归纳性和概括性。在写每一事物时既有对事物的客观描写，同时又融入了作者“看”时的主观感受，使内容渐次展开。

这个板书的不足之处在于，内容信息点太多，致使板书太复杂，更适合中学生水平，而不太适合小学生水平。可以从两方面去改进，一是使线条所表达的逻辑关系更清晰化，如从“岭”到“林”再到“花”之间的线条应该改成向下的箭头，用以表示课文的描写顺序。这三个事物到“见”的线条可以改成左向箭头，到“想”的线条改成右向箭头，因为这样可以传达出思维的方向。二是将部分内容信息点进行归纳提炼，减少文字信息，如在“高矮长短横顺”的方框里，虽然把课文内容都捕捉出来了，但是板书未必都是课文原有信息的传递，教师可以对其进行加工。比如改成“千姿百态”一词就会更为简洁，而且可以提问学生“千姿百态体现在哪些方面?”，此时学生就能自己把“高矮长短横顺”的信息找出来。瑕不掩瑜，此板书是内容美与形式美相统一的好板书。

（二）《麻雀》板书评析

《麻雀》是人教版小学语文教材四年级上册的课文，讲的是一只小麻雀不幸掉到地上被猎狗盯上，猎狗正准备吃它时被飞下来的老麻雀保护和拯救的故事。图 3－8 所示的板书的新意在于形状的独特，把老麻雀从上往下飞的形象展示出来了。首先，“老麻雀”三个字像躯体，两边的长箭头就像它飞下时展开的两只翅膀，箭头罩住下面的内容信息点就像是小麻雀被老麻雀的翅膀盖住保护起来一样，非常形象。其次，将猎狗和小麻雀置于板书左右两端，从位置上显示了二者之间的敌对关系，再用箭头推进两者的状态，一方是张开大嘴，另一方是无可奈何。中间方框里的三个词语归纳了老麻雀当时的形态，这是它保护小麻雀的方式。最后，板书箭头终点指向母爱，彰显了课文的主题“母爱的力量”。

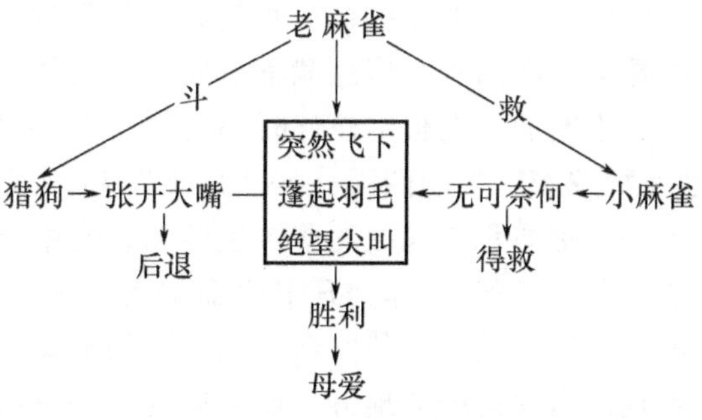

图 3－8　《麻雀》板书设计

若要说不足之处，就是板书将“胜利”的过程简化了，将老麻雀的心理隐去了。因为这胜利是来之不易的，在老麻雀看来猎狗是“庞然大物”（这个词应该是课堂中学生重点要学的词，所以应该在板书中出现），老麻雀自己内心里也害怕，所以才产生了“呆立着不动”的反应。板书中对猎狗的反应只抓住了“后退”，却把“愣住了”给忘记了，“愣住了”不仅是猎狗的心理表征，也烘托和强化了老麻雀的母爱力量。“心理”的因素是很重要的，它既是动作的结果，也是某些动作产生的原因，是使课文充满意味的重要因素，因此教学板书要注意对信息点的筛选。

（三）《凡卡》板书评析

此板书设计（图 3－9）从形式上看主要有两个特点。一是很有层次感，整个板书分为三层，最核心层是从社会学角度对小说进行解读的结论“处境悲惨、社会黑暗”，第二层是"城市、乡村"等两字词语元素，第三层是最外层的四字词语元素。二是相关要素具有对称性，而且还组成了一朵花的结构，像花朵的横切面（最里的核心层像花柱，第二层像八根花蕊，最外面第三层像八片花瓣），非常美观。从内容上看，板书主题鲜明，反映出小凡卡的悲惨命运和社会的黑暗，并将凡卡受摧残的一些细节通过词语展现出来。

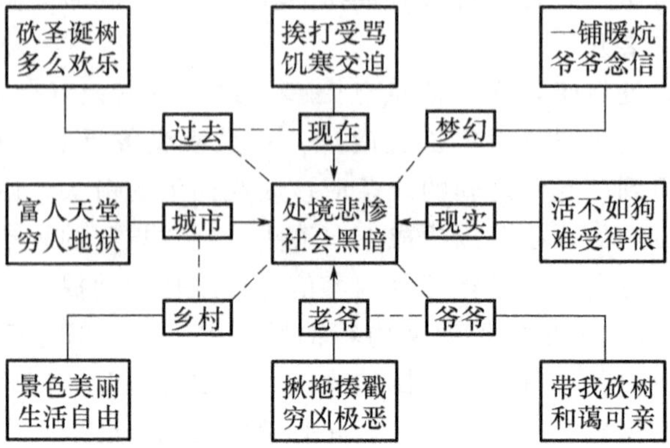

图 3－9　《凡卡》板书设计

但是此板书也存在一些问题，如层次的划分标准不清楚，导致内容显得混乱。例如，同是第二层的八个信息就不是同一层面的元素。城市和乡村、过去和现在，这些因素不是一个维度的，在板书设计时不能处于同一个层面。另外，同一层面的内容也有重复，如"八根花蕊"中的两根——"现在"和"现实"是什么关系？为什么要彼此分开？其实两者都是指向凡卡现在的悲惨生活的。文中出现了好几个人物，为什么板书中只出现了"老爷"和"爷爷"？作为凡卡生命摧残者的"老板"哪里去了？看板书内容知道，设计者混淆了小说里的"老爷"和"老板"的形象，老爷家是爷爷当帮工的地方，也是凡卡在被送到鞋匠店之前待的地方，而折磨凡卡的是鞋匠店老板。这些都是此板书需要改进的地方。

（四）《富饶的西沙群岛》板书评析

当看完前面三个案例之后大家会突然发现，这个板书案例设计得非常简单，只是由五个词和一个大括号构成。这正说明了板书设计和教学内容是紧密相关的，因为在这些案例中，《富饶的西沙群岛》是三年级上学期的课文，内容较为简单。板书不是越复杂越好，关键要看它是否全面或者深刻地揭示了教学内容。有的教学板书只有一个字，却让人过目不忘。图 3－10 所示的板书向学生展示了课文主要写了哪些内容，依次是海面、海底、海滩和海岛，一目了然，三年级的学生很容易理解和记忆。因此评价板书的好与不好，不能仅从是否太简陋、信息点是否太少、结构是否美观来判断。

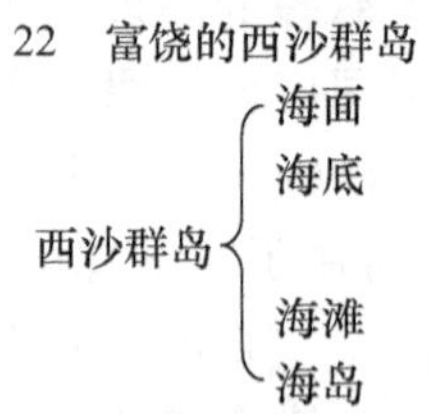

图 3－10　《富饶的西沙群岛》板书设计

这个板书确实设计得不好，不是因为简单，而是因为内容有问题。这样的设计思路说明教师只是把《富饶的西沙群岛》当作一个信息类文本来处理，只是让学生找出课文中写了些什么，而文章里的那种美感却被忽视了。读了课文我们可知，整篇文章是从第一段中的"风景优美、物产丰富"来展开的，因此板书设计也应该围绕这两个词来展开。风景优美体现在哪里？海水。

海水如何优美？文中用了“五光十色”和“瑰丽无比”来形容它。而海底各种颜色的珊瑚、各种色彩的鱼等，既是“风景优美”的组成部分，更是写出了“物产丰富”的意味。课文花笔墨最多的就是海水和海鱼，因此涉及详略问题，一般情况下详写的东西在板书上是应该有所体现的，但是上面的板书却没有关于海鱼的任何东西。总的来看，课文内容是丰富多彩的，而图 3－10 所示的板书反映出来的内容却是干巴巴的，看不出“可爱”在哪里（课文里有“这里是个可爱的地方”）。这个板书最大的问题是没有抓住课文的核心要素“风景优美、物产丰富”，说明教师并没有真正读懂课文。

（五）《中彩那天》板书评析

《中彩那天》是人教版小学语文教材四年级下册的课文，从板书（图 3－11）中可以看出设计者对课文内容的理解和教学形式的安排。从形式上看，此板书的优点是简洁独特，简洁可以方便学生记忆和理解，独特可以给学生留下深刻印象，有利于学生调动视觉直接将形状输入大脑。从内容上看，板书以“车”为中心和交集来设计，梳理出“盼车”“得车”“还车”的叙事线索，“贫困”“难题”“富有”则是车的得失对这个家族造成的影响。以车为连接点，将线条连起来表达的意思就是：盼车是希望富有，得车却遇到难题，还车又返回到贫困状态。这一切似乎都很合理，但是板书不仅要形式美观，更重要的是内容信息点要直接指向最重要的地方，从这个角度来看此板书也存在一些问题。全文的核心或者说是灵魂要素并没有在板书中体现出来，课文的灵魂是什么呢？是道德、诚信。与其说全文是围绕“车”来写的，不如说是围绕“道德”来写的。道德战胜了人的贫困，战胜了人的贪欲，课文反映的是道德对人性升华或者提升的重要意义。因此，尽管上面这个板书独特、美观而又简洁，但是却没表现出课文最实质的要素，没有抓到核心点。这也说明，仅从布置、线条构形等形式层来考虑板书设计是不够的，关键要看内容，即看内容信息点是否指向课文的灵魂要素。

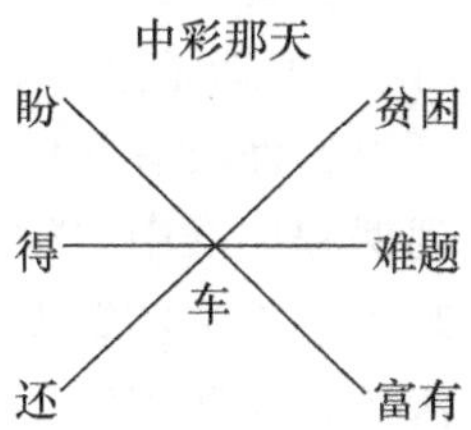

图 3－11　《中彩那天》板书设计

思考与练习

1. 教学板书有哪些基本的结构要素？
2. 我们可以按照什么样的思路来设计教学板书？
3. 本节的板书评析案例是从哪些层面来评价板书的？

第六节　小学语文课程资源的开发与利用

自 2001 年第八次课程改革以来，课程资源的开发与利用就成了教育界的热门话题。课程资源有广义与狭义之分，广义的课程资源指的是有利于实现课程目标的各种因素，狭义的课程资源仅指形成课程的直接因素来源。语文课程资源是指构成语文课程内容和语文教学实施的要素来源，既包括静态的语文教科书、教学和学习参考书、图书馆等物化资源，也包括语文教师、学生、家长等动态生成的资源，还包括网络、乡土等文化资源。“语文的外延与生活的外延相等”的观念使得语文课程资源的开发与利用备受重视，因为语文学习具有“半自然”性质，即使不进入学校照样发生着语文学习活动，如街边的招牌、广告，风景名胜区的诗词赋，平常家门口的对联等，都让置身其中的学生发生着无意识的学习活动。从这个角度来看，语文课程资源的开发大有可为，但是也容易出现一些似是而非的问题，容易失去语文学习的边界。比如一提到课程资源开发，很多人就想起图书馆、博物馆、科技馆、网络等，可是在进行具体内容选择的时候却忽视了语文学科的特点，因为这些课程资源在数学、科学、思想品德等学科教育中都可以被使用，也就是说这些资源不是语文课程所独有的资源。有的观点认为“应重视民族地区家庭环境中语文课程资源的开发，诸如家庭伦理关系、家庭生活方式、家庭语言运用等；重视民族地区社会环境中语文课程资源的开发，诸如邻里关系、劳动互助的习惯、村规民约、祭祀活动、节庆活动”。虽然道理是这样，但是对这种大而化之的道理如何落实，这些资源跟语文课程的联系在哪里？都没有具体说明。新课改更重视学习与生活的联系，在生活中挖掘课程资源最能体现课程标准中“构建开放而有活力的语文课程”的理念，但是重复教育界逐渐达成共识的观念对教学实践没有多大的指导作用。在进行语文课程资源开发的时候最重要的是要先弄清楚，这些资源要素与语文课程之间是什么关系，与学生的语文学习之间是什么关系。

一、课程资源开发与语文课程的关系

（一）课程资源开发与课程目标的关系

生活中出现的各种地理、历史、文化、语言等因素是客观存在的现象，从本质属性上看它们不是课程资源，它们作为课程资源是教育者用教育的眼光对这些资源加以审视的结果，是教育者赋予了它们教育教学价值。这说明生活世界中的资源只有被考虑进教育中，与课程和教学发生关系时才能称为课程资源，它们应该能直接或间接促进课程目标的达成。

只将认识定位于课程资源与课程目标具有关系是不够的，还要具体分析什么样的资源与语文课程的什么目标相对应，比如生活中的端午节文化如何引入语文课程？如果某部分内容的目标定位是“培育热爱祖国语言文字的情感”，那么此时介绍端午节吃什么、有什么仪式、如何祭祀等风俗习惯就显得不合适，因为这些内容中没有体现出语言文字的学习因素。但是如果目标是“认识中华文化的丰厚博大，汲取民族文化智慧”，那此时介绍这些传统节日习俗就非常合适。因此，我们既要关注课程资源与课程目标之间的关系，又要具体认识各种课程要素的特点和属性，将之与课程具体的目标建立起对应关系。

（二）课程资源开发与语文教材的关系

从本质上讲，语文教材本身也是课程资源，但是在“课程资源开发”的语境中，所谓的课程资源更多是指语文教材之外的课程资源。语文课程资源开发的有效途径之一就是以语文教材为依托，或者以语文教材为圆心，向外拓展资源，将语文教材内容与外界的教育资源整合起来，同时也让外界的教育资源成为语文教材的延伸。人教版小学语文教材五年级上册有一篇课文是《桂花雨》，学生觉得有趣，觉得美，却很难从中读出乡情的味道。此时就可以把生活中的一些地方性知识，或者地方性的生活经验引入进来。如果是云南的学生使用这套教材，那就可以将地方风味小吃文化（如松花糕）与教材课文《桂花雨》有效对接起来。如果是其他地方的学生使用这套教材，那就需要选取其他的课程资源。

要尽量开发或者筛选出形式独特、视点新颖、内容丰富的课程资源，因为语文教材在长期的使用过程中容易产生内容固化的问题。课程资源的开发既要与语文教材内容相联系，又要能打破常规思维，超越教材的局限，这样才有利于给学生带来新视角，或者增加语文教材的活力。

（三）课程资源开发与语文课堂的关系

课程资源开发与语文课堂的关系是最为紧密的，因为平时教师或多或少都在进行着这样的开发行为，如作者介绍、写作背景介绍等。从这个层面看，语文课程资源开发并不是“高大上”的问题，不是只有“专家”才有话语权，一线教师也拥有同样重要的话语权，因为他们在每天的语文课上都在进行着或多或少的语文课程资源开发（照本宣科型教师除外）。此时课程资源开发与语文课堂教学是补充、阐释、生成的关系。在语文课堂教学层面的课程资源开发方面，一线教师将大有可为，同时，这种资源开发也是一线教师教学理性生成、激活和发展的有效途径，是教师专业发展的有效路径之一。

二、语文课程资源开发的策略

语文课程资源的开发，既要考虑它与课程目标、语文教材、语文课堂的关系，也要考虑它与学生学情、学习活动特点以及社会文化的关系。开发的策略与目的有关，与使用情境有关，因此要先思考课程资源开发是在什么样的教育话语中提出的，将在什么样的教育活动层面进行，然后才能根据具体情况提出相应的开发策略。

（一）以课堂学习中学生的学情为驱动，采用针对性强的“引入”策略

此开发策略以课堂教学为阵地，以课堂活动中学生学习的需要为中心，将与学习内容相关的外界要素进行筛选后引入语文课堂，直接为课堂教学服务。此时引入的课程资源不再是独立存在的形态，而是作为课堂教学的重要组成部分，提高了课堂品质。比如在《桥》的教学设计中，可以引入有关1998年洪灾的视频，让学生直观感受到洪水吞没村庄的危险环境，帮助学生理解小说中人们的惊慌、形势的危急所反衬出的老汉面对灾难时“像山一样”沉着冷静的性格。将外在的资源引入语文教学时，要思考它与学生学习的关联。引入哪些资源，如何引入资源不是教师可以任意妄为或“拍脑袋”做出决定的，而要有学理依据。

（二）从第二课堂的角度开发课程资源，使之成为课堂教学的延伸和深化

语文课堂教学有特定的知识传播任务，尽管新课改致力于纠正传统的讲授、灌输模式，但是也只能停留在让学生感知、理解、体验的层面，而语文教学的最终目标是要让学生学会运用。学会运用是需要大量的时间的，不可能在课堂有限的时间内完成，因此课外的第二课堂很重要。另外，课堂教学中教师关注的是学生整体的学习进程、整体的学习状态，很难关注到学生个体学习的差异。学生学习的困难只有通过他的回答话语才能分析出来，而课堂教学不可能随时关注每一个学生的学习话语，因此只能让学生在课外时间里进行实践，这样才能发现他们对课堂教学内容的理解情况，才能发现他们对知识的掌握程度和存在的问题，也才能方便教师进行有针对性的个别化指导。因此第二课堂是实现学生个性化发展的重要途径，是个性化教学的重要组成部分。

当然，第二课堂的课程资源开发也需要与课堂教学发生一定的关联，可以以巩固、运用课堂教学内容的形式来展开。比如可以开展演讲、辩论赛等活动，用以弥补课堂教学对学生批判性思维的局限性，还可以让学生结合课文写倡议书、编故事、编课本剧等，用以加深、巩固所学内容。在讨论、交流、品评、操作等活动中使学生内化所学知识，让知识形成能力，进而促进学生的个体发展。

（三）以“向内看”的视角对语文教材自身的内容进行开发与整合

平时一说到课程资源开发，多数教师马上想到的是外在的生活世界，“向外看”，到社会中去寻找素材资源。这固然不错，但是却忘记了语文教材本身也是课程资源，所以课程资源开发也有一个“向内看”的视角，对语文教材自身的内容进行开发与整合。当然教师们也会有疑惑，语文教材不是编者编好了吗？不是已经开发好了吗？究其原因，主要是编者有编者的考虑，编者做到的是让使用同一本教材的所有师生都面对同样的学习材料，有“相对统一”的学习范围，但是具体的教学内容（或学生的学习内容）是需要教师根据自己对语文课程的理解来构建的。语文教师对语文教材的创造性使用，就是有效开发课程资源的过程。

应从多角度看同一篇课文，开发教材的多元价值。比如有的课文是教材编者为阅读教学而设计的，但是其中蕴含着丰富的写作元素，此时就可以将其开发成写作教学资源。这样还可以实现“读写一体化”教学，既实现阅读教学目标，又能训练学生的写作能力。

比如讲《桂林山水》时，教师可以利用多媒体展示桂林山、漓江水的相关图片，引导学生讨论课文是如何来写桂林山、漓江水的，是怎样把桂林山水的特点写出来的。再设计一个写作任务。写作任务一定要和课文具体的内容结合起来，双方要有契合点，因此教师要思考，课文中的什么元素值得学生学习？课文中什么样的手法值得学生运用到写作中？这些问题不思考清楚，就很容易出现问题。下面我们来分析案例 3-6-1。

案例 3-6-1

《桂林山水》“读写一体化”教学

教师先让学生自主读课文，并在展示了桂林山水的相关图片和视频后给学生布置任务：“桂林山水描写非常经典，有很多好言佳句，不妨找几处进行仿写；读过桂林山水，会让人感慨万千，有什么感悟和启迪，用笔写下来，进行班级展示；文本写作条理性很强，特别是‘桂林山水甲天下’一句成为总领句，给读者指明了阅读方向，学习这种写法，选择熟悉的景物进行展示。”

这样的案例是一线教师的习惯做法，很具有代表性。问题出现在哪里呢？在于学习任务的目标指向不清晰。教师布置的任务涉及多个目标：一是指向语言表达与句式的仿写目标（桂林山水描写非常经典，有很多好言佳句，不妨找几处进行仿写）；二是指向情感目标（有什么感悟和启迪，用笔写下来）；三是方法目标，学会课文那样的行文结构（文本写作条理性很强，特别是“桂林山水甲天下”一句成为总领句，给读者指明阅读方向，学习这种写法）。在读写结合的教学实践中，“写”所占的课堂时间肯定是没有“读”多的，因为从本质上讲它属于阅读教学，所以在有限的课堂片段内要实现三个写作目标是不可能的。这说明教师虽然有课程资源开发的意识，但是对它的认知和理解还停留在粗浅的层面。

教师还可以参照教材中的单元设计，整合教材内部的资源，设计专题性课程资源。比如当某一册语文教材基本学习完以后，教师可以从各个单元中将相同题材或者反映相似文化的选文抽取出来，组成一个学习单元，寻找具有共通性的学习元素并开展学习活动。

比如小学语文三年级上册有两篇写动物的文章，一篇是第二单元组的《灰雀》，一篇是第四单元组的《蜜蜂》。由于不同的单元有不同的教学价值考量，将这两课放在一起对比学习，能够重整课文中的语言要素和篇章结构要素，实现多种学习资源与要素的整合与优化。

(四) 将课程资源直接转化成学习活动的策略

课程资源既可以由教师根据教学的考量进行开发，也可以由师生一起互动生成。师生互动生成的课程资源，通常以学习活动的方式展开，下面举两个案例进行分析。

案例 3-6-2

语文综合性学习活动成果展示

某教师开展题为“诗句中的传统佳节”语文综合性学习活动，其成果展示如下。

学生甲：爆竹声中一岁除，春风送暖入屠苏。(春节)

学生乙：海上生明月，天涯共此时。(中秋节)

学生丙：遥知兄弟登高处，遍插茱萸少一人。(重阳节)

学生丁：清明时节雨纷纷，路上行人欲断魂。借问酒家何处有？牧童遥指杏花村。(清明节)

这些课程资源是从学生头脑中生发出来的，此活动的价值在于两个方面。一方面是调动学生的知识积累，学生之间可以“互通有无”，共同打造诗词积累的基础。另一方面是弘扬传统文化，让传统文化在语文学习中“复活”，让学生明白传统习俗是有文化积淀的。

案例 3-6-3

“走进生活故事”，让学生参与

在成果汇报会上，学生小王讲了一个故事。古时候有个小伙子，遇到了一位年轻美貌的姑娘，心生爱慕，于是写了一封求爱信，开头一句：亲爱的姑妈……姑娘接到书信，一看开头很生气，便在后面写下几句话，然后把信扔在地下，扬长而去。

这几句话是：怪你眼睛瞎，姑娘写姑妈。若还嫁给你，笑煞我一家。

资料来源：李进春. 语文课程资源的开发与运用 [J]. 知识窗（教师版），2010 (5)：33.

很多小学生都喜欢听故事，因此这样的课程资源开发可以很容易将学生吸引进来，能够调动他们的积极性使他们参与到学习活动的建构中。这个小故事用诙谐的方式告诉小学生一个道理：别以为写错一个字是小事情，这可能会导致文章意味的改变，会对一件事的结果产生影响。这样一个道理，如果由教师直接训导学生，极容易引起学生的逆反心理，会适得其反。而通过笑话故事讲出来，学生就很容易接受，这种教育性是间接的，是教育艺术性的体现。

（五）营造教学环境：语文隐性课程资源开发策略

有一类课程资源开发和课堂教学、语文教材有直接关系，但是和语文课程目标只有间接联系，这就是隐性课程资源，它包括校园建筑、雕塑等景观，教室、文化走廊场地等物质空间，以及多彩的校园文化、学习文化等多样的文化因素。物质空间和学生活动的结合，能形成文化空间，如在教室里张贴学生自己创作的诗歌、书法和绘画作品，学生精心布置班级的“图书角”、黑板报和“学习园地”等。创造这样的环境能熏陶学生的语文情感，涵养语文情愫，促进其语文能力的发展。

语文隐性课程资源的开发有时可以部分地破解“应该教育”的难题。比如有一个班的学生被数理化题海占据了绝大部分的时间，从而没有时间背诵古诗词，于是班主任就想办法把这些古诗词制作成宣传海报，张贴在教室四周以及走廊过道这些学生每天都会经过多次的地方，经过多天后学生居然能够在无意识中记下80%的诗词。于是班主任就隔两个月换一批诗词，无形中让学生积淀了很多古典诗词，将碎片化的时间转化成了高效利用的时间。

（六）以语文校本课程的方式进行开发

这种课程资源开发已经不再是语文课堂的延伸或者补充模式了，而是具有了相对独立的课程样态，有点与语文课堂相并列的意味。比如可以开设“民间文学”校本课程，将各个民族的创世史诗、民间歌谣、少数民族的山歌、民间故事和神话传说等内容引进来，分单元编排进来，由不同的教师分阶段、分内容、分板块来组织实施。也可以以活动课程的方式组织开展，如民族创世神话专题研究、山歌的文学意味研究等，将学生的课外信息收集、小组分工分解任务、讨论交流、形成研究报告等活动过程连接起来，既能开阔学生的视野，又能锻炼他们的动手能力，关键还能够训练他们的学术思维。但是这种开发方式对教师的要求非常高，因为每个教师的学养和知识基础都是有限的，而且需要教师投入非常大的精力，需要同校的多个教师共同参与完成。

有一类课程资源开发值得大家重视，就是近几年兴起的“整本书阅读”。为了弥补小学语文教材的缺陷，部分教育工作者倡导开发读书课程资源，把适宜小学生阅读的书目进行分级，在不同的年级段开展整本书阅读活动，这对增强学生的语言积累和文化积淀具有十分重要的意义。

三、语文课程资源开发应该注意的问题

（一）避免形式化，要与具体的学习内容建立有效关联

有的教师在上《黄山奇松》一课时，播放一段相关影视资料后就想让学生马上直观地感受到黄山松的“奇”和“美”。此时在课堂上插入影视资料的做法就是课程资源开发吗？虽然学生能感受到美，但这是从影视中视觉感受到的美，而不是从语言文字中感受到的美，所以简单地播放影视资料，并没有和学生具体的语文学习相联系。教学的目的不只是让学生感受黄山奇松之美，不然只用看影视来感受美，根本就不用在课堂上学课文，教学的目的应该是不仅让学生感受到黄山之美，更重要的是让学生了解这种美是如何通过语言文字传达出来的。因此，教师以为只要播放影视资料学生就能感受到美，那只是形式化的课程资源开发，并没有和课程、教学直接相联系。

（二）不能把宽泛的学生活动当成课程资源

虽然课程资源中有一类是“活动类”课程资源，但并不是组织的所有学生活动都能成为活动类课程资源。课程资源开发是有目的性的，不管这种目的是直接的还是间接的，是宏观的还是具体的，都应该是为实现某种目的服务的，因此随机的没有目的性的学生活动就不能成为严格意义上的课程资源开发。比如有的教师坚持“每次上语文课时要求学生不拘形式和内容，用三五分钟时间进行口头说话训练，学生可以评议时事、描绘现象、讲自己的童年、道家庭亲情、诵优美诗文、说有趣的笑话”，虽然活动类型丰富多样，有的甚至还含有一些语文的味道，但是缺乏对学生活动学理依据的理性思考，只是“为活动而活动”，却不知道每类活动所对应的教育价值。因此组织学生活动不能随机，不能盲目，要有计划、有条理、有学理依据。

（三）课程资源开发不能削弱语文课堂教学

有的语文课程资源开发考虑到了多元性，致力于多渠道拓展课外学习资源并将其引入课堂教学，但是却容易陷入削弱课堂教学力量的误区。比如有教师讲《桂林山水》时，展示了大量的图片，放映桂林风景视频，甚至还放映了电影《刘三姐》的片段，占用了半节课的时间，这就喧宾夺主了，在大量拓展课程资源的同时却把课文本身的语言文字忘记了。学生要感受的不是图片的美，而是课文通过语言文字所传达出来的美，学生不仅要感受桂林山水之美，更要感受语言描绘之美。因此教师虽然要重视课堂教学资源的开发，但是不能本末倒置，不能冲淡或削弱语文课堂教学的力度。

（四）以儿童文学为核心，注重教育性与语用性的有机结合

在各种课程资源中，最符合小学生心理特点的就是儿童文学，因此童话类资源应该成为小学语文课程资源最主要的类型。儿童文学通过故事向小学生展开美好的生活世界，不但有规范、简洁、明确、活泼的语言文字，还有广博的知识介绍，更重要的是在生动的故事情节中融入了教育意义，既能使学生的知识面得到拓展，又能提升他们的认识能力和审美能力。儿童文学既能让学生积累语感，积累词语、句式、语段等语言材料，还能让学生在故事中习得道德和礼仪，知善恶，懂美丑，因此开发儿童文学类课程资源最容易实现教育性与语用性的有机统一。

思考与练习

1. 语文课程资源开发应该注意哪些问题？
2. 语文课程资源开发有哪些策略？
3. 如何增强语文课程资源开发的有效性和针对性？

第四章

小学数学教学技能修炼

教学目标

1. 了解小学数学教学技能的基本概念及其包含的内容。
2. 能够灵活、创新地使用教材，有效地取舍和调整教学内容。
3. 了解小学数学教学设计包含的组成要素、设计程序及设计时需注意的事项。
4. 了解小学数学课堂教学的技能训练内容及板书设计和案例评析。

第一节 感受数学教学的魅力

作为即将走向数学教学工作岗位的准教师，我们可以先问自己一个问题：你喜欢数学吗？你认为数学有趣吗？也许不同的人有不同的答案，但在数学的教学中我们常常听到学生不约而同地感叹：数学知识晦涩难懂、枯燥无味，甚至和现实脱节，数学课的公式和定理得死记硬背。如何改变学生对于数学的观念是我们每一个数学教师应该深入思考的问题。学生对数学有这样的“误解”源于学生对数学和数学教学的认识存在误区。

一、认识数学

我们先来认识数学这门学科。恩格斯曾经说过，数学是研究现实世界数量关系与空间形式的科学。现代数学哲学研究认为，数学不仅是一门知识，更是人类实践活动创造的产物，是一个由问题、方法、语言、命题及理论等多种元素组成的复合体。数学是现实世界的抽象与概括，数学具有高度的抽象性，因此数学学科常让人觉得晦涩难懂，但数学知识并不是凭空而来的符号游戏，它是人类实践活动创造的产物，是生活经验的总结，数学应该是鲜活而有趣的。如何在教学中将那些看似抽象难懂的数学知识讲得生动有趣呢？我们首先需要正确地认识数学教学。学者斯托利亚尔认为数学教学是数学活动的教学。这是对数学教学本质的精确把握。数学教师只有在教学中想方设法引导学生进行积极的数学活动，将抽象的数学知识与学生熟悉的生活实际联系起来，才能使学生真正获得数学的知识经验，获得思维能力和情感态度等方面的持续发展，从而扭转学生对于数学和数学教学的错误认知。我们先通过一个教学案例来感受一下数学教学的魅力。

案例 4－1－1

“小数的初步认识”教学案例

“小数的初步认识”是人教版小学数学三年级下册的教学内容，下面我们介绍云南省玉溪市澄江县龙街中心小学万立老师对这节课精彩的教学设计。万老师通过整合学生的认知发展序、知识的逻辑序和历史发展序，完成了教学设计。

1. 创设购物情境，复习相邻人民币单位及计数单位之间的进率

师：同学们，你们喜欢逛超市吗？超市里有琳琅满目的商品。昨天晚上，老师在商场买了一个漂亮的文具盒，大家看老师付了多少钱。

生：（观察老师出示的人民币后）5 元 2 角 6 分。

师：买这个文具盒，老师用了 5 元 2 角 6 分。商场里会这样标注这个文具盒的价钱吗？

生：不会。

师：为什么？

生：因为太麻烦了。

师：老师也觉得太麻烦了。下面请同学们帮老师一个忙，把这些钱以“分”为单位表示出来。（学生给出了 526 分的答案，并在老师的引导下回忆起单位之间的换算。接着，

学生按照老师的要求将换算后的数值填入数位顺序表）

【设计意图】基于学生的认知发展序和知识的历史发展序，借用现实生活中学生熟悉的购物情境（后续教学中涉及单位换算问题）引入新课。

2. 引发认知冲突，引导学生进行数位的创造

师：现在我们已经通过以“分”为单位解决了复杂的钱数问题，但老师还想把5元2角6分用“角”作单位表示出来，请同学们思考一下该如何解决这个问题。（学生在解决问题的过程中遇到了困难）

师：要把这个钱数转化成用“角”作单位的数，有什么困难?

生1：数位少了一位。

生2：6分怎么换成角?

生3：6分钱不满1角，不知道该怎么办。

师：的确，以我们现有的知识来解决这个问题还是有一些困难的。我们先来看一看，5元应该变成多少角?

生：50角。

师：50角和2角合起来就是52角，现在的关键是，6分钱是多少角呀?这个问题我们可以借助三年级上学期学过的“分数的初步认识”来解答。大家看，6分钱不满1角，我们把1角钱看作一个整体，平均分成10份，1分钱就是它的$\frac{1}{10}$，6分钱就是它的$\frac{6}{10}$，也就是6个$\frac{1}{10}$角，即$\frac{6}{10}$角。5元2角是52角，6分是$\frac{6}{10}$角，应该怎样把这些数填写在数位顺序表中?（学生在学习单中尝试填写，教师巡视，然后展示学生的学习单。生1把6写在了百位，生2空着6没有填写）

师：的确，52后面没有数位了，我们无法把6表示出来，怎么办呢?在古代，人们不会表示的时候，就会根据生产、生活和计算的需要自己创造。大家看，在没有阿拉伯数字的时候，古人用算筹来表示数，把小于1的不好表示的部分采用降低位置的方法来表示。后来人们还创造了多种多样的表示方法。同学们，我们要把5元2角6分在数位不够的情况下表示出来，就需要大胆创造一个数位，把6放进去，同学们敢尝试创造吗?把你创造出来的数写一写，并给你创造出来的数位取个名字。（再次让学生尝试解决问题，并展示学生的想法）

生1：因为个位后面没有数位，只有小数了，于是我创造了一个小数位。

师：你觉得这个数比较小，于是取名小数位。

生2：个位后面没有数位了，我创造出来的数位是比个位小的位，所以叫小位。

生3：个位后面没有数位了，所以叫无位。

生4：它是十分小的位，叫十分位。

师：刚才同学们创造出了一个数位，尽管名字五花八门，但都非常棒!无论是叫小位、小数位还是无位，我们都体验了一个创造过程。创新是数学发展史中的重要思想，也是人类发展的动力。

师：（边演示课件边讲解）同学们，我们不知道6该摆哪里，就在后面添一个数位，添的这个数位叫什么位?因为6分比1角小，所以我们把6摆在个位的后面，这里的6是

什么意思？刚才我们讲过，这里的6是6个$\frac{1}{10}$，这个计数单位就是十分之一。在这里填上1就是1个$\frac{1}{10}$，填上2、3、4、6、8就是……在这个数位上填几就表示十分之几，那么我们就把它命名为十分位。

师：在数位顺序表中，又多出了一个新的朋友，叫什么位？

生：十分位。

师：我们再将十分位放进数位顺序表整体观察一下，百到十、十到个、个到十分，十分到个、个到十、十到百……你们发现了什么？

生：相邻数位之间的进率都是10。

师：在同学们的努力下，我们把6分用"角"作单位，自己创造一个数位，不好解决的问题就迎刃而解了。无论是比1大的数，还是比1小的数，我们都有办法记录在数位顺序表中。

师：现在，老师想以"元"为单位写出文具盒的价格，要求也要把这些数字写在数位顺序表中，你能完成这个任务吗？小组内交流一下。（学生小组交流后，在学习单中完成；教师展示学生的学习单，师生讨论）

生1：我在十分位上写了2.6。

师：你们认同他的观点吗？我们之前学过，一个数位上只能有0到9中的一个数字，现在一个数位上写了两个数字，这样可以吗？

生2：不可以，我在后面又画了方格。

师：非常好，大家看，这个同学觉得数位又不够了，就大胆往后面又创造了一个数位，把6放了进去。接着我们刚才的学习，请你给这个数位取个名字。

生：百分位。

师：为什么叫百分位，而不叫二十分位、五十分位？

生：因为十位前面是百位，那么十分位后面就应该是百分位。

师：这个同学用推理的方法推出十分位后面是百分位。表现得真棒，创造的数位非常合理，和古代数学家刘徽的想法很像，他把小于1的数称为微数，也就是很小的数。微数就是我们今天研究出来的这种数，叫作小数。

【设计意图】考虑知识的历史发展序，借用单位换算引出小数；考虑学生的认知发展序，将分直接转化为元难度较大，设置了将分转化为角的过渡环节；考虑知识的逻辑序，借用数位顺序表，以分数为纽带，帮助学生建立十进分数与小数的联系。总之，通过融合上述三种顺序，引导学生感受小数学习的必要性，激发学生的创新意识，帮助学生更好地学习小数。

3. 区分整数部分和小数部分，感受小数点的产生过程

师：通过刚才的探究，我们能够将5元2角6分以分、角和元来统一单位，并记录在数位顺序表中。现在老师要变魔术了。（课件先隐去数位，再隐去表格边框，如图4－1所示）

5	2	6			分
	5	2	6		角
		5	2	6	元

图4－1　隐去数位的数位顺序表

看到这些数，你们有什么想法？

生1：它们的数字都一样，看上去很相似，分不清了。

生 2：感觉太乱了。

生 3：现在没有表格，不知道表示的是什么了。

师：同学们都认为分不清楚、乱。为了能够看清楚，我们应该怎么办呢？以“角”为单位时，6 是比 1 小的部分；以“元”为单位时，2 和 6 是比 1 小的部分。如果在数位顺序表中，我们可以清楚地看出来，但现在没有了数位顺序表，我们要把比 1 大的部分和比 1 小的部分区分开，你们有办法吗？

师：这时需要我们大胆地创造，创造什么呢？创造一个符号出来，把大于 1 的部分和小于 1 的部分隔开，区分一下，使我们能够一眼看出数字表示的意思。

图 4－2 展示的是学生的答案。

生 1：	5 2 6	角	5 2 6	元
生 2：	5 2 | 6	角	5 | 2 6	元
生 3：	5 2 ○ 6	角	5 ○ 2 6	元
生 4：	5 2 ▲ 6	角	5 ▲ 2 6	元
生 5：	5 2 / 6	角	5 / 2 6	元

图 4－2　学生创造的符号

师：同学们，刚才大家创造了各种各样的符号，把比 1 大和比 1 小的部分隔开了，不论用什么符号，我们都把比 1 小的这些数叫作小数。现在请大家看一段视频，看看小数的符号在发展中经历了一个怎样的过程。（观看视频资料：小数符号的历史演变）

师：从刚才同学们创造的作品来看，老师感觉自己穿越了时空，仿佛历史上那些伟大数学家的创造在我们的课堂中重现了！通过观看视频，同学们知道数学家们最后采用了什么符号来表示小数吗？

生：小圆点。

师：数学家们把复杂的符号摒弃，留下了美观、简洁的小圆点，体现了数学的简洁美。这个小圆点我们称为小数点，读作“点”，它的作用是分隔开整数部分和小数部分。

师：刚才我们研究的 5 元 2 角 6 分，用“角”作单位就可以表示为 52.6 角，用“元”作单位就可以表示为 5.26 元，这两个数就是小数。

【设计意图】通过创设问题情境，引导学生进行创造，解决学习中遇到的问题。

4. 巩固练习

巩固练习有三组，第一组是小数的读法，明确小数 52.6 和 5.26 的读法；第二组是学生自己写出几个小数，并读出来；第三组是“寻找生活中的小数”，学生说出在生活中不同场景下见到的小数，教师展示生活中的一些小数，让学生读出这些数，并说一下这些小数的具体含义。

5. 课堂小结

师生一起总结这节课的所学所感。学生提到了小数的读写和小数的广泛应用，在教师的引导下提到了再遇到数学问题时，要大胆创造。

二、案例评析

上述教学案例中的小数是小学数学的核心概念，它是数系扩充的重要结果。万老师巧妙地将数学史内容融入小数认识的教学中，让学生感受数学知识产生和发展的过程，培养学生的创新意识。在上述案例中，教师基于学生的认知发展序、知识的逻辑序和历史发展序，重构了教学内容，设计了具有知识性、质疑性、主体性、民主性、求异性的数位创造和小数符号创造的探究活动，学生在探究中经历了矛盾与冲突，在教师的引导下一步一步地实现了创造。学生不仅创造了数位、创造了各式各样的小数符号，还在创造的过程中发现了知识，在古今对照中理解、掌握了知识。数学史为学生创新意识的培养提供了素材，融入数学史的教学为学生创新意识的培养提供了可能。在今后的教学中，教师不妨尝试从数学史的角度设计教学活动，帮助学生在探究中创造，在创造中发现。

荷兰的数学教育家弗赖登塔尔提出了数学教育的“再创造”原则，他认为在教学时，教师不应将各种规则、定律灌输给学生，而是应该创造合适的条件，提供很多具体的例子，让学生在实践活动的过程中，自己“再创造”出各种数学知识 。即应该让每个人在学习数学的过程中，根据自己的体验，用自己的思维方式，重新创造有关的数学知识。弗赖登塔尔认为，传统的数学教育传授的是现成的数学，是反教学法的，学习数学唯一正确的方法是实行“再创造”，也就是由学生自己去把要学的东西创造或发现出来，教师的任务是引导和帮助学生进行这种“再创造”工作，而不是简单粗暴地把现成的知识灌输给学生，还认为这是一种最自然、最有效的学习方法。从数学教育角度来看，学生对通过自身活动所得到的知识与能力比旁人硬塞的理解得更透彻，掌握得更快，同时也更善于使用它们，一般来说还会对这些知识和能力保持长久的记忆。发现是一种快乐，因而通过“再创造”来进行学习能够引起学生的兴趣，从而使学生学习更有动力。通过“再创造”方式可以进一步增强人们对数学教育是一种人类活动的看法的认同。

思考与练习

如何让学生对数学充满好奇心和求知欲?

第二节　小学数学课程标准与教材评介

随着数学教育的不断发展，世界许多国家都对本国的基础教育进行了改革，我国于2001年实施的《全日制义务教育数学课程标准（实验稿)》(以下简称实验稿)，拉开了我国新一轮基础教育数学课程改革的序幕。经过十年的教学实践和研究，课程专家、学者和教师在实验稿的基础上对数学课程标准进行了进一步的修改和完善，2011年，我国正式实施了《义务教育数学课程标准》(以下简称2011版数学课程标准)。这次基础教育课程改革与以往历次课程改革相比，无论是在课程理念、课程目标方面，还是在课程内容、课程要求方面都发生了巨大的变化。对于即将走上小学讲台的准教师来说，了解基础教育数学课程标准是十分重要的。

一、2011版数学课程标准的基本理念

2011版数学课程标准明确提出了义务教育阶段数学课程设置的基本理念。

(1) 数学课程应致力于实现义务教育阶段的培养目标，要面向全体学生，适应学生个性发展的需要，使得：人人都能获得良好的数学教育，不同的人在数学上得到不同的发展。

(2) 课程内容要反映社会的需要、数学的特点，要符合学生的认知规律。它不仅包括

数学的结果，也包括数学结果的形成过程和蕴涵的数学思想方法。课程内容的选择要贴近学生的实际，有利于学生体验与理解、思考与探索。课程内容的组织要重视过程，处理好过程与结果的关系；要重视直观，处理好直观与抽象的关系；要重视直接经验，处理好直接经验与间接经验的关系。课程内容的呈现应注意层次性和多样性。

(3) 教学活动是师生积极参与、交往互动、共同发展的过程。有效的教学活动是学生学与教师教的统一，学生是学习的主体，教师是学习的组织者、引导者与合作者。

数学教学活动，特别是课堂教学应激发学生兴趣，调动学生积极性，引发学生的数学思考，鼓励学生的创造性思维；应注重培养学生良好的数学学习习惯，使学生掌握恰当的数学学习方法。

学生学习应当是一个生动活泼的、主动的和富有个性的过程。认真听讲、积极思考、动手实践、自主探索、合作交流等，都是学习数学的重要方法。学生应当有足够的时间和空间经历观察、实验、猜测、计算、推理、验证等活动过程。

教师教学应该以学生的认知发展水平和已有的经验为基础，面向全体学生，注重启发式教学和因材施教。教师要发挥主导作用，处理好讲授与学生自主学习的关系，引导学生独立思考、主动探索、合作交流，使学生理解和掌握基本的数学知识与技能，体会和运用数学思想与方法，获得基本的数学活动经验。

(4) 学习评价的主要目的是全面了解学生数学学习的过程和结果，激励学生学习和改进教师教学。应建立目标多元、方法多样的评价体系。评价既要关注学生学习的结果，也要重视学习的过程；既要关注学生数学学习的水平，也要重视学生在数学活动中所表现出来的情感与态度，帮助学生认识自我、建立信心。

(5) 信息技术的发展对数学教育的价值、目标、内容以及教学方式产生了很大的影响。数学课程的设计与实施应根据实际情况合理地运用现代信息技术，要注意信息技术与课程内容的整合，注重实效；要充分考虑信息技术对数学学习内容和方式的影响，开发并向学生提供丰富的学习资源，把现代信息技术作为学生学习数学和解决问题的有力工具，有效地改进教与学的方式，使学生愿意投入到现实的、探索性的数学活动中去。

二、2011 版数学课程标准的目标

(一) 总目标

通过义务教育阶段的数学学习，学生能达到如下要求。

(1) 获得适应社会生活和进一步发展所必需的数学的基础知识、基本技能、基本思想、基本活动经验。

(2) 体会数学知识之间、数学与其他学科之间、数学与生活之间的联系，运用数学的思维方式进行思考，增强发现和提出问题的能力、分析和解决问题的能力。

(3) 了解数学的价值，提高学习数学的兴趣，增强学好数学的信心，养成良好的学习习惯，具有初步的创新意识和科学态度。

总目标从知识技能、数学思考、问题解决和情感态度四个方面对数学课程提出了要求，具体阐述见表 4-1。

表 4－1　2011 版数学课程标准的总目标

知识技能	● 经历数与代数的抽象、运算与建模等过程，掌握数与代数的基础知识和基本技能。 ● 经历图形的抽象、分类、性质探讨、运动、位置确定等过程，掌握图形与几何的基础知识和基本技能。 ● 经历在实际问题中收集和处理数据、利用数据分析问题、获取信息的过程，掌握统计与概率的基础知识和基本技能。 ● 参与综合实践活动，积累综合运用数学知识、技能和方法等解决简单问题的数学活动经验
数学思考	● 建立数感、符号意识和空间观念，初步形成几何直观和运算能力，发展形象思维与抽象思维。 ● 体会统计方法的意义，发展数据分析观念，感受随机现象。 ● 在参与观察、实验、猜想、证明、综合实践等数学活动中，发展合情推理和演绎推理能力，清晰地表达自己的想法。 ● 学会独立思考，体会数学的基本思想和思维方式
问题解决	● 初步学会从数学的角度发现问题和提出问题，综合运用数学知识解决简单的实际问题，增强应用意识，提高实践能力。 ● 获得分析问题和解决问题的一些基本方法，体验解决问题方法的多样性，发展创新意识。 ● 学会与他人合作交流。 ● 初步形成评价与反思的意识
情感态度	● 积极参与数学活动，对数学有好奇心和求知欲。 ● 在数学学习过程中，体验获得成功的乐趣，锻炼克服困难的意志，建立自信心。 ● 体会数学的特点，了解数学的价值。 ● 养成认真勤奋、独立思考、合作交流、反思质疑等学习习惯。 ● 形成坚持真理、修正错误、严谨求实的科学态度

总目标的这四个方面，不是相互独立和割裂的，而是一个密切联系、相互交融的有机整体。在课程设计和教学活动组织中，应同时兼顾这四个方面的目标。这些目标的整体实现，是学生受到良好数学教育的标志，它对学生的全面、持续发展有着重要的意义。数学思考、问题解决、情感态度的发展离不开知识技能的学习，知识技能的学习必须有利于其他三个目标的实现。

（二）学段目标

2011 版数学课程标准为了体现义务教育数学课程的整体性，统筹考虑了九年的课程内容。同时，根据学生发展的生理和心理特征，将九年的学习时间划分为三个学段：第一学段（1～3 年级）、第二学段（4～6 年级）、第三学段（7～9 年级）。下面我们简要介绍小学部分的课程目标。

1. 第一学段（1～3 年级）

（1）知识技能。

① 经历从日常生活中抽象出数的过程，理解万以内数的意义，初步认识分数和小数；

理解常见的量；体会四则运算的意义，掌握必要的运算技能，能准确进行运算；在具体情境中，能选择适当的单位进行简单的估算。

② 经历从实际物体中抽象出简单几何体和平面图形的过程，了解一些简单几何体和常见的平面图形；感受平移、旋转、轴对称现象；认识物体的相对位置；掌握初步的测量、识图和画图的技能。

③ 经历简单的数据收集、整理和分析的过程，了解简单的数据处理方法。

（2）数学思考。

① 在运用数及适当的度量单位描述现实生活中的简单现象，以及对运算结果进行估计的过程中，发展数感；在从物体中抽象出几何图形、想象图形的运动和位置的过程中，发展空间观念。

② 能对调查过程中获得的简单数据进行归类，体验数据中蕴涵着信息。

③ 在观察、操作等活动中，能提出一些简单的猜想。

④ 会独立思考问题，表达自己的想法。

（3）问题解决。

① 能在教师的指导下，从日常生活中发现和提出简单的数学问题，并尝试解决。

② 了解分析问题和解决问题的一些基本方法，知道同一个问题可以有不同的解决方法。

③ 体验与他人合作交流解决问题的过程。

④ 尝试回顾解决问题的过程。

（4）情感态度。

① 对身边与数学有关的事物有好奇心，能参与数学活动。

② 在他人帮助下，感受数学活动中的成功，能尝试克服困难。

③ 了解数学可以描述生活中的一些现象，感受数学与生活有密切联系。

④ 能倾听别人的意见，尝试对别人的想法提出建议，知道应该尊重客观事实。

2. 第二学段（4～6 年级）

（1）知识技能。

① 体验从具体情境中抽象出数的过程，认识万以上的数；理解分数、小数、百分数的意义，了解负数的意义；掌握必要的运算技能；理解估算的意义；能用方程表示简单的数量关系，能解简单的方程。

② 探索一些图形的形状、大小和位置关系，了解一些几何体和平面图形的基本特征；体验简单图形的运动过程，能在方格纸上画出简单图形运动后的图形，了解确定物体位置的一些基本方法；掌握测量、识图和画图的基本方法。

③ 经历数据的收集、整理和分析的过程，掌握一些简单的数据处理技能；体验随机事件和事件发生的等可能性。

④ 能借助计算器解决简单的应用问题。

（2）数学思考。

① 初步形成数感和空间观念，感受符号和几何直观的作用。

② 进一步认识到数据中蕴涵着信息，发展数据分析观念；通过实例感受简单的随机

现象。

③ 在观察、实验、猜想、验证等活动中，发展合情推理能力，能进行有条理的思考，能比较清楚地表达自己的思考过程与结果。

④ 会独立思考，体会一些数学的基本思想。

(3) 问题解决。

① 尝试从日常生活中发现并提出简单的数学问题，并运用一些知识加以解决。

② 能探索分析和解决简单问题的有效方法，了解解决问题方法的多样性。

③ 经历与他人合作交流解决问题的过程，尝试解释自己的思考过程。

④ 能回顾解决问题的过程，初步判断结果的合理性。

(4) 情感态度。

① 愿意了解社会生活中与数学相关的信息，主动参与数学学习活动。

② 在他人的鼓励和引导下，体验克服困难、解决问题的过程，相信自己能够学好数学。

③ 在运用数学知识和方法解决问题的过程中，认识数学的价值。

④ 初步养成乐于思考、勇于质疑、言必有据等良好品质。

三、2011 版数学课程标准的内容

在各学段中，安排了四个部分的课程内容：数与代数、图形与几何、统计与概率、综合与实践。其中，综合与实践内容设置的目的在于培养学生综合运用有关的知识与方法解决实际问题的能力，培养学生的问题意识、应用意识和创新意识，积累学生的活动经验，提高学生解决现实问题的能力。

数与代数的主要内容有：数的认识，数的表示，数的大小，数的运算，数量的估计；字母表示数，代数式及其运算；方程、方程组、不等式、函数等。

图形与几何的主要内容有：空间和平面基本图形的认识，图形的性质、分类和度量；图形的平移、旋转、轴对称、相似和投影；平面图形基本性质的证明；运用坐标描述图形的位置和运动。

统计与概率的主要内容有：收集、整理和描述数据，包括简单抽样、整理调查数据、绘制统计图表等；处理数据，包括计算平均数、中位数、众数、方差等；从数据中提取信息并进行简单的推断；简单随机事件及其发生的概率。

综合与实践是一类以问题为载体、以学生自主参与为主的学习活动。在学习活动中，学生将综合运用数与代数、图形与几何、统计与概率等知识和方法解决问题。综合与实践的教学活动应当保证每学期至少一次，可以在课堂上完成，也可以课内外相结合。提倡把这种教学形式体现在日常教学活动中。

在数学课程中，应当注重发展学生的数感、符号意识、空间观念、几何直观、数据分析观念、运算能力、推理能力和模型思想。为了适应时代发展对人才培养的需要，数学课程还要特别注重发展学生的应用意识和创新意识。

数感主要是指关于数与数量、数量关系、运算结果估计等方面的感悟。建立数感有助于学生理解现实生活中数的意义，理解或表述具体情境中的数量关系。

符号意识主要是指能够理解并且运用符号表示数、数量关系和变化规律；知道使用符

号可以进行运算和推理，得到的结论具有一般性。建立符号意识有助于学生理解符号的使用是数学表达和进行数学思考的重要形式。

空间观念主要是指根据物体特征抽象出几何图形，根据几何图形想象出所描述的实际物体；想象出物体的方位和相互之间的位置关系；描述图形的运动和变化；依据语言的描述画出图形；等等。

几何直观主要是指利用图形描述和分析问题。借助几何直观可以把复杂的数学问题变得简明、形象，有助于探索解决问题的思路，预测结果。几何直观可以帮助学生直观地理解数学，在整个数学学习过程中都发挥着重要作用。

数据分析观念包括：了解在现实生活中有许多问题应当先做调查研究，收集数据，通过分析做出判断，体会数据中蕴涵着信息；了解对于同样的数据可以有多种分析的方法，需要根据问题的背景选择合适的方法；通过数据分析体验随机性，一方面对于同样的事情每次收集到的数据可能不同，另一方面只要有足够的数据就可能从中发现规律。数据分析是统计的核心。

运算能力主要是指能够根据法则和运算律正确地进行运算的能力。培养运算能力有助于学生理解运算的算理，寻求合理简洁的运算途径解决问题。

推理能力的发展应贯穿于整个数学学习过程中。推理是数学的基本思维方式，也是人们学习和生活中经常使用的思维方式。推理一般包括合情推理和演绎推理，合情推理是从已有的事实出发，凭借经验和直觉，通过归纳和类比等推断某些结果；演绎推理是从已有的事实（包括定义、公理、定理等）和确定的规则（包括运算的定义、法则、顺序等）出发，按照逻辑推理的法则证明和计算。在解决问题的过程中，两种推理功能不同，相辅相成：合情推理用于探索思路，发现结论；演绎推理用于证明结论。

模型思想的建立是学生体会和理解数学与外部世界联系的基本途径。建立和求解模型的过程包括：从现实生活或具体情境中抽象出数学问题，用数学符号建立方程、不等式、函数等表示数学问题中的数量关系和变化规律，求出结果并讨论结果的意义。这些内容的学习有助于学生初步形成模型思想，提高学习数学的兴趣和应用意识。

应用意识有两个方面的含义：一方面，有意识利用数学的概念、原理和方法解释现实世界中的现象，解决现实世界中的问题；另一方面，认识到现实生活中蕴涵着大量与数量和图形有关的问题，这些问题可以抽象成数学问题，用数学的方法予以解决。在整个数学教育的过程中都应该培养学生的应用意识，综合实践活动是很好的培养应用意识的载体。

创新意识的培养是现代数学教育的基本任务，应体现在数学教与学的过程之中。学生自己发现和提出问题是创新的基础；独立思考、学会思考是创新的核心；归纳概括得到猜想和规律，并加以验证，是创新的重要方法。创新意识的培养应该从义务教育阶段做起，贯穿数学教育的始终。

四、实验稿与2011版数学课程标准的对比

与实验稿相比，2011版数学课程标准从基本理念、目标、内容到实施建议都更加准确、规范、明了和全面，具体变化如下。

（一）总体框架结构的变化

实验稿分四个部分：前言、课程目标、内容标准和课程实施建议。2011版数学课程

标准把其中的“内容标准”改为“课程内容”。前言部分由原来的基本理念和设计思路，改为课程性质、课程基本理念和课程设计思路三部分。

（二）关于数学观的变化

实验稿中对数学的认识：数学是人们对客观世界定性把握和定量刻画、逐渐抽象概括、形成方法和理论，并进行广泛应用的过程。数学作为一种普遍适用的技术，有助于人们收集、整理、描述信息，建立数学模型，进而解决问题，直接为社会创造价值。

2011 版数学课程标准调整了对于数学的认识，表述为：数学是研究数量关系和空间形式的科学。数学是人类文化的重要组成部分，数学素养是现代社会每一个公民应该具备的基本素养。

（三）基本理念表述的变化

1.“三句”变成“两句”

实验稿中关于基本理念的表述有，人人学有价值的数学；人人都能获得必需的数学；不同的人在数学上得到不同的发展。而 2011 版数学课程标准将这段表述浓缩为：人人都能获得良好的数学教育，不同的人在数学上得到不同的发展。与过去的提法相比，2011 版数学课程标准有更深的意义和更广的内涵，落脚点是数学教育而不是数学内容，有更能体现公平的、优质的、均衡的、和谐的时代精神和教育要求。

2.“6 条”改为“5 条”

2011 版数学课程标准基本理念在结构上由原来的 6 条改为 5 条，将实验稿中第 2 条关于对数学的认识整合到理念之前的文字之中，新增了对课程内容的认识，此外，将“数学教学活动”与“数学学习”合并为“教学活动”。

实验稿：数学课程—数学—数学学习—数学教学活动—评价—现代信息技术。

2011 版数学课程标准：数学课程—课程内容—教学活动—学习评价—信息技术。

（四）课程目标的修改

2011 版数学课程标准在总目标中明确了使学生获得数学的基础知识、基本技能、基本思想、基本活动经验，并提出了增强学生发现和提出问题的能力、分析和解决问题的能力。总目标从“知识技能”“数学思考”“问题解决”“情感态度”四个方面具体阐述。

（五）“双基”变成“四基”

2011 版数学课程标准在基础知识、基本技能的基础上添加了基本思想和基本活动经验，将原有的“双基”扩充为“四基”，并把“四基”与数学素养的培养进行整合。史宁中教授提出，义务教育阶段的数学课程不仅要帮助学生掌握数学基础知识、训练数学基本技能，还要让学生在数学学习过程中领悟数学的基本思想，积累数学基本活动经验。“双基”变成“四基”，对数学教师提出了更高的要求，要求数学教师必须为学生的学习和个人发展提供最基本的数学基础、数学准备和发展方向，促进学生的健康成长，使人人获得良好的数学素养，不同的人在数学上得到不同的发展。

（六）数学课程内容四个领域名称的变化

实验稿将义务教育阶段数学课程划分为数与代数、空间与图形、统计与概率、实践与综合应用四个学习领域，2011 版数学课程标准修改了这四个领域的名称，将其调整为数与代数、图形与几何、统计与概率、综合与实践。

2011 版数学课程标准还对学习内容中的若干关键词做了适当调整，并对这些关键词做出了更明确的阐释。实验稿提出义务教育阶段数学学习的关键词为：数感、符号感、空间观念、统计观念、应用意识、推理能力。2011 版数学课程标准调整了这些关键词，并结合时代发展的需要新增了一些关键词。2011 版数学课程标准中数学学习的关键词为：数感、符号意识、运算能力、模型思想、空间观念、几何直观、推理能力、数据分析观念、应用意识、创新意识。我们仅选择其中的“符号感”进行详细介绍，实验稿中对符号感的表述有：能从具体情境中抽象出数量关系和变化规律，并用符号来表示；理解符号所代表的数量关系和变化规律；会进行符号间的转换；能选择适当的程序和方法解决用符号所表达的问题。2011 版数学课程标准将“符号感”调整为“符号意识”，“符号意识”主要是指能够理解并且运用符号表示数、数量关系和变化规律；知道使用符号可以进行运算和推理，得到的结论具有一般性。建立符号意识有助于学生理解符号的使用是数学表达和进行数学思考的重要形式。实验稿中的符号感和数感都用到了“感”字，“感”的表述过多。符号感不是潜意识、直觉。符号感最重要的内涵是运用符号进行数学思考和表达，进行数学活动。而“符号意识”有两个意思：第一，用符号可以进行运算，可以进行推理；第二，用符号进行的运算和推理得到的结果具有一般性。所以这是一个“意识”问题，而不是“感”的问题。数学的本质是概念和符号，并通过概念和符号进行运算和推理，所以只能用“意识”。由此可见，2011 版数学课程标准对于义务教育阶段数学课程的教学关键词的表述更加准确和细致。

（七）课程内容的变化

2011 版数学课程标准比实验稿更加注意内容的系统性和逻辑性。下面我们将分四个领域简要地介绍它在小学阶段数学课程方面的一些细微变化。

1. 数与代数领域的变化

第一学段增加了认识小括号，能进行简单的整数四则混合运算（两步）。综合与实践领域的要求更加明确和具有可操作性。教学目标的表述更加准确，如将“能灵活运用不同的方法解决生活中的简单问题，并能对结果的合理性进行判断”，修改为“能运用数及数的运算解决生活中的简单问题，并能对结果的实际意义作出解释”。

第二学段增加了“经历与他人交流各自算法的过程，并能表达自己的想法”“了解公倍数和最小公倍数”“了解公因数和最大公因数”“在具体情境中，了解常见的数量关系：总价＝单价×数量、路程＝速度×时间，并能解决简单的实际问题”“结合简单的实际情境，了解等量关系，并能用字母表示”等内容。将“理解等式的性质”，改为“了解等式的性质”。将“会用等式的性质解简单的方程（如 $3x+2=5$，$2x-x=3$）”，改为“能用方程表示简单情境中的等量关系（如 $3x+2=5$，$2x-x=3$）”。

2. 图形与几何的变化

第一学段删除了“能在方格纸上画出一个简单图形沿水平方向、竖直方向平移后的图形”“能在方格纸上画出简单图形的轴对称图形”“会看简单的路线图”，上述内容及相关要求被放入了第二学段。对于“东北、西北、东南、西南”四个方向，不要求给定一个方向辨认其余方向，要求降低为知道这些方向。对一些目标的表述更加准确和完整，如将“辨认从正面、侧面、上面观察到的简单物体的形状”改为“能根据具体事物、照片或直观图辨认从不同角度观察到的简单物体”。

第二学段删除了“了解两点确定一条直线和两条相交直线确定一个点”，增加了“知道扇形”。对一些目标的表述更加准确和完整，例如，将“探索并掌握圆的周长和面积公式”改为“通过操作，了解圆的周长与直径的比为定值，掌握圆的周长公式；探索并掌握圆的面积公式，并能解决简单的实际问题”。

3. 统计与概率内容的变化

在统计量方面，第一学段与实验稿相比，最大的变化是鼓励学生运用自己的方式（包括文字、图画、表格等）呈现整理数据的结果，不要求学生以“正规”的统计图（一格代表一个单位的条形统计图）来呈现。将平均数等内容放在了第二学段。

与实验稿相比，第二学段只要求学生体会平均数的意义，不要求学生学习中位数、众数，将中位数、众数放在了第三学段；删除了“初步体会数据可能产生误导”，总体来说是降低了要求。第二学段还加强了体会数据的随机性。在以前的学习中，学生主要是依靠概率来体会随机思想的，2011 版数学课程标准希望通过数据分析使学生体会随机思想。

在概率方面，第一学段、第二学段的要求都比实验稿要低：降低了“可能性”部分的要求，只要求学生体会随机现象，并能对随机现象发生的可能性大小做定性描述。定量描述的要求被放入了第三学段。

4. 综合与实践的变化

统一了三个学段第四部分的名称，进一步明确了其目的和内涵。“综合与实践”是一类以问题为载体，以学生自主参与为主的学习活动。其目的在于培养学生综合运用有关的知识与方法解决实际问题，培养学生的问题意识、应用意识和创新意识，积累学生的活动经验，提高学生解决现实问题的能力。

五、小学数学教材评介

教材是承载知识的载体，其蕴涵的教育功能和课程理念，教师需要在深刻领会的基础上，经过科学的处理和有效的组织，才能落实到平时的课堂教学之中。特别是在各种教学方法“百花齐放”的今天，对教材进行合理的分析和解读成了每位教师的基本功。教师只有在尊重教材的基础上，正确地把握教材、用活教材、创造性地使用教材，才能使我们的教学更有效。教师已不再是教材单纯的执行者，而是教材的策划者及设计者，教师是在“用”教材而非“教”教材。教师可以根据课程标准提供的有利条件和广阔空间，充分发挥自己的聪明才智，根据教学目标的需要，灵活地进行课程内容的加工、调整、组合、补充、延伸、改编、新编，使学生的学习活动高潮迭起，培养有灵气的数学学习。2012 年秋季，全国各地中小学开始使用人教版新教材。这套教材既有继承又有创新，更加贴近学生生活，符合时代发展的要求，符合小学生的认知水平。下面我们结合一些例子简单地介绍人教版小学数学教材的几个特点。

（一）教材编排顺序体现小学生认知规律

人教版小学数学教材在知识点上采取先易后难、螺旋上升的编排顺序，很好地体现了小学生认知规律。根据小学生学习数学的规律，人教版教材对每一部分内容的出现顺序、例题设置、呈现方式和习题设计等都进行了认真设计，调整了实验教材中部分教学内容的出现顺序和教学节奏，使之更加符合小学生学习数学的规律，更有利于小学生理解数学知识、形成数学能力。

案例 4－2－1

人教版三年级上册“倍的认识”

“倍”在小学数学里是一个重要概念，也是学生后续学习的基础。但是，对于低年级学生来说，“倍”的含义是比较难理解的。与学生在一年级就已掌握的“比大小”相比，“倍”虽然也反映了两个数量之间的比较关系，但由于它反映的是两个数之间的比率系数，因此较之“比大小”更抽象一些。然而，“倍”是建立乘法模型的情境之一，即使是小学生在生活中也存在着需要用“倍”的知识解决的实际问题。为了使学生较好地建立“倍”的概念，以往的教材主要通过直观的手段揭示“倍”的本质，让学生通过观察、操作、思考、交流、比较等方式理解其含义，初步建立“倍”的概念。人教版教材从教材结构或者说是教学顺序上重新呈现了这一重要知识，即将有关“倍”概念的教学内容从表内乘、除法教学单元中移出，安排在学生掌握了表内乘、除法之后再进行教学，在三年级上册安排了“倍的认识”的教学单元。这样编排的好处有三个：一是倍的知识后移使学生学习的难度降低；二是教学生用“倍”的知识解决问题（求一个数是另一个数的几倍、求一个数的几倍是多少的问题）时，学生不再受所学乘、除法知识的限制，教学内容的呈现更具逻辑性；三是集中教学用乘、除法解决含有“倍”数量关系的实际问题，有利于学生在解决问题过程中加深对乘、除法含义的理解，了解所学习的知识有什么用处、如何用，从而逐步培养学生应用数学的意识和解决问题的能力。

对于一些重要的数学概念及数学思想方法，人教版小学数学教材是根据学生的心理特征、知识背景和所学知识的特点采用螺旋上升的方式进行编排的。布鲁纳在《教育过程》中提出了螺旋式上升教材编排模式。所谓螺旋式编排，就是以与儿童思维方式相符的形式将学科结构置于课程的中心地位，随着年级的提升，不断拓展学科的基本结构，使之在课程中呈螺旋式上升的态势。我们以人教版小学数学教材空间与图形部分的编排为例，该部分主要包括四个方面的内容：图形的认识、测量、图形与变换和图形与位置。这些内容既相对独立，又有密切联系。人教版小学数学教材在编写时，充分考虑了它们之间的联系，在编排上采取螺旋式上升的方法，将不同的知识点进行合理安排，帮助学生形成完整的数学知识体系。

案例 4－2－2

人教版空间与图形部分螺旋式上升的编排方式

人教版小学数学教材一年级上册安排了“位置”这一教学内容，向刚刚入学的学生介绍上、下、前、后等最简单的位置关系，紧接着安排“认识图形（一）”，从学生生活中熟悉的长方体、正方体、圆柱和球的实物与图形入手，初步帮助学生建立空间观念。一年级下册安排了“认识图形（二）”这一教学内容，使学生在认识了一年级上册的立体图形的基础上，初步认识平面图形，为以后学习更深层的几何知识打下基础。二年级上册安排了“角的初步认识”这一教学内容，由构成几何图形最基本的角入手，让学生初步认识角，知道角的各部分名称，会初步比较角的大小，能辨认角和用尺子画角，初步培养学生的观察能力、动手操作能力和抽象思维能力。三年级上册、四年级上册、五年级上册和六年级上册分别安排了“长方形和正方形”“平行四边形和梯形”“多边形的面积”“圆”等知识点，由简单到复杂地讲授平面图形知识，帮助学生构建数学知识体系。二年级下册安排“图形的运动（一）”，让学生从简单的轴对称开始学习图形变换方面的内容，四年级下册和五年级下册分别安排了“图形的运动（二）”“图形的运动（三）”，逐步深化学生对对称、平移、旋转等图形变化方面知识的理解。从上述知识点的编排我们可以看到，人教版小学数学教材对知识点的编排很好地体现了布鲁纳提出的螺旋式上升教材编排模式，既符合儿童认知规律，又使前面学习的知识点为后续知识点做好铺垫和准备，最终帮助学生循序渐进地掌握数学学科的系统知识结构。

（二）教材注重选择具有现实性和趣味性的教学素材

人教版小学数学教材在教学素材的选取上，力求从学生熟悉的生活情境出发，选择学生身边感兴趣的事物，提出有关的数学问题，以激发学生学习的兴趣与动机，使学生感受到数学就在自己的身边，与现实世界密切相连。

例如，一年级上册中，“比长短、高矮”中出现的是几个小朋友在桌旁比自己的铅笔、尺子的长短，教师按小朋友的高矮来排队的画面，“第几”中出现的是公园售票处的排队场景，“9 加几”是以学校运动会的画面切入；一年级下册中，“位置”选取的就是教室的场景，“20 以内的退位减法”的主题图提供了买气球、套圈游戏、捉迷藏、丢手绢等许多学生喜爱的游戏场景，“100 以内的加减法口算”以一系列学校生活内容（发新书、联欢会、作业评比等）为素材引出计算问题，使原来比较枯燥的计算有了丰富的现实背景。书中大量的习题也是学生在校内和校外生活中亲身经历的，如“快乐的星期天”（认识时间）、“电影院找座位”（位置）、“邮递员送信”（位置）、“作业评比”（比多少应用题）、“小小商店”（数学实践活动）、“到商店购买学习用品”等。这样的题材选择体现了 2011 版数学课程标准提出的“有意义的数学应该是现实的”这一理念，有效的数学学习活动应该建立在学生已有的生活经验上，数学教学必须基于学生的生活经验进行。

（三）教材中渗透数学思想方法，帮助学生获得数学活动经验

2011 版数学课程标准提出了“四基”目标，在加强传统的“基础知识”“基本技能”的基础上扩充了“基本思想”和“基本活动经验”。人教版小学数学教材加强了对学生获得数学的“基本思想”和“基本活动经验”这一目标的落实。关于获得数学的“基本思想”，教材通过在各个内容领域结合各部分知识的教学进行各种思想方法的渗透，在二至六年级的教材中通过单独设置“数学广角”单元，利用操作等直观手段渗透重要的数学思想方法。在小学低年级的教材中，一般采用渗透的方式让学生对一些数学思想有所感受和体会。通过结合知识点的学习将符号思想、模型思想、化归思想、推理思想、函数思想、统计思想、集合思想等数学思想方法渗透进去。例如，一年级上册第三单元“1～5 的认识和加减法”中的“比多少”让学生经历了从具体到抽象、符号化的过程，并渗透了统计思想和一一对应思想。又如，一年级下册第七单元“找规律”中的例子，结合图形的变化规律来探索数的变化规律，渗透了模型思想。在练习题的设计上，人教版小学数学教材也

注意提高思维含量，渗透数学思想方法。例如，一年级下册第四单元“100 以内数的认识”中的练习题，通过让学生数同样数量但摆放形式不同的夹子，体会以 10 为单位数物体的数量比较准确、方便，体会数学方法的简洁合理。

在使学生获得数学的“基本活动经验”方面，人教版小学数学教材除了提供“综合与实践主题活动”，还注意设计了更为丰富的教学活动，以此提示教师在课堂上多组织探究性学习活动，并尽量让学生参与其中，通过动手操作、探究等活动让学生经历知识的形成过程，积累数学活动经验。例如，一年级下册第一单元“认识图形（二)”，安排了拼组图形的探究活动，让学生在对组合图形的探究过程中认识图形之间的关系，积累探究图形特点和图形变换的活动经验，促进学生空间观念的发展。

（四）教材突显对学生问题意识的培养

人教版小学数学教材进一步加强了对学生解决问题能力的培养，将培养学生“四能”的教学与各部分数学知识的教学有机地结合在了一起。为了培养学生解决问题的能力，实现“问题解决”的目标，人教版小学数学教材大大丰富了解决问题方法的教学内容，体现了解决问题方法的多样性，使学生通过解决不同的问题，学会根据不同的问题现实，自主选择解决问题的方法。例题中呈现出不同思维水平、不同思考角度的方法，体现了教材充分尊重学生的发展现实，允许学生用适合自己的方法解决问题。运用所学知识解决问题的教学内容的编排突破了传统应用题教学内容的束缚，如在数的运算教学部分安排了丰富的案例，打破了传统应用题教学定式思维的束缚。例如，“20 以内的退位减法”和“100 以内的加法和减法（一)”都注意改变传统的应用题编排内容，结合学生所学知识，根据学生的生活经验与思维水平，选择学生将会面对并能够解决的问题作为例题，这样的安排更能体现出用所学知识和方法解决现实问题的特征。在“认识图形”“数的认识”“找规律”等内容中也安排了运用所学知识解决问题的例题，为培养学生“四能”提供了必要的素材和案例。人教版小学数学教材循序渐进地提供解决问题的一般步骤，教给学生解决问题的基本方法。教材从一年级上册开始逐步地让学生学习并体会到解决数学问题的步骤（图 4 - 3)。

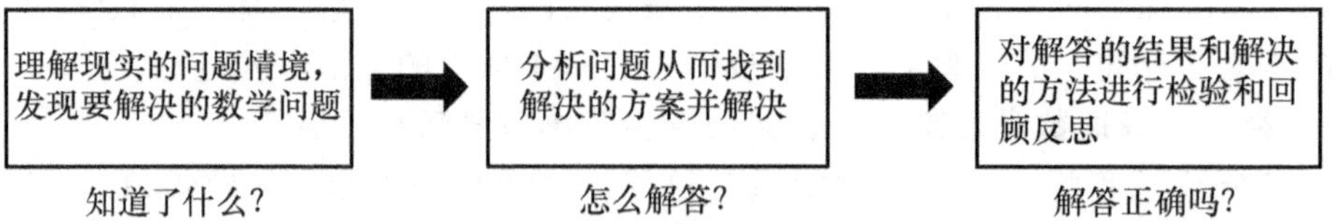

图 4 - 3　解决数学问题的步骤

数学教材为学生发现数学问题、提出数学问题提供了丰富的素材与情境，培养了学生从生活中发现并提出简单的数学问题的能力。在人教版小学数学教材中，我们可以看到很多编者精心设计的问题，如“图中还可以比什么?”“还可以怎样分?”“看到每一组，还能想到什么?”“你喜欢用哪种方法?”“还可以怎样算?”“你是怎样想的?”“你还能提出什么问题?”“怎样数比较快?”。观察这些问题的设置，我们不难发现它们都是开放性的，既无标准答案，又无固定模式，由此不难体会编者对学生求异思维、发散思维的引导，对学生自主意识、创新意识的鼓励，同时也启示数学教师在教学中要注意培养学生的“问题意识”。

（五）教材中有效渗透数学文化

人教版小学数学教材注重体现数学的文化价值，通过在适当的地方插入一些有关数学发现与数学史知识的介绍，不仅丰富了学生对数学发展的整体认识，而且对他们的后续学习起到了一定的激励作用。

例如，在数与代数部分，人教版小学数学教材介绍了历史上各种记数法，使学生体会十进位制记数法的优越性；通过对古埃及、古希腊以及中国古代大数目表示法的介绍与比较，使学生体会现代大数表示法的优越性；还介绍了历史上各种计算工具，使学生认识到不同的计算工具对数学及对人类日常生活的影响。

案例 4-2-3

人教版小学数学教材中的数学文化

在“小数的意义和性质”一节中，通过“你知道吗?”栏目向学生介绍了我国古代数学家使用小数的情况。小数是我国最早提出和使用的，在公元 3 世纪，我国数学家刘徽就提出把整数个位以下无法标出名称的部分称为微数。到了公元 13 世纪，我国数学家朱世杰提出了小数的名称。

“空间与图形”部分，通过介绍七巧板的有关史料，特别是古人给出的七巧板构图，使学生感受几何构图的优美和我们祖先的智慧；通过介绍有关“规”“矩”的历史资料，使学生体会它们在中国古代几何作图及测量中的作用；通过介绍古代的埃及、巴比伦、印度、中国对各种简单几何图形面积和体积的计算方法及其现实背景，使学生进一步体会几何与人类生活经验和实际需要的密切关系。

“统计与概率”部分，介绍了与天气预测和保险业有关的资料，使学生了解概率问题的现实来源及历史上所做的一些统计工作，体会统计思想和方法的现实背景。

思考与练习

1. 简述 2011 版数学课程标准小学阶段的理念。
2. 列表比较小学数学常见的几种教材的异同。

第三节　小学数学教学设计与案例评析

一、教学设计的概念与特点

（一）教学设计的概念

教学设计是综合了多种理论和技术的研究成果发展起来的，参与教学设计研究与实践的人员由于背景不同往往会从不同的视角来界定和理解教学设计的概念，因此教学设计的定义尚未统一。下面我们列举几种有代表性的观点。

加涅认为，教学是以促进学习的方式影响学习者的一系列事件，而教学设计是一个系统化规划教学系统的过程。

肯普提出，教学设计是运用系统方法分析研究教学过程中相互联系的各部分的问题和需求，确立解决它们的方法步骤，然后评价教学成果的系统计划过程。

史密斯等人认为，教学设计是运用系统方法，将学习理论与教学理论的原理转换成对教学资料、教学活动、信息资源和评价的具体计划的系统化过程。

梅里尔将教学设计界定为：教学是一门科学，而教学设计是建立在教学科学这一坚实基础上的技术，因而教学设计也可以被认为是科学型的技术。教学的目的是使学生获得知识技能，教学设计的目的是创设和开发促进学生掌握这些知识技能的学习经验和学习环境。

帕滕提出，教学设计是设计科学大家庭的一员，设计科学各成员的共同特征是用科学原理及其应用来满足人的需要。因此，教学设计是对学业业绩问题的解决措施进行策划的过程。

乌美娜认为，教学设计是运用系统方法分析教学问题和确定教学目标，建立解决教学问题的策略方案、试行解决方案、评价试行结果和对方案进行修改的过程。

何克抗等人认为，教学设计是运用系统方法，将学习理论与教学理论的原理转换成对教学目标（或教学目的）、教学条件、教学方法、教学评价等教学环节进行具体计划的系统化过程。

上述几种定义反映了人们对教学设计内涵理解的不同的角度及各自的侧重点。有的突出教学设计的系统性特征；有的侧重于学习经验与学习环境的设计与开发；有的则从设计科学的角度出发突出了教学设计的设计本质。

通过对这些定义进行分析比较，我们认为教学设计主要是以促进学习者的学习为根本目的，运用系统方法，将学习理论与教学理论等方面的原理转换成对教学目标、教学内容、教学方法和教学策略、教学评价等环节进行具体计划、创设有效的教与学系统的“过程”或“程序”。

教学设计既是教学中的一个重要环节，也是一项复杂的教学技术。学习教学设计对教师来说具有十分重要的意义。

简单地说，教学设计就是教师为达到一定的教学目标，对教学活动进行的系统规划、安排和决策，即对教什么（课程内容）和怎样教（教学组织、模式选择、媒体选用等）所进行的设计。首先，教学设计是对教学活动的预分析和决策，是制订教学方案的过程；其次，教学设计的目的在于优化教学程序，以便激发学习者的学习兴趣、提高教学效率；最后，教学设计包括广泛的内容，主要有教学目标的设置、学习者起始状态的分析、教学内容的确定、教学模式的选择、教学媒体的选用、教学的监控与评价等，这些方面构成一个有机的整体。

（二）教学设计的特征

美国学者马杰认为教学设计由三个基本问题组成：一是“我要去哪里?”（制定教学目标）；二是“我如何去那里?”（分析学习者的起始状态、分析和组织教学内容、选择教学方法和媒体）；三是“我怎么判断我已经到达那里了?”（进行教学评价）。

迪克和卡里提出了如下的教学设计模式（图 4 - 4）。

教学设计要从“为什么学”入手，确定学生的学习需要和学习目标；根据学习目标，

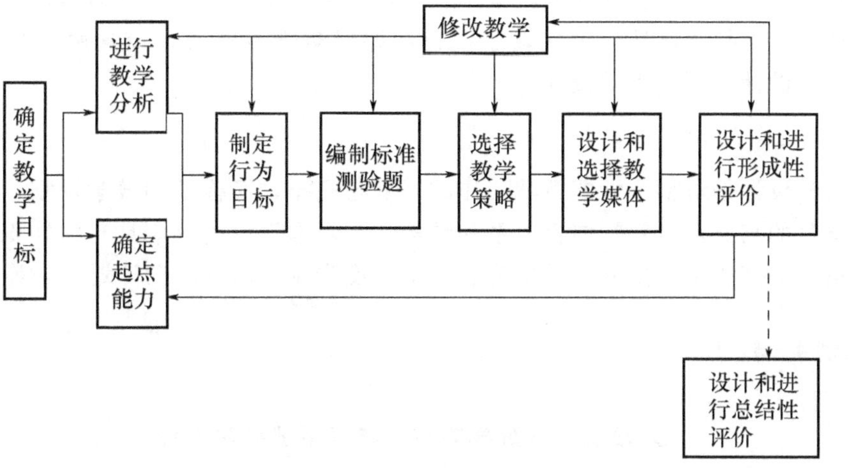

图 4-4 教学设计模式

进一步确定通过哪些具体的教学内容落实学习者知识与技能、过程与方法、情感态度与价值观三个维度的目标，从而满足学生的学习需要，即确定“学什么”；要实现具体的学习目标，使学生掌握需要的教学内容，应采用什么策略，即“如何学”；要对教学的效果进行全面的评价，根据评价的结果对以上各环节进行修改，以确保促进学生的学习，获得成功的教学。

教学设计的主要特征有以下几点。第一，教学设计是把教学原理转化为教学材料和教学活动的计划。教学设计要遵循数学学科教学过程的基本规律，选择教学目标，以解决教什么的问题。第二，教学设计是实现教学目标的计划性和决策性活动。教学设计以计划和布局安排的形式，对怎样才能达到具体教学目标进行创造性的决策，以解决怎样教的问题。第三，教学设计以系统方法为指导。教学设计把教学各要素看成一个系统，分析教学问题和需求，确立解决的程序纲要，使教学效果最优化。第四，教学设计是提高学习者获得知识、技能的效率和兴趣的技术过程。教学设计是教育技术的组成部分，它的功能在于运用系统方法设计教学过程，使之成为一种具有操作性的程序。

（三）数学教学设计的概念与分类

所谓数学教学设计，是指基于一定的数学学习规律、数学教学规律、数学学科特点等，应用系统科学的方法对数学教学系统的各个要素、结构和功能进行整体研究，从而揭示出教学要素之间必然的、规律性的联系，达到数学教学过程的优化控制，使数学教学处于有效教学的系统过程。

简单地说，数学教学设计就是针对数学学科特点、具体的教学内容和学生的实际情况，遵循数学教学与学习的基本理论和基本规律，按照课程标准的要求，运用系统的观点和方法整合课程资源、制订教学活动的基本方案，并对所设计的初步方案进行必要的反思、修改和完善。

数学教学设计与教案是不一样的。教案也称课时计划，通常是在讲课前进行准备，在上课时用于提醒教师的课堂教学思路和教学流程的提纲性方案。教学设计就是在教案的基础之上，加了教材分析、学情分析、教学环境分析、教学设计的思想理念、课后说课反思等内容，系统化、理论化地介绍一节课的设计思路。

根据数学教学设计包含的内容，数学教学设计的基本类型可以分为学段教学设计、学年教学设计、学期教学设计、单元教学设计、课时教学设计等。较常用的是学期教学设计、单元教学设计、课时教学设计。

1. 学期教学设计

学期教学设计是对整个学期教学工作的规划与安排，又称学期教学计划，主要包含本学期的教学目的与要求、教学内容体系和结构、学习本学期内容应具有的知识基础、学生的情况分析、提高教学质量的主要措施、教学进度安排、课外活动计划安排等内容。

案例 4－3－1

人教版小学数学教材一年级下册教学设计

一、本学期教学目标

(1) 认识计数单位“一”和“十”，初步理解个位、十位上的数表示的意义，能够熟练地数 100 以内的数，会读写 100 以内的数，掌握 100 以内的数是由几个十和几个一组成的，掌握 100 以内数的顺序，会比较 100 以内数的大小，会用 100 以内的数表示日常生活中的事物，并会进行简单的估计和交流。

(2) 能够比较熟练地计算 20 以内的退位减法，会计算 100 以内两位数加、减一位数和整数，经历与他人交流各自算法的过程，会用加、减法计算知识解决一些简单的实际问题。

(3) 经历从生活中发现并提出问题、解决问题的过程，体验数学与日常生活的密切联系，感受数学在日常生活中的作用。

(4) 能用自己的语言描述长方形、正方形边的特征，初步感知所学的图形之间的关系。

(5) 认识人民币单位元、角、分，知道 1 元＝10 角，1 角＝10 分；知道爱护人民币。

(6) 会读、写几时几分，知道 1 时＝60 分，知道珍惜时间。

(7) 会探索给定图形或数的排列中的简单规律，初步形成发现和欣赏数学美的意识。

(8) 初步体验数据的收集、整理、描述、分析的过程，会用简单的方法收集、整理数据，初步认识条形统计图和统计表，能根据统计图表中的数据提出并回答简单的问题。

(9) 体会学习数学的乐趣，提高学习数学的兴趣，建立学好数学的信心。

(10) 养成认真做作业、书写整洁的良好习惯。

(11) 通过实践活动体验数学与日常生活的密切联系。

二、教学具体措施

(1) 从学生的年龄特点出发，多采取游戏式的教学方式，吸引学生参与数学学习活动。

(2) 在课堂教学中，注意多提一些有利于学生理解的问题，而不是一味地教有难度的知识。

(3) 布置一些比较有趣的作业，比如动手的作业，少一些呆板的练习。

(4) 加强家庭教育与学校教育的联系，适当教给家长一些正确的指导孩子学习的方法。

(5) 关注两头。一头是学习困难的学生，及时对其跟踪，及时补缺补漏，切实达到教学目标；一头是优秀的学生，要给他们提供更多的思维训练材料，让他们“吃饱”，激发其热爱数学、钻研数学的兴趣。

(6) 提出具体的要求，培养学生良好的学习习惯、倾听习惯、交流习惯。加强口头表达能力的训练。

三、教学进度

(1) 认识图形（二），4 课时左右。

(2) 20 以内的退位减法，15 课时左右。

(3) 分类与整理，5 课时左右。

(4) 100 以内数的认识，13 课时左右 。

(5) 认识人民币，8 课时左右 。

(6) 100 以内的加法和减法（一），19 课时左右。

(7) 找规律，7 课时左右。

(8) 总复习，12 课时左右。

2. 单元教学设计

单元教学设计是对某一单元教学内容的分析与安排，主要包含本单元的基本概念、原理和方法，本单元要掌握的基本技能，本单元培养学生数学能力的智力价值，本单元的课时安排，等等。

案例 4-3-2

人教版小学数学教材一年级上册第三单元教学设计

一、教学内容

人教版小学数学教材一年级上册第三单元（第 14～33 页）。

二、基础性教学目标

(1) 使学生能认、读、写 5 以内各数，并注意书写工整；会用 5 以内各数表示物体的个数和事物的顺序，会区分几个和第几个。

(2) 使学生掌握 5 以内数的顺序和各数的组成。

(3) 使学生认识“＞”“＜”“＝”的含义，知道用词语（大于、小于、等于）来描述 5 以内的数的大小。

三、发展性目标

(1) 使学生初步知道加、减法的含义，会用自己理解的方法口算 5 以内的加、减法。

(2) 能运用 5 以内各数表示日常生活中的一些事物，并进行交流。

四、教学重点、难点

教学重点：教学生写数字，初步建立数感、符号意识。

教学难点：提倡算法多样化，允许学生有不同的算法；同时还要根据学生的接受能力，引导学生学习较高水平的算法，以提高学生的思维水平。

五、教材分析

本单元内容主要由两部分构成，一部分是5以内各数的认识，另一部分是5以内数的加法和减法。这部分内容，是数概念中最基础的知识之一，是学生学习数学的开始。在这一阶段通过让学生初步经历选择恰当的方法进行5以内数的口算，为学生了解数学的用处和体验数学学习的乐趣打下扎实的基础。本单元的重点是教学生写数字和初步建立数感、符号意识。

5以内各数是整数集合中最为简单的几个，由于数小，抽象程度低，学生理解比较容易。大部分学生在入学以前对5以内的各数已有了一定的认识。根据1～5各数的特点和学生的生活经验，把1～5各数集中起来学习，符合学生的认知规律，能使教学时间大大缩短。

认数与加减计算穿插进行、适当结合，是本册教材的一个特点，这一特点在本单元已经明显体现。这样编排有利于不同学生理解整数的概念，分散写数字的难点，使学生在认数字的时候，有比较多的时间练习书写数字，可以更好地掌握数字的写法。不同学生对数大小的感知、数与数之间关系的发现、计算方法的选择存在差异。承认学生间的差异，尊重学生的个性，因材施教，体现算法多元化，是本册教材编排的一个重要特点。本单元的加、减法教学就充分体现了算法多样化的特点。

六、教学建议

（1）本单元的重点是教学生写数字和初步建立数感、符号意识。初入学的学生对数字的结构和笔顺难以掌握，有的学生会把上、下、左、右位置搞错（如将3写成ε）。另外，手指也不灵活，写5、2、0等数字时，拐弯不圆滑，要写得整齐匀称就更难了。因此，教学生写数字要作为本单元的一个重点。为了让学生写好0～5各数，教材专门做了示范，教师应要求学生从一开始就按照规范写数字，养成认真书写、一丝不苟的良好习惯。

会用数字、符号或图形进行表示和交流，是小学数学教学的重要目标之一。因此，教材从学习1～5开始，就注重了对学生良好的数感、符号意识的培养。教学时，教师应充分利用学生的生活经验，引导学生用1～5各数来表示一些物体的个数和顺序，使学生会用不同的方法来表示数。例如，教材第16页设计的实践活动，就是让学生用不同的方式（用不同的物体或数字卡片）来表示数“3”；第17页通过富有趣味的图画让学生理解关系符号“＞”“＜”“＝”两边的数的大小。类似这样的实践活动，教师应尽可能为学生提供素材，让学生在具体的情境中逐步建立数感和符号意识。

（2）在教加、减法计算时，教师一方面要尊重学生用自己的思维方式进行口算，提倡算法多样化；另一方面可根据学生的接受能力，引导学生学习较高水平的算法，以提高学生的思维水平。例如，在4＋1＝5的多个算法中，用数的组成来计算4＋1＝5，是较高水平的算法，应积极引导学生从低水平的点数方法上升到用数的组成来计算的方法上来。减法的计算也是如此。

（3）向学生渗透集合、对应、统计等思想时，教师只需引导学生通过观察、比较、操作等实践活动对这些内容有一些感性认识就可以了，不要给学生讲“集合”“对应”“统计”等名称。

（4）本单元建议用10课时进行教学。

3. 课时教学设计

课时教学设计是指一节课的教学设计方案，它是在学期备课和单元备课的基础上进行的，是上好一节课的必要保证。主要包含教材分析、学生情况分析、教学目标、教学重点、难点、教学流程、教学反思等内容。

案例 4－3－3

北师大版小学数学二年级上册“抛硬币”教学设计

执教教师：玉溪聂耳小学　魏超

一、教学设计理念

根据 2011 版数学课程标准的指导思想，在课堂教学时，我们在关注知识与技能的同时，还要关注过程与方法、情感态度与价值观，尤其强调要让学生在经历猜想、实验、验证、分析、综合、判断、推理等数学活动的过程中掌握知识、发展技能，体验数学的价值，形成积极主动的学习态度，增强学习数学的信心。为此，教师要根据学生的具体情况，对教材进行再创造，为学生提供充分从事数学活动和交流的机会，促进他们在自主探索的过程中真正理解和掌握数学知识技能。

本节课的设计，考虑到学生学习数学时对教学活动本身的兴趣更大，因此在教学中充分利用学生的生活经验，创设了具体的生活情景，设计了生动有趣、直观形象的数学活动，让学生在生动具体的情境中经历数学学习过程。本节课以“猜想—实验—探索—验证”为学生学习活动的主线，为学生提供自主探索、合作交流的空间。

二、教学目标

知识目标：①在游戏活动中体会事件发生的可能性，初步体会有些事件的发生是确定的，有些事件的发生则是不确定的，并能用“可能”“一定”“不可能”进行描述，形成一些解决问题的策略；②初步体会可能性的大小。

能力目标：培养学生对日常生活中事件的判断能力、解决问题的能力及学生间合作的能力。

情感目标：激发学生的求知欲望，在操作中培养学生主动探索和思考问题的习惯。

三、教学重点、难点

教学重点：能根据不同的事件运用“可能”“一定”“不可能”进行描述。

教学难点：根据实验结果得出合理的结论。

四、教学准备

多媒体课件、盒子 2 个，硬币、彩球若干。

五、教学过程

（一）创设情境，故事引入

师：同学们，今天上课前，老师先给大家讲一个有趣的故事。

【设计意图】用故事情境引入新课，使学生的注意力很快地集中到所要研究的问题上来。我所引用的这个故事和所讲的“可能性”密切相关，学生在特定的情境中，边听边想，初步感受了本节课所要学习的 3 个描述可能性的词语：可能、不可能、一定。这种方法可以让学生在生动有趣的学习活动过程中体验、感悟数学学习的乐趣与价值。

（二）游戏活动，探究新知

1. 小组抛硬币

（1）教师示范抛硬币，引导学生观察并猜测。

（2）以小组为单位进行抛硬币活动，引导学生观察、猜测、记录和验证。

【设计意图】学生是在体验中接受教育的，只有亲自参与了才能获得最直观的经验、最深刻的感悟。先让学生明确活动的规则，然后让学生亲自动手做，使学生充分感知、了解事件可能性，体验生活中事件可能性的存在，加深对事件可能性的理性认识，培养学生收集、分析、处理信息的能力。

2. 小组摸球比赛

设计摸两个盒子中的球（一盒全是黄球，一盒全是红球）的比赛，让学生来猜一猜、摸一摸，学生通过对比领会“可能”“一定”“不可能”的含义，学会判断哪些事件的发生是确定的，哪些事件的发生是不确定的。

【设计意图】心理学家皮亚杰提出：“活动是认识的基础，智慧从动作开始。”通过“玩中带学”，引导学生在主动参与中经历猜测、实验、探索、验证；以“动”促“思”，使学生享受到学习的快乐。

3. 巩固练习

（1）课本93页“连一连”。

（2）请你来当小法官。

（3）请你填一填。（在括号里填上“可能”“一定”“不可能”）

（4）根据要求，给盒中的球涂色。

【设计意图】及时练习、及时反馈，既为学生提供了动手操作实践的空间，也给予了学生足够的思考与交流时间，让他们都能动手、动口、动脑参与知识建构的全过程，培养学生善于倾听、善于沟通、善于合作的能力，使他们成为学习活动真正的主人，巩固学生对所学知识的认识和理解。

（三）再次体验，深入理解

转盘游戏，并适时进行行为习惯的教育。

【设计意图】将活动与生活实际结合起来，因为现在社会上各种抽奖活动特别多，学生很容易理解，也更能充分体会可能性的大小。

（四）联系生活，学以致用

用自己的语言说说生活中还有哪些事可能发生？哪些事不可能发生？哪些事一定会发生？

【设计意图】“人人学有价值的数学”是新的数学课程理念之一。通过数学学习，学生可以体验到数学来源于生活，服务于生活。让学生列举生活中常见的可能性事件，再次加深学生对“可能性”的理解。

六、板书设计

抛硬币（可能性）

不确定现象：可能

确定现象：一定、不可能

案例 4－3－4

“用字母表示数”教学设计

执教教师：玉溪聂耳小学　袁琼

<table>
<tr><td>教学内容</td><td colspan="2">北师大版四年级下册第 85～87 页</td></tr>
<tr><td>教材分析</td><td colspan="2">用字母表示数，对学生来说并不陌生。三年级教学运算定律时出现过字母表示数，教学面积计算公式时也出现了用字母表示数。这些都为这节课打下了初步的基础，为教学用字母表示常见的数量关系和数量做了铺垫</td></tr>
<tr><td rowspan="3">教学目标</td><td>知识与能力</td><td>结合具体情境，学会用字母表示数，能用含有字母的式子表示数量关系和有关图形的计算公式</td></tr>
<tr><td>过程与方法</td><td>探索用字母表示数的过程，发展学生的抽象概括能力；感受用字母表示数的必要性，简单渗透符号化思想</td></tr>
<tr><td>情感与态度</td><td>培养学生勤于思考，积极探索的学习精神</td></tr>
<tr><td>教学重点及难点</td><td colspan="2">学会用字母表示数，用含有字母的式子表示数量关系</td></tr>
<tr><td>教具学具</td><td colspan="2">多媒体课件、学生答题纸</td></tr>
</table>

教学流程：①提问导入、激发兴趣；②师生互动、探索研究；③应用新知、解决问题；④归纳总结、知识回顾；⑤布置作业

教学步骤	教师活动	学生活动	设计意图
一、提出问题激发兴趣	淘气同学和大家一样，是一个善于思考的孩子，有一天他用小棒摆独立三角形，摆着摆着他就在想：摆出的三角形的个数与小棒的根数有什么关系？		通过提问，激发学生探求知识的欲望
二、师生互动探索研究	1. 摆 1 个三角形需要几根小棒 2 个呢？3 个呢？4 个呢？照这样下去摆得完吗？淘气在摆的时候遇到这样的问题，那让我们想一个简单的办法，无论摆多少个三角形，都用小棒的根数表示出来。（同桌讨论，并把你们的想法写在 1 号题纸上）	1. 学生在 1 号题纸上表示出来	给学生表现机会，培养学生的学习兴趣。 让学生感受字母具有概括性、简明性等特点。 探索教学的过程，是在学生、教师、学习素材之间展开交流和对话的过程。学生进行探究活动时，教师要发挥更为重要的作用。

续表

教学步骤	教师活动	学生活动	设计意图
	2. 根据学生的回答引入课题(刚才大家的表示方法都很简明、概括，这体现了数学的美)	2. 学生积极思考并发言 a $a\times3$ n $n\times3$ b $b\times3$	这里 a、n、b 都能表示三角形的个数。
	3. 在这里 a 可以表示哪些数呢 字母 a 在这里是三角形的个数，应表示自然数。(现在我们玩一个游戏) 4. 任意提问一位学生年龄 五年后这位同学几岁？ 两年前这位同学几岁？ 现在用一个字母来表示这位同学的年龄，你们想用哪个字母？ 5. 猜一猜老师几岁了(预设学生有 9 岁，用 $d+20$ 表示我的年龄) 我 40 岁时，这位同学几岁？ 如果用 c 表示我的年龄，这位同学的年龄怎么表示？ 那我 300 岁时？这位同学几岁？	3. 学生回答(任意数、自然数……) 4. 被提问的学生回答 5. 学生猜测 学生准确猜出老师的年龄。 学生回答。 $c-20$ 有的学生会回答 279 岁，有的学生会意识到人不可能活这么久。	教师和学生的年龄关系，不仅让学生学会了用字母表示数，而且体会了含有字母的式子也可以表示数量，还能表示数量之间的关系。进一步体会具体情况下字母是有范围的
	6. 用字母表示图形计算公式 出示幻灯片上的问题 $c=a\times4$ $s=a\times a$ 这两个式子可以简写。举起手和老师一起书写一次 a^2。(上黑板挑选一个来简写)	6. (先出示文字叙述的公式) $c=a\times4$ $s=a\times a$ $c=a\times4=a\cdot4=4a$ $s=a\times a=a\cdot a=a^2$(读作 a 的平方) 学生上黑板板演。 只有在含有字母的乘法式子里，才能简写	

续表

<table>
<tr><th>教学步骤</th><th>教师活动</th><th>学生活动</th><th>设计意图</th></tr>
<tr><td>三、应用新知解决问题</td><td>1. 练习：省略乘号，说出下面各式（抢答题）
$6\times y=$ $b\times c=$ $x\times 1=$
$2\times x=$ $x\times x=$
这两兄弟 $2\times x=$ $x\times x=$
有什么不同？（根据时间来提问，时间允许就拓展）
2. 仔细审题，独立完成
（1）在括号里填写含有字母的式子。
我每天看 a 页课外书，15 天看（ ）页，b 天看了（ ）页。
（2）大汽车上原来有 35 人，到北城时下 x 人，又上 y 人，现在汽车上有（ ）人。
（3）16 盒牛奶共花了 y 元，平均每盒牛奶（ ）元</td><td>学生练习，指名回答。
$2\times x$ 表示两个 x 相加，而 $x\times x$ 表示两个 x 相乘，意义不同，写法也不同。

指名回答</td><td>培养学生运用知识解决问题的能力。

区别 $2\times x$ 和 $x\times x$，拓展学生的思维</td></tr>
<tr><td>四、归纳总结、知识回顾</td><td>用一句话说说你的收获
用字母表示数的学习今天才刚刚开始，以后需要你付出 n 倍的努力去学习，相信你一定行</td><td>学生畅所欲言（写不完的时候，用字母表示。字母可以表示任何数，但有时有范围限制）</td><td>培养学生的概括能力和语言表达能力</td></tr>
<tr><td>五、布置作业</td><td>课本第 87 页第 1～2 题</td><td>学生课后练习</td><td></td></tr>
<tr><td>六、板书设计</td><td colspan="3">用字母表示数
a $a\times 3$ $c=a\times 4=a\cdot 4=4a$ 学生的年龄 老师的年龄
n $n\times 3$ $s=a\times a=a\cdot a=a^2$ d $d+20$
b $b\times 3$ $c-20$ c</td></tr>
<tr><td>七、教学反思</td><td colspan="3">这节课是认识方程的第一课时，学生理解字母这种抽象的知识有很大难度。怎样让学生理解“为什么要用字母表示数”，从而接纳并应用这一知识点是本节课教学的重点。因此我在上课时把书中的例题进行调整和修改，换成贴近学生生活的内容，学生学起来兴趣浓厚，并在这几个情境中理解了字母的妙用。在教学中，我主要重视以下几个方面。
1. 给学生创设思考的空间
我在提问时给了学生自由思考的时间和空间，让学生在面对实际问题时，能应用所学的知识和方法寻求解决问题的途径。例如，开课时抛出“三角形的个数与小棒的根数有什么关系？”的问题。
2. 让学生最大限度探索
从提问到课题的引出，都在有意识地引导学生在探索过程中最大限度地发挥自主性和潜在的创造力，从而促进了学生思维和个性的发展。比如摆不完三角形时，学生探索出用文字表示、用符号表示、用字母表示等多种新的表示方法。</td></tr>
</table>

续表

教学步骤	教师活动	学生活动	设计意图
	3. 注重教学目标的多样性和适度性 在教学中我从知识技能、数学思考、问题解决、情感态度四个方面设定教学目标。我先从具体的实例中概括出内在的数量关系，再把数量关系从文字描述上升到用字母表示，让学生体会用字母表示的优越性。这使学生在“理解和掌握用字母表示数的方法”的基础上，体验到许多数量和数量关系可以用字母表示的过程，尝试了在具体情境中抽象出数量关系，并运用字母灵活表示。通过初步渗透符号化思想，培养了学生的抽象思维能力。 课前用心准备，但是上完课以后仍有很多遗憾。不仅是这节课，平时我也感觉我的课堂缺乏一种灵性，一种能让我的学生真正体会学习快乐，自愿地、集中地投入学习中的灵性。我的课堂缺乏激情，即使是很精彩的设计或很开心的游戏，我也总是不能像一些优秀教师那样激情澎湃，我的表现都如此平静，怎么能让我的学生充满激情呢？课前的预设我总是冥思苦想，但却经常忽略学生课堂生成的问题的价值。其实我真希望我的课堂呈现出这样的状态：给学生一个空间，让他们自己往前走；给学生一个条件，让他们自己去锻炼；给学生一个时间，让他们自己去安排；给学生一个问题，让他们自己去找答案；给学生一个机遇，让他们自己去抓住；给学生一个冲突，让他们自己去讨论；给学生一个权利，让他们自己去选择；给学生一个题目，让他们自己去创造。教学之路对我来说还需要不断摸索、不断创新，同时也要求我寻找数学的原型、回归数学本质，正所谓“路漫漫其修远兮，吾将上下而求索”		

二、数学教学设计的基本工作

通过上面几个案例，我们对数学教学设计有了一个直观的了解，下面我们着重来看看数学教学设计需要从哪几个方面进行准备。

（一）学习数学课程标准

数学课程标准是国家对数学教学工作的综合性指导文件，教师在进行教学时必须明确课程标准的基本理念、总体目标要求，因此教师在进行教学设计之前应先学习课程标准，通过学习、了解数学课程的内容体系和选取标准，体会课程实施建议及教育评价方法，了解其对学生工作的具体要求和安排，恰当地把握教学的深度和广度。下面我们结合案例给大家讲解如何在进行教学设计时根据数学课程标准解读课程要求，进而设计一节课。

案例 4-3-5

人教版一年级上册“认识图形（一）”课程标准解读

一、课程标准要求

2011 版数学课程标准在“学段目标”的“第一学段”中提出“了解一些简单几何体和常见的平面图形”。在“课程内容”的“第一学段”中提出“能通过实物和模型辨认长方体、正方体、圆柱和球等几何体”。

二、课程标准解读

认识立体图形是学生学习图形与几何内容的开始，是学生今后学习的重要基础，也是学生发展空间观念，建立几何直观的重要基础。课程标准要求能通过实物和模型辨认长方体、正方体、圆柱和球等几何体。这一要求就是通过观察与操作认识图形，直观地、整体地认识立体图形。在对实物进行观察与操作过程中认识图形的特征，既符合学生认识事物的规律，也符合数学课程的目标要求。这样的过程有助于学生发展能力，初步体会数学的思想方法，发展积极的情感与态度。

1. 联系学生的生活经验，使学生初步感知长方体、正方体、圆柱和球等几何体的特征

（1）创设充满童趣的学习氛围。

人们生活在三维空间中，常见的楼房、积木、各种包装盒、皮球等，都给我们以长方体、正方体、圆柱和球等立体图形的直观形象。基于这样的生活经验，学生可以从认识立体图形开始，通过实物和模型等辨认长方体、正方体、圆柱和球等几何体。“辨认”虽然是认识的低级阶段，但与以往的经验有所不同，它要经历从事物到几何图形的抽象过程。

在学习本单元知识时，学生虽然没有任何知识基础，但是他们有丰富的生活经验。教学时，借助学生的生活经验，设计富有童趣的语言，如“看看这些图形中你认为哪种图形最淘气”“哪种图形比较淘气”“哪种图形最乖”“说说你的理由”，从玩积木开始引入，让学生带着问题玩积木，使学生在充满童趣的语言环境中观察、比较，从而发现、总结、归纳出每种图形的特征。了解每种图形的特征是正确辨认长方体、正方体、圆柱和球等立体图形的依据。

（2）把课堂变成学生交流的平台。

在课堂上，让学生充分表达自己的想法，说出自己的理由，使学生在不断地观察、说理、思辨及修正自己的过程中，认识长方体、正方体、圆柱和球等立体图形。为学生能够正确辨认长方体、正方体、圆柱和球等立体图形做准备。

2. 设计多种活动，进一步加深学生对长方体、正方体、圆柱和球等立体图形的认识

根据本单元的学习内容和学生的年龄特点，教师在教学中可以创设丰富多彩的学习活动，加深学生辨认长方体、正方体、圆柱和球等立体图形的能力，使学生在图形的认识过程中培养空间观念。

3. 设计易混的图形，提高学生的辨认能力

当有两个面是正方形的长方体，尤其是当一个正方形的面朝向学生时，学生极易认为这是正方体，也会有学生认为是长方体，到底是正方体还是长方体，这就需要引导学生依据长方体和正方体的特征，去判断到底是长方体还是正方体。学生在不断思辨的过程中提高了观察能力及辨认长方体和正方体的能力，进一步地认识了长方体和正方体。

4. 在操作中感受立体图形间的关系

认识事物不仅要认识事物本身，还要通过认识事物本身与周围的关系反过来再次认识这个事物，这才是对事物的全面认识。认识图形也是如此。教学中创设拼一拼的活动，如8个同样的小正方体可以拼成什么图形？既可以拼成大正方体，又可以拼成长方体，还可以拼成不规则的几何体。

5. 在解决问题的过程中培养学生的能力

通过“把所有的积木都用上，看谁搭得又高又稳”的操作活动，锻炼学生用所学的立体图形的知识解决实际问题，在解决问题的过程中培养学生的能力。

(二) 了解学生的学习情况

学生是学习活动的主体，是制约数学教育过程的根本因素，一切教学活动只有从学生的实际出发才能取得成功。数学教学设计也是以学生为中心，其所设计的一切活动都是为了学生学好数学。因此，数学教学设计要取得好的效果，必须重视对学生情况的分析，准确地了解、分析学生，为教学设计提供依据。

分析学生的学习情况常常从以下几个方面入手。

(1) 了解学生的基本情况，包括每个学生的姓名、性别、年龄、身体状况、家庭情况、性格特点等个体情况，班级的班风、学风等班级整体情况。

(2) 了解学生的学习情况，包括学生的数学基础知识、学习态度、认知方式和特点等方面的数学学习情况。

(3) 了解学生的心理状态，包括学生的思维特点、兴趣爱好、特长、学习心理障碍等心理状态。

案例 4-3-6

人教版“用字母表示数”学生情况分析

本节课是人教版小学数学五年级上册“简易方程”的第一课时“用字母表数”。“简易方程”是小学代数知识的重要内容，也是学生学习代数初步知识的开始。本节课的知识和规律是学生今后学习简易方程及上中学后学习代数的主要基础。根据皮亚杰的学生认知发展阶段论学说，五年级的学生正处于具体运算阶段。在本阶段，学生的认知结构由前运算阶段的表象图式演化为运算图式，学生这时进行的运算仍需具体事物的支持，对那些抽象事物还不能进行全面的思考。而本节课是由具体的数过渡到用字母表示数，对学生来说是认识上的一次飞跃，学生往往觉得本节课的内容较为抽象，难以理解。对于学生来说，用字母表示数中有许多知识和规则与其原来的认识和习惯不同，更加大了学生学习本节课的难度。

(三) 深入研究数学教材

研究教材的目的是掌握教材的知识体系和逻辑体系，真正理解教材的实质，从而为教学设计提供科学依据，其具体的研究内容如下。

(1) 研究数学概念。

数学概念是数学思维的细胞，教师研究数学概念，要掌握概念的产生和发展过程，掌握概念的逻辑结构及定义的方法，掌握概念的分类原则及应用范围，并明确此概念与相关概念间的逻辑关系。

(2) 研究公理、定理、公式和法则。

公理、定理、公式和法则都属于命题这一思维形式，对这些数学真命题的研究，不仅要掌握结论，更要注意条件和应用，要研究论证推导的方法，研究它们的等价形式以及能否推广等。

（3）研究教材中的数学方法和逻辑方法。

数学在发展过程中，已形成了自身独特的科学方法，教师在传授知识的同时，应有步骤、有计划地向学生介绍有关的数学思想和数学方法。为此，教师在研究教材时应对这些数学方法和逻辑方法认真研究，研究这些方法的实质及应用，研究这些方法的使用范围，以及研究教师如何进行这些方法的教学等。

（4）研究教材的系统性。

数学是一门系统性、逻辑性都很强的学科，各部分知识之间的内在联系十分密切。教材的系统性体现在教材的逻辑结构和知识体系中，教材的逻辑结构和知识体系既有联系又有区别，逻辑结构只考虑内容间的逻辑关系，知识体系的建立除考虑逻辑关系外，还要考虑学生思维发展的特点。研究教材的系统性可以从两个方面进行：一是从整体到局部，先把握教材的整体结构和体系，然后深入研究每章每节的结构和体系；二是可以先从章、节入手，再整理出教材的整体结构。义务教育阶段的小学数学教材是以数与计算为主线，将量与计量、几何初步知识、应用题等内容穿插进来有机地结合起来编排的。分析教材的编排体系和知识之间的内在联系时，可以从整体上把握各类知识在小学数学教材中的分布，认清各类知识的来龙去脉与纵横联系，及它们在整个小学数学教材中的地位和作用。对同一类知识来说，可以充分认识所要教的那部分内容，弄清楚其知识基础是什么，为哪些后续知识的学习做铺垫等。这样可以避免教学过程中前后脱节或者重复的问题。另外，教师在分析教材编排体系的过程中还将充分体会到由浅入深、由易到难、循序渐进、螺旋上升的编写原则，以及数与形的结合，计算与应用题求解的结合等。

教师应先掌握小学数学教材的编排体系和内在联系，尤其是分布在几册教材里的相关、相近或相同内容的联系后，再着手对所教的一册教材、一单元教材或者是一课时教材做深入具体的分析研究，认真研究教材的重点、难点和关键。这样做可以有效地为课堂教学服务，从而使学生深刻理解数学知识，并逐步灵活运用知识，不断提高分析问题和解决问题的能力。

（5）研究教材的基础知识和基本技能。

基础知识是指数学概念、定理、公式、法则、证明方法等。基本技能是指数学中经常需要用到的技能，如代数主要以计算技能为主，进而形成计算能力；几何主要以论证和画图、识图为主，进而形成逻辑思维能力和空间想象能力。

（6）分析教材的重点、难点和关键。

教师在认真分析教材的编排体系和知识之间的内在联系的基础上，还要根据教学要求和教材特点，结合学生实际，分析研究教材的重点、难点与关键，以便科学地组织教学内容，设计教学过程；做到在教学中抓住关键，突出重点，突破难点，带动全面，有效地提高课堂教学效果。教材的重点是指那些在教材中处于核心地位的基础知识。教师在研究教材时，必须正确分析，找准重点内容，从而在教学过程中抓住主要矛盾，突出重点。

① 明确教材的重点。确定教材的重点，要以教材本身为依据，溯源探流，深刻分析研究所教的内容，并将其放到整个知识体系当中去判定其地位和价值。在整个知识体系中，关系全局、地位重要的这部分知识可定为教材的重点。

例如，在整个小学数学教材中，“数与计算”是条主线，又是最基础、最重要的一部分知识，它直接影响着其他数学知识的学习。所以“数与计算”是整个小学数学教材的重点。然而，“数与计算”又涉及整数、小数和分数，其中整数及其四则运算是学习小数与分数的前提和基础。所以相对来说，整数及其四则运算又是整个“数与计算”的重点。而对于 20 以内的加减法来说，“进位加法”和“退位减法”将直接影响学生以后各阶段对进位加法和退位减法的理解与掌握，所以 20 以内的加减法以进位加法和退位减法为重点。

教材重点与教学重点既有联系又有区别，其联系体现在教材重点是确定教学重点的主要依据，区别是教学重点和教材重点在表述上略有差异。以六年制五年级“分数的加法和减法”为例，其教材重点是异分母分数加减法；而教学重点是使学生掌握异分母分数加减法的计算法则，并能应用法则进行正确计算。

另外，在数学知识系统中不可短缺的知识、培养学生数学基本能力的知识及生活、生产中有着广泛应用（如元、角、分，时、分、秒，米、分米、厘米，千克、克等）的知识，都应当成为教材的重点，也是教学的重点，必须扎扎实实地让学生理解和掌握。

② 找准教材难点。小学数学教材中，有的内容比较抽象，不易被学生理解；有的内容纵横交错，比较复杂；有的内容本质属性比较隐蔽；也有的内容体现了新的观点和新的方法，在新旧知识的衔接上呈现了较大的坡度；还有些内容相互干扰，易混、易错。这种教师难教、学生难学难懂难掌握的内容以及学生学习中容易产生混淆和错误的内容，通常称为教材的难点。

例如，在两位数除多位数的除法中，试商法就较为复杂。应用题从理解题意到列出算式，对小学生来说都比较复杂和困难，因此这些内容都是难点；连续退位减法、包含除法、相遇问题等知识，因其本质属性较为隐蔽而成为教材的难点；从除数是一位数的除法到除数是两位数的除法，从简单应用题到复合应用题，从整数到分数，从自然数单位到分数单位，从普通数字到用字母表示数等，体现了新观点和新方法，显示出新旧知识衔接过程中的较大坡度，因此这些内容也是教材的难点；多位数的读写，数位与位数，等腰三角形与等边三角形，公顷、平方千米的含义，大月、小月和闰月等内容，都因为易混易错而成为教材的难点。

教材的难点，一般也构成教学的难点，只是在陈述上略有不同。

教材或教学的难点具有相对性，它们与学生的知识基础、认知水平、思维能力及学习精神等有一定关系，相同的内容对一部分学生来说是难点，但对另一部分学生来说可能不是难点。另外，教材的难点具有消极和积极的双重性。通常我们对难点消极的一面关注较多，但也应当看到教材难点在教学中积极的一面，它对深化认识、发展思维及培养创新意识和数学素养有着不可替代的作用。事实上，没有问题就无所谓思维，没有困难也就谈不上积极探索和刻苦学习。从这个意义上讲，数学教学中的难点不仅体现着数学的魅力，还蕴含着思索、探求的动力。难点教学不仅能使学生深刻地领悟知识和锤炼思维，而且还可以培养毅力，磨炼意志，因此教师要学会探索，注重创新。

③ 抓住教材的关键。教材中有些内容对掌握某一部分知识或解决某一类问题能起到决定性作用，这些内容就是教材的关键。作为教材的关键，它在攻克难点、突出重点过程中往往具有突破口的功能。一旦掌握好教材的关键，与其相关内容的教学就可以迎刃而解。例如，掌握“凑十法”是学习 20 以内进位加法的关键，而掌握部分积的对位原理和方法是学习多位数乘法的关键。

教材的关键和教学的关键同样既有联系又有区别。教材的关键主要是针对数学知识而言的，而教学的关键通常是指解决教学难点的突破口，除了关键知识，往往还包括解决难点的途径与方法。例如，在“平行四边形面积的计算”中，教学的关键是通过割与补，将平行四边形拼接成长方形，从而实现由未知向已知的转化。同样，圆面积公式推导的关键是把圆通过均分，再拼接转化为熟知的长方形。

教材的重点、难点和关键有时可以相同。例如，“凑十法”既是 20 以内进位加法的重点，也是关键；掌握试商法既是两位数除多位数的重点，又是难点，同时也是关键。

全面分析教材，准确地掌握教材的重点、难点和关键，是教师帮助学生正确理解和掌握教材内容的先决条件。只有这样，才能在教学中取得事半功倍的效果。

（7）研究教材的练习题。

在数学课堂教学中，对学生进行有目的、有计划、形式多样、层次不一、角度多变的习题训练，是使学生掌握知识、发展思维、提高能力的必经之路。因此，练习题作为教材的一个重要组成部分，在教材分析中应引起我们的足够重视。

要分析教材的练习题，就要把握并研究练习题的层次和功能。要弄清在练习题中哪些是基本题，哪些是变式题，哪些是综合题，哪些是发展题，哪些又是开放型题及思考题等。接着要推敲每一层次甚至每道练习题的设计目的和要求，并明确其与例题的配套关系，对思考性强、难度较大的习题，教师应亲自演算一遍，以做到心中有数。然后在教学中结合具体内容按计划、有目的地让学生练习。当然，我们还可以根据教学（包括学生）的具体情况，对课本习题做少量的变更、精简，增添一些富有思考性、开拓性或开放型的习题供学生练习。真正做到精讲巧练，提高课堂教学效率。

（8）挖掘教材中的德育因素，渗透数学思想方法。

① 分析挖掘相关教材，注重思想品德教育。教师要分析挖掘相关教材，对学生进行情感、态度、价值观的培养，使学生受到辩证唯物主义观点的启蒙教育，受到爱祖国、爱人民、爱劳动、爱科学、爱社会主义等教育。在此基础上，培养学生刻苦、细心、严格、认真等学习习惯和独立思考、不怕困难、积极进取的精神，为将来成为有理想、有道德、有文化、有纪律的社会有用之才打下良好的思想基础。例如，在讲解数与计算、分数、百分数、几何初步知识、比和比例、统计图表等内容时，要结合说明它们在工农业生产和科学研究中的某些应用，使学生体会到掌握数学知识的重要性，以此激发学生学好数学的积极性，并帮助学生认识数学来源于实践，又服务于实践的道理。还可以结合有关内容，或通过有说服力的数据及一些数学史料，对学生进行“五爱教育”。

数学的知识、方法及其来源和发展，都充满着辩证法。对此，小学数学教学要通过数学知识的具体分析、讲解，揭示数学知识与现实世界的关系，及数学知识内部的联系，从而渗透实践第一的观点、事物普遍联系的观点、对立统一的观点、运动变化的观点等。例如，由长方形的面积计算到平行四边形的面积计算再到三角形、梯形的面积计算，从整除概念到倍数、约数、公倍数、公约数、最小公倍数、最大公约数，乃至约分、通分等，都说明小学数学知识之间的联系是普遍的。又如，自然数与自然数单位，平行四边形与长方形，等腰三角形与等边三角形，分数与真分数等概念，都反映了共性与个性的联系。直线、射线的长度是无限的，而线段的长度是有限的；自然数的个数是无限的；小于 100 的自然数的个数是有限的，但是小于 100 的数的个数却又是无限的；一个数（0 除外，的约数个数是有限的，但一个数（0除外）的倍数个数却是无限的；等等。这些都体现了小学数学中的有限与无限。除法中的商不变性规律、分数的基本性质、比的基本性质、正比例关系、反比例关系等都充满了“变与不变”的辩证思想。还有小学数学中的精确与近似、分与合、数与形等都体现着矛盾对立统一的观点。

② 分析挖掘相关教材，渗透数学思想方法。数学思想与数学方法，既有联系又有区别。应当说数学思想是数学方法的升华，而数学方法是数学思想的体现。由于小学数学相对来说比较简单，它所反映出来的数学思想和数学方法大多浑然一体，因此，常作为一个整体提出，通常说成数学思想方法。

数学思想方法和数学知识一样是人类在长期的数学活动中发展和积累起来的，它是学生形成良好认知结构的纽带，是由知识转化为能力的桥梁，也是学生智能发展的重要因素。现行小学数学教材渗透了集合思想、对应思想、函数思想、统计思想和极限思想等思想。渗透数学思想方法，是数学教育改革的趋势之一。所谓渗透，就是把数学思想方法不露痕迹地融入有关的教学内容中去，它是一种高水平的深入浅出。因此，对于教师来说，分析挖掘相关教材十分重要。在分析教材时，一定要推敲在什么地方，抓住怎样的契机来渗透什么样的数学思想方法。否则，就会在教学中错失良机。

例如，在数与计算，最大公约数和最小公倍数，长方形、正方形和平行四边形的关系等内容中，渗透了集合思想；在同样多、比多、比少及“能被2、5、3整除的数”等内容中，渗透了对应思想；在表内乘法和除法、平面图形的面积计算以及正（或反）比例关系等内容中，渗透了函数思想；在圆面积公式和圆柱体体积公式的推导等内容中，渗透着极限思想。

所有这些思想方法，只有教师在分析教材时抓得住、吃得准，才能在教学过程中做到有的放矢，运用自如，真正达到渗透数学思想方法的目的。

（9）研究教材的编写意图，确定教学目标。

教学目标是教师进行教学的方向和目的，对教学起着导向作用。教学目标的确定，不仅关系到教学内容，还关系到教学结构、教学方法和教学组织形式，因此，分析教材时，教师要认真推敲教材的编写意图，明确通过教学应使学生认识或掌握哪些基础知识，达到什么要求，侧重培养哪些能力，可做哪些思想品德教育或渗透哪些数学思想方法等，并根据各部分知识及例题的安排顺序、难易程度与地位作用等来制定教学目标。小学数学课程标准对数学基础知识的教学要求分为知道（或了解、认识）、理解、掌握和应用四个层次；对数学技能的教学要求分为会、比较熟练和熟练三个层次；对思想品德教育的要求包括懂得、养成、形成、具有等不同的层次。教师应通过纵横分析，在深刻领会小学数学教材编写意图的基础上，按以上要求，确定教学目标。

学生认识事物不可能一次完成，需要有一个逐步深化的过程，因此，小学数学教材是遵循由浅入深、循序渐进、适当分段、螺旋上升的原则编排的。教师在分析教材时应弄清教材的编排体系，把握好教材的系统性和阶段性。

案例 4-3-7

人教版小学数学教科书第五册“除数是一位数的除法”

“除数是一位数的除法”的编写意图如下。

小学阶段整数除法一般分三个阶段进行教学。“除数是一位数的除法”属第二阶段，处于关键位置，起着承上启下的作用。在第一阶段，通过第三册表内除法的教学，学生已初步掌握了试商法，也懂得了“有余数除法，余数一定比除数小”的道理。这为第二阶段教学“除数是一位数的除法”奠定了基础。而通过“除数是一位数的除法”教学，使学生牢固掌握了此除法法则后，就能在第三阶段，即在第六、七册教材中，把除数扩展到两位数、三位数。并且将除数是一位数的除法法则推广到除数是两位数、三位数的除法和小数除法。所以“除数是一位数的除法”不仅直接影响整数除法的教学，还将影响小数除法的教学。

根据以上分析，确定这一单元的教学目标。

(1) 使学生能够比较熟练地口算用一位数除商是整十、整百、整千的数，一位数除两位数（能整除）以及一位数除几百几十或几千几百的数。

(2) 使学生掌握除数是一位数的除法笔算法则，能比较熟练地笔算一位数除多位数，并会用乘法来验算除法。

(3) 使学生学会解答“已知一个数的几倍是多少，求这个数”的应用题。

(4) 通过教学，培养学生严谨的学风和对知识的初步迁移能力。

教材编者将相同或相近的数学内容编排在不同的年级段进行教学，其教学要求也是不同的。例如，对于编排在第五册中的“分数的初步认识”，教师通过教学使学生知道什么是分数，能够识别分数，就实现了教学目标。而对第十册中的“分数的意义和性质”，是在学习“分数的初步认识”与“约数和倍数”的基础上进行教学的，是系统学习分数的开始，是学生认识数的概念的一次扩充，也是学习分数四则运算和分数应用题的基础，所以教学不仅要使学生理解分数的意义，还要使学生掌握并能用分数的意义推导分数的运算法则。

相当一部分小学数学知识是提前孕伏、逐步渗透、相机引入的，这样做既有利于教、有利于学，也有利于减轻学生负担。对这样的编排意图，教师在做教材分析时也应足够重视。比如用字母表示数，尽管它出现在第九册，但从一年级开始就已经将多种符号如( )、□等放进算式，参与运算，让学生接触和体会用字母表示数的思想与方法。第七册出现用 x 表示未知数，直接为字母表示数做铺垫，第八册出现用字母表示运算定律，第九册再次出现字母表示面积计算公式等，教材编排注意分散难点，合理铺垫，为用字母表示数的教学创设条件。这都是基于“用字母表示数较为抽象，学生不易一次理解和接受”而考虑的。

教材分析是一项复杂细致、精益求精的工作。随着素质教育的不断深入，教学内容和教学手段的不断更新，教材分析更加不能一劳永逸。

(四) 设计教学目标

教学目标是指教学活动实施的方向和预期达成的结果，是一切教学活动的出发点和最终归宿，它既与教育目的、培养目标相联系，又不同于教育目的和培养目标。

布卢姆按照教学结果的程度把教学目标分为认知、情感和动作技能三大领域，这和我国课程标准提出的三维目标非常相近。三维目标包括：知识与技能目标，过程与方法目标，情感态度与价值观目标。2011 版数学课程标准将数学课程的总体目标与分学段目标按四个维度表述，也就是“四维目标”，即知识技能、数学思考、问题解决、情感态度。四维目标不是相互独立、相互割裂的，而是一个密切联系、相互交融的有机整体。在课程设计和教学活动组织中，应同时兼顾这四个目标。这些目标的整体实现，是学生受到良好数学教育的标志，对学生的全面、持续、和谐发展有着重要的意义。数学思考、问题解决、情感态度的发展离不开知识技能的学习，知识技能的学习必须有利于其他三个目标的实现。

然而，部分教师在制定教学目标时还存在照搬照抄教参的现象，仅关注知识技能，忽视了过程方法、情感态度等维度的教学目标。因此，制定教学目标时应该注意以下几个问题。

（1）分析教材的编排体系和意图。

制定教学目标时教师要认真研读教材，并结合课程标准的要求，切实把握课程标准对该部分教学内容的目标要求；要认真分析各种教参对本课时的要求，从各种教学材料（如教参、练习册、课本练习题等）中提取出知识点，再将其放到整个教材体系中去，研究怎样把教材信息转化为教学信息，要搜集哪些材料、运用哪些教学手段，促使学生从原有的认知结构出发去获取新知识，探索新发现；吃透教材意图，制定有效而富有个性的教学目标。教师在制定教学目标时，可以适当调整教学内容。

（2）研究学生的学习准备状况。

教师要切实了解学生的认知发展水平，对自己本班学生的记忆、观察、想象、注意、思维发展水平有所了解。要对学生在以往数学学习过程中已经具备或已经掌握的数学知识、数学经验有具体的了解，根据学生已有的知识经验基础，以及学生的认知水平，制定出更适合本班学生的个性目标，使学生获得不同的发展。

（3）细化目标并准确陈述教学目标。

教师应根据上述分析研究结果，从内容和行为两个层面细化系统分析结果，并列出教学目标细目表，分别确定单元教学目标（或知识点教学目标）和课时教学目标。从学生不同的智能活动点出发，我们可以把数学教学内容分为知识的学习、技能的学习、问题解决的学习三大类。数学课程标准对此分别以不同的动词来表示，用“了解（认识）、理解、掌握、灵活运用”等目标性动词刻画知识和技能的学习，用“经历（感受）、体验（体会）、探索”等过程性动词刻画数学活动水平。教学目标要科学、准确、具体地表述出来，要使任何相关师生看后，都能立即抓住实质，明白学什么、怎样学、学到什么程度，准确把握课时的生成与预设。

案例 4-3-8

北师大版六年级上册“生活中的比”课时目标的制定

在制定课时教学目标前我们首先要了解教材的编排意图。北师大版六年级上册“生活中的比”一课中的教学目标是让学生经历从生活情景中抽象出比的概念。在练习册的习题中，出现了“把比改写成分数形式”的类型题，教材的课后练习中出现了“求比值”的类型题，考虑到六年级的学生对分数与除法的关系已有了一定的认识，因此，本课的课时目标可细化为以下几个。

（1）经历从具体的情境中抽象出比的过程，理解比的意义。

（2）能正确读写比，会求比值，理解比与除法、分数的关系，明白比的后项不能是零的道理，同时懂得事物之间是相互联系的。

（3）能利用比的知识解释一些简单的生活问题，感受比在生活中的广泛存在。

（4）进一步培养学生分析、比较、归纳、概括能力和自主学习的能力。

教学重点：理解比的意义及比与除法、分数的关系。

教学难点：理解比的意义。

准确制定课时目标是提高数学课堂实效的良好开端，所以教师应该对教材进行深入研究，准确把握教材的编排体系、意图以及目标要求，制定出有效的课时目标，使数学课堂既经典又精彩。

（五）制定教学策略

进行小学数学教学设计的一个重要步骤就是制定教学策略。所谓教学策略是指教师在教学过程中为达到一定的教学目标而采取的一系列教学方式和行为。教师可根据学科特点、题材及儿童的年龄阶段选择不同的教学方法，如讲授法、讨论法、发现法、指导发现法、自学辅导法等。下面我们结合一个案例来给大家分析如何在进行教学设计时制定恰当的教学策略。

案例 4－3－9

三角形的面积

“三角形的面积”是人教版小学五年级数学教材上册第五单元“多边形的面积”中的内容，这部分内容是在学生初步认识了长方形、正方形及平行四边形的面积的基础上，尤其是平行四边形面积公式的推导基础上开展的教学活动。教师结合学生的实际和已有的知识，设计了如下教学活动，使学生经历从猜想、操作、验证到得出结论的过程，学会运用所学知识解决生活中的实际问题，并感受到数学与现实生活的密切联系，最终提高学生运用数学知识解决实际问题的能力，进而提高学生的综合素质。

教学环节

1. 假设猜想

教师展示长方形、正方形、平行四边形、三角形的图片。请学生说出前三种图形的面积的求法，让学生观察猜测三角形的面积可以怎样求，该怎样转化推导。

2. 操作验证

学生根据自己的猜想，动手操作进行验证，教师巡视指导。

3. 探究发现

师：谁愿意说一说，要求三角形的面积，你是怎样操作的？得到了什么样的结论？

生 1：把一张三角形纸片的三个角向内对折，变成一个小长方形，得到长方形的长是原来三角形底的一半，宽就是三角形高的一半，为此，三角形的面积等于小长方形面积的 2 倍。2 倍与其中的一个“一半”抵消，还剩一个“一半”，为此，三角形的面积等于底乘高除以 2。

师：大家觉得这个办法怎么样？谁还有不同想法、做法？

生 2：将三角形的顶角向底边平行对折，再沿折痕剪开，把得到的小三角形沿中间对折再剪开，分别补在剩下图形的两侧，变成一个长方形。三角形的底没变，高缩小了一半，为此，三角形的面积等于底乘高除以 2。

师：这个办法怎么样？

生：也很合理。(表扬，祝贺)

师：还有其他做法吗？

生 3：选两个同样的三角形，将两个三角形颠倒相拼，拼出一个平行四边形，拼得的平行四边形的底是原来三角形底的 2 倍，高不变，所以，三角形的面积等于底乘高除以 2。

师：这个办法怎么样？看来同学们在探究三角形面积的推导时想出的办法还真不少，那么，你们感觉哪种办法最好？最有创意？

师：无论哪一种，我们都得出了同样的结论，就是……

生：三角形的面积等于底乘高除以 2。

4. 公式总结

师：下面咱们共同把这个结论用公式的形式表示出来，谁愿意到黑板前写一下？

(生书写，集体订正)

师：如果用 S 表示三角形的面积，用 a 表示三角形的底，用 h 表示三角形的高，那么，你会用字母表示三角形的面积公式吗？

(生在练习本上书写，师巡视指导反馈，生自由到黑板前书写，集体订正)

5. 公式的运用

师：要想计算一个三角形的面积，需要知道哪些条件？

生：三角形的底和高。

师：那么，我们应用三角形的面积公式计算一些题好吗？

(生独立完成课本中试一试题目)

6. 小结

师：其实，生活中有很多问题可以运用三角形的面积公式来求出，让我们共同走进生活解决一些生活中的问题。(课件展示题目)

(生独立完成或与同伴合作完成)

总结：通过这节课的学习，你有什么收获？

“三角形的面积”是一节常规性的课，教师在上述教学设计中运用了讨论法、发现法等教学策略，体现了“观念要新，基础要实，思维要活”，对教材的把握与处理，对课堂的设计以及处理都凸显了课程标准的理念。

(1) 突破传统教学模式，思路独特新颖。

传统教学的种种封闭模式压抑了学生个性的发展，学生迫切需要一种展现自我，发展个性的体验式学习。以前的教学改革，大多停留在数学学科层面上，常常比较注重将教科书上的知识教给学生。在教学中，常常是教师清楚要教什么，为什么这样教和怎样教，学生却不知道自己要学什么、为什么学和怎样学。学生的学习缺少方向，缺少动力，缺少方法，他们学习的主动性、创造性很难得到发挥。因此，当前教育改革的重点应是以教师教学方式的转变来带动学生学习方式的转变，从而更好地促进学生的主体性发展。教师把整个学习过程交给学生，让学生以小组方式合作，全员参与，共同探究，由感性认识上升到理性认识，让学生参与知识获得的全过程。

(2) 让探究式学习具有一定的开放度。

探究式学习不应受任何人的约束。在上面这一环节中，教师注重教材的开放性和思考性，让学生有自主选择的权利和广阔的思维空间，如教师提供一些具有代表性的材料，让学生通过猜想、操作、验证等一系列的活动，在相互交流的过程中，理解三角形的面积公式，学生在操作活动中展现了自我。方法多样且独特，是以往教学所没有的，实在是妙不可言。其中渗透了集合的思想，有助于学生空间观念的建立，也让学生看到了数学知识与生活的联系，感悟到了生活中的数学。上面这节课不但为计算组合图形的面积奠定了基础，还培养了学生的实践能力和合作精神。

(3) 建立新型民主的师生关系。

教师在遵循学生学习规律的同时，要创造性地处理教材。在这个教学过程中教师要找准学生的认知起点，以几个图形或图片为切入口，让学生观察、猜想，动手操作，如折一折、剪一剪、分一分、补一补等。在这些操作过程中，教师以学生为主体，让学生自主探索，教师尊重学生，发扬教学民主；学生在小组合作时积极主动参与探讨、质疑、创造，逐步完成对知识的理解和深化。这不仅充分发挥了学生的主体作用，也较好地体现了教师是学习的组织者、引导者、合作者和共同的研究者；不但使学生对知识有了更深层次的理解，还培养了他们敢于探索、勇于创新的精神。亲历探究发现的过程，已不只是一种获取知识的手段，其本身就是教学的重要目的。教师只有创造性地教，学生才能创造性地学。

从上述案例中，我们不难发现，学生学习方式的转变关键在于教师。教师要不断更新教学观念，真正树立以学生为主体的教学理念，相信学生，给学生充分的探究思维的空间，以发挥学生学习的自主性、创造性。

（六）选择教学媒体

进行教学设计时教师需要根据教学的内容和形式选择恰当的媒体进行辅助教学。随着计算机技术的不断发展，多媒体技术被越来越广泛地应用在数学教学中。多媒体教学具有图、文、声、像、影并茂的特点，能为教学创设形象逼真的教学环境，声像同步的教学情境，动静结合的教学图像，生动活泼的教学气氛，让学生看得更真，感受更真，理解更深，有助于培养和发展学生的思维能力、观察能力、想象能力和创造能力。但是，对数学课堂教学中的媒体如果不做恰当选择和合理应用，不仅会分散学生的注意力，还会影响整堂数学课的教学效果。如何选择和应用多媒体课件呢？

第一，要合理组合各要素。教师要根据课程内容和要求，根据数学的特点，合理组合优化多媒体课件中的图、文、声、像、影等要素；要根据学生的成长规律、年龄特点，应用计算机的图、文、声、像、影等特殊效果，控制教学过程的信息传递。比如小学高年级段的数学教学可以使用动画效果，展示图形变换、平移、旋转等过程，帮助学生化难为易，从而提高学习效率。教师在课前一定要深入钻研教材，把握教学难点、重点，尤其是在使用多媒体课件补充和拓展教学内容时，一定要进行合理组合、节选，要从学生的探究需要出发制作有效的、组合优化的、符合学科特点的多媒体课件，这样才能更深刻、更生动地表现教学内容，吸引学生的学习兴趣，唤起学生的学习热情，进而突破教学难点，突出学习重点，保证学习效果。

第二，要适时运用多媒体课件。在课堂教学中，一定要根据教学目的和教学内容，依据信息媒体特征，恰到好处地应用多媒体课件。比如音乐的出现、图像的展示、动画的效果，一定要考虑学生的需要和教学的重点、难点，不能为用而用，一定要有实用价值，更不能只为了追求形式。教师要合理适时地选择和应用多媒体课件来表达各种教学信息，渲染课堂教学气氛，使学生如临其境，充分调动学生学习的积极性和主动性，激发学生探究兴趣，开拓学生思维，从而为学生想象力和创造力的发挥、应用提供良好的环境。

第三，讲究次序和步骤。教师是教学过程的组织者、指导者，同时也是教学资源的选择者、开发者，是学生对所学知识进行系统建构的协作者、帮助者和促进者。教学时，教师要积极为学生的学习创设形象生动的教学环境以及理想的交互作用方式，为学生提供丰富的多媒体学习资源，激发学生学习兴趣，引导学生主动地获取知识，引发学生在新旧知识衔接上的认知冲突，进而使学生完成知识的迁移。教师要熟练地操作和使用课件，生动形象、具体地创设符合教学内容要求的情境，并在教学中恰当出现和展示，不能因操作影响学生的学习和探究。要充分发挥媒体优势，尽力唤起学生学习的信心，点燃学生求知的思维火花，帮助学生排疑解难。教师要教给学生打开知识之门的钥匙，把学习的主动权交给学生，让学生作为主体参与整个教学过程，培养学生自学能力、实践能力、创新能力和获取知识的能力。课件的交互界面要科学、生动，具有趣味性，要有反馈判断和评价，使学生能及时了解和掌握学习进展情况，以便对自己的学习做出正确的评价，及时调整学习方式，要能够促进教师主导积极性和学生主体积极性的发挥。

总之，作为教师要想方设法采用恰当的教学策略组织教学内容，控制教学进程，创设教学情境，激发教学气氛，有步骤地调动学生学习积极性。要给学生提供更多参与活动的机会，充分调动学生的多种感官，发挥学生的主体作用。要将传统课堂学生被动式学习变为主动式探索和求知，变以教为中心为以学为中心，变讲堂为学堂，培养学生的创造精神，使学生学会学习、学会协作，从而提高课堂的教学效率。教师在教学时要备好教学媒体这一要素，认真做好课堂教学设计，做好教学媒体的选择与使用，应用适当的教学模式，优化课堂教学；要熟悉课件的使用，熟悉交互界面对学生的作用和影响。多媒体课件的使用要跟课堂教学气氛和谐一致，教师要熟练掌握多媒体教学操作技能，掌握操作基本功，创设有利于发展学生能力的激励机制，以激发学生的学习动机，开发和挖掘学生的潜在智能。

（七）课后教学反思

教学设计的最后一个环节是课后教学反思，所谓教学反思是指教师对教育教学实践的再认识、再思考，教师以此来总结经验教训，进一步提高教育教学水平。教学反思一直以来是教师提高个人业务水平的一种有效手段，教育上有成就的专家都对此非常重视。现在很多教师会从自己的教育实践中来反观自己的得失，通过教育案例、教育故事或教育心得等来提高教学反思的质量。

综上所述，我们可以概括出小学数学教学设计过程，如图 4－5 所示。

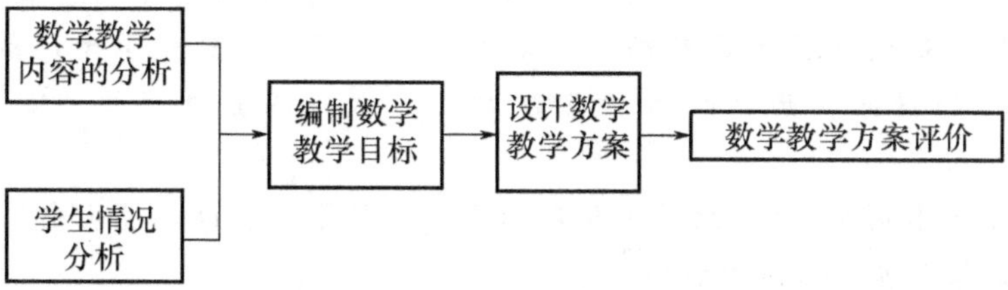

图 4－5　小学数学教学设计过程

三、小学数学教学设计案例

了解了教学设计的概念与特点、数学教学设计的基本工作后，下面我们将结合几个一线教师的教学设计案例为大家分析如何写小学数学教学设计。

案例 4－3－10

新世纪小学数学五年级下册“购物策略”教学设计

执教教师：魏超　云南省玉溪聂耳小学

【教学内容】 新世纪小学数学五年级下册第 81 页“购物策略”

【学习目标】

1. 结合现实情境，了解常见的几种优惠策略的含义，加以分析和比较，能根据实际情况选择适当的购物策略。

2. 经历解决现实问题的过程，探究解决这类问题的方法和策略，提高解决实际问题的能力。

3. 在具体活动中进一步体会数学在生活中的广泛应用，体会数学的现实价值。

【学生分析】

打折等优惠促销活动在日常生活中经常见到，学生并不陌生。但是，由于学生在这方面的实际经验较少，所以对某些促销方式理解起来有一定的困难。虽然在计算方面学生学习了分数及百分数的计算，能灵活地求折扣价钱，但是在层次清晰地分析和比较优惠策略，选择适合自己的购物策略方面还需要加强和提高。

【教学过程】

一、创设情境，初步感知“策略”的必要性

通过谈话引入“策略”。师：同学们都知道《田忌赛马》的故事，田忌就是利用了孙膑的策略才赢得了比赛。策略在生活中有着非常广泛的应用。比如我们平时购物时，面对商家推出的各种各样的促销活动，怎样选择适合自己的购物策略就是值得我们研究的。今天老师就和同学们一起走进商品世界，研究购物策略。（板书：购物策略）

【设计意图】 通过谈话，让学生体会购物时讲究策略的必要性。

二、走进生活，发现问题；深入探究，解决问题

1. 师：商家为了能卖出更多的商品，通常要推出各种各样的优惠策略。顺势提问：平时购物时，你见到的促销方式有哪些？学生汇报。师及时鼓励学生：看来同学们都是生活的有心人。师提问：面对众多的促销方式，你会不会选择恰当的购物策略来购物呢？

2. 课件出示课本第 81 页买饮料的题目和图片，引导学生说一说从中得到了哪些信息？对每家商场的优惠策略是如何理解的？

3. 出示其中的 3 个问题并引导学生进行研究。

买 1 小瓶饮料去哪个商店买合算？

买 1 大瓶和 1 小瓶饮料去哪个商店买合算？

买 3 大瓶和 3 小瓶饮料去哪个商店买合算？

小组合作完成费用清单对比表。

数量/瓶		甲商店收费/元	乙商店收费/元	丙商店收费/元	选择商店
大瓶	小瓶				

4. 汇报展示、交流总结。通过刚才的研究、计算、分析和比较，你们发现了什么？你能给其他顾客怎样的购物建议？

5. 数学的价值在于解决生活中的问题，让我们利用发现解决问题。（课件出示题目）班里举办联欢会，要给每位同学准备约 200 毫升饮料，如果参加联欢会的同学共有 35 人，去哪个商店购买比较合算？

6. 进一步小结购物策略：从刚才这个活动中你们学到了什么？在购物时要注意什么？（货比三家、物美价廉、因需选择）

【设计意图】合作学习能够促进学生在学习上互相帮助、共同进步。小组交流与合作学习为学生学习提供了宽松和充分的学习环境，使学生自己体会到在购物需求不同时，想要花钱最少，购物策略就不同。使学生感受购物策略在日常生活中的应用价值，培养学生的优化意识。

三、联系实际、解决问题

1. 课件出示酸牛奶图片以及三个问题，学生口头回答前 2 个问题：(1) 买 1 升酸牛奶有几种买法？(2) 买 1.5 升酸牛奶有几种买法？再独立解决第 3 个问题：(3) 要买 2.4 升酸牛奶，怎么买合算？

2. 结合自家实际，做一个财政预算员，计算一下你们家一周（每人每天喝 220 毫升酸奶）需要购买多少毫升酸奶？怎样买最合算？

【设计意图】数学教学必须从学生熟悉的生活情景和感兴趣的事物出发，为他们提供观察和操作的机会。这不仅强化了数学教学的生活性、实用性，还体现了“数学源于生活，寓于生活，用于生活”的思想。在小学阶段，从学生生活实际出发，把教材内容与生活实际有机结合起来，特别符合学生的认知特点，可以使他们体会到数学就在身边，领悟到数学的魅力，感受到学习数学的乐趣。

四、反馈练习、深化问题

1. 课件出示买衣服的练习题。

为了迎接父亲节，各大商场举办让利销售活动，同一品牌的西服售价为500元/套。

甲商店：买一套赠送价值50元的衬衫一件。

乙商店：九折优惠。

丙商店：购物1000元以上八折优惠。

(1) 要买3套西服去哪个商店较为合算?

(2) 如果要你去买这样的一套西服，你打算怎样买？说明理由。

2. 在生活中，我们只买便宜的商品，打折的商品就好吗？我们还要考虑什么问题呢？

【设计意图】建构主义学习理论认为，学习过程是学生的认识思维活动主动建构的过程，是学生通过自身已有的知识、技能、经验与外界进行交互活动以获取、建构新知识的过程。它强调利用各种信息资源来支持学生的“学”。在学习过程中要拓展延伸并丰富学生的学习内容，以开发学生的思维使其积极参与课堂教学，让学生真正成为学习的主体。

五、拓展延伸、升华问题

小小设计家

某超市为了迎接店庆，要为产品设计促销方案。请大家帮忙设计一个合理的促销方案。

产品：抽纸

规格：200抽/包、100抽/包

成本价：2元/包、1元/包

售价：3元/包、1.6元/包

学生课后设计，并向父母请教设计的方案是否合理。

【设计意图】立足于学生的发展，让学生在自主探究中获得亲身参与研究的体验，在实践中增强研究意识、问题意识，培养学生基本的科学态度和科学道德。

六、全课小结

师：今天我们主要研究了购物策略，老师相信同学们在学习中，一定能选择适合自己的学习策略，这样在学习上就会达到事半功倍的效果。

“购物策略”把现实生活中常见的商店的各种促销策略融入教材。教师通过几个问题的讨论，让学生综合运用数学知识来分析不同情况下各个商店的优惠，并选择对自己最有利的策略，体会数学在生活中的应用。这样既体现了数学与生活的密切联系，又让学生在活动中，真切地感受到解决问题策略的多样性，感悟到优化解决问题的方法，使学生获得了一些解决问题的数学思考方法，当在实际生活中遇到各种促销活动时能进行一种理性的思考。

总体来看，教学设计以活动为主线，以学生的已有经验为基础。在问题情境中，独立思考与小组合作交流相结合，使学生置身于情境中学习，自己结合具体情境进行分析比较，经历尝试解决问题的过程，学生间互相提示补充。对于学生提出的解决问题的策略，也由学生做评判，使学生在这一过程中充分体验了分析问题、探究问题、解决问题的全过程。有了解决问题的方法和策略，学生逐步发现应如何根据具体情况选择商家，并体会到数学是帮助人们做出判断和进行决策的工具。教师适时点拨，为学生研究数学、学习数学、应用数学，提供可能的条件和氛围，提高学生分析问题和解决问题的能力。

案例 4-3-11

“纵向复式条形统计图”教学设计

玉溪市聂耳小学　普一晋

【教学内容】人教版小学数学四年级上册第99～101页。

【设计理念】

由于要重视学生学习过程，充分发挥学生的主观能动性，让学生参与知识发生发展的全过程，因此教师在课堂教学中应尝试采取多种手段引导每一个学生积极主动地参与学习过程。

数学学习活动是一个以学生已有知识和经验为基础的主动建构过程。学习者能否主动构建并形成良好的认知结构，取决于原有的认知结构里是否有清晰、可同化新知识的观念，以及这些观念的稳定情况，所以教师不仅应从整体上把握教材知识结构，而且应纵向考虑新旧知识是如何沟通联系的。

每个人都是以自己的方式理解事物的某些方面的，因此学习过程中要增进学习者之间的合作，使其看到那些与自己不同的观点，完善对事物的理解。教师是意义建构的引导者、促进者，而不是知识的提供者和灌输者，应成为学生学习的高级伙伴或合作者。教师应重视师生之间、生生之间的相互作用，通过创设情境和组织学生合作与讨论，使学生认识事物的各个方面，在已有知识和经验的基础上建构新知识。

【教学目标】

1. 知识目标：让学生体验数据收集、整理、描述和分析的过程，进一步体会统计在现实生活中的作用。

2. 能力目标：让学生认识纵向复式条形统计图，了解其意义和作用；能正确绘制纵向复式条形统计图；能根据统计图发现问题、提出问题、解决问题，并进行简单的数据分析。

3. 情感目标：感受统计在生活中的作用，理解并体会到数学知识与实际生活的紧密联系，激发学生的学习兴趣，培养学生细心观察的良好学习习惯。

【教学重点】

能根据所给定的信息绘制纵向复式条形统计图，提出并回答简单的问题，发现信息并进行简单的数据分析。

【教学难点】

1. 正确画出纵向复式条形统计图。

2. 能根据统计图发现信息、分析信息，并能提出简单问题。

【教学过程】

一、创境激情，引入课题

1. 谈话导入。

师：同学们，听说咱们四（2）班的同学非常好学，老师从聂耳小学收集、整理了一组数据，制成统计表，准备利用这些素材，和大家一起共同探究新知，愿意吗？请看！

2. 出示统计表，发现信息。

3. 独立制图（学习卡①）。

你能根据统计表中的数据绘制出条形统计图吗？

4. 展示交流。

看来大家对以前的知识学得很好！今天我们就来继续探究“纵向条形统计图”（板书）。

【设计意图】教育心理学研究表明，数学学习过程是建立在学生已有的知识基础和生活经验之上的一个主动建构过程。学生原有的知识储备，在现实生活中的经验积淀以及他们在社会生活中所形成的知识，都构成了学生进行学习的数学现实。本环节抓住新旧知识的联系，找准学生学习新知识的生长点，为其进一步的学习做好铺垫。

二、自主探究，感受领悟

1. 提出问题，引出复式条形统计图。

2. 小组讨论制图方法，同桌合作绘制复式统计图。

师：一定要想办法让人一眼看明白你画出的图的意思！

3. 学生展示介绍，生生互评。

【设计意图】这一环节重点抓住新旧知识的密切联系，通过知识间的相互影响，让学生自主地迁移新知，找准学生学习新知识的生长点。从生活中的实际问题引入，引导学生带着问题学习，这样有利于学生开展以问题解决为特征的数学学习活动，积极主动地从事探究性的学习活动，经历策略形成的过程，不断建构自己的认知经验，并逐步将其抽象为数学知识。在学习过程中学生真正从被动接受知识转变为主动探究获取知识，学生的学习方式发生了转变。

三、观察对比，自主体验

1. 比较归纳，优化完善。

师：（出示统计图）老师也画了一幅图，大家看看怎么样？

师：看看自己一开始的图，你有什么收获吗？

2. 师：将两个单式条形统计图合并成一幅的图，谁来给它取个名？（生自由说）

师：在数学中我们把它叫作“纵向复式条形统计图”。（板书：复式）

3. 通过对比了解复式统计图的优势。

4. 小结。

【设计意图】经过对比，让学生清楚绘图方法和要点，并了解复式统计图的优势，引导学生进行知识正迁移。由于有前面的学习基础，学生对统计图已有所掌握，本环节就放手让学生自学，尊重学生已有的知识经验，相信学生的能力，调动学生主动解决问题积极性，体现以学生为本的教学理念。

四、活学活用，形成能力

1. 整理数据，解决问题。（教材第 100 页例题）

2. 观察统计图，分析信息，完成统计表。

3. 想一想，填一填。

4. 欣赏生活中的复式统计图。

【设计意图】 及时练习、及时反馈。通过有层次性由易到难的练习，帮助学生巩固新学知识。通过解决生活中的问题让学生深入理解知识，感受生活中处处有数学。

五、交流评价，总结升华

1. 师：结合自己在这节课的表现，说说你有什么收获？

2. 师：我们的生活中的许多问题都可以用到统计的知识。

【设计意图】 生活与应用是数学教学的归属，让学生谈一谈所学知识在生活中的用处，培养学生学习数学、应用数学的意识。

"克和千克"教学设计

六、作业实践

调查课桌椅使用是否完好的情况，根据调查数据绘制复式条形统计图后，对数据进行分析，并向学校提出爱护公物的合理化建议。

七、板书

纵向复式条形统计图：直观、形象、便于比较。

（学生作品图略）

"折扣"教学设计

思考与练习

1. 尝试画流程图，梳理小学数学教学设计的流程。

2. 尝试写一个课时的教学目标。

第四节　小学数学课堂教学技能训练

一、导入技能

（一）导入技能的概念

导入技能是指教师在进入新课题时建立问题情境的教学方式，它包括引起学生注意、激发学习兴趣和动机、明确学习目标、建立知识间联系等教学行为。无论是开始新的学科、新的教学单元，还是一节新课，甚至是教学过程中引发学生的思维活动，教师都必须发挥良好的导入技能，吸引学生的注意力，设立统摄全篇、辉映全堂的情境，使学生感到新的教学内容充满了无穷的乐趣。

俗话说："良好的开端是成功的一半。"如果把这句话引用到小学数学的课堂教学中的话，就是一个好的导入决定了一节课的成功。数学课堂教学要讲究导入的艺术，一个精彩的导入，既可使学生兴趣盎然，又可激起他们强烈的求知欲望，让课堂教学收到良好的效果。

对于教师来说，导入是教师在课堂教学起始阶段采用各种教学媒体和教学方式，向学生引入新知识的过程，是课堂教学艺术的重要组成部分，也是课堂教学的第一关。良好的课堂导入更是展示教师教学艺术的“窗口”，是教师对教学过程通盘考虑、周密安排的集中体现，熔铸了教师运筹帷幄、高瞻远瞩的智慧，闪烁着教师的教学风格。有经验的教师非常重视导入的设计和使用。在新课的开始，教师用贴切而精练的语言，正确、巧妙地导入新课，可以激发起学生强烈的求知欲望，引起他们的浓厚兴趣。兴趣是认识某种事物或某种活动的心理驱动力，是推进教育的有利因素，对鼓舞学生获得知识，发展智能都是有用的。浓厚的学习兴趣和强烈的求知欲望，能激发学生热烈的情绪，使他们愉快而主动地进行学习，并产生坚韧的毅力，表现出高昂的探索精神，能收到事半功倍的效果。学生如果有了求知欲望和学习兴趣，便会产生一种废寝忘食的学习积极性和百折不挠的意志力。因此，教师必须在教学过程中，注意培养和激发学生强烈的求知欲望和浓厚的学习兴趣。如果教师在导入新课过程中针对学生的年龄特点和心理特征，精心设计好导入的方法，就会达到“课未始，兴已浓”的境界，从一开始就紧紧地吸引学生的注意力，使他们全神贯注、精神振奋、兴趣盎然、积极主动地去接受新知识。而后教师讲课语言像涓涓的小溪一样流入学生的心田，拨动学生的心弦，吸引他们的注意力，使他们鼓起学习的风帆，从而取得理想的教学效果。

对于学生来说，导入是课间十分钟和新课知识之间的“桥梁”，教师应通过导入使学生迅速集中注意力，明确本节课学习的目的、要求，为学好新知识做好铺垫。良好的课堂导入，能迅速引起学生的认知冲突，激发学生的学习兴趣，从而使学生很自然地进入最佳的学习状态。好的导入可以点燃学生思维的火花，开拓学生思维的广阔性和灵活性。思维是各种能力的核心，课堂教学要重视培养学生的思维能力。教师采用形象化的语言叙述或设计出富有启发性的问题，可以吸引学生的注意力，启迪学生的思维，增长学生的智慧。因此，也应该把导入新课看作一种培养学生思维能力的创造性活动。它不仅能够启发学生从不同角度来思考问题，还能培养学生思维的灵活性和广阔性，使学生在思维过程中体会到思维的乐趣，保持高昂的学习情绪。富有启发性的导入，不但能活跃学生的思维，还能起到培养学生定向思维的作用。运用正确的方法导入新课，能集中学生的注意力，明确思维方向，激发学习兴趣，引起内在的求知欲望，使学生在学习新课的一开始就有一个良好的学习境界，为整个教学过程创造了良好的开端。

由此可见，课堂教学导入是教师谱写优美教学乐章的前奏，是师生情感共鸣的第一个音符，也是课堂教学艺术的重要组成部分。合理而新颖地导入新课，可有效地开启学生思维的“闸门”，激发联想，激励探究，为一堂课的成功铺下基石。

（二）小学数学课堂导入的作用

德国教育家第斯多惠认为，“教学的艺术不在于传授本领，而在于激励、唤醒、鼓舞。”理想的导入是教师经验、学识、智慧、创造的结晶。它好比一把钥匙，开启学生的心扉，营造愉悦的学习氛围，诱发学生的求知欲望和学习兴趣，使学生达到“课未始，兴已浓”的状态。导入作为一堂课的起始环节，具有以下作用。

1. 引起注意，吸引学生的注意力

“注意”，是一个古老而又永恒的话题。俄罗斯教育家乌申斯基认为“注意”是我们心灵的唯一门户，意识中的一切，必然都要经过它才能进来。注意是指人的心理活动对外界

一定事物的指向和集中，是进行任何学习活动的前提条件。而注意力是指人的心理活动指向和集中于某种事物的能力。进行新课导入时，教师必须先对学生的注意进行唤起和调控，调动学生的认知注意和情绪注意。如果课堂导入环节设计得不好，学生就会注意力不集中，对教师给予的各种刺激就会“视而不见，听而不闻”。相反，巧妙独特、富于创意的课堂导入，则具有先声夺人、引人入胜的效果，在教学伊始就能吸引学生的注意力，迅速地抑制学生课前产生的与课堂无关的各种各样的心理活动，使学生一上课就把心收回并放到课堂学习中来，引起学生对所学课题的关注，使其产生鲜明而又清晰的学习反应，获得良好的学习开端，并为后续学习任务做好心理准备。

案例 4-4-1

“用字母表示数”导入设计

本节课是人教版小学数学五年级上册第四章的第一课时“用字母表数”。为了突破教学难点，把抽象的数学知识转化为直观有趣的教学内容，教师设计了如下新课导入。

师：今天老师给同学们带来了一个神奇的魔盒，每个进到魔盒里的数都会发生神奇的变化，你们想不想看看？（教师用多媒体课件演示：进去一个5，伴随着叮当的声音，魔盒金光四溅，从右边出来一个15。学生都把眼睛睁得圆圆地看着，生怕错过了见证奇迹的时刻）

师：接下来你想输入几？

学生的手都高高地举起来，一个学生说：输入7，然后就出来17。又有一生要输入205之后出来215。这时教室开始热闹起来了，因为有学生发现了魔盒里的秘密。也就是走进魔盒这个数就增加10。发现之后教师就引导学生又输入了像2008这样较大的数，还有小数3.5进行验证。所有输入和输出的数字教师都把它们列在黑板上，在学生情绪高涨地做完实验之后，教师要求学生用最简明、概括的方法表示出魔术变化的全过程，让不了解这个魔盒的人一看就知道这个魔盒里面的秘密。

这一环节的设计，激发了学生探究的欲望，还让学生感受到用字母表示数和用含有字母的式子表示数量之间的关系具有高度概括的特点。这个导入设计可以说是独具匠心，既集中了学生注意力，使学生关注学习内容，又巧妙地导入了新知教学。

2. 激发兴趣，增强学生的学习动机

兴趣是力求认识某种事物或爱好某种活动的心理倾向，这种倾向是和愉快的体验相联系的。别具匠心、引人入胜的一段新课导入是激发学生学习兴趣的关键环节。学习动机是推动学生学习的内部动力，是激励和指引学生进行学习的一种需要的心理状态，也就是学生要学习的愿望、意愿。早在春秋时期，孔子在《论语》中说：“不愤不启，不悱不发。”宋朝朱熹在《论语集注》中解释道：“愤者，心求通而未得之意。悱者，口欲言而未能之貌。启，谓开其意，发，谓达其辞。”这也就是我们常说的“启发式”。教师在学生进入“愤”的状态时“启”，在学生进入“悱”的状态时“发”，这样的教学效果最佳。可见在导入时，教师最主要的工作之一就是使学生进入“愤悱”的状态。学生一旦进入了这种状态，就能产生强烈的学习动机，主动、自觉地投入学习中去，变被动地“要我学”为主动地“我要学”。

成功的课堂导入，通过熟悉的生活情境，生动的童话故事、巧妙的安排、精辟的措辞、设置的悬念，让学生产生新、奇、趣、疑的感受，使学生情绪高涨、精神振奋、思维活跃，从而激发起学生浓厚的学习兴趣，使其产生强烈的求知欲望。

案例 4－4－2

“圆的认识”导入设计

“圆的认识”是人教版小学数学六年级上册第四单元的内容，它是几何的初步知识，因此它既是一节起始课，也是后继学习“圆的周长”“圆的面积”“圆柱”“圆锥”的基础。教师为了激发学生兴趣设计了如下的导入环节。

师：喜欢看动画片吗？课件播放：四个小动物在进行骑自行车比赛。师：小兔骑三角形车轮的自行车，小狗骑长方形车轮的，小猫骑椭圆形车轮的，小猴骑圆形车轮的，它们正在起跑线上，你们猜一猜，谁会获胜呢？同学们都能猜到是小猴子。好，带着我们的猜想一起来给它们加油！继续播放画面：小猴轻轻松松地到达了终点。小猫被车子颠得上下晃动，非常狼狈地骑了一小段。可爱的小兔和小狗虽然卖力地骑，但自行车根本就没有移动。同学们看得捧腹大笑，都在笑小兔、小狗和小猫。师：你们猜对了，为什么小猴骑车的样子最轻松，并且获胜了呢？学生说因为它的车轮是圆的。教师又问那小猫的车轮也是圆的，怎么没得第一。学生回答：因为小猫的车轮是椭圆的，车轴没有装在中间。于是教师抛出问题：那为什么车轮做成圆的，车轴装在中间，跑起来就又快又稳了呢？今天我们带着这个问题一起来研究。

【案例分析】

这是一个比较巧妙的导入。教师展示的小动物骑车比赛的场面有趣又形象，动画对于六年级学生仍然有着极大的吸引力，因此引起了学生的兴趣；教师展示问题情境后的追问和学生的正确猜测，为学生学习新知提出了要思考的问题。虽然学生从感性上能断定自己的猜测是对的，但不能讲清其中的道理，真是呼之不出，欲言又止，说不明白，但又接近学生的最近发展区，学生自然就会产生想明白其中道理的愿望。这样的导入，一方面激发了学生外在的学习兴趣，另一方面也激发了学生的探究欲望，从思想上吸引学生主动参与学习活动。

3. 复习知识，引导学习新内容

导入是课与课之间的“桥梁”和“纽带”，具有承上启下的作用，它既是先前教学的自然延伸，也是本节课教学的开始。巧妙地导入，可以在复习与新知识相关的旧知识的基础上，使新旧知识之间建立一种非人为的、实质性的联系，为深入学习新的知识打下基础。

案例 4－4－3

人教版四年级“三角形内角和”导入设计

师：同学们，我们已经学过了用量角器来测量角的度数，请同学们来测量三角形纸片上的三个角的度数。（同桌合作完成测量）

师：接下来我们做一个游戏。你们说出你们测量的三角形纸片上的两个角的度数，老师便可以猜出第三个角的度数，相信吗？（师生共同活动）

师：同学们，其实你们也可以跟老师一样棒，只要好好学习今天的知识就行了。今天我们来学习三角形内角和。

教师首先通过导入复习了测量角度的方法，然后让学生玩猜角的度数的游戏，使学生对三角形三个角的度数产生学习的好奇心，自然平滑地引出了新知识——三角形内角和。创设的情境引起了学生思维火花的碰撞，激发了学生更进一步学习三角形内角和的兴趣，为后面学习新知提供了学习资源。

4. 渲染气氛，创设问题情境

课堂导入还具有渲染气氛、创设问题情境的作用。学生的学习情感直接影响学习效果，因此，课堂导入通过引发学生的情感，使学生进入教学内容中的情境和教师一起与教学内容产生情感上的共鸣，从而达到师生情感相通、心理相融、共同探索，使学生更好地理解教学内容并获得亲身的学习体验。

案例 4－4－4

人教版一年级“多与少”导入设计

师：我知道你们今年 6 岁或 7 岁了，你们想不想知道老师的年龄呀？老师的年龄比你们的年龄多得多。猜一猜，老师今年多大了。

生：20 岁。（不对）

师：比 20 岁还要多得多。

生：80 岁。（全班“啊”了一声）

师：我有那么老吗？（全班同学哄堂大笑）

老师接着提示：比 80 岁少得多。

生：50 岁。

师：比 50 岁少一些。

生：40 岁。

师：比 40 岁多一点。

生：42 岁。

师：猜对了，恭喜你。

师：我们再来做一个游戏，老师要和一名男生、一名女生进行跳小绳比赛，谁愿意来挑战老师?

学生都把小手高高地举起来。于是教师和自告奋勇的两名学生跳小绳，计时1分钟，三个人都累得气喘吁吁，然后教师在黑板上画好表格，分别画上老师头像、女生头像和男生头像，并在三个头像对应的表格下面写上数据，分别是43个、60个、28个。

师：谁能根据我们三个刚才跳小绳的个数，任意选两个数据，用多一些、多得多、少一些或少得多说句话?

【案例分析】

猜一猜，玩一玩符合一年级学生的天性，特别是事件与教师有关，学生会倍感亲切，特别愿意参与。学生没有年龄概念，猜错时，教师与学生的机智对话，不但打破了尴尬的局面，还将体验数感的新知融入其中；当教师与学生一起卖力地跳小绳时，其余学生给他们加油，觉得教师是在和他们玩，非常开心。这样的导入，不但使学生感受到数学知识就在他们身边，更重要的是营造了一个平和、平等、宽松、安全的心里氛围，不同程度地诱发了学生喜欢数学、喜欢课堂、喜欢老师的情感，为后面的学习营造了和谐的环境。

(三) 导入的类型

教学没有固定的形式，一堂课如何开头，也没有固定的方法。由于教育对象不同、内容不同，因此开头也不会相同。即使是同一内容，不同教师也有不同的处理方法。有经验的教师，总是十分重视一堂课的开端和知识之间的转折与衔接。他们总是精心设计导入，讲究导入的艺术性，为了激发学生强烈的求知欲，敢于想象敢于创新。教师要根据所教学生的心理特点，结合教学内容，采用灵活多样的方式导入新课以达到调动学生积极性的目的。通过导入把学生的注意力牢牢地吸引住。数学教学中的导入形式主要有以下几种。

1. 复习旧知识导入

利用复习旧知识的方式导入新知识，引导学生去发现问题，明确探索的目标，是数学教学中最常用的方式。

2. 利用直观演示导入

由于数学学科具有抽象化的特点，学生往往很难理解，教师在教学时要尽量采用直观教学。直观教学可以使抽象的知识具体化、形象化，为学生架起由形象向抽象过渡的桥梁。对一些抽象的概念，采用直观教具来揭示道理或规律是十分重要的，教师要为学生多提供具体事例，创设演示直观教具的机会，并引导学生在直观观看教具或学生亲自动手演示教具的过程中理顺思路，为他们进一步进行思维加工奠定基础，帮助学生逐步理解抽象概念。

案例 4－4－5

“角的初步认识”导入设计

角对于小学学生来说是一个较抽象的概念，在教学“角的初步认识”时，教师拿出一只装有三角板、瓶盖、乒乓球等物体的黑布袋，要求学生摸出一个有角的物体。此时，学生就会凭着尖尖的感觉很容易找到三角板上的角。教师顺势以三角板为教具，抓住三角板名称中的角字和三角板上的角借题发挥导入新课。

3. 用实验演示导入

教师巧妙地设计一些小的实验或练习，指出一些现象让学生自己观察和分析，并进行归纳总结，得出的结论就是本节要讲的主要内容，因而课题也随之被揭示出来。这种导入方法，能帮助学生掌握抽象的知识，激发学生的思维活动。

案例 4-4-6

人教版四年级下册“三角形的三边关系”导入设计

小学学生是具有活动实践的天性和创造成功的欲望的。教师在教学“三角形三边的关系”时，先让学生用小棒围三角形，初步认识什么样的图形叫作三角形。然后教师提问：那你们能用老师准备的小棒围成一个三角形吗？学生信心满满，纷纷动手操作，结果发现，有的三根小棒根本就围不成三角形，学生由此对三角形的三边关系产生了强烈的探究欲望。这样的导入，以学生为主体，既可以激发学生的思维活动，又可以活跃课堂气氛，自然会产生很好的效果。

4. 用生活实际问题导入

在生产和实际生活中，有不少现象，人们往往能感觉到却不能理解，如果把它们上升到理论的高度就能引起人们浓厚的兴趣。教师利用这种心理，以学生生活中熟悉的事例或自身的生理现象引入新课，会使学生产生一种亲切感和实用感，更容易引起学生学习的兴趣。

案例 4-4-7

北师大版四年级上册“温度”

教师利用课件呈现宋代文学家苏轼的题画诗《惠崇春江晚景》：“竹外桃花三两枝，春江水暖鸭先知。蒌蒿满地芦芽短，正是河豚欲上时。”呈现完赏心悦目的课件后，教师让学生通过听、观、想来感知诗词中的“鸭先知”，引导学生分析“知”的是什么和为什么，以此来引入天气的冷暖变化需要用“温度”来测量。这样的古诗词导入不但能有效激发学生的学习兴趣，还能让学生感知生活中“温度”的变化，让学生体会到认识“温度”的价值。这样学生就更有兴趣关注本节课新知的发生和发展，从而达到“景色初展，鲜花含露”的教学效果。

案例 4-4-8

人教版二年级下册“平移和旋转”

“平移和旋转”是义务教育课程标准实验教科书小学数学二年级下册第 41、42 页的内容，教师利用学生熟悉的生活情境进行导入。

教师：小朋友们，上个周末我和聪聪、明明一起去了一个地方。想跟我一起去看看吗？（课件出现游乐场情景：摩天轮、穿梭机、旋转木马，滑滑梯、推车、小火车、速滑）游乐园里各种游乐项目的运动变化相同吗？你能根据他们不同的运动变化分类吗？在游乐园里，像（点击出现滑滑梯、推车、小火车、速滑的定格画面）滑滑梯、小朋友推车、小火车的直行、速滑这些场景中，物体都是沿着直线移动的，这种现象叫作平移（板书：平移）。而（点击出现摩天轮、穿梭机、旋转木马定格画面）在摩天轮、穿梭机、旋转木马这些场景中，物体都绕着一个点或一个轴移动的现象，我们称之为旋转（板书：旋转）。今天我们就一起来学习“平移和旋转”。

5．以讲故事的方式导入

小学学生的特点是求知欲强，颇具好奇心。他们爱听、爱看有趣的故事，教师应紧紧抓住学生这个心理，变学生的好奇心为浓厚的学习兴趣，使学生的思维活动积极活跃起来。教师根据教学内容适当地引入一些材料，从与教材有关的奇闻轶事出发进行导入，能激发学生对所学新课产生浓厚的兴趣。

6．用活动游戏导入

活动游戏导入是指教师通过组织学生做与教学内容密切相关的活动或游戏，激发学生的学习兴趣，活跃课堂气氛，使学生在既紧张又兴奋的状态下不知不觉地进入学习情境的一种导入方法。

案例 4-4-9

人教版二年级下册“平移和旋转”导入设计

在教学“平移和旋转”时，教师设计了这样的导入片段。师：玩过手机和电脑游戏的请举手？学生“哗”地一下全举起手来。师：玩过俄罗斯方块的请举手？学生又“哗”地全举起了手。师：说说是怎么玩的？生：放满一层就消失了。师：今天我把这个游戏带来了，谁想上来试试？学生面面相觑，继而纷纷高兴地举手。师：我请一名同学来玩玩看，大家就在下面给他出谋划策，好不好？然后游戏开始。师：快帮他想想，放在哪合适。一些学生大呼，那边那边，手往左或往右猛烈挥舞，另一些学生则大呼，转、变形、往下，呼喊之声不绝于耳。负责操作的学生不断向左、向右，或向上向下平移，或旋转后再平移到合适的位置。游戏结束，师：看来同学们对这个游戏还挺熟悉的，想过没有，游戏中方块向下、向左、向右的运动方式叫什么？今天这节课我们就继续学习有关平移的知识。

这里教师利用学生非常熟悉的计算机游戏作为新课导入是非常巧妙的，游戏中，学生频繁地用到向不同方向平移两次甚至多次的操作方法，发现了平移的方向、距离、方法和技巧，从而对平移有了一个更清晰、更深刻的认识。这样的处理，使学生经历了平移的三种不同层次的概念表征过程，即操作、表象和符号化。学生对于平移本质的理解和把握也因此一步步深入。同时，这种导入设计给数学特定的冷和严肃的美增添了适当的温度。

（四）设计导入时应注意的问题

导入在整个教学中是一个重要的环节，它直接影响学生学习的情绪和效果。在设计导入时要注意以下几个问题。

1. 导入要有针对性

导入是一堂课的开头，从课堂结构的角度来看，它的作用是为教学打开思路。如果导入部分的内容脱离了课堂整体，那么再精彩的导入也会失去它应有的作用，这是不可取的。教师设计导入时一定要紧密结合教学内容，要有很强的针对性，与本节课的具体教学目标相适应；要一开始就把学生的思路带入一个新的知识情境中，让学生对要学习的新内容产生认识上的需要。导入环节以优质高效为最佳，拖沓冗长的导入不仅起不到好的过渡作用，还会影响教学进程。所以教师设计的导入方法要具体、简捷，尽可能用少量的语言说明课题要学习的内容、意义和要求。

2. 导入要有启发性

导入应对学生学习新知识具有启发性。富有启发性的导入能引导学生去发现问题，激发学生解决问题的强烈愿望，调动学生积极的思维活动，实现知识的迁移，促使他们更好地理解新的教学内容。启发性的关键在于启发学生的思维活动，而思维活动往往是从问题开始的，学生围绕问题思考解决的办法，为他们顺利地理解学习内容创造了前提条件。教师可通过设置悬念、创设情境、游戏活动、现象展示等方式引起学生的注意，创造出思维上的矛盾冲突，使他们产生“新奇”感，为后续知识点的学习做好铺垫。

3. 导入要有趣味性

孔子说过：“知之者不如好之者，好之者不如乐之者。”如果学生对所学的内容感兴趣，就会表现出主动、积极的心理倾向，学习时轻松愉快，学习效率自然会较高。教师设计的导入要做到引人入胜，使教材内容以新鲜活泼的面貌出现在学生面前。这样能最大限度地引起学生的兴趣，激发他们的学习积极性，引导和促进学生接受新知识，从而防止学生产生厌倦心理，进而为整个课堂教学打下良好的基础。

4. 导入要考虑语言的艺术性

要想使新课的开始扣动学生的心弦，激起学生思维的浪花，像磁铁一样把学生牢牢地吸引住，需要教师讲究导入的语言艺术。语言艺术的前提是要考虑语言的准确性、科学性和思想性。同时，还要考虑语言的可接受性，不能单纯地为生动而生动。教师的语言应当准确精练、通俗易懂、生动活泼、富有趣味，给人以幽默感，在吸引学生的同时，给学生以深刻的启迪。

5. 导入要简洁明了

导入作为一节课的引导部分，教师在设计时要注意开门见山，整个导入部分应该简明扼要，重点揭示本节课要教学的知识。设计时要控制好时间，导入时间不宜过长，一般5～8分钟为宜，因为导入过长不仅不能产生好的教学效果，反而会给人喧宾夺主的感觉。

总之，好的导入能触动学生心弦，使学生产生欲罢不能的求知欲望，使学生情绪高涨、精神振奋，为学习新知创造良好的氛围。好的导入有助于学生获得良好的学习效果，有助于引发学生的数学思考。

二、讲解技能

（一）讲解技能的概念和构成要素

讲解技能又称讲授技能，是指教师在课堂教学中利用语言及各种教学媒体引导学生理解重要事实，形成概念、原理、规律、法则等的行为方式。

讲解技能的构成要素主要包括语言结构、逻辑与连接、使用例证、获得反馈等。

1. 语言结构

语言结构是指课堂教学要求教师的语言通俗易懂；讲解生动、形象，富于感染力；表述流畅，思路清晰，突出学科性和科学性。数学教师的语言应该是准确、规范、富有逻辑性和启发性的，因此更要生动有趣、通俗易懂。语言结构方面对讲解技能有以下要求。

（1）讲解语言要准确、发音清晰、结构完整、具有科学性。

在阐述例证、推导结论、提出问题和解答问题时，教师的讲解语言都应该准确无误，符合科学性。也就是说，教师在对知识进行讲解时，句子的意义要确切、明白，句子所指要明确；句子的结构要完整，不能只有前言没有后语；用词要准确，特别是数学术语一定要准确，注意用词及语言的科学性。

（2）讲解语言要形象、生动。

语言准确、结构完整、符合科学性等要求并不意味着讲解的语言就一定是干巴巴的、冷冰冰的。讲解语言要体现教师的教学激情，要能激发学生的学习兴趣，因此讲解的语言必须富有情感，讲解的语言必须生动、形象。

（3）讲解语言应具有逻辑性和启发性。

逻辑的严谨性是数学的一大特点。讲解数学知识必须注意语言的逻辑性，这是由数学学科本身特点所决定的。同时，语言的逻辑性也是培养学生逻辑思维能力的好材料。因此，教师讲解时的语言要条理清楚，层次分明，且具有说服力。教师要恰当地运用数学的专业术语，为学生提供思维严谨、步骤清晰的模仿范例。当然，逻辑的严谨性又使得数学教材具有其独特的特点，即教材中的教学内容往往是以结果的形式来呈现的。这就要求教师在教学前做好还原工作，在教学中进行讲解的时候注重启发性，启发学生通过联想、想象、分析、对比、归纳等，去探索数学知识的发生、发展过程。讲解的启发性在于能把抽象的数学问题具体化，把深奥的数学对象形象化，从而提高学生的思维能力。教师要善于从教材内容出发，针对教学重点、难点，启发学生积极思考，使学生学会怎样分析问题、解决问题。

（4）讲解语言要有节奏感。

讲解教学中，教师应当灵活地运用语言技巧，特别是把握语言的节奏。首先，语音、语速、语调、音量应适合讲解内容和情感的需要。同样的内容，用不同的语速、语调、音量来表述，就会给学生造成不同的印象。所以，讲解的语言、语调一定要有节奏，有轻重缓急之分，要使学生收到清楚的信息。其次，讲解中应恰当、灵活地运用“停顿”来控制节奏。数学课堂教学语言不能处处“连续”。数学教学是教师引导学生进行数学思维活动的过程，如果教师用“连续”不间断的语言讲数学问题，则学生没有思考的余地。所以，从培养学生思维的角度来说，教师在讲解过程中应当恰当、合理、有目的地运用“停顿”，给学生思考的机会和时间。

（5）讲解结构。

讲解结构是指教师在分析学生学习心理、认知结构和教材的知识结构的基础上，对讲解全过程的统筹规划和设计。现代教学研究认为，课堂教学的讲解必须抓住内容的精华，对讲解的内容、方法进行精心提炼，力求做到精确、精细、精彩。内容的精华是指知识结构和学生认知结构中的主要矛盾和矛盾的主要方面，它包括知识的重点、难点，理解和应用知识的关键，形成知识的结构体系以及认识、分析、处理问题的基本思想和方法。教师必须向学生明确指出新、旧知识的联系，指出新知识本身内在的逻辑关系，以教学内容为知识点形成清晰的思维框架；根据学生认识过程的规律及各部分讲解内容的逻辑关系，设置一系列应讲清楚的问题，使讲解脉络清楚、重点突出、方法简洁、结构严谨。值得注意的是，强调是突出讲解结构的一个重要方面。新的数学知识结构中的主要知识点、知识点间的关系、新旧知识间的关系、各种数学思想方法间的关系等都是教师在教学中必须采用各种教学技能加以突出与强调的，当然也包括使用讲解技能进行强调并应在讲解中进行强调。强调的内容主要是每章、每节中对学生认知结构的形成起固定点与核心作用的基本概念、基本定理和基本数学思想方法，这些内容既是重点，也是关键。强调一方面要重视及时对知识进行总结，进一步通过讲解结构体现知识结构，使学生形成良好的认知结构；另一方面要注意与其他教学技能配合（如变化技能等）来达到强化的目的。

2. 逻辑与连接

逻辑与连接是强调在讲解过程中，教师不但要讲清数学问题的逻辑推理过程和各教学环节的逻辑关系，还要注重各教学环节的过渡与衔接。逻辑推理是数学特征的重要体现，也是数学学习中十分重要的内容。教师在课堂教学中要通过讲解，讲清每一个数学问题的逻辑推理过程，而且要通过此过程向学生揭示知识间的逻辑关系。这是因为数学问题的逻辑推理过程，都是通过定理、公式和法则将不同的数学事实连接起来的过程，是知识的逻辑组织过程。例如，从旧知识引入新知识；为讲清原理而引用知识或例子；以数学中某分支中的理论去解决另一分支的问题；不同问题之间的逻辑关系，同一问题的不同解法；由具体问题的解法抽象出数学思想方法等。所有这些正是利用了数学知识间的内在的逻辑关系，从而使问题之间具有了十分恰当的、有逻辑意义的连接，这也是构成连贯清楚讲解的基础。同时，具有逻辑性、连贯性的教学语言也是启发学生数学思维的重要手段，是潜移默化地培养学生良好心理品质、严谨求实的科学态度的重要手段。

3. 使用例证

使用例证也即举例，是指用已学过的知识分析、判断具体的问题，是形成知识、检查和巩固知识的有效方法。

使用例证所对应的教学心理学要素是“知识的迁移”。教学中每一个已有知识都是新知识学习的基础，而每一个新知识也都是相应旧知识的扩展、延伸和升华。通过知识迁移可以使已学的知识、技能得到进一步检验、充实、巩固。因而，迁移又是从掌握知识、技能过渡到形成能力的重要环节。

数学知识是抽象的，数学思维是一种高度抽象的思维。为使学生掌握数学知识，教师常常会以具体的例子来说明。这种从具体到抽象的思维方法，是引导学生掌握、认识并建构起某个数学概念、结论和数学方法的重要讲解手段。

教师在课堂上，利用学生学过的数学知识，利用图表、例题，利用正反面的例子、故事以及相似的模拟例子，向学生传达数学知识的含义，使学生加强对数学方法的认识。教师通过对例子的讲解，可了解学生对数学知识理解和掌握的程度，通过例子还可以提高学生兴趣。广义地讲，一个定理、一个公式、教材中的一般性例题，都可以看成例子。但这些并非例证意义上的例子。为了讲清某一个问题的例子，一般是简单的，涉及的方面常常是单一的，是学生很容易理解或与旧知识有共性的。具体来说，使用例证要注意以下几点。

（1）使用的例证的内容要恰当、明确。

使用的例证的内容要恰当具有两方面的含义，一是所引用的例证要与讲解的要领规律等教学内容相一致，二是使用的例证要符合学生的认知水平，必须是学生非常熟悉的，或是学生易于理解的。使用的例证的内容要明确是指举例的具体内容要明确，即例子的内容和形式是单一的和鲜明的，不能含糊不清、模棱两可。

（2）使用例证要注重分析。

使用例证的目的是对已学过的数学概念、公式、定理、法则等知识进行应用，而应用过程又是深化、理解知识的过程。例证不应只重视结果，而应重分析。例证是为了讲清数学事实，因此，教师必须带领学生把例子中所反映的规律、本质讲出来，讲清楚。如果例子和所讲数学问题之间的关系，在学生的思维中并不明确，那么这种讲解就不起作用。

（3）重视使用变式例题。

对于教师讲授的概念、定理、公式、法则，学生理解了它们，并能用语言陈述它们共同的本质特征和规律，仅表明学生完成了陈述性知识阶段的学习，并不能说学生就理解和掌握了知识。因此，在数学教学中，对于某一具体的数学概念、公式、定理，改变其外部形式，指导学生分析，这种练习称为变式练习，这种教学形式称为变式教学。变式教学不但要运用正面例子，还要注意运用反例。反例是指表明某数学命题不成立的例子。反例与正面例子一样，也是讲解的重要手段，是使学生全面认识某一数学事实的重要方法。在学生初步掌握了某一数学知识之后，从不同角度引入反例这种变式，可以帮助学生真正形成本质上的认识。

另外，在教学中常会出现学生对某些数学结论的先决条件记忆不清，或理解不全面的情况。对此教师就可以通过反例的讲解，提高学生的认知水平。

凡是逆命题不成立时，教师都应在恰当的时候给出反例。需要注意的是，教学中要防止正面例子和反例交叉使用，以免造成学生认识上的混乱。对某个数学知识点来说，当学生从正面认识还不稳定时，教师不要急于引出反例，否则就会造成学生认知结构的混乱，甚至将反例当成正面例子去进行概括，去认识。因此，反例的运用通常是在学生初步掌握了新知识，且已通过正面例子使学生新的认知结构得到必要的强化之后，而且还得根据数学知识的特点和学生情况来决定是否引入反例，何时引入反例，以使学生的认知结构更完美。

当然，除上述正、反两方面的例子外，为了知识的进一步分化，教师在教学中还可结合教学内容和学生的情况，引入相似的或易于引起学生注意的例子，以加强教学效果。

4. 获得反馈

教学是教和学双方的共同活动，教学过程是师生双方相互作用、相互影响的过程，在整个教学过程中师生进行信息和情感的交流。获得反馈是指在整个教学过程中，教和学双方都能准确及时地获得对方的反馈评价信息。来自学生方面的反馈信息，可以使教师掌握学生对所学知识的兴趣、态度以及理解程度，及时调整教学部署、优化教学效果，更好地发挥教师的主导作用；教对学的反馈信息可以使学生强化正确知识、改正错误、明确差距、端正方向，更好地发挥主体作用。“教学相长”是反馈的结果，教和学双方互相反馈，互相推动，互相促进。

在教学过程中，教师及时了解学生的反馈是至关重要的。获得反馈应注意以下几点。

(1) 反馈的内容。

反馈主要是指学生对教师讲解的反映。教师在课堂上必须随时了解学生对自己教学内容的理解程度。这主要包括学生注意情况，学生对教学内容的兴趣程度，学生对刚讲解的数学知识和数学方法的理解、掌握情况等。除此之外，学生对教师的态度是否亲切、学生对知识的追求是否迫切、学生能否按教师的要求完成学习任务等，也都应是反馈的内容。

(2) 获得反馈的方式。

① 观察。观察是数学教师必须具备的基本功。学生对教师的任何教学行为都必定有某种反映，而且绝大多数学生的反映是表现在表情和行为上的。对教师的讲解，学生的表现常是会心地微笑、聚精会神地听、聚精会神地思考；部分或全体学生记笔记或在草稿上进行推导，主动验算；部分学生带着疑问的目光注视教师或板书上的内容；学生直接举手发表意见；学生中有部分人相互研究、议论等。数学课上学生对教师的讲解的反馈，还有很重要的一个方面就是学生课上的练习、演板的情况。它能更具体、更深入反映学生对教师所讲解知识的掌握程度，以及存在的问题。

② 提问。在课堂教学的不同阶段，教师提出了解性质的问题，可以立即得到学生对教师讲解内容的反馈。提出的问题可以是回忆以前讲过的知识，考查本课讲的新知识，应用所讲的知识等。这种反馈是直接的，也是比较迅速的。这种反馈方式的利用是比较复杂的，有关内容可参阅提问技能部分。

③ 学生非正式发言。学生对教师的讲解总有一些看法、想法，并常常脱口而出，如学生之间的小声议论，教师指导学生的分组讨论等。这些反馈需要教师随时随地注意和收集。学生的非正式发言常是带有学生特点的通俗语言，也可能是带有较多缺陷的数学语言，有时甚至是对教师教学的评论。这样的非正式发言，通常时间很短，它们是学生数学思维活动的反映，因此教师这时不要随便制止，而要注意使反馈更明确。但如果学生的非正式发言时间太长、太频繁，或与教学内容无关，教师就应以适当方式对待。

④ 让学生提出问题、看法。在数学知识上，学生提出有水平的问题是比较难的，但针对本节课教学内容提出自己有困惑的问题，学生是可以办得到的。教师鼓励学生提出问题，是得到教学及时反馈的重要手段，培养学生养成勇于提出问题的习惯，也是使学生形成独立思考、勇于发现问题、构建良好个性品质的过程。让学生对教师的讲解提出自己的看法，如归纳、总结某段教学内容；说出对某个要领的理解，它与以前学过的有关知识的关系；归纳总结解决某个数学问题使用的主要数学方法；发现某个例题的特点，分享从这

种例题的解法中得到的启示等也是一种反馈。要注意的是，学生发言时，教师可以及时纠正、补充那些认识不足之处，但最好是等学生讲完，不要轻易打断学生的发言。

(3) 反馈的作用。

课堂教学中，反馈的主要作用是为了帮助教师进一步调整自己的教学，保证学生的收获是确实的。教师备课时，对学生的思维水平和认知水平，不可能了解得那么彻底。课堂上由于各种因素的作用，所备的课、教师的预想，不可能完全符合实际。教师通过课堂上及时的反馈，可以及时对自己的教学进行修正。

(二) 讲解技能的类型和操作要点

1. 引导性讲解

在数学教学中，引导性讲解是指将学生的注意力转移到数学知识的学习中去，或引导学生主动观察、分析和研究问题的讲解。由此可知，引导性讲解应用的范围是很广的。在课题引入阶段，教师可以通过具有感染力的语言，将学生的注意力吸引到学习中来；在面对数学对象或现象的过程中，教师通过语言讲解，引导学生主动地从不同角度或侧面进行观察、分析和研究；当学生思维遇到障碍时，教师可通过讲解来引导学生思维；对同一数学问题，教师可以用讲解引导学生从不同角度去思考，寻求问题的不同解法，甚至可以引导学生在众多的方法中选出最优方法；教师还可以通过讲解，引导学生归纳、总结数学问题中所隐含的基本的数学思想和方法。

2. 分析性讲解

在数学教学中，分析性讲解是指对数学对象、数学概念、数学命题、公式、定理以及数学推理证明过程及方法进行说明和进一步揭示的讲解。分析性讲解通常发生在给出了某一数学事实之后。分析性讲解可以加深学生对这些数学事实及其条件、结论的认识和理解，有助于提高学生分析能力、解决问题能力的培养。分析性讲解在数学教学中大体表现在以下几个方面。

(1) 对数学概念的分析性讲解。

第一，要分析概念的内涵和外延，并由此确立该概念的上位概念或下位概念，明确其在整个概念系统中与其他概念的相互关系。第二，通过分析，进一步揭示与概念相关的等价命题，帮助学生从多种角度去把握概念。第三，通过分析，让学生确立这样一种意识，即数学概念一般是一个充要条件的命题，这对解题过程中灵活运用概念是非常重要的。例如，平行四边形的定义是“两组对边分别平行的四边形是平行四边形”，反过来说“平行四边形是两组对边平行的四边形”也是成立的。

(2) 对公式、定理的分析性讲解。

第一，要分析公式、定理的字母、符号的数学意义。第二，要分析公式、定理成立的条件及适用范围。第三，通过对公式、定理条件的变化分析，进一步强化条件的重要性。第四，要对公式、定理的结构作解剖性分析。另外，对于公式、定理，应尽量采用形数结合的方法，使学生获得对公式、定理的全面理解与把握。

(3) 对证明、计算方法的分析性讲解。

教师要注意对定理、公式及数学问题的证明或解题方法的分析性讲解。当定理、例题的条件和结论明确后，教师就要带领学生对条件和结论进行分析，以得到证明方法或计算方法，特别是要通过分析性讲解，教给学生思维方法，以提高他们的数学能力。所以分析性讲解在这时表现为思维活动的讲解，也是教师通过讲解来展示思维过程的一种示范方式，它对学生思维能力的发展和思维习惯的培养都是十分重要的。在这一过程中，还应当注意的是，一个数学定理、公式或问题的解决方法通常不止有一种。教师开始时必须选择较一般的方法，即通法，并沿此方法进行分析讲解。教师在上课前要精心准备，设计好如何进行分析、讲解，讲解的方式和语言等。在此过程中，教师应注意综合法与分析法的结合。

（4）对数学方法的分析性讲解。

数学方法的学习与掌握是数学教学的重要目标之一。教师的分析性讲解，是引导学生学习数学方法的一种手段。比如某些数学问题可通过分析性讲解使学生学习到化难为易、化未知为已知、化繁为简的化归方法，由局部分析归纳为一般的方法，类比和数学模型方法等。这种讲解通常是在讲授完数学问题之后，总结解题方法时进行的。

3. 逻辑性讲解

数学是具有严密的逻辑性的学科。因此，数学课堂教学必定处处都要使用逻辑性的讲解。逻辑性讲解包括对数学推理论证、理由原因的讲解。逻辑性讲解通常和分析性讲解同时使用。逻辑性讲解大量应用于定理证明和证明题的证明过程之中。数学中的任何演绎过程（计算、恒等变形），都必须通过逻辑性讲解，使学生明确推演的理论依据，明确计算的合理性（算理）。逻辑性讲解是培养学生的逻辑思维能力和逻辑推理能力的重要教学技能。在进行数学证明和计算的过程中，教师的逻辑性讲解就是要使用准确、简练的数学语言指明每一步推理所依据的定理、定义、公式或法则。

逻辑性讲解还要注意与书写同步。讲解关键性的步骤、难点、新的方法时，讲解速度一定要慢。同时，逻辑性讲解还要注意与其他教学技能配合使用。

4. 解释性讲解

解释性讲解是在教学中用于对知识的陈述、意义的交代、程序说明、结构显示、符号转译等进行的讲解。对数学教学而言，解释性讲解则是指对某个问题的中心思想、某个数学事实（如定理）的含义及使用它的注意事项、解题步骤、解题过程中容易出现误解的原因、某一数学方法的基本操作过程等的讲解。解释性讲解一般适用于具体的、事实的、陈述性的、操作性的知识的教学。

5. 描述性讲解

描述性讲解是指在教学中运用于内容陈述、细节描述、形象分析、材料显示，以及教学对象的状态、变化过程和结果等方面的讲解。描述性讲解大多用于讲授具体知识，提供表象，属于讲解的初级类型，如对数学问题的证明过程、计算过程、思维过程等进行简单、概括的描述；对几何对象的结构、特点、作图程序的形象性、描述性讲解等。

描述性讲解要做到清晰有序地交代内容，详略分明，突出重点，语言生动。在使用描述性讲解过程中，要防止用描述性讲解语言代替严格的定义、定理，不能削弱逻辑性、严谨性。

6. 提示性讲解

提示性讲解是指为明确问题关键、思维关键、解题方法关键等而进行的讲解。提示性讲解往往与引导性讲解配合使用，其目的都是启发学生思维。两者不同的是，引导性讲解着重于思维方向，而提示性讲解侧重于思维程序中的关键点。数学中的提示性讲解大体如下所述。

（1）明确问题的提示性讲解。

为使所讲的数学问题更明确，使学生思考更集中，教师就要以适当的语言去提示学生。对某个具体数学问题，要提醒学生认清条件和不同条件间的联系，认清结论。特别是当有些题的条件较多时，要对那些易被学生忽视的条件给予提示。

（2）强调性的提示讲解。

为了强调要注意的某个问题、某个数学方法、某个数学技巧、某类问题的思维关键或解法关键、某节课内容的关键或重点等，教师可直接向学生进行强调性的提示讲解。强调时除可直接用“请注意”“这一问题的关键是”“这是这节课内容的关键”等语句外，还可通过声音的大小、高低，语速的快慢变化等，来提醒学生注意。

数学严密的逻辑关系，决定了教师在教学中必须提醒学生注意推理、计算的逻辑关系。对应用数学定义、定理、公式以及数学符号时学生经常出现的错误，教师要及时强调提示，纠正错误概念，强化正确认识。不断地进行提示性讲解，是一种启发学生参与数学活动、进行数学思维、使学生认识不断深化的重要教学手段。

7. 总结性讲解

总结性讲解是指教师带领学生学习某部分数学知识后，用简单的语言进行总结概括的讲解。每节课、每单元内容学习完之后，教师都必须进行总结性讲解，将所学习的知识内容进行整理概括，对其中的数学思想方法进行总结概括，对解题方法与技巧进行总结概括，从而起到提纲挈领的作用，同时这也是进一步优化学生认知结构所必不可少的环节。总结性讲解还必须对容易忽视、容易出错的问题进行总结。进行总结性讲解时，中心要突出，所述问题语言要简练。

（三）讲解技能应用的注意事项

1. 目的性

讲解的目的要明确、具体。教师要根据一节课的教学目的，明确每一段讲解内容的目的。“在知识上让学生学会什么？学到什么程度？在技能上让学生学会什么？怎样学？”这是教师在讲课时要考虑的首要问题。教师一定要明确：讲解是启发学生思维，而不是替代学生思维的。

2. 计划性

教师对讲解内容要有周密的计划、详尽的安排。第一，要明确讲解内容的顺序，选用什么样的范例，先讲什么，后讲什么，怎样讲才能吸引学生，才能使学生接受和理解。第二，要考虑内容之间的联系，使讲解内容成为一个完整的、连贯的体系。要便于学生理解、记忆。第三，要考虑讲解与练习的衔接。讲练结合的成功与否，往往是一节课成功与否的关键。

3. 针对性

讲解的程序设计、内容安排都要根据教学内容和学生的实际情况来确定。讲解应根据知识的重点、难点、形成过程和数学思想方法而有所侧重。教师在讲解时不可能面面俱到，无一疏漏。教师在讲解时要针对学生易错、易混的知识要素适当提问，加强反馈，及时矫正；对于重点知识、基本技能、基本方法，要及时强调，帮助学生巩固。教师的讲解既要符合数学的学科特点，又要符合学生的年龄特点。因此应从学生的感性认识和熟悉的事例引入。数学的逻辑性是非常严密的，教师在讲解概念、定义、法则时要“抠字眼”。教师的讲解是学生模仿的依据，教师讲得严密，学生才能学得系统。

4. 要注意和其他技能的密切配合

实践经验表明，教师在讲解时必须密切配合其他技能的使用，才能提高讲解的效率。例如，教师在讲解时可借助提问加强反馈，边讲解边板书，边讲解边演示，边讲解边实验等也都是教师常采用的方式。这样做，一方面可以借此提高学生的学习兴趣，另一方面可以使学生调动多种感官同时参加学习，提高学习效率。教师在讲解时可以通过语言声调、速度的变化吸引学生注意，进行强调。体态语言在教师讲解中的作用是很大的，教师的一个手势、一个微笑都可以起到意想不到的作用。教师在讲解时还应该对学生的学习行为给予鼓励和肯定，以激发学生的热情。总之，教师在讲解时要采取多种措施，使学生“愿意学，学得会”。

5. 讲解的时间要适当

讲解的时间不要过长。讲解的时间过长容易使学生疲劳，注意力分散，进而降低讲解的效果。

三、提问技能

问题是开启任何一门科学的钥匙，思维是从问题开始的，有问题才有思考。学有所疑，才会学有所思、有所得，才会产生兴趣，形成动力。我国古代教育家孔子就常用富有启发性的提问进行教学，他认为教学应“循循善诱”，运用“叩其两端”的追问方法，引导学生从事物的正反两方面去探求知识。古希腊哲学家苏格拉底也是一位提问高手，他使用“精神助产术”的方法进行教学，通过不断地提问让学生回答，找出学生回答中的缺陷，使其意识到自己结论的荒谬，通过再思索，最终自己得出正确的结论。由此可见，培养学生的问题意识是创新教育的起点。在教学中怎样提高课堂效率？课堂提问是很重要的一环。因此，研究课堂教学中提问的技能是优化课堂过程、优化学生思维流程的关键。

（一）提问技能的概念

提问技能是教师运用提出问题，以及对学生回答的反应的方式，了解学生的学习状态，启发学生思维，使学生理解和掌握知识、发展能力的一类教学行为。

提问技能在培养学生的思维能力方面有着特殊的重要作用，是解决问题最有效的教学行为。从心理学上讲，推进认识、发展思维的首要条件是，学生对认识对象发生兴趣、并产生力图了解这一对象的内在愿望——求知欲。当原有的经验结构与新接收的信息不相适应，在心理上产生矛盾时，就会产生力求统一矛盾，使心理状态趋于平衡的内在要求，其结果是得到一种心理满足，求知欲的产生来自疑问。所以教师在课堂上有目的地设置问题，形成问题情境，从而引起学生的认识兴趣和认识矛盾，激起探究的愿望，给他们造成一种心理紧张，是使他们对学习产生兴趣、积极参与学习活动的良好方式。

（二）提问技能的功能

1. 激发学生的学习动机和兴趣

启发式教学的核心是发挥学生的主体作用。提问能够激发学生的好奇心，使学生产生探究的欲望，迸发学习的热情，产生学习的需求，进入"愤悱"状态。教师有目的地提问可以激发学生主体意识，能把学生引入"问题情境"，使学生的兴趣和注意力集中到某一特定的专题或概念上，产生解决问题的自觉意向，从而增强学生学习数学的动力。

2. 形成严谨的数学逻辑思维

宋代教育家朱熹说："读书无疑者，须教有疑；有疑者，却要无疑，到这里方是长进。"提问是教师对学生学习的一种支持和引导行为。数学是一门逻辑性很强的学科，在数学教学中教师可以根据数学知识点设计一系列问题，通过问题由浅入深地引导学生进行思考。正确恰当地设置问题可引导学生沿着数学的科学性、严密性原则进行思维，有助于培养学生分析问题和推理论证的能力，从而使学生形成严谨的数学思维。通过对问题进行解答，学生能提高运用有价值的信息去解决问题的能力及有效准确的表达能力。

3. 为学生提供参与机会

提问是课堂上的一种召唤、动员行为，是集体学习中引起相互活动的有效手段。教师通过提出问题，为学生提供表现的机会，学生会用表述、说理、举例、论证、演板等方式，展示自己的认知和能力。同时提问也能使教师及时了解学生的学习情况；激励学生积极参与教学；活跃课堂气氛，促进师生之间、学生之间的交流。

4. 培养学生能力

提问可以培养学生的思维能力、口头表达能力和交流能力。数学概念、定理和法则的获得及数学知识和解题技能的掌握都离不开发人深思的问题的启发和精心设计的问题的诱导。教师恰当的提问不仅能激发学生强烈的求知欲望，而且能强化学生的综合应用能力。

5. 反馈教学信息

提问过程是一个教师"教"与学生"学"的双向过程。反馈是实行调控的必要前提，提问可以使教师及时得到反馈信息，了解学生的认知状态，诊断阻碍学生思考的困难所在，并给予恰当的指导。同时，教师还可以直接及时地得到自己教学的反馈，发现教学中的问题，及时修改教学方法，调整教学内容，调控教学程序。

6. 评价、管理课堂教学

在教学中，学生的基础知识掌握得如何，教学目标是否实现，都有赖于提问作出评价。提问是获得反馈信息的最及时有效的一种方法，它也有利于教师对学生和教学效果作出及时的评价。提问可以活跃课堂气氛，促进师生之间的情感交流，吸引学生的注意力，有助于课堂教学活动的顺利进行。因此，提问是进行课堂教学管理，维持良好课堂秩序的常用手段之一。

（三）提问的一般类型

提问是课堂教学中的一个重要环节，它的分类方法有很多，我们可以根据不同的分类原则将数学课堂提问进行分类。

根据对问题回答的要求不同，我们可把问题分为判别类问题、描述类问题、探索类问题和发散类问题四大类。判别类问题主要是对事物加以判定。代表性词语有“是不是”“对不对”“行不行”“好不好”“能不能”“会不会”等。描述类问题主要是对客观事物加以陈述和说明。代表性语句有“是什么”“怎么样”等。探索类问题主要是对事物的原因、规律、内在联系加以阐释。代表性句子有“为什么”“你从中能发现什么”“你该如何”等。发散类问题主要是从多角度、多方面、多领域去认识客观事物。代表性词语有“除此之外，还有哪些方法”“你从中体会到了什么”“你是怎样理解的”“说说你的看法”等。

根据布卢姆教学提问模式的理论，还可把提问分为以下六类。

① 识记性提问。识记性提问是考查识记能力的提问，包括判断提问和回忆提问。对于这类提问，学生只需凭记忆回答。

② 理解性提问。理解性提问是用来检查学生对已学的知识及技能的理解和掌握情况的提问方式，多用于某个概念、原理讲解之后，或学期课程结束之后。要回答这类问题学生必须先对已学过的知识进行回忆、解释、重新组合，对学习材料进行内化处理，然后组织语言表达出来，因此，理解性提问是较高级的提问。

③ 运用性提问。运用性提问是指教师建立一个简单的问题情境，让学生运用新旧知识来解决新的问题，以达到强化记忆、透彻理解、灵活运用的目的。

④ 分析性提问。分析性提问要求学生通过要素分析、关系分析和原理分析，对问题的原因和结果进行解释和阐述。学生仅靠记忆并不能回答这类提问，必须通过认真的思考，对材料进行加工、组织，寻找根据，并进行解释和鉴别才能解决问题。

⑤ 综合性提问。综合性提问是要求学生发现知识之间的内在联系，并在此基础上促使学生把教材中的概念、规则等进行重新组合的提问方式。这类提问强调对内容的整体性理解和把握，要求学生把原先个别的、分散的内容以创造性方式综合起来进行思考，找出这些内容之间的内在联系，形成一种新的关系，从中得出一定的结论。

⑥ 评价性提问。评价性提问是一种要求学生运用准则和标准对观念、作品、方法、资料等做出价值判断，或者进行比较和选择的一种提问方式。这是一种评论性的提问，需要学生运用所学内容和各方面的知识和经验，融入自己的思想感受和价值观念，进行独立思考后才能回答。

（四）小学数学课堂提问的类型与实施

1. 数学课堂中常用的提问类型

（1）复习、回忆提问。

数学是一门逻辑性、抽象性较强的学科，学生每认识一个新的数学对象，都要建立在其已有的认识结构上。如果学生对新的数学对象所涉及的某一旧知识认识模糊，那么他学习新知识就会受到影响。为排除这些障碍，教师在课堂上要提一些复习、回忆性的问题，为新的学习做好准备。同时，复习、回忆提问不仅能使新旧知识相互连贯，强化所学知识，还能检查学生的复习情况。

它的一般形式是“前面我们学习了……，现在请同学们叙述一下什么是……”“……的内容是什么?”这类提问往往会限制学生独立的思考或思维的更新，它一般用于新课的引入或某一问题论证的开始，目的是使学生回忆起所学概念或事实。

（2）理解提问。

理解提问是比复习、回忆提问更高一级的提问，包括一般理解提问、深入理解提问和对比理解提问。

一般理解提问是指学生在学习了某一概念、定理、法则或公式后，能用自己的话对所提问题进行回答。比如讲了四则运算的法则后，要学生归纳四则混合运算的步骤是什么；学习完简易方程后，让学生归纳求一个简易方程的步骤。

深入理解提问要求学生能用自己的话讲述概念、定理、性质等的实质，要求学生对已知信息形式或结构做出改变而不是简单地复述，如学习了分数的概念后，可以问“请同学们观察几个分数，分子分母同时加上或减去同一个数，分数值发生改变了吗?”“如果分子分母同时乘以或除以同一个数，结果会怎样呢?”多提一些这样的问题，对培养学生思维的深刻性是很有好处的。

对比理解提问是把相似或相近的两个概念组合在一个问题中，让学生区别异同，以使学生获得更深入、更本质的理解。例如，“请同学们比较一下，平行四边形与梯形有什么区别?”“小数的乘法与整数的乘法有什么区别和联系?”这类提问往往用于教师对学生所学知识与技能进行检查时，能帮助教师及时了解学生掌握的情况，教师将视学生回答的情况继续组织教学。这类提问也常用于某些相似的数学概念或原理的讲解之后，或课程结束进行小结时。

（3）应用提问。

应用提问的目的是了解学生能否在理解新知识的基础上应用新知识和旧知识来解决问题，它包括一般应用提问和灵活应用提问。一般应用提问是用新知识解决一般性问题，如学习了等腰三角形后，教师问：“已知一个角的度数，可以求出其他两个角的度数吗?”而灵活应用提问是应用新知识解决较复杂的问题，一般是为了检查学生的灵活应用程度而提的问题。例如，学了条形统计图后，教师可以问学生“如何用条形统计图描述我们班同学出生的月份”。

（4）归纳提问。

通过观察积累了一定的实际材料后，就可以进行归纳提问。归纳包括不完全归纳和完全归纳两种。教学中，教师可以通过归纳提问，使学生掌握猜想数学结论和命题证明的方法。不完全归纳不能作为数学的证明方法，但可作为猜想的依据。因此，不完全归纳的提问在数学中也有广泛的应用。

（5）比较提问。

比较提问是教师针对所研究的某一数学对象彼此之间联系相近或相似的几个方面，要求学生研究它们的异同的提问。有比较才有鉴别。因此，这是一种重要的学习方法，比较提问可以促进学生积极思考，深刻认识数学对象的本质。

（6）分析、综合提问。

为了认识研究对象，可把研究对象分解成若干个不同的部分加以考查，这就是分析；将分析出的各部分再结合起来进行考虑就是综合。针对综合型题，可以先化整为零，将其分解成若干个小问题逐一分析，然后综合起来，最终解决问题。教师应先灵活提出若干小问题，再提出怎样解决原题的问题，逐步培养学生的分析能力、综合解决问题的能力。使用这种方法时教师应积极诱导，不能急于求成，更不能包办代替学生说出答案。

（7）评价提问。

评价提问是要求学生对分析问题的理由是否充分，结论是否正确，方法的优劣等做出评价性回答的提问，其形式一般为“你认为结论是否正确?”“你认为这种理由是否充分?为什么?”“这两种解法哪种更好？为什么?”

2. 提问技能在教学中的实施

为有效地体现提问技能的作用，有效地促进教学达到预定的教学目标，在教学中可按如下方法实施提问技能。

（1）精心组织问题。

在教学前对问题进行精心地组织与安排是十分必要的。为实现教学目标，教师根据教学的内容和学生的认知水平，提出一系列前后相关、由浅入深的问题，组织成一个连续的问题框架。这样做可使学生对教师的提问形成更适当的反应，通过连续不断地在所设置的问题框架中进行研讨，学生的注意力被保持在要解决的问题和问题之间的关系及与其教学目标的内在联系上。

（2）合理介入。

为了有效地指导学生在教师设置的问题框架中进行思考、讨论，教师应合理介入。

第一，教师介入要把握时机，一般是在学生回答问题受阻或遇到困难时，教师以不同方式提示、鼓励、诱导学生。

第二，教师介入要注意措辞，表述问题的措辞必须指明思考的前提和方向，并应适应学生的理解水平。为了促进学生的反应，教师表述问题时的措辞必须是学生熟悉的、易于理解的，应该简明，因为冗长而凌乱的问题措辞不但不能使学生明确问题的任务，反而会使学生不明教师所云，进而使教师提问得不到预想的回答和反应。问题的措辞必须准确、科学，若因对原问题进行某些解释而使用了通俗性的语言，这些语言也必须恰当，不能造成学生的误解。

（3）注意引导。

在学生初次回答教师的提问后，如果教师对他的回答不够满意，那么为了帮助学生对最初的问题形成更适合的答案，教师可对其进行引导。通常可采用以下几种方式来引导。

① 澄清。如果想让学生对自己在回答问题时比较混乱、没有清晰地表示出来的意见和想法进行概括，或使他的答案意义更简明、确切，教师可提出帮助学生进一步澄清他的回答的提问，如“你可以用一个简短的句子概括一下你的意思吗”。

② 支持。如果想让学生对他所回答的观点提供论据，教师常会这样提问：“为什么这样列方程?”“你是如何得到这个结论的?”“这几步解法的根据是什么?”等。

③ 纠错。如果想让学生注意到初次回答中的错误，并重新判断和组织一个答案，教师通常会在指出学生回答中的合理部分和错误部分，并对学生回答中的错误部分给出了某些暗示后，要求学生再次回答教师的提问。例如，“再仔细观察一下图形，你能重新判定这两个函数之间的关系吗?”“请你用准确的语言再来叙述一下这几个步骤的解法依据。”

④ 表述意见。在集体讨论中给学生个人提供机会来表达他是否同意其他人的观点。为防止学生过于简单地接受某些观点，教师可以提问："你同意这种说法吗？有不同的解法吗？你有什么新的见解？"这样的提问可引起学生对某些观点的注意，促使他们认真地去思考问题。

⑤ 关联。在学生初次回答问题后，教师要求学生再次回答以确定他的回答与问题之间的关系，这样的再次提问可以给学生一个机会去确定答案的恰当性，或通过对一个答案重新组织语言使学生的回答更为恰当。例如，"这与我们的讨论是如何联系的？""请重新表述一下你的理由。"等。

⑥ 举例。要求学生对他的含糊不清的表述或抽象概括的表述举出具体的例子来说明他的观点。这样的提问不仅可以纠正学生含糊不清的表述，使之清晰明白，而且可以给教师一个机会来检查学生在某一精确概念或定义上的理解情况。

⑦ 深化。在学生回答了一些较简单的提问后，教师可提出相关的较高层次的问题，这样可以使学生利用更多的已得到的知识去寻找其他的关系，可培养和促进学生思维的深刻性。

(4) 提问后的评价与反馈。

教师对学生回答问题后的评价，会对学生进一步参与教学活动起到重要的决定作用。当学生回答的问题基本正确时，教师应分析学生回答中的正确程度，分析学生的回答思路。教师要肯定学生回答中的正确内容，有时可以写在黑板上，这有助于指出学生的回答有多少是有价值的。而当学生的回答失败时，教师的反应仍应是和蔼热情的，因为这会对学生进一步参与和影响其他学生参与教学活动起重要的决定作用。教师必须帮助学生分析不能正确回答问题的原因，比如可能是学生对问题的措辞没有正确理解，这时教师可通过对同一问题以平行的方式重新措辞，这样往往可以帮助学生避开困难的措辞而成功地完成回答任务。

另外，对于教师提出的问题，应鼓励学生间的直接交流。这是因为学生需要有机会表达自己的意见，也需要有机会学习其他学生的表述和对其他同学的回答进行评论和扩展。教师需要真诚地接受和认可学生对讨论的贡献，帮助学生组织讨论，促使学生投入直接的意见交流中。

(五) 提问的原则

1. 目的性原则

课堂提问应有明确的目的，以便有效引导学生积极思考，为实现教学目标服务。内容应结合教学目的，围绕本节课的教学重点和难点来进行设置。所以，课堂提问忌不分主次轻重，为提问而提问，要有的放矢，紧紧围绕重点、针对难点、扣住疑点，体现强烈的目标意识和明确的思维方向，避免随意性、盲目性和主观性。脱离这一原则往往会导致"问无实质，问多无趣"，会影响课堂教学效果和学生能力的发展。

案例 4-4-10

人教版"分数的初步认识"提问设计

本节课的教学目的是让学生理解"简单分数几分之一"的具体含义、建立初步的分数概念。教师如果直接告诉学生分数的概念，学生会感觉抽象难懂，没有学习的兴趣。教师可以在教学时从学生的生活实际出发，根据教学目的创设一系列问题，逐步引导学生思考，使学生在回答问题过程中形成对分数的简单认识。

创设问题情境：出示一个苹果图，小刚和小新两个小朋友要分着吃，两人都很谦让。

师：你们说他们怎样分才公平？

生：平均分。（教师用课件演示平均分成两份）

师：怎样才知道一个苹果平均分成了两份？（再演示把两份恢复成一个苹果再平均分，小刚和小新每人得了半块苹果的过程，稍作停顿，让学生思考）

师：这半个苹果是几份中的几份？（闪烁半个苹果）

生：两份中的一份。

师：两份中的一份，我们就说它是这个苹果的二分之一，用 1/2 表示。另外半个苹果是多少呢？（闪烁另外半个苹果）

生：也是这个苹果的 1/2。

师：你是怎样想的？

生：这个苹果是两份中的一份。

师：从刚才的研究中我们发现了什么？

生：把一个苹果平均分成两份，每份都是它的一半，也就是它的二分之一。

教师设计这样一系列目的明确的提问，积极引导学生思考，帮助学生加深了对“平均分”“简单分数几分之一”的理解。这样的问题设计，既激发了学生的学习兴趣，又提高了课堂的教学效率。

案例 4-4-11

人教版“10 以内的加法”

创设问题情境：荷叶上有 6 只青蛙，水中有 4 只青蛙。

师：同学们，请大家观察图片，你能说说图片中是什么吗？

生：图片中是青蛙在跳水。

师：很好，还有什么想法，我再找一个同学回答。

生：我觉得是青蛙们在开运动会，他们在比赛游泳……

师：很好，我再找一个同学回答。

【案例分析】

学生兴趣盎然，纷纷开始讨论图片的内容，围绕青蛙在干什么展开各种奇思妙想。教师很尴尬，不忍打断学生的想象，又不知道如何引导学生往数学问题上思考，活生生把一节数学课上成了看图作文课。上面这个教学案例是我们新手教师在上课过程中常常出现的问题，原本备课时设想好的问题情境，在实际上课时就被学生打乱了，学生总是回答不出教师想要的答案，教师只有频繁地更换学生回答，其最终结果是教师无法驾驭课堂。为什么会出现这样的问题呢？其实是教师在提问上出了问题，我们来反观教师提的问题：“同学们，请大家观察图片，你能说说图片中是什么吗？”这个提问指向性不明确，学生不明思考方向，于是脱离了本节课的教学内容。学生回答后，教师反馈："很好，还有什么想法，我再找一个同学回答。"教师没能在学生回答后及时纠正学生的思路，引导学生往正确的方向思考，反而点评很好，更换同学回答，学生继续沿着错误的方向思考。如果教师在提问时能明确问题的指向，这样提问："同学们，请观察图片，你发现图片中有什么数学问题吗?"或是在学生回答后适时加以引导，这样反馈："这位同学想象了一个青蛙跳水的场景，大家能从数的角度发现些什么吗?"就能够及时纠正学生的思路，引导学生朝着教师希望的方向去思考问题了。

由上面两个数学课堂中提问的案例我们可以发现，提问要指向明确，要很好地体现本节课的教学目的，教师要善于引导学生思考，当学生回答后要给予反馈，及时纠正学生的错误。

2. 启发性原则

我国古代教育名著《学记》中提出了"道而弗牵，强而弗抑，开而弗达"的教学原则，旨在强调教师的作用在于引导、启发，而不是强迫、代替。现代认知心理学认为，学生只有将新学知识纳入原有的认知结构，并在原有的认知结构中找到连接点，才能将新知识同化，才能牢固地掌握新知识。因此，在数学教学中，教师要善于利用提问来引导、启迪学生的思维，使之应启而发，切忌问学生"对不对""是不是""好不好"这样的问题。

3. 适应性原则

课堂提问要根据思维"最近发展区"原理，选择一个"最佳时机"进行。适度性原则有两方面。一方面，在教学过程中要恰到好处地掌握提问的频率和时间。一节课不能不断提问，否则学生无法冷静有效地思考，反而破坏了课堂结构的严密性和完整性；但也不能没有提问，否则整堂课会毫无生机。另一方面，问题的难易程度要科学适度。没有难度或难度太大的问题，都会使学生失去兴趣。浅显的随意提问引不起学生的兴趣，他们随声附和的回答并不能反映思维的深度，超前的深奥提问又会使学生不知所云。只有适度的提问，才能达到理想的效果。

4. 兴趣性原则

孔子认为"疑是思之始，学之端"。现代教育心理学认为，当教学内容能引起学生兴趣时，学生就能集中注意力学习，就能对所学知识更好地感知、记忆、思考和想象，从而获得更多、更牢固的知识与技能。比如在教学"圆的认识"时，教师用多媒体设计了这样一个问题情境：一场赛车比赛，第一辆车的车轮是正方形的，第二辆车的车轮是圆形的，第三辆车的车轮是三角形的。它们同时、同地、同向出发。教师提问："谁先到达终点呢?"这样的提问直观形象、生动活泼、富有情趣，能唤起学生已有经验，使学生积极展开联想并投入问题解决的情境中。又如让学生想象一张白纸，告诉他们白纸厚度只有0.083毫米，三次对折后的厚度是0.083×2×2×2＝0.664毫米，还不到1毫米。假如对折50次，那么它的厚度是多少？会不会比桌子高，会不会比教学楼还高？学生立刻活跃起来，激烈争论，当教师宣布结果："比珠穆朗玛峰还要高!"学生惊讶不已，迫不及待地想知道是如何列式计算的。

想一想，1亿有多大？这个问题可以设计探究式课堂提问：想象1亿究竟有多大？让学生在已有知识的基础上去大胆猜测1亿这个数。紧接着又提出两个探究性问题：①1亿张数学作业本纸摞起来有多高？②能否直接量出有多高？怎么办呢？有的小组托腮苦想，大胆猜测（估计）；有的小组讨论，去想、去量1亿张数学作业本纸中的很小一摞（就是将1亿张数学作业本纸分成许许多多等同的小叠，量出1000张、10000张纸的厚度，从而推算出1亿张数学作业本纸摞起来的高度）…… 这样的提问能激起学生探究的兴趣和验证求真的强烈欲望。这种开放性、探究性课堂提问，不但没有限制学生的思维及想象能力，还更能激发学生探索欲望，真可谓是"一石激起千层浪"。

5. 循序渐进性原则

数学提问的设计要遵循课程的逻辑顺序，要考虑学生的认知顺序，遵循由浅入深、由易到难、由表及里等一系列规律，让学生能够拾级而上，循序渐进，步步深入。前后颠倒、信口提问，只会扰乱学生的思维顺序。

6. 面向全体原则

素质教育是面向全体学生的教育，它使每个学生在原有基础上都能够得到应有的提高和发展，因此提问要面向全体学生，要调动每一个学生思考问题的积极性和主动性，让每一个学生都参与到教学过程中来，不要让教室内有"被遗忘的角落"；要以亲切的态度，民主的作风，让学生敢于发表自己的见解和不同的意见，充分施展自我个性，使他们暴露出学习中的问题；要认真听取学生的回答，运用适当夸张的语气和鼓励、赞扬的言辞去激发学生的求知欲望。

7. 充分思考性原则

提问后的适当停顿有助于学生思考，在学生答完问题后再稍停数秒，往往可以引出该学生或其他学生更完整确切的补充，还可以体现学生的主体地位。

8. 及时反馈原则

对学生的回答教师要做出明确的反应，或肯定，或否定，或追问，恰当的反应可强化提问的效果。同时，教师还要重视学生的反应，鼓励他们质疑问难，作深层次思考，调动学生的积极思维，千万不能说："不对，这么简单的问题都答不出来。"

四、其他技能

（一）结束技能

在数学课堂教学过程中，既需要有引人入胜的开端，也需要有让人回味无穷的结束。结束技能是教师在完成一个教学内容或教学活动时，引导学生对所学知识技能及时进行总结、巩固、扩展、延伸、迁移等，使教学完美结束的教学行为方式。它的良好运用能使学生将所学的知识及时地进行巩固和运用，并纳入自己的认知结构之中。结束技能也是课堂教学艺术的重要组成部分。

一节数学课的结束总结包含两方面内容。一是总结本堂课的学习内容，给学生一个完整的轮廓，在巩固知识的同时，为运用知识或学习新知识做铺垫；二是布置作业和预习的内容。良好的课堂总结，可以使知识得以概括、深化，使整个课堂教学结构严谨、浑然一体，显示出课堂教学的和谐和完美；可以激起学生的求知欲望，帮助学生活跃思维、拓展思路、发挥创造力；能使学生从一堂课的学习活动中所获得的知识技能、思想方法系统化，并初步形成认知结构。恰当地设计结束总结，不仅可以达到纵览全课要领，完善知识体系，巩固课堂所学知识的目的，还可以为后续学习埋下伏笔，激发学生进一步探索的兴趣。在结束设计中，教师要注意引导学生对一堂课的知识、方法及隐含的思维特征进行反思性总结，让学生理清思路，自行编制知识网络，从而使知识更加系统化。

结束的目的是提纲挈领地进行总结，强调所学知识的重点；帮助学生认清本节内容的知识结构，巩固所学，拓展升华；检测学生的学习效果。

结束的原则有简明扼要、面向大多数、形式化等。

结束的方法包括自然结束方法、复述记忆法、归纳小结法、口诀总结法、前后呼应法、综合练习法、图示表格法、概括中心法、回顾提炼法、阅读理解法、设疑激思法、发散迁移法、延伸铺垫法、引申拓宽法。

1. 分类

常用的结束设计有以下几种。

（1）概括式。

这是最常见的结束方法，可由教师或学生完成，但一般以教师为主完成。概括式结束主要是总结全课，照应开头，针对教学目标，总结本课的主要教学内容，强调重点，强化理解和记忆。可采取叙述、列表格、图示等多种方法进行总结概括。这种结束方式的特点是系统、完整而又简明、扼要，能给学生留下一个清晰的整体印象，便于学生记忆、理解和掌握本节课的学习内容。

（2）启迪式。

教师根据教学内容因势利导地引导学生扩展思维。这种引导可以是思想上的，也可以是艺术形式的。

（3）首尾呼应式。

这种结束方式需要教师在导入新课时给学生设疑置惑，结束时释疑解惑。首尾呼应，形成对照，使学生豁然开朗。这种设计方式如果应用得好，可以使学生思维高度活跃，始终处于问题之中，从而给学生留下深刻的印象。

（4）比较式。

通过类比等方法，将新学的概念、性质、定理与原有的知识进行比较，比较它们的异同点，加深和拓展学生对知识的理解。

（5）延伸式。

这种结束方式不仅要总结归纳所学知识，而且要将知识与日常生活、其他学科等联系起来，把知识向其他方向延伸，拓宽学生的知识面，激起学生更浓厚的学习兴趣，或者为下次课的有效进行提出新的学习情境并要求学生预习或思考。

（6）活动式。

教师安排一定的实践活动，如课堂作业、应用练习，鼓励学生质疑问难，然后师生共同讨论，教师做点拨和总结，力争将当堂知识当堂消化巩固。

无论是什么样的结束方式，都要有目的性、针对性，要突出学习重点；还要有概括性、系统性，有利于形成知识网络。结束要总结规律，揭示本质，要有启发性和实践性。

2. 实施要点

① 结束方法的选择应该根据学生的年龄特征、心理特征，根据具体的教学内容通盘考虑，一切从实际出发，讲究效果，在教学设计时就确定下来，切勿随心所欲，信手拈来地胡乱使用。

② 结束所用的时间不宜过长。

③ 结束应该自然得当，与整体教学过程联系密切，切忌别出心裁地生拼硬凑。

④ 要根据课堂教学的实际情况适当调整事先设计的结束方法。

⑤ 结束的形式应有新意。

（二）强化技能

1. 定义

强化技能是指教师在教学过程中采取的一系列旨在促进和增强学生注意力，保持学生学习力量的教学方式。

2. 分类

（1）强化方式：语言强化、动作强化、活动强化、接近强化、标志强化。

（2）时间：即时强化、延时强化、前置强化。

（3）对象：单个强化、集中强化、小组强化、部分强化。

（三）变化技能

1. 定义

变化技能是指教学过程中的信息传递，师生的相互作用和各种教学媒体资料的转换方式。

2. 类型

（1）教态的变化：声音的变化，语言节奏的变化，目光接触的变化，面部表情的变化，头部动作和手势的变化，身体位置的变化。

（2）信息传输通道和教学媒体的变化：视觉通道和媒体，听觉通道和媒体，触觉、嗅觉通道和学生的操作。

（3）师生相互作用的变化：师生交流方式的变化，学生活动安排的变化。

3. 实施要点

（1）在设计课堂教学时，要针对不同的教学目标，确立具体的变化。

（2）要根据学生的能力、兴趣、教学内容和学习任务的特点选择变化技能，变化是引起学生动机、兴趣的工具，所以，必须围绕学生的特点设计各种必要的变化。

（3）变化技能之间，变化技能与其他技能之间的联系要流畅，有连续性。

（4）变化技能的应用要有分寸，不宜夸张。

（四）教学媒体使用技能

1. 教学媒体

教学媒体主要包括教科书、其他相关图书、黑板、模型。

2. 实施要点

(1) 根据教学内容确定教学媒体。

(2) 根据教学内容设计适合学生的多媒体课件。设计要激发学生创新兴趣，要优化人机互动探索新知的形成过程，要启迪学生思维、提供创新空间。课件中的练习形式要多样化，要实现课堂教学有效及时地反馈、矫正。

(3) 在教学过程中要适当地使用教学媒体。

(五) 课堂观察技能

1. 定义

所谓课堂观察技能，是指教师在教学过程中有计划或偶然地观察学生课堂学习行为和教学反映的行为方式。这里的“有计划”是指教师根据自己的教学经验，在进行教学设计时有意识地在教学节点处设立观察点，并将取得的观察信息作为下一步行动的依据。所谓“偶然”是指学生的学习是一个动态的过程，他们的反应带有某种随机生成的偶然性，此时教师的课堂观察也是偶然的。课堂观察是教师获得实践知识的重要来源，也是教师搜集学生资料、分析教学方法的有效性，以及了解教学行为的基本途径。

2. 类型

(1) 课堂学习气氛的整体观察。

营造良好的学习氛围，是教学成功的前提之一。课堂的学习氛围，不仅影响学生的学习效果，而且还左右教师的讲课情绪。所以在教学的任何环节，教师都应注意观察学习氛围是否热烈，学生的学习兴趣是否深厚，课堂教学目标是否达到，学生是否对你设置的问题情境感兴趣，是否真正参与到探索与合作交流中，是否动手、动脑进行思考等。同时，还应注意对负面情况的观察，如课堂上有多少人打瞌睡、开小差，对学习内容不感兴趣，对提出的问题毫无反应。只有观察到真实的情况，教师才能做出正确的判断与决策，并对自己的教学进行改进。

(2) 学生神态表情的观察。

与对课堂气氛的观察不同，对学生神态表情需要进行个体观察，主要包括以下几种方式。

① 目光观察。眼睛是心灵的窗户，学生的目光往往是内心情绪的真实流露。是期待的、急切的、专心致志的，还是困惑的、游移不定的？是目标一致、心领神会的，还是各自为政、疑虑重重的？这将带给我们最真实的信息。

② 面部表情观察。困惑——眉头紧锁，嘴唇闭拢，神情焦虑不安；理解——双眉舒展，面露微笑，频频点头；专心听讲——目光凝视，神情专注，嘴唇微张；心不在焉——目光游移，表情木然，眉头时开时合，有时口中还念念有词；不耐烦——双眉紧锁，焦躁不安，左顾右盼……学生在课堂上的表情千变万化，各具特色，只需要稍加观察和分析，就可对学生的学习情绪和心态一目了然。

③ 形体动作观察。配合不同的面部表情，学生形体也会出现一些变化：认真思考时，身体微微前倾或用手托腮，有时还稍稍眨眨眼睛；困惑不解时，或交头接耳，或搔首摇头；在理解了一个问题后，身体后仰，全身放松，改变原来的体态；不耐烦时，往往会不

自觉地摇晃身体，或双臂抱胸，或跺脚颠膝。对于学生的种种体态语言，教师只要平时多注意观察，在课堂上就不难把握学生的学习状态。对教师而言，这是一种不可小视的教学资源。

（3）数学活动的观察。

数学教学实质上是数学活动的教学，学生的数学学习实质上是在教师的指导下自主构建的过程。课堂上进行各种数学活动的过程也是教师观察的重要内容。教师主要观察学生在数学活动中表现出来的不同学习特征，如是否积极主动地学习思考并积极回答问题，是否在合作学习中认真倾听、合理质疑，并能用数学语言恰当表达自己的思考；观察学困生的学习障碍是什么，他们是否在努力，尤其要避免的是对学生的错误视而不见，或者对学生提出的问题或解答过程不加分析地予以否认。

3. 课堂观察的方法

课堂观察不单是看，还要倾听，更要分析和思考。目前较为成熟的方法有目视法和调查法。目视法又分扫视法、巡视法、盯视法、凝视法。其中，扫视法、巡视法是群体观察方法，前者主要用于了解全班的整体动态，其要领是教师不改变位置，用 3～5 秒钟的时间迅速扫视全班，可以起到组织教学、集中全体学生注意力的作用，还可以起到师生之间沟通感情的作用。后者主要是教师在对学生数学活动进行指导时使用，目的是保证活动的顺利进行。教师可以站在固定位置，从前到后，从左到右，目光慢慢巡视全场，更常见的是教师穿插于学生之间，一边走一边巡视。巡视时教师的目光既要敏锐，又要亲切柔和。

盯视法、凝视法是一种个体观察方法。盯视法主要用于师生交流等个别指导的场合，主要对象是学习成绩中等偏下的同学。其目的是观察该生是否理解了学习内容，或提醒他集中注意力参与学习。凝视法比盯视法更加关切、更加专注，是边观察边思考，是全神贯注、心无旁骛地观察。它是教师必须迅速做出判断时所使用的方法。

此外，在实施课堂观察时，教师既要眼观六路，耳听八方，坚持面向全体学生，对课堂教学情况进行全面监控，注重整体教学效果的观察，又要根据具体情况，对课堂教学活动中的某些环节或个体行为进行重点观察，以达到对课堂活动的深入了解。同时，课堂观察应在自然状态下进行，不能干扰学生的正常学习活动，因此教师的观察活动要与教学活动融合在一起，既要有意识地观察，又要不显露痕迹，不对学生形成明显的压力。

4. 课堂观察范围

课堂观察范围包括课堂学习气氛、学生神态表情、形态动作、教学活动。

5. 实施要点

教师要进行有意识、有目的、有选择的观察，将全面观察与重点观察结合起来，保持观察的自然状态，不干扰学生，排除各种主观倾向进行客观观察。

（六）课堂倾听技能

课堂倾听技能是指教师在课堂教学中有效地觉察学生言语反馈信息的教学行为方式。教师的耐心倾听是与学生沟通的关键。倾听可以使教师领会到学生的需要，发现问题的所在，挖掘学生的潜能，也可以使学生感到被接纳，体会到自我的存在。倾听学生，重视学生的内心世界，让学生表达自己的意见，可以消除学生对教师的心理紧张状态，增加师生之间的认同感。有效的倾听，其目的不在于证实某种观点或想法的合理性，而是教师积极参与学生的构思和讨论，引导学生感悟知识，参与到学习中来。这也是“以学生发展为本”的核心理念的真正体现。

有效的倾听要建立在师生互相信任，平等对话的基础上，教师要蹲下身子和学生沟通，心平气和地倾听。

第一，教师倾听的行为要专注。行为专注的目的是表达教师愿意倾听，教师应专心地与对方沟通，建立双方的信任感。在具体实施中教师要维持良好的视线接触，切忌目光东张西望、游移不定，要保持轻松自然的身体姿势，上身稍微前倾，以表示愿意倾听并鼓励对方表达，通过友善、微笑、放松的表情等非语言信息传送接纳的信息，或用适当简短的语言或反应表示尊重、了解的态度，如点头表示“好，我明白”“请再讲一点”等。

第二，由于数学活动的设计，是由浅入深、由易到难逐步展开的，学生对于较繁杂的数学问题的思考也有一个逐步深入的过程。在倾听学生发表见解时，教师不能轻易打断他的思路，当学生思维受阻时，也不要置之不理，而应进行适当地启发引导，让学生自己去探索发现问题的答案。当学生思维方向出现偏差时，教师应及时提醒并给予适当的帮助。

第三，学生在回答问题时往往关注的是教师倾听的态度，包括发言者在内的所有人都在观察着教师的反应，看教师是认真倾听，还是心不在焉。因此教师可以用简洁扼要的语言，把学生的主要观点和对它的理解概括地复述出来，以表示教师对问题有深入研究探讨的兴趣，同时也表达出对学生发言水平与答题能力的肯定。教师提出的问题应该是开放式的，可以让学生有表达的空间。

第四，在倾听的过程中，教师的回应应简洁具体，要避免含糊不清、模棱两可，以便帮助学生对问题做进一步深入、准确的探讨。有些时候，教师在倾听时不表明自己的态度也能收到特殊的效果。对于成绩好的学生，教师不露声色可以引出更多的想法。对于成绩一般的学生，教师既不表示赞同也不表示反对，可以观察其自信心和自我评价能力。教师在倾听中的不露声色可以给学生留下大量的想象空间，有助于促进学生自我反思，也为他们的深入思考和自我纠错提供了机会。

第五，在倾听过程中，教师要多用鼓励的目光和微笑，建立平等的师生对话环境，营造和谐轻松的对话氛围，要有耐心，不要期望完美无缺的答案，尤其对错误或冗长、不着边际的回答要耐心听完再做评价，不要轻易插话，不要轻易打断发言。数学活动是个体经验性活动的概念化，是动态的、开放的、可误的，具有个性化的特征。在数学学习中，学生的个性化发展需要“自由表达”和“自由参与”。另外，对于一些开放性数学问题，从不同的角度考虑可能会有不同的处理方法，甚至有不同的答案。教师要听完学生的回答，才能真正判断学生的思维特征与思维水平，才能决定下一步的教学策略。如果教师一发现学生的错误，就立刻打断，会挫伤学生的积极性和自尊心。

思考与练习

1. 尝试画思维导图，梳理小学数学课堂教学的常见技能。
2. 举例说明课堂提问的类型。

第五节　板书设计与案例评析

一、板书设计的特点及作用

（一）小学数学板书的特点

1. 板书内容的概括性

好的板书就如一篇微型教案，能使整节课的内容形成一个完美的知识框架，教学重点、难点突出。由于版面有限，教学中不可能什么都通过板书呈现出来，因此要求教师对知识进行高度概括。如果板书内容庞杂、文字过多，会导致教师花费过多的时间进行板书，与学生互动的时间就会变少，而学生在课堂上把多数时间用于抄笔记，将导致他们思考的时间减少、注意力分散，导致他们容易脱离教师的授课思路。板书的内容不是简单的叠加，要具有概括性和逻辑性。

2. 板书结构的系统条理性

系统条理性是从板书的结构方面来说的。是否具有系统性是衡量板书结构好与不好的一个重要指标，所以教师在备课的时候一定要确保自己的板书结构具有系统性。板书的条理性表现为层次分明、脉络清晰。不论哪种板书都要具有系统性，使学生易于掌握教学内容。因此，构成板书的字、词、句，应该显示教学过程和教学内容的内在联系，揭示它们之间的逻辑关系。遵循教学内容之间的内在逻辑关系进行板书设计是板书系统条理的基本依据。

3. 板书形式的美观性

任何板书都力求美观的效果，因为这是激发学生学习兴趣，减少视觉疲劳的有效方法之一。好的板书是教师用文字、符号、线条等组成的美观画面，是引人入胜的教学艺术品，它既能辅助教学、增强学生记忆，又能令学生产生美感，使学生的思维处于高度积极的状态，在教学中可起到形象传神、激情引趣，促进学习的效果。板书形式的美观性表现为字体规范、工整、富有字体美，各知识点布局合理、有结构美。

4. 板书布局的协调合理性

板书布局的协调合理涉及板书内容与形式的协调合理。那些计划性好的板书，教师在备课时就会对其进行通盘计划，反复斟酌形式，使布局协调合理。一块黑板犹如一张长方形大纸，有天头、地角之分。天头正中写课题的标题，然后从上至下整齐书写；地角略有空余。这样布局既方便教学书写，又方便学生观看。板书布局的协调合理性表现在 3 个方面。第一，关于黑板上写什么不写什么、先写什么后写什么、哪个地方写基本内容、哪个地方写次要内容等，教师在课前都做了周密妥帖安排。第二，在形式上，板书的内容讲究左右对称、条块分明、色彩搭配等因素的合理协调。第三，基本板书和辅助板书讲究协调合理。

（二）小学数学板书的作用

教师授课时除了用清晰、准确、通俗、生动的语言进行表达，还必须用一定数量的无声语言——板书来表达，板书的作用意义主要体现在以下几个方面。

1. 突出教学重难点，便于记忆

好的板书就如一个知识小框架，能把整节课的教学思路和教学重难点通过黑板或投影仪呈现给学生，使学生明确每一节课所授知识的重点、难点，在明确教学思路的同时便于学生掌握课堂知识内容并形成记忆。每门学科的知识都不是杂乱无章的，都具有一定的逻辑性和条理性，有着自己的一个完整知识结构。这个知识结构，如果单凭语言来表达学生不易全面把握，而且语言传递有着自己的特点：速度快、短时间内传递的知识容量大，如果不结合板书，学生对知识的捕捉就会出现遗漏。

小学数学课堂板书是教师对教学内容深入挖掘和整理，并进行科学且艺术地加工后提炼出来的教学内容的精华。教师利用板书可以把教学内容提纲挈领地表现出来，使学生了解教学内容的基本思路。教师也可以通过板书厘清教学内容的层次和各种复杂的关系，把教学内容简明扼要、清晰地展现在学生面前。教师还可以通过板书展示出教学的重点和难点，从而起到画龙点睛的作用，使学生明确学习的重点和方向。板书可以化口语为图文，化抽象为具体，降低学生接受知识的坡度和思考的难度，甚至可以使学生的思维过程在复习等学习活动中得到再现，从而达到帮助记忆再现和巩固旧知识的效果。直观、形象的板书，可以帮助学生通过对具体事物的回忆展开联想，从而引起对所需概念、方法的回忆，促进知识体系的形成。

2. 集中学生的注意力，激发兴趣

好的板书能集中学生的注意力，激发学生兴趣使之产生丰富的联想和想象，有利于学生掌握和巩固知识。在教学过程中使用板书，可以相对集中学生看黑板的注意力，使学生聚精会神地听课。如果一个教师，整节课都只说不写，学生单纯接受来自言语的知识，不但容易脱离教师的授课思路，而且短时间内能真正接受的知识比例会比较少。心理学研究表明大脑能记住的信息，85%来自视觉，10%来自听觉，5%来自嗅觉和触觉。所以运用板书可以充分调动学生多种感官参与学习，帮助学生更好地接受知识并记忆。同时板书利用文字、符号、线条、简表、图形的组合和在呈现时间、颜色差异等方面的独特的吸引力，将对学生的视觉刺激和听觉刺激巧妙地结合起来，激发学生学习的兴趣和热情。

精湛的小学数学课堂板书是教师劳动创造的结晶，它渗透着教师的学识、智慧和教学艺术，融入了教师的教育理论素养和审美素养，是教师教学能力的综合体现。教师通过板书可以弥补课堂语言的不足，在视觉上给学生以补充，丰富课堂教学信息传播的渠道。教师的板书也向学生展示了教师多方面的才华，如教材处理能力、文字书写能力、版块编排能力等，这有利于教师威信的确立。板书也可以起到调整教学节奏的作用，可以促使教师和学生紧密配合，充分发挥教师和学生的积极性，有效完成教学任务。一幅优秀的板书，渗透着教师对教学内容、形式的条分缕析，是教师对教学重点、难点的研摩提炼，对教学过程的计划与实施。它蕴含着教师对教材内容的精心挖掘，对课堂教学的巧妙布局，对教学方法的灵活运用等教学功力。

3. 辅助教学、提高效率

教学板书是教师教学的有力助手。板书是课堂教学口语表达的主要辅助工具，可以展示出口语不易表达清楚的内容，可以浓缩教学信息，简洁明了地呈现复杂的教学内容。教师在讲授重要知识点时，通过板书辅助可以帮助学生更好地理解知识点，也可以引起学生对知识的注意，进而加深对知识的认识和记忆。简洁明了的板书，在很大程度上代替了烦冗的语言说明，简化了教学过程，可以节省教学时间，提高课堂教学的效率和质量。

板书的质量直接影响学生的学习效率和质量。好的板书对学生的身心发展具有促进作用。学生通过板书，可以掌握教学的思路、教学基本结构，了解重点、难点。板书以表态的方式呈现教学内容，给学生提供了充裕的时间进行观察和思考。设计合理的板书能对教学内容删繁就简，将教学重点、难点和关键点条理清晰地展示出来，使学生一目了然，轻松、明确地感知和领会所学内容；能激发学生学习的动机，强化学生的感知和记忆，从而保证学生学习的质量。学生也可以通过板书，通过教师的示范，学会如何抓住重点和要点，学会归纳、总结、说明等学习方法，掌握必要的学习技能。通过板书，学生发展的不仅是他们的感知、认知等因素，还有他们的非认知因素。在进行板书时，教师为了强化重点、难点，通常会使用不同颜色的粉笔书写和绘画，并用文字、符号、线条、图表等把教材内容具体化、直观化，使其具有独特的吸引力，从而有助于学生记忆知识。

4. 培养学生多方面能力的发展

板书是小学数学教学过程中的直观因素。根据小学数学教学要求，板书要力求以简约精当的文字、符号、线条和图表反映尽可能丰富的内容，在尽可能大的程度上，增强小学数学课堂教学的吸引力、启发性和感染作用。通过板书培养学生的分析能力、概括能力，帮助学生把握重点、厘清思路，对于发展学生数感、空间感、智力，以及启迪学生思维等都起着很大的作用。

板书是教学过程的直观表达语言，它可以通过视觉促进学生大脑活动。它在激发学生学习兴趣的同时，集中了学生的注意力，调动了学生的思维积极性，促进了学生的各种记忆，培养了学生的归纳、拓展能力。板书语言的条理性、概括性，有利于培养学生的分析综合能力及形象思维和逻辑概括能力。一幅既美观又实用的板书，也为学生理解能力、审美能力、创新能力的提高提供了契机。同时，板书教学的长期实践，也将不断地感染、培养和教育学生，有助于学生形成良好学习品质。

二、小学数学板书的类型及案例展示

根据不同的标准，板书可以划分为多种类型。从语言的运用角度来划分有提纲式、语言式、设问式；从表现形式来划分有文字式、表格式、图书式、网络式；从内容来划分有综合式、单项式；从结构来划分有总分式、对比式、分列式、递进式、提示要点式等。教师应该根据所授学科的特点来选择适当的板书类型进行授课。选择最佳的板书类型可以更好地辅助教学，起到事半功倍的效果。下面结合案例具体分析小学数学课常用的几种板书类型。

（一）提纲式板书

提纲式板书又称要点式板书、系统性板书。运用提纲式板书，需要教师理清教学内容的内在逻辑，用简洁明了的词语概括出每一框的中心内容及每一中心内容下包含的每一个小知识点，然后将其依次排列构成板书。提纲式板书在教学过程中运用得比较多，特别是在对知识进行系统复习时，教师可以借助提纲式板书帮助学生对知识有一个整体的把握。

提纲式板书的特点是简明扼要、层次分明、系统完整，便于学生掌握每一个知识点。

提纲式板书把知识串成线形成系统的知识网络。板书过程直接体现教材结构和讲授过程的先后次序，教师把讲述要点系统而简洁地板书出来，由点到线，由线到面，织成一张知识的网。此形式板书多用于复习课，如“分数加减法”整理和复习（图 4－6）。

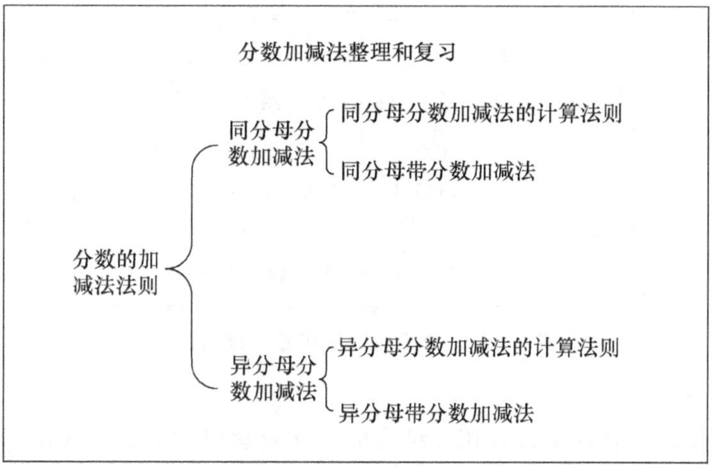

图 4－6　“分数加减法”整理和复习板书设计

（二）演绎式板书

演绎式板书是指用解析性的形式来反映教学内容的知识要点、层次或结构的板书。这是教学中使用最为广泛的板书类型，演绎式板书的基本模式是标准、规范的；推理是简明、准确的。演绎式板书的好处是可以让学生对整个知识框架有一个整体的把握。教师边授课边演绎，使知识的脉络更加清晰，便于学生掌握知识点。同时教师可以根据学生的实际情况，把握知识的演绎速度。这种板书运用起来灵活性较强。例如，讲解“鸡兔同笼”的实际应用问题时，可以设计图 4－7 形式的板书。

鸡兔同笼

问题：笼子里有若干只鸡和兔。从上面数，有8个头，从下面数，有26只脚。鸡兔各有几只?

解法一：由于头和个数的数量是相同的，可以用脚的只数来判断鸡和兔各有几只。

鸡	8	7	6	5	…
兔	0	1	2	3	…
脚	16	18	20	22	…

解法二：设有x只兔，则有$8-x$只鸡，鸡和兔共有26只脚，则

$$4x+2(8-x)=26$$
$$2x+16=26$$
$$x=5\text{(只)}$$

所以，兔有5只，鸡有3只。

图 4－7　“鸡兔同笼”板书设计

此板书形式常用于应用题或文字题，如“求平均数的应用题”可以参考图 4－8 中的板书。

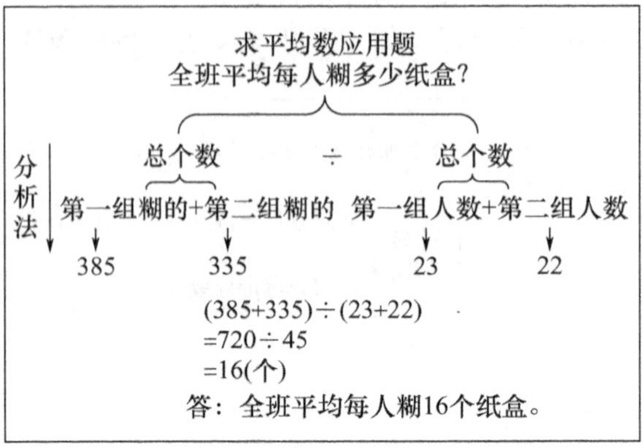

图 4－8 “求平均数应用题”板书设计

（三）总分式板书

这是一种总体设计和局部设计相互结合的小学数学课堂板书，常用于复习课。它根据数学教学的需要，对知识发展的纵向顺序和结构体系进行整理，形成系列，在总体课堂板书的基础上放大某一个主要知识点，帮助学生了解知识的整体结构，使学生能形成完整的认知结构，掌握数学主知识和子知识的演变过程。

以二年级下册“比较两个整数的大小”为例设计的总分式板书如图 4－9 所示。

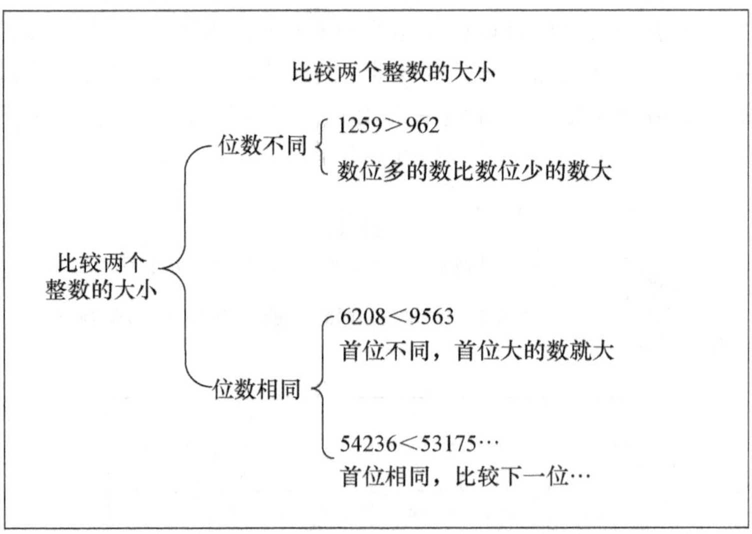

图 4－9 “比较两个整数的大小”板书设计

（四）对比式板书

对比式板书是将两个或者几个相似却又有区别的概念、公式、法则对比书写，或者为了纠正学生对概念、公式、法则的错误理解而将正确的和错误的对比书写。通过对比，找出异同，有利于学生分清知识的共性和个性。对比方式包括概念对比、正反对比、交叉对比、横向对比、纵向对比等。

以“面积和周长的比较”为例设计的对比式板书如图 4-10 所示。

面积和周长的比较

	概念	计量单位	举例
面积	物体的表面或围成的平面图形的大小	平方米 平方分米 平方厘米	5×6=30(平方厘米)
周长	围成的一个图形所有边长的总和	米 分米 厘米	(3+6)×2 =9×2 =18(厘米)

图 4-10　“面积和周长的比较”板书设计

（五）图文式板书

图文式板书是在黑板上运用有一定意义的线条、箭头、符号和文字组成某种文字图形的板书形式。它的特点就是形象直接地展示教学的内容，将不同知识点之间的联系表示出来，使学生一目了然。简单来说，图文式板书就是用简明的图形和提纲式文字来呈现教学内容。它以知识的内在逻辑关系为线索，图文相互映衬，通过图形帮助学生分析思考问题，运用提纲式文字展现思维过程，能突出教学重点，便于学生抓住要点，理解和掌握知识的层次和结构，形成完整清晰的知识结构，提高分析概括能力。

以“锐角和钝角”为例设计的图文式板书如图 4-11 所示。

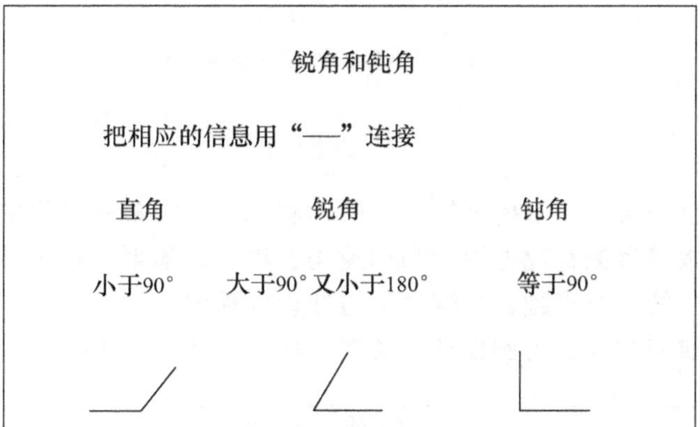

图 4-11　“锐角和钝角”板书设计

（六）对称式板书

对称式板书是根据教学内容的要求对称安排版面的板书形式。它通过上下、左右对称的形式，将课堂的主要内容条理化，便于学生观察、对比、记忆，进而深入领会教材内容。

以“平均分”为例设计的对称式板书如图 4-12 所示。

平均分

1. 把10个面包平均分成5份，每份有多少个面包？

$10 \div 5 = 2$(个)

2. 10个面包，每2个分成一份，能平均分为几份？

$10 \div 2 = 5$(份)

每份分的同样多，叫平均分

图 4-12 “平均分”板书设计

对称式板书用精练的文字、线条、符号合理布局，形成匀称均衡的板书。它强化了板书的表现力，给学生以清晰、强烈、浑然一体的感受，让学生受到美的感染和熏陶，便于学生对比观察，深刻理解，掌握新知。对称式板书既突出重点，又启发学生思维。

以“小数的性质”为例设计的对称式板书如图 4-13 所示。

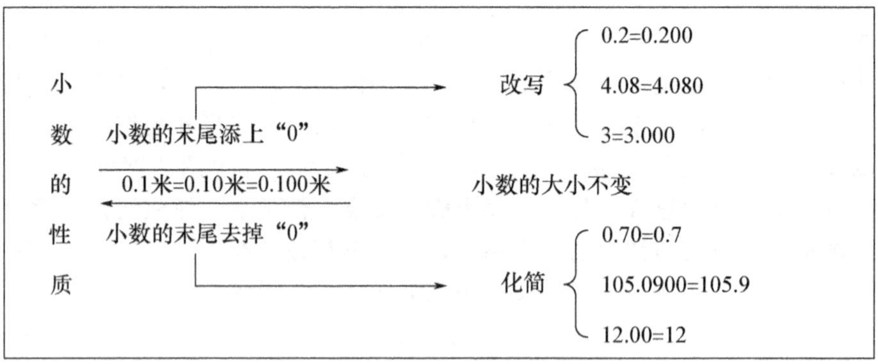

图 4-13 “小数的性质”板书设计

(七) 关系式板书

关系式板书，就是通过板书揭示知识之间的联系，表明某一知识的发生发展过程，使知识系统化。这种板书形象直观地展示知识建构过程，让学生一目了然，能有效地引起学生的注意，激发学生的学习兴趣，加深学生对知识的理解。

以“正方形的演变过程”为例设计的关系式板书如图 4-14 所示。

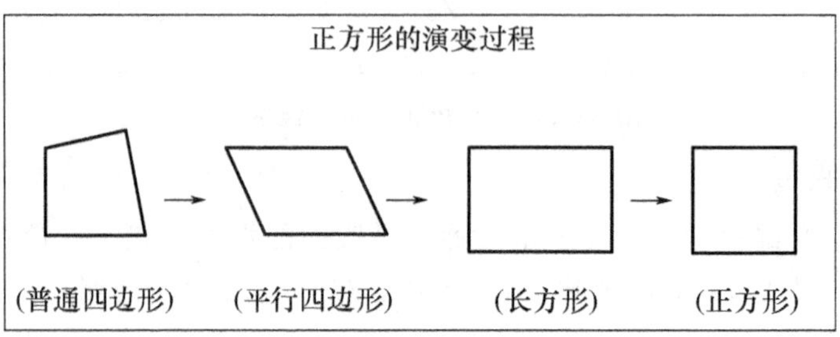

图 4-14 “正方形的演变过程”板书设计

比如复习“平面图形的面积”时，教师可以通过对学生学过的平面图形的面积计算公式进行分析归纳（图 4－15），帮助学生发现它们之间的联系，以加深学生对平面图形的面积计算公式的理解，使学生能够灵活地运用知识解决问题。

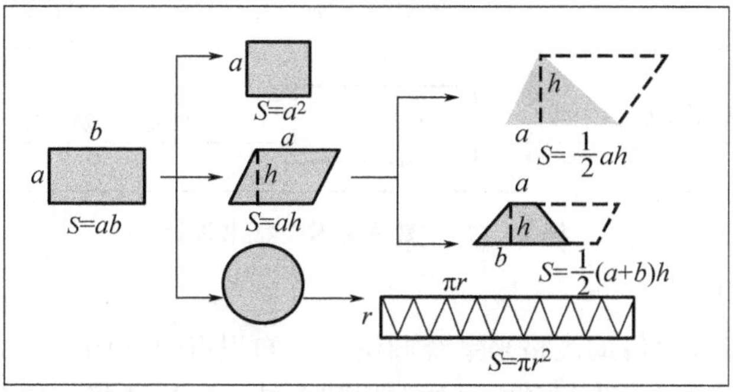

图 4－15　“平面图形的面积”板书设计

（八）提示式板书

提示式板书是由词语、短句和简要的连接符号，相互连接而成的，这些词语和短句是所学知识的精练概括。提示式板书使用线段、箭头等符号对有关系的内容进行提示式的标注。这种板书能突出、准确地表明知识间的内在关系，让学生对内容之间的关系一目了然，易于接受。

以“带有小括号的混合运算”为例设计的提示式板书如图 4－16 所示。

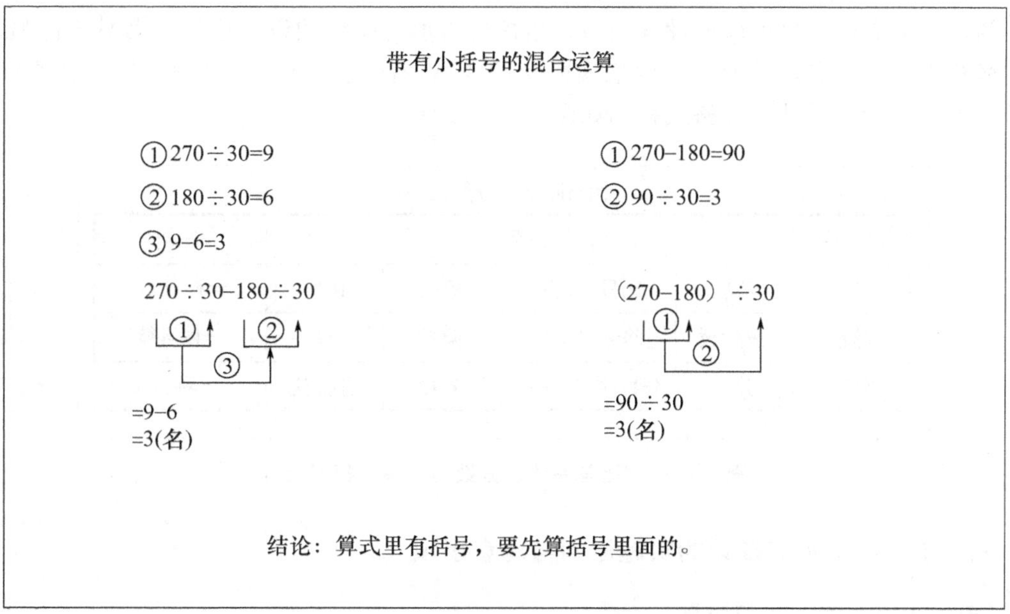

图 4－16　“带有小括号的混合运算”板书设计

以“数学名数”为例设计的提示式板书如图 4－17 所示。

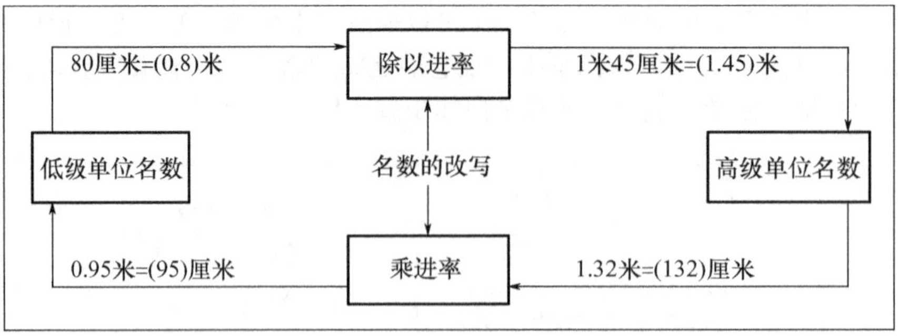

图 4－17 “数学名数”板书设计

(九) 表格式板书

表格式板书是指教师借助表格来系统归纳一个知识点包含的各个方面的内容或者把两个或两个以上相似的知识点进行各方面的对比和总结。表格式板书在教学过程中也是运用比较多的一种板书类型。表格式板书的好处是，它可以把原本零散的知识点，按照一定的划分标准归纳好。借助表格式板书，学生可以快速地了解一个大的知识点包含的多方面小知识点。如果是两个知识点的对比，那就可以帮助学生更好地发现两者的相同点和不同点，有利于学生对知识的辨别和记忆。教师在运用表格式板书时应该注意对知识点的精练概括，要用简洁的词语进行表达。表格式板书最怕把烦冗的知识填进表格，因为这样会让学生产生视觉疲劳，不易激发学生学习的兴趣。表格式板书的具体表现形式多样灵活，可以根据内容的具体需要来绘制。

具体来说，表格式板书就是根据教学内容提出相应问题，让学生思考回答后书写简要的词语，形成表格。也可以先设计表格，边探讨边填写关键词语。这种板书对比性强，便于比较概念的异同点，有助于学生把握概念的本质，深刻领会所学知识。以“比与除法、分数的关系”为例设计的表格式板书如图 4－18 所示。

比与除法、分数的关系

名　称	联系				区别
比	前项	比号（：）	后项	比值	一种关系
除法	被除数	除号（÷）	除数	商	一种运算
分数	分子	分数线（——）	分母	分数值	一种数

图 4－18 “比与除法、分数的关系”板书设计

三、小学数学板书设计的实施原则与注意事项

(一) 板书设计的实施原则

1. 计划性原则

教育家刘国正认为，小学数学课堂板书是一种教学艺术，既要醒目，又要悦目，它对小学数学教学起画龙点睛的作用。好的小学数学课堂板书，往往是教师对教材的一种“再

创造”，能主动体现教师对教材的深刻理解和处理，显示教师的教学思想和教学风格。不进行板书设计，教学随心所欲，不仅无法实现以板书促进教学的目的，而且会对课堂教学产生极大的消极影响。数学课的信息容量大，板书内容相对于别的学科较多，因此对板书内容布局、板面划分、大小标题、图文位置等都要周密布置。黑板要分段使用，主板书通常放在黑板的中间部位，书写顺序一般是先左后右，自上而下，这样便于学生记录。板书必须书写工整，笔画清晰，大小适宜，图文相符，前后照应，体现全部教学过程，并尽量保留到下课，这样不仅能给学生一个完整的印象，而且也便于师生进行课内小结和复习。副板书通常放在黑板两侧的适当位置，可以随写随擦，方便灵活。

2. 科学性原则

科学性是指教师板书时要根据内容分清主次关系。小学数学课堂板书有记录教学重难点和关键问题的，也有推导知识形成过程的。因而板书设计的准确性应体现在以下几方面。第一，能准确揭示一堂课的教学重点、难点和关键，能使新知识的教学和对学生能力的培养成为上课的重心。关于主要概念、性质、法则、公式、计算数量关系等的板书叫主板书。主板书是板书的基本骨架，一般贯穿于教学的全过程，应书写在黑板的中央，让全体学生感受到它是重中之重，是“主角”。还有一部分课堂板书起分析、解释、补充、说明主板书的作用，这部分板书叫副板书，如起铺垫作用的一些复习题，计算过程中的一些草稿，分析解决问题时画的一些线段图，临时出的一些巩固题，等等。这些一般随着教学进度或被擦掉或被保存，通常写在黑板的左右两侧。第二，教师书写、绘画必须准确无误，要避免写错字、字迹潦草；要使用规范楷体板书，行书、草书等形式都是不允许的。不能因为省时而把要板书的文字、图形、符号简单化，使学生难以辨认、理解。第三，教师板书时要注意详略得当。若过于繁细，则重点不突出，学生抓不住东西，影响教学效果；若过于简略，则不能起到提纲挈领、揭示教学主要内容的作用，不利于学生理解和掌握所学知识。小学数学课堂板书的每一个数字、每一个符号都要具有科学性、准确性。只有这样结构严谨、整洁统一的板面才能够帮助学生形成科学概念，才能培养他们的科学态度。

3. 系统性原则

小学数学课堂板书是一节课中教师留给学生的重要学习资料，而数学知识系统性强，逻辑推理严密，因此要求教师在认真钻研教材、掌握教材重点的基础上，从整体出发，把所传授的知识要点连成线，从而逐渐形成一个系统。板书要条理清晰、思路简洁、化繁为简，要保证每个知识点结构严谨、有主有次。板书是教师对教材进行深入钻研后写成的，突出了知识的本质和内在联系，它使教材内容条理化、系统化。为此，教师在备课时除了备大纲、备教材，还必须反复推敲板书的结构层次，使其条理清晰。教师板书时切忌边讲边写边擦，使板书失去完整性和条理性。板书不仅是教师教学思想的反映，也是数学思维的直观反映，有条理的板书能够潜移默化地影响学生的思维。教师板书时要以一条主线贯穿始终，做到横成线，纵成片，横平竖直，泾渭分明。这样的板书不仅有助于学生理清知识脉络，对所学知识进行系统的归纳和总结，明确一个单元或一个知识系统内各个知识点之间的联系，还有助于培养学生的概括能力，增加学生思维的条理性和严谨性。

4. 启发性原则

孔子云："不愤不启，不悱不发，举一隅不以三隅反，则不复也。"好的小学数学课堂板书具有明示与启发作用，它交给学生一串打开知识宝库大门的钥匙，让学生可以自主获取知识。因此，教师设计的板书中的每一个文字、符号和图形都应具有启发性、诱导性。教师可以通过知识归类、内容串联、区别对比、发现联想充分调动学生探求知识的积极性，引导学生积极思考，主动去分析问题和解决问题。教师要通过板书设疑解难，步步深入，启发学生由此及彼、由表及里地进行思考，逐步向学生揭露思考的全过程。李如密指出，教学板书因受上课时间、黑板板面的限制，不可能照搬教材，这就要求教师在设计课堂板书时做到语精字妙、富于启迪。小学数学课堂板书的启发性、益智性表现在板书的逻辑推理上。板书要能够调动学生的思维，训练学生的思维，培养学生能力。有人认为，数学是思维的体操，这是很有道理的。数学运算过程、解答几何题时添辅助线、逻辑推理过程等都能启发学生的发散性思维，锻炼学生的抽象思维能力。小学数学课堂板书要想对学生有启发，教师要注意两点：一是设计的板书图示不能过于直白简易，或过于深奥晦涩，因为二者均无助于激发学生思考；二是演示时，教师不能一手"操办"，要诱导学生参与其中，也不能唯"我"独尊，强求一律，要灵活机变。

5. 示范性原则

小学数学课堂板书应具有示范性。在教学过程中，除复杂的图表或补充作业等可以在课前写或画在小黑板上外，其他的一般都是在课堂上边讲边写或边讲边画，因此同步示范作用就显得十分关键。教师在板书时态度严谨，书写工整、清楚，作图、计算准确、规范，论证严密，无疑能潜移默化地促使学生形成良好的习惯。小学教育是教育的基础阶段，学生不仅要掌握一些基础知识和基本技能，重要的是还要养成良好的文明礼仪习惯、学习习惯、卫生习惯、生活习惯、行为习惯。小学阶段是养成良好习惯的关键时期，良好的习惯可以使学生受益终身。心理学家詹姆斯有段名言："播下一种行为，收获一种习惯；播下一种习惯，收获一种性格；播下一种性格，收获一种命运。"

6. 简洁性原则

小学数学课堂板书与讲解一样，贵乎"少而精"。在设计板书的过程中无须面面俱到，应适当留下空白，在虚实之中使学生的思维得到训练。板书是教学手段，是实现教学目的的必要途径，因而"实"是衡量板书优劣的根本原则。只有在"实"的基础上，才可以求"精"，要以尽可能少的文字或符号传递尽可能多的信息。为了突出中心、关键，板书必须重点突出、简明扼要，要运用简洁明了的文字、图形和数学符号。板书是教学内容的深化和浓缩，而不是讲解内容的简单重复，唯有简洁才会给学生留下一堂课教学内容的缩影，启发学生思维，令学生回味、巩固所学知识，为日后复习提供方便。

7. 艺术性原则

艺术性原则指的是小学数学课堂板书应根据教材的特点，讲究艺术构思，要做到形式多样化、结构整体化、表达情景化。板书既要庄重端正，整齐划一，又要布局得当，色彩协调，科学合理。板书要讲究端正美，即文字大小及书写、绘图的规范美。板书要讲究结构美，即各种形式的板书都应该结构匀称，字与字、行与行之间都应有适当的距离，不能挤在一起，更不能字上叠字。事实上，板书设计本身就是一种特殊的艺术创造，渗透着教师的学识、智慧和审美情趣。直观形象、妙趣横生、错落有致、造型优美的板书不仅能给学生以美的感受，使学生受到美的熏陶，而且能激发学生兴趣，使他们集中注意力。板书结构设计要新颖，板书的文字、图表、线条、符号要美观；同时还要突出板书的层次，知识的重难点、图形的脉络及题中的数量关系等。

（二）板书设计的注意事项

1. 书写要规范

要做到板书工整，就必须遵循书写规律，书写规范、准确，按照笔顺规则，切忌搞错笔顺，每个字母甚至标点符号都要认真书写。教师的板书除传授知识外，对学生来说还有一个引导和训练学生养成良好书写习惯的任务。书写规范而且准确，是教师在板书过程中应该恪守的一条基本原则。

2. 布局要合理

教师要能够把讲解的内容迅速、利落、合理而又清晰地分布在黑板上，使学生能在讲解中跟上节拍，课后又能通过板书一目了然，通晓理解。

图 4－19 中的板书，既突出了比例的意义和基本性质，又包含了比例的各部分名称和不同的书写格式，形象直观、简单明了，使学生在不费力的情况下就能熟记比例的意义和基本性质两个抽象概念。

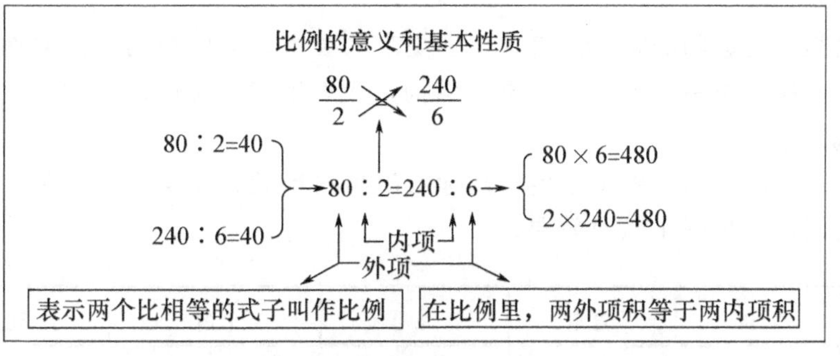

图 4－19　“比例的意义和基本性质”板书设计

3. 层次要分明

在课堂教学中，板书和口头讲述是同步进行的两种手段，板书的优势在于其直观、形象、有条理、概括。要想充分发挥板书的优势，板书必须做到层次清楚，条理分明，主线清晰，枝蔓有序。

4. 重点要突出

在教学过程中，运用得好的板书可以引导学生把握重点，全面系统理解教学内容。要做到这一点，教师板书时必须重点突出，详略得当，如“分数的意义”这节课的板书设计（图 4－20）。

这节课是在复习旧知的基础上导入新课。板书课题后，采用五种图形，紧扣概念，逐图讲解，在讲解中抓住“单位 1”“平均分”两个难点，帮助学生真正理解并最终从板书中概括出“分数的意义”。这样的板书，设计科学，对应性强，为总结概括分数的意义起到了铺路搭桥的作用，达到了“水到渠成”的教学效果。

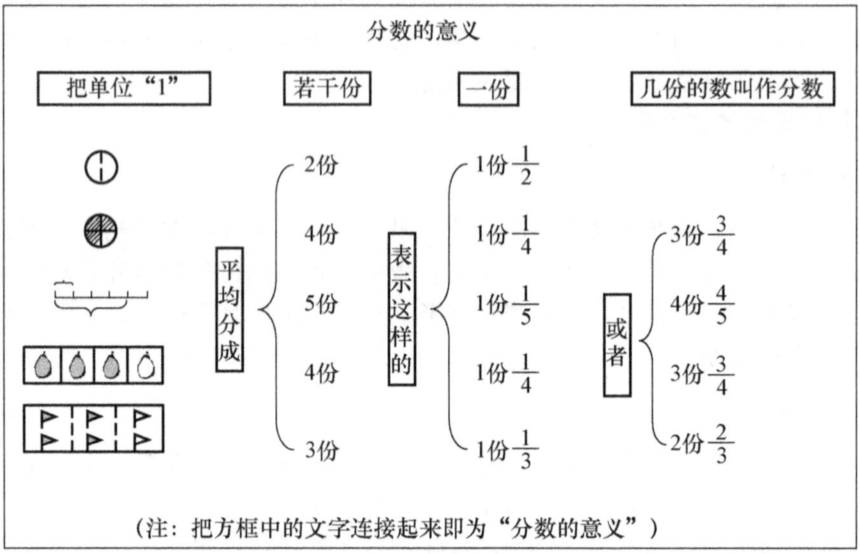

（注：把方框中的文字连接起来即为“分数的意义”）

图 4－20 “分数的意义”板书设计

5. 图文要准确

这是从内容上对教师的板书语言提出了更高的要求。虽然板书的内容在教学过程中是间隔出现的，但最后总是要形成一个整体结构，让学生能看得懂，因此一定不能因疏忽造成意思混乱或者错误。

图 4－21 这样的板书，能使学生清楚地看出角的形状、定义、度数和关系，使学生对角形成清晰的认识，提高了教学效果。

名称	锐角	直角	钝角	平角	周角
形状	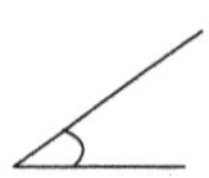	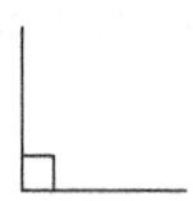	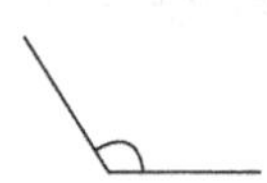		
定义	小于90°的角叫锐角	等于90°的角叫直角	大于90°的角叫钝角	角的两边成一条直线，这时所成的角叫平角	一条射线绕它的端点旋转一周所成的角叫周角
度数	小于90°	90°	大于90° 小于180°	180°	360°
关系	1平角=2直角　　1周角=2平角=4直角				

图 4－21 “角的认识”板书设计

6. 形式要多样

好的板书不能采用固定的模式，一定要根据内容的需要采用灵活多样的形式。只有丰富多彩、充满各种情趣的板书才能像一幅美丽的图画，给学生以美的享受，激发学生浓厚的学习兴趣，才能帮助学生加深理解记忆，增强思维的积极性和持续性。

（三）应用板书要处理的几大关系

1. 主要板书与辅助板书的关系

主要板书是整个板书的主要部分，包括整节课的整个知识框架，特别是教学重难点。辅助板书是为主要板书服务的，教师在讲教学内容的过程中遇到较难理解的字词或某个知识点时，可以借助辅助板书来为学生具体讲解那些理解起来有难度的字词和知识点。当某一知识点需要补充时，教师也可以借助辅助板书来进行知识的扩充，以扩宽学生的知识面，使学生全面理解掌握知识。主要板书和辅助板书的地位不能颠倒，主要板书要起到主导的作用，为实现教学目标服务。辅助板书要坚持自己的辅助地位，为主要板书服务。

2. 板书与讲解的关系

板书使用的方式灵活多变，可边讲边写，也可先讲后写或先出示板书后讲解。一般情况处理两者之间关系最好的方法是一边讲课一边板书，这样可以保证讲解和板书相协调。如果教师只讲不进行板书，学生容易脱离教师的授课思路，因为教师没有充分调动学生多种感官参与到教学中来，造成学生接受知识的来源比较单一，容易感到枯燥疲劳。所以教师应先厘清一节课的思路，把要讲的内容整理成一个个小知识点，攻克一个知识点后再讲解下一个知识点。教师可以根据讲解的速度来把握板书的先后顺序，这样进行起来比较有序，学生也更容易理解和掌握。

3. 多媒体的运用与传统板书之间的关系

随着现代科学技术的发展，多媒体教学已成为越来越多的学校的教学首选，这为我们的板书教学创新开辟了更广阔的道路。多媒体的广泛使用是否意味着我们可以抛弃传统教学，答案毋庸置疑是否定的，传统板书操作起来虽然耗时耗力，教师要用粉笔一横一竖地进行板书，但是使用起来灵活性相对较强，教师可以随时随地采取最佳的板书方式。而多媒体课件中的板书是教师在课前就准备好的，有些特殊的情况教师可能没有预设到，当遇到突然生成的教学资源再临时进行修改就显得唐突且耗时。传统板书和多媒体板书各有优点，在教学过程中我们要把它们的优点充分发挥出来，以弥补另一方的不足，使板书达到最佳的效果。

4. 板书的内容与表达的形式之间的关系

再好的外表没有实在的内涵，都只不过是个空壳。所以在处理板书的内容与表达的形式时要处理好它们之间的关系。板书的内容和形式之间是内容决定形式，形式服务于内容的关系。不能单纯追求形式上的完美，而使内容失真、遗漏或不准确，要根据内容的需要选择最佳的表达形式。

总之，在多媒体逐渐普及的今天，教师绝不能认为板书书写会影响课堂教学效率，而用多媒体课件取而代之，成为点击鼠标的“机器人”。须知，多媒体课件的设计、制作和使用，其目的是更加有效地提高课堂教学效率，它与教学板书之间应该是相辅相成的关系。好的板书既要体现启发性、美观性，又要体现教学程序和学法指导；好的板书不但能留给学生思考的空间，学法的启迪，而且能留给学生美的示范和享受。

思考与练习

1. 尝试画思维导图，梳理小学数学课堂板书设计的类型。
2. 请回答小学数学课堂板书的作用。

第五章

小学英语教学技能修炼

教学目标

1. 了解小学英语教学技能的基本概念及包括的内容。
2. 能够灵活创新地使用教材，有效地取舍和调整教学内容。
3. 了解编写教案的格式和教案的种类，能够根据给定的教学内容编写教案。
4. 了解板书的编制原则和种类，能够设计板书。
5. 把握游戏活动设计的原则和维度，能够设计组织游戏活动。
6. 了解丰富多样的小学英语教学课程资源。

第一节　感受英语教学的魅力

英语作为一种全球普遍使用的语言交际工具，其使用的广泛性和重要性不言而喻。在英语教学中，不只有“教师讲，学生听”“教师问，学生答”等单一、古板、机械的传统教学模式，英语所传达的语言思维方式和丰富的人文知识恰恰为教学提供了更多的可能性和创造性。

一、英语教学技能概述

新课改实施以来，小学英语教师积极探索“高效高质低耗”的教学模式，在40分钟的课堂教学中，创设生动有趣、真实亲切的语言环境，使课堂充满有趣、有效、适量的游戏和活动，让课堂氛围变得快乐、愉悦、幽默；在教师的引导下，学生自主合作、探究学习。师生互动、沟通交流增多，使得课堂教学效果越来越好，也让英语教学变得妙不可言。

一名小学英语教师究竟需要掌握哪些技能？因历史文化、社会经济、思想意识等多方面原因，各国学者得出的研究结论各不相同。总的来说，一名合格的小学英语教师，不仅要时刻保持对英语教学方法方式多样化创新的敏感，还必须加强两方面的自我修炼：巩固英语专业知识和提高英语教学技能。英语专业知识主要包括语言技能、语言知识、情感态度、学习策略和文化意识5个方面，其中，英语语言知识又包含了语音、词汇和句法知识。英语教学技能主要指教师教学方法方式等技能，具体涉及英语的听、说、读、写、译等。

随着教育事业的发展和教师专业素质的不断提升，对教师教学技能的研究不能仅局限于一成不变的狭隘区域内，还要关注影响教学情境的动态特性，因此，对小学英语教师教学技能的界定和研究应该在课堂的动态环境中寻求。

二、英语教学技能分类

以课堂教学中的基本教学程序为切入点，小学英语教师需要掌握的教学技能体现在以下几个方面。

（1）教学预设及准备：能够在课前预先规划好课堂教学内容和环节；做好简易教具；做好英语歌谣编排；做好英语剧本改写、排演设计；做好游戏、活动的设定和组织等；做好有利于课堂教学正常实施的一切准备工作。

（2）教材分析及教学内容选用处理：认真解读文本内容，能够甄选符合教学需要和学生学情的教学内容。

（3）导入：激发学生学习兴趣，快速进入教学主题。

（4）语言组织表达：能够熟练运用准确、恰当的英语语言和语调进行表述；能够因材施教讲解知识内容，保证师生间沟通无障碍；能够制订合理的教学计划，编写教案。

（5）板书：能够运用斜体书写，笔顺正确，字母规范、倾斜度一致，标点符号符合英语行文规范。板书内容布置合理、有序、漂亮。

（6）教学演示：能运用教具、多媒体课件、活动、游戏等多种形式演示，活跃课堂气氛，增强师生间沟通交流效果。

（7）提问：以提问的方式检查学生学习情况、解答疑惑。

（8）总结：总结归纳，温故知新，拓展延伸，巩固提升。

教师不仅要学习、学好英语语言知识，还要研究、揣摩、修炼英语教学技能，积极融入、适应小学英语教师角色，以教促学（“教—反思—学”），不断进步，才能有效地提高自己的专业水平和技能。

思考与练习

1. 举例说明小学英语教学技能包含哪些内容。
2. 举例说明修炼小学英语教学技能的价值和意义。

第二节　小学英语课程标准与教材评介

一、小学英语课程标准的基本理念及课程目标

《义务教育英语课程标准（2011 年版）》（以下简称 2011 版英语课程标准），以其崭新的教育理念及教学指导思想走在新课改的前沿，其作为重要的纲领性文件，需要从事小学英语教学的教师反复解读领悟，深入研究思考。

（一）基本理念

1. 课程目标体现联系性、渐进性、持续性、整体性特点

语言学习具有渐进性和逐渐积累的特点，2011 版英语课程标准提出，以语言技能、语言知识、情感态度、学习策略和文化意识五个方面共同构成的英语课程总目标，既体现了英语学习的工具性，也体现了其人文性；既有利于学生发展语言运用能力，又有利于学生发展思维能力，从而全面提高学生的综合人文素养。2011 版英语课程标准以义务教育阶段的英语课程作为一个整体，再划分出小学阶段和初中阶段两个部分，二者虽然独立存在，却又有机连接，保证了英语课程的联系性、渐进性、持续性及整体性。

2. 注重素质教育，关注每位学生的发展

2011 版英语课程标准提出，义务教育阶段的英语课程应面向全体学生，体现以学生为主体的思想，在教学目标、教学内容、教学过程、教学评价和教学资源的利用与开发等方面都应考虑全体学生的发展需求。英语课程应成为学生在教师的指导下构建知识、发展技能、拓宽视野、活跃思维、展现个性的过程。由于学生在年龄、性格、认知方式、生活环境等方面存在差异，他们具有不同的学习需求和学习特点。只有最大限度地满足个体需求，才有可能获得最大化的整体教学效益。

小学开设英语课程要尽可能地创造学习的环境和氛围，满足每位学生的学习需要，强调关注每个学生的情感，激发他们学习英语的兴趣，帮助他们建立学习的成就感和自信心，培养学生综合语言能力、思维能力、实践能力及创新能力，提高人文素养，促进学生

专业素质的全面发展。

3. 尊重学生差异，因材施教

学生在认知方式、生活环境、兴趣爱好等方面存在差异，各自具有不同的学习习惯和学习需求，教师不能“一刀切”，不能仅以一种标准来衡量每位学生。“以学生为主体”的教育指导思想，要求教师在教学设计、课堂教学组织、教学评价及教学资源利用开发等方面关注每位学生的个体差异，最大限度地满足每位学生的学业发展。

4. 在“做中学”，倡导学生参与体悟

2011 版英语课程标准提出，英语课程提倡采用既强调语言学习过程又有利于提高学生学习成效的语言教学途径和方法，尽可能多地为学生创造在真实语境中运用语言的机会。鼓励学生在教师的指导下，通过体验、实践、参与、探究和合作等方式，发现语言规律，逐步掌握语言知识和技能，不断调整情感态度，形成有效的学习策略，发展自主学习能力。任务型的教学模式是吸收了多种教学模式及方法的优点而形成的，以“做中学”为中心设计具体活动方案、可操作性任务，设计特定的语言交际任务，组织学生通过沟通、交流、讨论、展示、询问、表演等多种活动形式来完成语言项目，实现任务目标，使学生感受成功，形成积极的学习态度，进而提高英语学习听、说、读、写的语言综合应用能力。

5. 改变单一评价方式，合理、全面给予评价

不同于传统“一考定终身”的终结性评价方式，2011 版英语课程标准提出，评价应采用形成性评价与终结性评价相结合的方式，既关注过程，又关注结果，使对学生学习过程和学习结果的评价达到和谐统一。2011 版英语课程标准提倡形成性评价和终结性评价相结合，根据学生在平时学习中的表现和成绩对学生做出更科学、合理、全面的评价，增强学生综合语言运用能力并促进其健康人格的发展。

6. 多渠道开发利用课程资源

英语课程教学要创造性地开发、利用贴近学生生活实际的课程资源，探寻、利用教材资源、校本资源、社区资源、家庭资源、音像资源、广播资源、电视资源、报纸、杂志及网络资源等丰富的教学资源，要拓宽和运用多种渠道，并鼓励、支持教师和学生主动参与课程资源的开发和利用。

（二）课程目标

2011 版英语课程标准的总目标是培养学生综合运用语言的能力，这种能力的形成建立在语言技能、语言知识、情感态度、学习策略和文化意识 5 个方面整体发展的基础上。语言技能和语言知识是综合语言运用能力的基础；积极的情感态度促进学生主动学习；学习策略是确保学生自主学习、提高学习效率的重要保证；文化意识的理解有利于得体地运用语言。5 个方面既独立又紧密联系，共同促进了学生综合语言运用能力的形成和发展，体现了“以学生为主体”的教育思想。

按照 2011 版英语课程标准的要求，把小学英语教学的标准分为两个级别：低段（3～4 年级）达到一级标准；高段（5～6 年级）每周 3～4 次教学活动，达到二级标准。

二、小学英语教材介绍及分析

教材是传达教学内容最好的载体，是教师进行教学工作、学生获取知识技能的重要依据。教材的界定有广义和狭义之分，狭义的教材一般指的是课堂上使用的教材，它根据课程教学的需要按年级编写，每个年级 1～2 本，每本书包括一个阶段学生需要学习并且掌握的语音、语法、词汇等语言知识，以及需要达到的听、说、读、写等语言能力。目前，小学英语教材呈现“一纲多本”的多元化局面，各地根据自身教学的实际情况和需求，自主编写教材或灵活选用评价良好的教材版本。下面简单介绍几种普遍使用的小学英语教材。

（一）上海教育出版社《义务教育教科书英语》

这套教材共六册，起始阶段从三年级开始。教材内容包括看图说话、录音播放、说话训练、活动、唱歌等，淡化了千篇一律强调知识学习的单元编排，激发了学生的学习兴趣，使学生在轻松、简单的学习氛围中获得知识、提高能力，培养学生良好的学习习惯。不同于传统的在课文后安排练习题的模式，这套教材在每篇课文学习结束时，会安排游戏活动，提高了学生的学习积极性。

（二）外语教学与研究出版社《义务教育教科书英语》

这套教材起始阶段从小学开始，直至初中结束，这种“一条龙”教材编写安排，体现了英语学习的联系性、渐进性、持续性和整体性特点。教材还创新性地编排了三线（功能意念项目、情景教学、语音语法项目）并存并进模式，结合不同阶段学生学情，安排了大量的游戏活动和角色扮演，尽可能地提高学生学习的积极性；教材中图像辅助系统的设计充满趣味性，绘画水平高；每册附有大量绕口令、歌谣和歌曲供选择使用；教材中词汇量大，句型丰富，能够增加学生知识储量。

（三）人民教育出版社《义务教育教科书英语》

人民教育出版社三年级起点的《义务教育教科书英语》（简称人教版），从 3 至 6 年级共八册，使用范围广，内容丰富，教学效果良好，得到广大教师和学生的认可。下面以这套教材为例进行重点分析介绍。

1. 编写理念

人教版是以国家的教育方针政策为指导，结合学生心理认知特点，遵循 2011 版英语课程标准理念，由人民教育出版社与加拿大灵通教育有限公司合作编写的，在编写思想、编排内容上都体现了国家、社会对小学英语教育的要求以及课程标准的理念精神。人教版特点鲜明、优势突出，选取的内容丰富多样、贴近生活、注重实际需要，以听、说、读、写、唱、游戏等多种方法手段，激发学生学习兴趣，提高他们的语言运用能力。

2. 编写体例

人教版继承了传统教材的编写模式，沿用“单元 Unit”作为基本单位，同时又有所创新——每个单元都有一个鲜明的学习主题，而且主题都来源于实际生活。此外，人教版的创新之处还表现在每个单元都以“talk、play、learn、chant、sing、do、read、check、made、write、say”等行为动词为小标题组织教学活动，这些教学内容既立足于课内，又放眼于课外，既能开拓学生的视野，又能增强学生运用语言的综合能力。

人教版注重整合，每个单元都分 A、B、C 三个部分，将听、说、读、写学习有机结合起来，促进语言运用综合能力的整体发展。

人教版改变了重知识机械记忆、轻综合能力运用，重书本知识、轻实践活动的倾向，为学生提供了更多的实践游戏活动，强调听、说、读、写综合发展，做到了单元设计结构清晰、层次分明、重点突出。

3. 外形特点

人教版采用绿色印刷标准，选用环保型纸张、油墨、胶水等原辅材料，以 16 开大开本印制；还设有亲切可爱的动物形象，增加了教材的可读性；纸张轻柔，触摸舒服，颜色搭配合理不伤学生眼睛。

4. 内容结构

（1）课文系统。

每册教科书有 4～6 个单元，每个单元都有一个学习主题，如“Let's eat!”“What time is it?”“How tall are you?”“Welcome back to school!”“What's she like?”“How can I get there?”等。人教版有八册，共选用课文（小对话“talk”）46 篇，这些“talk”有以下特点。

① 结合学情，关注多元文化知识。“talk”多与学生的学习生活密切相关，与孩子的情感世界、经验世界相通，关注中西多元文化的交融，其内容丰富多彩。

其中有常识知识的认知学习。例如，“colours”单元教学生认识各种颜色单词并学习朗读及拼写，如“red、green、brown、blue、black、yellow、orange、white”；“weather”单元要求学生了解并能朗读和拼写与气候相关的词汇；“fruits”单元通过“Do you like pears/apples/oranges?”问句教学生认识各种水果；通过“How many/much…?”问句教学生分清可数名词和不可数名词，使学生能够顺利数数。

针对小朋友喜欢动物的特点，三年级上册编选了“We love animals”单元，教学生认识常见的动物单词“pig、bear、cat、duck、dog、panda、elephant、bird、tiger、monkey”，让学生在活泼可爱的动物世界中畅游，体会与动物的距离。

人教版还选编了一些实用性和操作性强的内容，如教学生在英语语境中如何通过交流表达顺利到达指定地点或位置，如何拨打接听电话，如何在商场里购物、询问交流，等等。

人教版还安排了几个介绍简单语法知识的单元，为学生以后的英语学习奠定了语法学习基础。例如，“How tall are you?”使学生对比较级、最高级有了了解；“Then and now”使学生对现在时、过去时有了了解。

② 体现趣味性，构建多彩的童真世界。在小学学习阶段，学生表现出学得快忘得快，语言运用综合能力不强的特点。如果强制学生学习记忆，效果不会太理想。人教版根据学生身心发展的特点，没有过分强调词汇、句式、语法的机械学习，而是注重培养学生学习英语的浓厚兴趣和良好的语言习惯，努力为学生呈现一个充满童趣的学习氛围。在每个单元结束时都有“Story time”，用可爱的小熊 Zoom 和小松鼠 Zip 之间发生的诙谐有意义的小故事帮助学生边玩边学；课本中的机器人 Robin 是一个帮助学生学习的小助

“Let's chant”

手，它会在合适的时机提示重要知识点并进行答疑解惑；在六年级下册课本中还提供了三只小猪和小红帽的故事，以丰富的英语短剧表演素材为学生的英语学习增添了乐趣。

“Let's sing”“Let's chant”为学习增添了趣味和意义。学生通过轻轻哼唱、吟诵，巩固所学知识，强化短时记忆，巩固长久记忆，潜移默化地培养语感。

“Story time”

③ 加强学法指导，引导学生自主学习。人教版在小学高段设计了“Let's wrap it up”活动，引导学生仔细观察、发现并总结英语学习中有趣的规律性知识。

(2) 助学系统。

助学系统，是对学生学习要求、学习重点和学习方法的提示和帮助，包括“致同学”、Contents、“朋友一览图”、图片、标记、附录（Recycle、Songs in each unit、Words in each unit、Vocabulary、Useful expressions、Proverbs、Short plays、Irregular verbs、English pronunciation patterns）等内容。

“Let's sing”

①“致同学”。这部分一般放在每册书的开头，介绍本册书的编写思想及意图，不仅仅是给教师的教学提示，同时也是对学生的学习指导。文本表达以与学生对话的方式展开，开头便是“亲爱的同学们：你们好！欢迎你们来到英语学习的世界。”由此可见，编者已经把学生当成学习的主体。同时，在“致同学”的结尾部分，都会附有一段激励性的文字，鼓励学生在英语学习中克服困难，不断开拓进取、奋力前行。

② Contents 和“朋友一览图”。为方便学生对本册书所要学习的内容以及出现的“朋友”做到心中有数，每册课本在开始时都设有 Contents 和“朋友一览图”，有 Sarah、Oliver、Mike 等朋友，还有调皮可爱的动物朋友 Zip 和 Zoom.

附录

③ 图片、标记。根据小学生年龄特征及心理特点，人教版 8 册教材都配有大量精美有趣的彩色插图和标记，这些插图都是经过精心设计和策划安排的，与教学内容密切相关，有助于帮助学生理解学习内容或引导他们自主学习。

“Look and write”

④ 附录。附录是整套书极其重要的组成部分，为学生学习英语语言、语法知识提供了一个系统、完整、联系的概念结构，如单词词汇、常用表达、谚语、英语歌曲歌谣、短剧表演等。

(3) 作业系统。

人教版的作业系统可概括为三类：第一类是知识记忆性作业，需要学生朗读、抄写、听写、背诵等；第二类是知识理解性作业，通过作业引导学生理解记忆单词、语句、小对话、故事等；第三类是运用语言性作业，目的在于提高学生动脑、动手、动口、表演的综合性语言运用能力，如“Let's play”“Read and write”“Look and write”等。

思考与练习

1. 请谈谈你对教材概念的理解。

2. 你认为在教材使用过程中，教师会遇到哪些问题或者会陷入什么误区？

3. 你对“一纲多本”教材的看法是什么？一本受教师和学生喜爱的教材应该具备哪些基本条件？

4. 如何灵活创新地使用教材？请以教材中的一个单元为例进行示范。

第三节　小学英语教学设计与案例评析

随着新课改的深入，小学英语课程教学也呈现出百花齐放的探索局面，教师尝试运用新的教学理念和方法方式教学，通过不断学习—探索—反思—再学习—再改进—再反思的模式，打造“高质高效低耗”的教学课堂，取得了不少成绩。当然小学英语课堂上仍然存在一些问题。

产生这些问题的一个最主要的原因，就是教师教学设计能力不强。它主要体现在教师的教材分析能力欠缺，教学目标设计不合理，课堂教学活动设计高耗低效，教师忽略学生学情分析，教师专业素养有待加强，等等。因此，必须采取有效措施提高教师教学设计能力，以保证小学英语课堂教学质量，提高课堂教学效果。

一、如何合理有效地进行教学设计

（一）“用教材教”，强化文本再构能力

教师进行教学设计前，首先要做好使用教材的准备工作，熟读本册教材，厘清、规整全套教材的编写理念、体例、结构、内容；其次，要明确本阶段、本时段、本学期课程教学目标，明确学生获得的语言知识以及技能所要达到的标准；最后，要认真研读文本，对教学内容的增减、教学形式的组织进行再设计。只有这样，才能使实际课堂教学取得事半功倍的效果。

强化文本再构能力，是以“用教材教”作为理念基点的，但教师不能只局限于本册教材，不敢拓展和补充；当然也不能随意增加教学内容的难度和广度。在2011版英语课程标准理念的指导下，教师活用教材时，应遵循以“学生为主体”的理念，以学生认知心理结构特点以及情感体验为出发点，根据教学的实际需要，进行合理的文本再构。

1. 注意文本内容的连续性、系统性、规范性

进行文本再构时，教师要注意知识内容的连续性、系统性和规范性，文本内容必须保持原有教学主题，包含语言基本知识点、作业练习活动、学生所要达到的语言水平等基本内容，教师要有整体篇章意识，不能把文本内容解构得支离破碎、残缺不堪。

2. 替换或删减不符合学生学情的内容

教师根据实际学情，灵活替换或删减不适合的文本内容。

3. 拓展补充内容或活动

由于学校选择使用的教科书，可能会出现教学内容或活动组织难度过高或过低的现象，教师可以结合学生实际情况，摆脱教材的束缚，进行适当调整和拓展延伸。

4. 调整教学内容和教学顺序

教师可以根据教学实际需要，结合学生实际情况，适当调整教学内容的顺序。这不仅可以增强学生学习兴趣，还方便教师对教学内容进行归并整合，进而提高教学效果。

（二）科学合理地制定教学目标

教学目标是否科学合理，直接决定了一堂课的教学是否有效。教学目标既是课堂教学的起点也是终点，对课堂教学具有引导作用，教师根据教学目标选择教学内容、教学方法，组织教学过程。在设定教学目标时，教师首先要考虑它是否符合课程标准的理念以及要求；其次，要思考本节课所要达成的目标、本单元教学目标、本册教材总目标之间的关系，目标设定要体现渐进性、层次性及可操作性；再次，要分析学情，调动学生学习积极性，尽量保证全体学生都能达成教学目标；最后，要规范目标表述，即只描述达到的能力、结果，而不描述整个教学过程。另外，教师还要多使用具体、可操作、可量化的表述，一节课的目标至多不能超过5个，避免目标多、空、泛。

（三）分析学情，适当调整教学设计

由于学生具有好奇心强、表现力丰富、喜好模仿的特点，他们在课堂上的注意力很难长时间集中，学到的内容记得快忘得也快。尤其是低、中年级段的学生能够短期记忆但较难长久记忆。这些学情特点需要教师认识、理解、分析和把握，从而有针对性地进行教学设计，调整教学内容的难易程度，设置适当的教学环境强化记忆，发挥学生优势，掌控课堂节奏，以便较好地实现教学目标。

（四）把握学科特异性，设计丰富有趣的教学活动

鉴于中外语言文化体系的不同，小学英语课程的教学有别于其他学科，其首要任务是培养学生学习语言的兴趣，要鼓励他们积极学习，建立良好的语言学习习惯及有效的学习策略。教师设计教学活动，要尽量贴近学生生活，挖掘丰富的生活资源，模拟实际语言交际场景环境，采用小组混搭、自由组合等形式激发学生沟通交流的欲望，使学生在活动中理解、运用语言知识，潜移默化地提高语言运用综合能力。

（五）教案撰写

教案是课堂教学设计的重要体现形式，它简单呈现了教学的基本框架、步骤和内容。“用心”撰写的教案不仅能提高课堂教学效果，还能帮助教师把控课堂教学节奏，提升教师专业素养水准。反之，以应付为目的撰写的教案，即便内容一应俱全、条理清晰、书写工整，却毫无实质性内容，形同虚设。实际上，教案撰写并没有一个固定的框架模式，它一般包括教学目标、教学重难点、教学方法、课时、教学过程、板书设计、作业等内容。教师还可以根据具体的学生学情、教学内容、教学需要，撰写彰显个人教学风格特色的教案。

1. 撰写教案前的准备工作

教师正式下笔撰写教案前，需提前备课标、备教材、备教学目标、备学生学情、备教学过程、备教法学法，只有做好准备工作，才能撰写好教案。

（1）备课标。认真解读领悟英语课程标准，将其指导思想贯彻于整个教学过程之中。

（2）备教材。教师要重点关注本单元主题，合理选取和处理教学内容，做好具体语言知识材料的梳理准备、教学活动游戏的设计组织、练习训练的安排和复习巩固等。

（3）备教学目标。教师要清楚地知道本节课教学结束时学生所要达成的预期目标。

（4）备学生学情。教师要根据学生个性差异、学习基础、心理特点，因材施教。

（5）备教学过程。建议教师认真预设、推理教学过程及步骤，把内容精简提炼，尽可能详细地写在教案中，对教学过程做到胸有成竹。

（6）备教法学法。教师要根据制定好的教学目标、学生学情，选用恰当的、多样的教学方法方式，以调动学生学习的积极性和主动性。

2. 教案格式

教案的格式有很多种，如文字稿式、表格式、提纲式、流程式等。教师可以用信笺纸、A4 白纸手写，也可直接用 Word 文档编辑、打印。文字内容编写完毕后，教师还要注意行文格式的编排。

（1）前后字体、字号一致。

（2）行间距设置一致。

（3）段落层次安排合理。

（4）英文内容的书写符合规范。

（5）全篇布局清爽、整洁、规范。

案例 5-3-1

“My Robot”文字式教学设计

一、教学目标

1. 通过活动，激发学生学习兴趣，培养学生良好的学习习惯。

2. 初步掌握“It/He/She has…”句型。

二、教学重难点

能够使用“It/He/She has…”句型作简单表达。

三、教学准备

录音机、玩具机器人、多媒体课件。

四、教学过程

1. 听音做动作，热身激趣

在学生学习了身体部位的单词后，为了带领他们复习并检查他们对这些单词听的能力，激发他们的学习热情，可先做“Simon says…”的游戏。

T：First of all，let's play the game “Simon Says…”.

开始时由教师示范说，学生做；接着由淘汰的学生上讲台说，其他学生做。

T：Simon says point to your arms，Simon says point to your head…

S1：Simon says point to your shoulders，Simon says point to your…

S2：Simon says point to your heads，Simon says point to your…

2. 视听结合，有声有色

复习了身体部位的单词和相关的形容词后，接下来借助实物导入“It has…”句型，介绍机器人的外部特征。

T：（出示玩具机器人）This is my robot. Please listen carefully and then repeat what I said.

T：Look at my robot. It has a small head. It has long arms. It has thin legs.

S1：Look at my robot.

S2：It has a small head.

…

练完重点句型“It has…”后，播放生动的多媒体课件让学生看听。

T：Please look at the screen and listen carefully. After listening，we will do some “true or false exercises”．（检查听的结果并给予优胜组奖励……）

3. 听音画画，妙趣横生

T：Now take out a piece of paper and pencils. Please listen carefully and draw a robot. The one who draws well will get a prize.

Tape-script：I have a robot. It has a big head. It has big shoulders. It has thin arms. It has small hands. It has long legs and big feet. It has fat knees. My robot is cool. （学生听录音画画，录音是逐句读的。画完后，学生在小组内欣赏交流所画的作品）

4. 听音辨人，活用语言

T：Let's play a guessing game. Listen carefully. He is a boy and is in Group 1. He has big eyes and big ears. He has small shoulders. He has thin arms. He has fat legs and big feet. Who is he?

S1：He's Tom.

…

T：Now let's divide our class into four groups. Do as I do，please.

…

五、板书设计

“My Robot”的板书设计如图 5－1 所示。

My Robot

It/He/She has…

Head arm leg shoulder hand feet knee

图 5－1　“My Robot”的板书设计

资料来源：卢福波．小学英语教学活动设计案例精选［M］．北京：北京大学出版社，2012.

案例 5－3－2

“My Room”表格式教学设计

备课时间：2020 年____月____日　　　　　　　　　　总备课：第____课时

<table>
<tr><td>单元、章、节</td><td>Unit 5</td><td>课题</td><td>My Room</td></tr>
<tr><td>课时</td><td>1 课时</td><td>课型</td><td>New</td></tr>
<tr><td>教学目标</td><td colspan="3">1. 能够熟练运用“There is/are…”“I like…”“What colour is/are the…”句型。
2. 激发学生学习英语的兴趣，提高学习积极性。
3. 培养学生热爱家庭、热爱家乡的美好情感。</td></tr>
<tr><td>教学重难点</td><td colspan="3">联系实际情况，熟练运用句型</td></tr>
<tr><td>教学准备</td><td colspan="3">1. 准备各种家具图片、钥匙模型、小区居住图。
2. 观察、设计、想象自己可爱的家</td></tr>
</table>

<table>
<tr><th>教学过程</th><th>备注</th></tr>
<tr><td>Step 1：Warm-up
1. 教师示范：Take a paper—Fold the paper—Draw a house—Cut the paper—Show a house.
2. T：Whose house is this?（It's Pat's）
Step 2：lead in
1. T：Pat 的房子里空空的，让我们去家具店为她挑选一些家具，好吗？
2. Act out the dialogues：Shopping.
（desk，bed，sofa，chair，table，wardrobe，shelf，curtain，wall…）
帮老师装饰新家：There is a…
T：I have a new house. Can you help me to put some furniture in my home?
（Ask pupils to put some pictures in the room）
3. Talk about the room.
Step 3：Practice
布置自己的家。
1. 剪好房子，再画家具（六人一组活动）。
2. 添加些其他的摆设：TV、flower、picture、lamp、radio、vase…
3. Pair work：ask and answer.
Step 4：Feed back
请到我家来做客。
1. 简单描绘居住的小区环境。
2. Act out the dialogues：A visit to…
3. 游戏：和老师做邻居。模拟搬到 X 小区，用英语介绍自己的新家，并取走钥匙。</td><td></td></tr>
</table>

续表

板书设计	My Room There is/are… I like… What colour is/are the… desk，bed，sofa，chair，table，wardrobe，shelf，curtain， TV，flower，picture，lamp，radio，vase
教学反思	授课时间： 年 月 日

案例 5-3-3

“My Room”提纲式教学设计

一、教学目标

1. 能够熟练运用“There is/are…”“I like…”“What colour is/are the…”句型。
2. 激发学生学习英语的兴趣，提高学习积极性。
3. 培养学生热爱家庭、热爱家乡的美好情感。

二、教学过程

Step 1：Warm-up

Step 2：lead in

Step 3：Practice

Step 4：Feed back

三、小结

四、板书设计

五、作业

案例 5-3-4

流程式教学设计

本单元要求学生学会使用关于“weather”的 9 个单词，即 cold、cool、warm、hot、sunny、windy、cloudy、snowy、rainy。本单元词汇量大，特别是部分单词的发音容易混淆，学生学习时易疲倦。根据教学要求，设计如下流程式教案。

（1）导入：教师为学生上演天气预报播报秀。

（2）让学生猜测黑板上还未补全的气候现象，并补画完整，依次引出要学习掌握的单词。

（3）组织学生观察、记忆描述气候现象的单词，小组合作完成“小小播报秀”，强化单词记忆。

(4) 组织学生吟诵“Let's sing”内容，让学生在音乐中想象淋雨的样子。

(5) 两人一组，相互评价本单元词汇、句式学习情况。

二、教学案例设计与评析

此部分可通过以下几个案例来说明。

案例 5-3-5

“Toys”教学设计

一、设计理念

在分析小学低年级学生的生理、心理特征的基础上，从学生的兴趣、生活经验和认知水平出发，在教学过程中积极探索任务型教学途径，创造性地设计贴近学生生活的教学活动，以吸引和组织学生在课堂上积极地思考、交流和合作，使学生在视听、说唱、玩做中轻松、愉快地完成学习任务，从而达到“为用而学、在用中学、学以致用”的目标，真正使“课堂活动化，活动交际化”。

二、教学目标

1. 认知目标

(1) 能听懂并会说本课要求的玩具名称，如：car、bus、ball、ship、balloon 等。

(2) 会应用本课句型进行问与答的对话与交流。

Is it a…

Yes，it is a…

No，it is not a…

2. 情感目标

通过创设“送生日礼物”的情景，对学生进行情感教育，让他们学会关爱他人。

3. 能力目标

(1) 通过以猜字为特点的系列课堂活动，使学生能在真实的情景中运用所学的语言知识，做到学有所用。

(2) 通过围绕主题“Toys”的小组活动及自制神奇玩具等活动，培养学生的语言综合运用能力和创新能力。

三、教学准备

1. 教师准备小汽车纸板教具、玩具图片和字卡、装有各种玩具的纸箱一个、小礼物一份、多媒体课件等。

2. 学生准备正方形白纸一张、铅笔一支、彩色笔四支。

四、课时

1 课时

五、教学过程

Step 1：Lead in

1. 课前热身

师生共同演唱英文歌曲 *Roll That Ball*（其内容与玩具有关）。

2. 每日说话：姓名故事

师：今天我们要说一个男孩的姓名故事，在他的名字里有一个玩具汽车，猜猜看，他是谁？

生：He is Cars.

师：现在咱们来听一听 Cars 的姓名故事吧。

给出四个以其名字中字母开头的英语单词，然后把这些词串起来，编成一个小故事。

c→cup

a→apple

r→red

e→egg

Hello，I am Cars. I am six years old. This is a cup. It is red. I drink water with it. I like eating apples and eggs. They are good. That's all，thank you.

教师根据学生的姓名故事提 1～2 个问题，旨在检查学生听的情况。

3. 引出课题

教师把小汽车纸板教具的背面展示给学生，让他们猜是什么。

生：It is a car.

教师把写有“Toys”的小汽车纸板教具贴在黑板上。

学生跟读标题。

Step 2：Language learning

1. 学习玩具名称

师：这辆小汽车里装满了玩具，我们借助图片字卡来教玩具单词。

2. 学说话

师：你们喜欢什么玩具

生：我喜欢……

生：我喜欢……

3. 学习新句型

师：车里的玩具都是 Alice 的家人送给她的，因为明天是她的生日（教师从学生情况一览表中获得此信息）。想知道这都是些什么玩具吗？

师：Is it a car?（摇头）

No，it is not a car.（自问自答）

Is it a ball?

Yes，it is a ball.（点头，回答）

学生跟着教师重复问句与答句数遍。

4. 语言实践

师生问答、生生问答。（借助实物或图片）

Step 3：Consolidation

师：（a guessing game）猜一猜这些是不是 Alice 的爷爷、奶奶、爸爸、妈妈、叔叔、婶婶、哥哥、姐姐送的礼物。

（利用多媒体课件）游戏规则：猜“Yes”的学生出示食指和中指，做“V”字状，并作答："Yes, it is a…"。猜"No"的学生，出示食指，做"I"字状，并作答："No, it is not a…"。

屏幕上：Is it a car?

生：Yes, it is a car.

生：No, it is not a car.

教师按键，显示画面和答案，判出胜方。

（通过这种师生互动的游戏来巩固所学知识）

Step 4: Extended activities

1. 问话猜

师：老师也有一件礼物送给 Alice，请用句型"Is it a…"猜猜看是什么？

生：Is it a car/bus/toy rabbit?

师：Yes, it is a toy rabbit. It is white. It is small, but it is lovely.

（示范描述玩具，为后面的活动做铺垫）

学生向 Alice 投去羡慕的眼光。

师：你们别失望，老师也有礼物送给你们，它们在这个箱子里。

2. 唱歌猜

全班分成四组，用唱歌的方式猜箱子里的玩具，被猜中的玩具属于猜中的组，活动直至每个组至少有一个玩具为止。

生：What's in the box?

What's in the box?

Can you guess?

What's in the box?

Group 1: Is it a doll?

Group 2: Is it a car?

师：Yes, it is a car.

于是，小汽车属于 Group 2，以此类推，活动继续，直到每个组都有一个玩具。

3. 小组活动

教师把学生分成四组，围成 4 个圆圈，每组讨论及描述各自的玩具。最后，由组长汇报讨论结果。

Step 5: Language production

1. 展示自制玩具

师：同学们，我这里有一个神奇的玩具，它的神奇就在于能满足你们想要玩具的愿望。但在得到玩具之前，你们必须闯关，先回答两个问题，回答完问题后，就能得到想要的玩具了。

师：What color do you like, Tim?

生（Tim）：I like yellow.

师：what number do you like?

生（Tim）：I like number three.

师：Count three. It is a car.

喜欢这个玩具吗？下面我教大家怎样制作这个神奇的玩具。

2. 制作方法

(1) 拿起桌面上正方形的纸，向着中心对折四个三角形。

(2) 翻面，用同样的方法重复刚才的步骤。

(3) 内部写出八种玩具的名称，外部用四种彩色笔写出对应的颜色词。

(4) 找自己的同伴或好友，分享神奇的玩具。

资料来源：卢福波．小学英语教学活动设计案例精选［M］．北京：北京大学出版社，2012.

【案例评析】

上述教学设计基于学生学情和认知水平特点，通过自制神奇玩具，动手、动脑，帮助在轻松愉悦的氛围中理解、记忆玩具名称词汇，寓教于乐，是一次值得借鉴、学习的案例，设计体现了以下特点。

首先，教学目标从认知、情感、能力方面设定，符合学生年龄、心理特征，强调培养学生学习的兴趣和主动性。

其次，教学设计融合多种形式的语言实践和游戏，教学生学习玩具名称、新句型、新对话，让学生积极参与到语言实践中扎实地掌握知识；以“猜”为载体，利用问话猜、唱歌猜等游戏，使学生巩固知识，加强练习、操练实践和交际运用，使学生始终保持积极学习的兴奋状态。

最后，教师考虑学生年龄特征，精心设计了自制神奇玩具环节，贴近学生实际，能整合听、说、读、写多重训练，有助于提高学生运用英语的能力。

总之，上述教学设计关注学生年龄、心理特征，注意从学生学习兴趣出发，通过猜一猜、自制神奇玩具等活动的安排，合理地完成教学任务，让学生的知识得到积累巩固，语言运用能力有所提高，最终有效达到教学目标的要求。

案例 5-3-6

“Feeling Sick”教学设计

一、设计理念

本活动安排采取任务型的教学模式，让学生在教师的指导下，通过感知、体验、实践、参与和合作等方式，实现任务目标，感受成功，使学生在活动过程中形成积极的学习态度，促进他们语言实际运用能力的提高。

二、教学目标

通过在教室里创设“医院”这一情景，让学生模拟学习“生病”和“看医生”时的用语，并根据教材把这些用语改编成“Chant”形式表演出来。以这种方式提高学生学习兴趣和语言表达及语言运用能力，激发学生参与、探索及创新的热情。

三、教学准备

(1) “医生”和“病人”的服装，听诊器，体温表，护士帽。

(2) 把教室前半部分简单布置成“医院”。

(3) 学生课前先预习课文。

四、课时

1课时。

五、教学过程

(1) 教师让一名学生扮成感冒发烧的样子，学生满面愁容地走进教室。

(2) 教师通过询问学生引出“What's the matter (with you)?”和“What's wrong (with you)?”的句型。根据学生的回答再引出有关生病的句型和词组：I have a headache/have a fever/have a cold/have a stomachache等。同时，教师用多媒体展示这些词组，学生模仿跟读。

(3) 教师引导学生用不同的人称进行提问和回答：“What's the matter (wrong) with him/her? He has a cold. She has a fever”等。学生出于一种真实的交际需要，非常迫切地想说出更多的有关生病的句子，如“I have a toothache/flu/cough. I feel terrible.”等。此时教师应抓住时机进行扩展，如“I feel horrible/awful. I don't feel well. I've got a pain here. It hurts here. I don't feel like eating.”等，同时在屏幕上呈现这些内容。

(4) 教师问学生：“I have a bad cold. What should I do?”或“What do I need to do?”

学生回答得非常踊跃，给教师许多建议：“You should go to hospital/a clinic/see a doctor. You need to take some medicine/have a rest.”等。

(5) 教师让学生听课文中的“Chant”，学生跟读并轻轻拍节奏。

(6) 学生每六人分为一组，根据刚才所听的“Chant”的内容，进行改编，创造出自己的“Chant”，并分角色表演。

以下是学生自己改编的韵律诗文。

Tom's Mum：Tom，Tom，what are you doing?
Time for school now.
Quick，quick，quick.

Tom：Mother，mother，I feel sick.
Take me to the doctor.
Quick，quick，quick.

Taxi driver：Today is windy.
Today is cold.
A lot of people want to see a doctor.

Nurse：Hello，hello，I am a nurse.
I help the doctors.
Time and time.

Doctor：Sit down，please.
Are you OK?
What's the matter with you today?
Your face is red.
Your hand is hot.
Take some medicine and stay in bed.

(7) 教师到各组中指导学生并与之交流，然后根据表演需要把教室的讲台布置成“医院”。每组选出一名评委，组内抽签上台表演，没有表演的同学就打节拍。最后评出一、二、三等奖，分别给予奖励。

资料来源：卢福波．小学英语教学活动设计案例精选［M］．北京：北京大学出版社，2012.

【案例评析】

上述教学设计首先以实际生活中容易遇到的实践性、操作性强的“到医院看病”为例，第一时间激发学生的学习兴趣和欲望，帮助学生尽快融入语言学习语境中。其次，教师通过循循善诱，帮助学生掌握基本词汇、句式。最后，教师引导学生展开想象、假设环境，思考如何应对生病就医。

教学设计中有一个出彩的环节——改编创作“Chant”，并分角色扮演。整个过程全面培养了学生的听、说、读、写技能，同时还注重了人文素养的培养。在改编创造“Chant”过程中，教师安排学生带着任务听“Chant”，再改编、创造自己的“Chant”。这样做不仅可以对学生的听力进行有目的的培养，而且把“Chant”的框架结构层次展示给学生。以小组为单位，进行角色扮演，有利于学生语言输出能力的发展和自主学习能力的提升，学生做到了学以致用，展现出欢乐学习的一面。

案例 5-3-7

“My Favorite Festival”教学设计

一、设计理念

“人的活动是社会及其全部价值存在与发展的本源，是人的生命以及作为个性的发展与形成的源泉。教育学离开了活动问题就不可能解决任何一项教育、教学、发展的任务。”英语课的教学是以进行中西方不同语言文化背景下相互间交流为目的的师生双边活动，其课堂教学目标应该在交往与活动中达成。

二、教学目标

通过本课的活动，使学生对中西方重要节日、风俗有初步的了解，并能较流利地运用英语就相关内容进行口头交流。教师通过大量的口语练习，培养学生的书写能力。

三、教学准备

（1）将课堂布置成马蹄形小组的形式，以利于小组与小组及组内成员间的交往与活动。

（2）课件准备：中国过春节的喜庆场面片段，端午节、万圣节、圣诞节、复活节等中西方重要节日的相关场景等。

（3）教师准备猜谜用的小纸条。

（4）教师提供每位学生书写短文所用的纸张。

四、课时

1 课时。

五、教学过程

1. 营造课堂氛围

课堂教学氛围的营造对教学目标的达成起到不容忽视的作用。教师走进教室，神情严肃地宣布："We are going to have a test at this class"。想象一下学生们的反应，大家面面相觑。"Great"，教师心里暗暗说道。就在大家开始无可奈何地收拾桌上的东西时，教师又笑道："Happy April Fool's Day!"，并引导学生回答："Happy April Fool's Day!"。可以想象，学生对愚人节一定印象深刻。

2. 组织"热身"交流

"April Fool's Day is a festival. We play tricks at this festival. Do you like this festival?"，教师强调句中生词"festival"的拼读。教师采访几位同学："Do you like April Fool's Day? What do we do at it?"，再安排学生在组内相互问答……

3. 拓展"交流"范围

教师打开课件，播放一段中国过春节的喜庆场面，用生动的画面和立体的音效吸引学生的注意力。然后问道："Is it April Fool's Day? What festival is it? Do you like it?"基于以前的知识，学生都能应对。教师循序渐进，引导大家思考："I like Chinese New Year. I don't go to school at Chinese New Year. I can go back to my hometown to visit my family. What do you do at Chinese New Year? "，鼓励学生进行交流。

4. 加强合作，自主学习新知识

"What are these festivals? And what do people do at these festivals? Do you like them?"，教师继续播放其他节日风俗片段，同时强调生词的认读和拼写，鼓励学生做好笔记。教师大胆放手，让学生在小组内自己认读生词，自主展开问答。

5. 开展"问答"比赛，巩固口头表达

教师利用肢体语言，比画穿上新衣给大家拜年的动作，提问："What festival is this? What do you do at this festival?"并引导学生回答："It's Chinese New Year! We visit friends at this festival. "。教师抓住机会，再次提出问题："I like Chinese New Year because I can go back to my hometown to visit my family. Why do you like it?"，强调生词why和because的拼读，带读几遍后，选一位学生回答问题。答对问题的学生可以得分，还可以任意提问其他组成员。如此循环，许多学生就有了表现一把的成功感，多些品尝胜利的滋味能令学生始终保持饱满的学习热情。

6. 组织游戏，强化认读和口头表达

教师故作神秘地把写好节日名称的纸条散发给每个小组，请学生准备两分钟后，用自己的语言描述纸条上的节日，以便其他小组猜测纸条上的内容。教师要求小组内所有成员必须发言，且内容不能雷同。教师给出评定标准：语言准确流畅，令猜谜者一击即中，双方得分；若因语言不够准确，令其他组猜不出正确答案的，则要倒扣分。

资料来源：卢福波. 小学英语教学活动设计案例精选［M］. 北京：北京大学出版社，2012.

【案例评析】

上述教学设计，真实、生动、有趣，教学目的明确，教学设计环节衔接自然、层层递进。教师在教学过程（营造课堂气氛—组织热身交流—拓展交流范围—自主学习新知识—开展问答比赛—游戏环节）中，注意角色的转变和控制，承担"引导者"身份，引导学生努力实践、展示自我。

教师基于学生对中国节日的已有认知，利用多媒体课件播放五光十色的节日场面，不仅使学生温习和巩固了表达节日常用的词汇和句式，而且使学生举一反三，教师在词汇学习上对学生进行引导（运用联想、回顾的方法帮助学生在头脑中构建知识网络，识记新的词汇）。

帮助学生记忆生词的方法方式很多，可以采用实物教具、多媒体展示和游戏活动等，但无论采用何种方法强化词汇记忆，都应该基于学生的语言习得规律和认知特点，让学生感兴趣、易接受。

思考与练习

1. 小学英语教师进行教学设计时需注意哪些事项？
2. 举例说明教学目标设计与叙写的原则和维度。
3. 举例说明教案的基本格式和结构。
4. 详细阐述撰写教案前的准备工作。
5. 请从人教版三年级起点《义务教育教科书英语》中选择一个单元，完成教学设计和教案。
6. 请你谈谈教学设计与教案之间的关系。

第四节　教学内容的有效选取与处理

教材是基于课程标准的理念和英语教学学科特点编写而成的，是系统呈现教学内容的权威材料。教师进行教学设计的主要依据是教材，但无论哪个版本的教材都不可能完全适用于每个地区，也无法满足每个地区的实际教学需要，因此，教师要在所使用的教材的基础上，结合学校、班级的实际学情，认真解读文本内容，对教学内容进行有效选取与处理，包括删减、替换、补充、拓展等，确定本堂课教学内容，合理调整教学安排，以获得最佳课堂教学效果。

一、选取教学内容需考虑的因素

（一）考虑学情，关注学生已有认知基础

英语教学是在学生已有认知基础上进行的，教师要考虑学情，因材施教。在处理教学内容，规划教学设计时，教师可提前对学生已有认知基础进行分析和把握，采用问卷调查、小测验、访谈形式，或者通过以往教学观察分析学生学习状态、习惯、兴趣、需要，结合分析数据，调整教学内容，重点教授学生有学习欲望、实用性强、操作性强的知识内容。

另外，即便是同一份教学材料，教师在教不同班级时，对实际教学内容的选取也会有所不同，存在差异化教学空间。对于基础较差的班级，教师会强调基本语言知识的学习，而对于基础较好的班级，教师除完成基本语言知识学习任务外，还会增加、拓展文化知识内容以及情感态度价值的熏陶。

（二）强调基础语言、文化知识学习

学生从接触英语学习开始，最为头疼却又不能忽视的就是基础语言、文化知识的学习。语音、词汇、语法等语言知识是构建自身英语语言体系的基石，而文化知识、生活常识是提升自身语言文化能力及修养的必备养料。在小学阶段，教师更要带领学生扎扎实实

打好、打牢基础语言、文化知识的基础，容不得半点马虎。

（三）强化听、说、读、写基本技能学习

很多从中学到大学一直学习英语的学生，却连英语字母的拼写、格式规范、书写笔顺都会出错；遇到外国人时连最基本的语言交际交流都做不到。2011 版英语课程标准强调要加强学生英语语言运用能力的培养，因此教师在教学内容选取上要有意识地重点强化学生听、说、读、写的基本能力，明确听的技巧、说的技巧、读的技巧和写的技巧，加强操作性训练，以帮助学生提高语言运用综合能力。

二、教学内容的处理步骤

（一）确定教学主题，整合教学内容教学

教师进行教学设计时，要会“用教材”，而不是成为教材的“奴隶”。在适当的时机或条件允许的情况下，调整课文顺序，统筹整册教材，把相关主题的教学内容整合、归并在一块，以一个主题为中心，统一、集中学习几篇课文的语音、词汇、语法等基础语言知识。例如，以节日为主题，可以把分散于教材中的所有和节日相关的篇章、词汇、句式、情景语言交际、游戏活动放在一起完成主题教学。

（二）确定具体教学的语言语法知识点

确定教学主题后，教师要进一步分析教学内容并落实具体需要教学的语言语法知识点，如语音、词汇、句型等语言基础知识；教师应以自身的语言知识功底做出判断，在教材、教参等资料中整理出一条清晰的语法线索，把八册教材中每一册书、每一单元、每一小节的语言知识内容填充进语法线索中，强调语法学习的重点、难点。

（三）确定语言知识材料

教师根据学生及教学实际所需，对教材中呈现的各种语言材料（对话、小短文、儿歌、小故事、游戏等）做出合理判断，适当进行调整，如删减、补充或替换等。

（四）确定教学组织活动

重整语言材料后，教师考虑以何种活动形式组织落实教学，如讲解、提问、对话、游戏、表演、写作等。

三、语言知识材料处理及调整角度

教师在处理教学内容时，根据实际教学需要，从宏观上总揽全局（全册），从中观上把握一个单元（组合线索、承担的教学任务、所要达到的教学目的等），从微观上吃透篇章（字、词、句式、篇章、语法知识内容，用什么方法方式教学等）。通过删减、补充、整合、拓展、替换等方法，努力实现教学内容的有效处理，使教学效果最佳化。

1. 删减

教师在不影响教学内容完整性及准确性的前提下，可对部分内容进行合理的删减，使教学内容更贴近学生的认知经验，更符合教师的教学需要。但教师对教材内容的删减幅度不能过大，更不能因个人主观偏好而随意决定。

案例 5-4-1

在“Unit 3 My weekend plan”中，part B 安排了一个“Role-play”。本单元教学主题

是“周末打算做什么”，是对未来安排的一个设想和计划。而“Role-play”的对话内容则涉及购买书籍的简单交流，与教学主题并无太多关联，因此，教师在教学时可以选择删去该部分内容，由教师重新组织语言材料，设计一个对话训练。

2. 补充

补充与删减是相对的。为了使语言学习材料更贴近学生实际，增加学生对某个知识点的深刻理解和强化记忆，教师可以适当补充语言材料，以获得更好的教学效果。

案例 5－4－2

在“Unit 2 What time is it?”中，part B 安排了一个“Let's talk”。本单元话题主要是识别时间，使学生能在特定的时间点对所做的简单行为进行表达。对话中只安排了三个时间点，分别是“6：30 a. m.”“7：30 a. m.”“8：00 a. m.”，建议教师可以多增加、多补充几个时间点和行为，为学生提供更多语言材料进行对话训练。

3. 整合

在实际的教学活动组织中，教师可以根据教学的需要把教学内容或活动整合优化。如果教师觉得一个单元内对话、练习、活动安排过于分散、繁多或重复，可以考虑把同一教学主题下的相关语言材料进行归类、合并、整合，形成新的教学内容。

案例 5－4－3

在“Unit 2 What time is it?”中的 part B 部分，“Let's talk”和“Let's learn”环节的语言材料大同小异，内容出入不大，都是教学生在特定的时间点对所做的简单行为进行表达，却各占一个环节。若把两者进行整合，既可以减少花费的时间，还能丰富语言材料，提高教学效果和效率。该部分还安排了 2 个“Let's play”，其内容也基本一致，建议教师优化整合。

4. 拓展

根据学生实际认知经验及知识储备可以发现，不是所有教学内容都适用于所有学生，部分学生理解同一个知识点会较其他学生更困难。教师可以拓展补充一些知识或活动，从而降低理解的难度。

案例 5－4－4

在“Unit 3 Weather”中，要求学生掌握大量的涉及天气气候的词语，如 cold、hot、warm、cool、snowy、rainy、sunny。但仅仅靠机械记忆记单词，对学生来说难度大、容易遗忘，建议教师积极引导和进行知识点迁移联系。例如，学习“hot”，可以联系 zoo、lake、swim、juice 等单词和相关语言材料，既开阔了学生学习的知识面，又能活跃学生思维，还能激发他们学习的兴趣。

5. 替换

在教学实践中，教师对不符合学情或教学需要的语言材料可以灵活处理，进行替换或调整。例如，一个单元包括 A、B、C 三个部分，若 B 或 C 部分的内容设计不合理，教师可以自己设计改编，替换为符合教学需求的材料。

案例 5－4－5

在“Unite 6 In a nature park”中，教学主题是能够表达“在自然公园中的所见所闻”，重点句型是“There is/are…”。其中，part A 和 part B 两部分出现的词汇及句式基本都是重复的。另外，五年级的学生已经初步掌握一些简单的动物名词，但是这一单元仅安排学生对所见的植物进行表达，内容单薄且略显枯燥。因此，教师可以自己改编一些对话，如补充一些已学过的句式和动物词汇，替换 part A 或 part B 部分，这样既有利于学生温习巩固已学过的知识，还能拓宽学生的创新思维。

四、教学内容有效选取和处理示例

（一）教学内容分析

教师对某一个单元教学内容进行选取时，需要具体写出这个单元的教学内容有哪些？重难点是什么？哪些内容可以舍去不用，哪些内容还需补充、拓展、加强。

案例 5－4－5 中的教学内容围绕“在自然公园中”展开，通过在自然公园中的所见所闻引出动物、动植物等词汇，涉及的句型有“Is there a river in the park? /There is…in the park.”，本单元学习字母 ou 在单词中的发音。

本单元“Let's talk”属于语篇教学，通过谈论公园中有些什么而展开，对话中出现很多名词，如 boat、forest、duck、rabbit、river、mountain、lake 等。

通过“Let's try”“Let's spell”“Draw and ask”等各种实践活动，帮助学生牢固掌握、运用句型，创设紧扣教学主题和内容的语言情境，让学生有更多的机会练习。

“Story time”讲述一个森林中发生的故事，有趣可爱。

（二）教学内容处理建议

教师可以根据小学生喜欢新奇有趣东西的特点来设计丰富多变的教学活动，让他们多听、说、读、写、背、演，不断提高自己运用语言的能力。一个单元可分三个课时完成，第一课时进行语篇教学，第二课时通过各种游戏活动帮助学生掌握重点语句，第三课时综合处理，对第一、二课时所学知识进行梳理、复习、总结、巩固、提升。

案例 5－4－6

Unit 2　My classroom

一、教学内容分析

本单元以教室里的各种事物为学习内容，要求学生通过学习，能够熟练运用“Where is the...? It's in/on/under/near the...”等语句简单介绍各事物所处方位。

二、教学内容处理建议

1. 改变由教师直接教授词汇的传统方式

在教学本单元需要掌握的词汇环节时，教师改变传统教学方式，以图片或自制卡片等形式呈现词汇，并且清楚地让学生知道哪些是属于听、说、读、写要求的词汇，如classroom、window、blackboard、light、picture、door、desk、computer、fan、wall、floor、TV，哪些是只作听、说要求的词汇，如really、near、clean、help等。如果本班学生学习基础较好，教师可以在语句教学中教学生学习词汇，促使学生在语境操练中加强对词汇的记忆。

2. 组织游戏活动使教学效果更佳

教师根据本班实际情况分组，按照教室里各事物的摆放位置，安排学生把单词卡片贴在合适的位置。但教师需要注意两点：一是每个小组手里的卡片不能一样，因为重复性的活动内容无法引起学生兴趣；二是要增加活动的难度，除了找到事物的正确位置贴好卡片，还要让小组里的成员组织语言表达，并选出代表对教室进行介绍。教师要适时指导学生使用本单元学过的语句和词汇，同时还要鼓励学生使用以前学过的句型和词汇进行创新表达。

3. 全班参与，鼓励学生主动展示

为了强化本单元学习内容，增强学生实践操作能力，教师可以安排学生自由组成小组，每个小组设计一个教室平面图，并在合适的位置粘贴教室中各事物的名称，然后在其他学生面前用英语做简单介绍，教师根据各小组展示的效果评出优胜组。

这一示例对学生全面参与英语学习，培养团队合作意识、创新意识都有一定的促进作用。

案例 5-4-7

Little Red-Cap

一、教学内容分析

六年级下册有两则英文表演题材的小故事：三只小猪和小红帽。本示例以小红帽的故事为依据，探讨如何组织故事教学。在小红帽故事中，学生要学习故事中的主要词汇和一些句型，如run off、set out、knock at、jump onto、jump out等。教师要培养学生理解故事内容，叙述故事主要情节、预测故事情节或大致内容及分角色扮演英文短剧的能力。

二、教学内容处理建议

1. 展示故事图片，鼓励学生猜测故事情节。教师向学生展示概括内容集中的图片，通过问答，先让学生猜测故事大致内容，然后教师补充完善，帮助学生理清故事脉络。学生在理解故事内容的基础上，学习词汇和句型。这种基于语境的教学方式，能够帮助学生更好地理解、掌握词汇和句型的运用特征，有助于提高学生英语语言运用能力。

2. 深入阅读故事内容，加深学生对故事的理解。教师安排学生再次认真、细致阅读故事，针对故事再提出简单问题，引导学生对故事做出反馈。

3. 开展多种形式活动学习故事。在学生充分理解故事后，教师可以安排学生听录音跟读故事、分角色朗读故事、看图讲故事、上台讲故事、扮演舞台剧等，以加深理解。

思考与练习

1. 选取教学内容时，需要考虑哪些影响因素？
2. 阐述处理教学内容的步骤或程序。
3. 举例说明处理和调整教学内容的角度和方法。
4. 举例说明处理教学内容时容易出现的问题及可以采取的对策。

第五节　板书的有效编排与优化

板书是教学的重要手段和表现形式，教师有计划、有目的地在黑板上书写字母、符号等，把教学内容的精华言简意赅地展现出来。精心设计和有效编排的板书，不仅能拓宽学生接收信息的渠道，传授学生必须掌握的知识，还能激发学生思维，训练学生的发散思维和概括能力，有效提高课堂教学效率。目前，板书的载体已不再局限于黑板，还包括磁性板、电子白板、毛毡板和屏幕板等，它们呈现的效果与黑板大同小异。

一、板书设计的要求

一般来说，板书能够为教师提示教学思路；概括、强调教学重难点；能够帮助学生有效地把握学习重点，强化知识记忆，做好笔记及课后复习。小学英语课程的课堂板书还必须体现英语学科的特点。板书的设计要注意如下几点。

（一）书写规范、言简意赅

在课堂上，学生对英语的直观感受及记忆首先来自板书。因此，规范板书书写，准确无误地拼写字母是对板书最重要也是最基本的要求。另外，字母拼写还要遵循拉丁语系字母书写规律，要整洁优美，工整规范，大小适中，疏密合理，美观大方。

板书是对教学内容设计和编排的高度浓缩和概括，因此板书语言要极尽精练，一目了然，切忌冗长杂乱。

（二）条理清晰、布局合理

板书应该理顺教学过程中“教路”和“学路”的逻辑性，从语言到形式设计、从整体布局到部分编排都要条理清晰、层次分明，体现出教学内容的系统性和整体性。板书的布局要兼顾美观和对称，一般来说，主体部分的每一横行长度应基本相等，切忌长短不一；而纵行则应显示教学内容的纵向线索。

（三）要点突出，形式丰富有趣

对于英语学习的重难点，教师要在板书设计中有意识地强调和提示，以帮助学生加深印象。教师可在重要的字词句、图标、符号下画横线、波浪线，打黑点记号、勾圈等，还可换用彩色粉笔在合适时机涂画标示。

遵循学生心理认知的特点，板书设计既应体现整齐、规范、美观的布局想法，同时还要有新意、有独特之处，让学生感到简洁明了、重点突出、丰富有趣，从而乐于接受。

二、黑板的合理布局

黑板的布局示例

教师对一块黑板的大小、设计内容的分配、布局都应预先做到胸有成竹。可先把黑板按对应的主体板书和辅助板书分为主体和辅助两块。主体板书体现本节课的主要内容和教学时间顺序，一般在课前就要设计好，教师一边讲解知识内容，一边通过书写向学生强调；辅助板书可有可无，教师可根据实际课堂教学需要灵活安排。总的来说，板书内容不能杂、乱、多、挤，教师要合理分配每个内容所占的空间。板书顺序可以从上到下，也可以从左到右。黑板上的板书既要确保对本节课重点知识内容的展示无遗漏，还要简洁、美观、层次分明，一目了然。

三、粉笔的合理使用

教师使用粉笔板书时，要注意书写姿势的示范，让学生能够清楚地看到自己动态书写的过程，纠正学生不良书写习惯及笔顺。字迹要整齐、规范、干净，字母要形体圆润、大小均匀，字母间隔要合适，倾斜度要一致。教师可利用白色粉笔与彩色粉笔之间色彩的强烈对比，把重要词、词语、句式的变化显性展示出来（见图 5－2），以增强板书视觉效果，帮助学生理解并轻松记住变化规律。

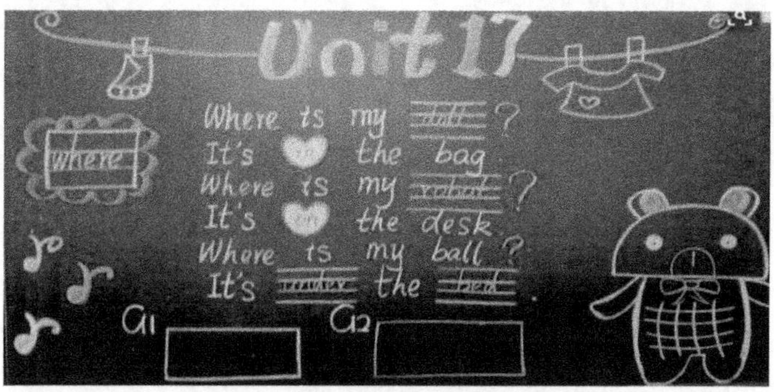

图 5－2　粉笔合理使用板书示例

四、板书设计常见格式

板书设计有很多可供参考、选择的格式，但无论参照何种格式，都不能盲目照搬、机械套用。教师都需要结合本堂课教学的实际情况及教学时间分配，在全面理解、把握教学内容的基础上，反复思考、修改板书设计，最终设计出科学、美观、创新的板书。下面结合小学英语课程的学科特异性，推荐几种常见的板书格式。

（一）图表式

图表式板书指的是以表格、图片、线条、文字内容等元素进行组合所设计的板书，如图 5－3 所示。其优点是内容简明扼要，一目了然，能清楚直观地反映出所教学的内容材料，便于学生整理、归纳、对比、理解、记忆知识点。

（二）对比式

一些教学内容中包含具有鲜明对比性的素材，教师可依据素材设计对比式板书，通过对照、反衬等，将对比的双方标示、排列出来，使之形成鲜明的对比，差异越大，对比越突出，反衬越强烈，观点也就越鲜明、生动。对比式板书设计如图 5－4（a）和 5－4（b）所示。

图 5－3　图表式板书设计

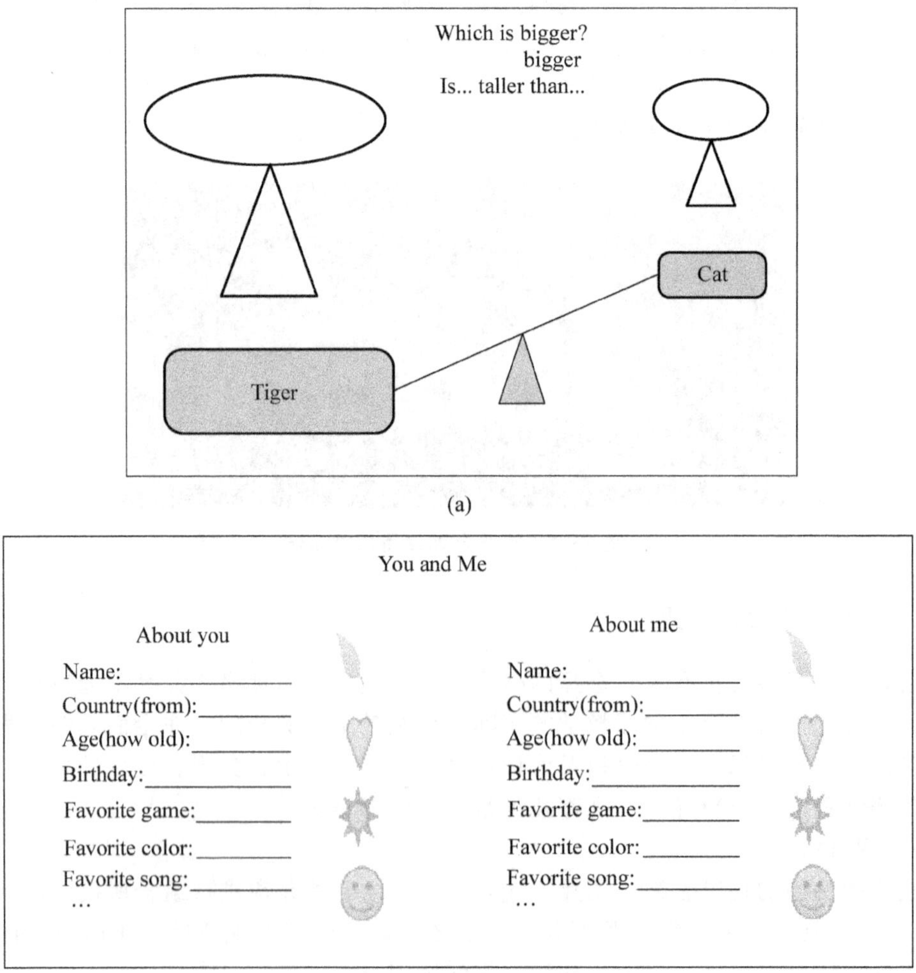

图 5－4　对比式板书设计

（三）要点式

要点式板书的语言，要尽可能使用准确、简练的标题式语言，要提纲挈领、脉络清晰，不能长篇大论，语言烦冗。要点式板书的作用是在尽可能最短、最快的时间内，帮助学生清楚明了理解所学知识内容。要点式板书设计如图 5－5（a）、图 5－5（b）所示。

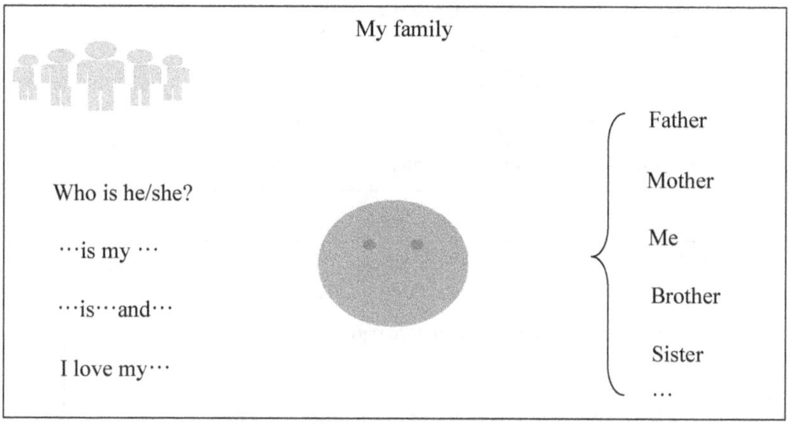

(a)

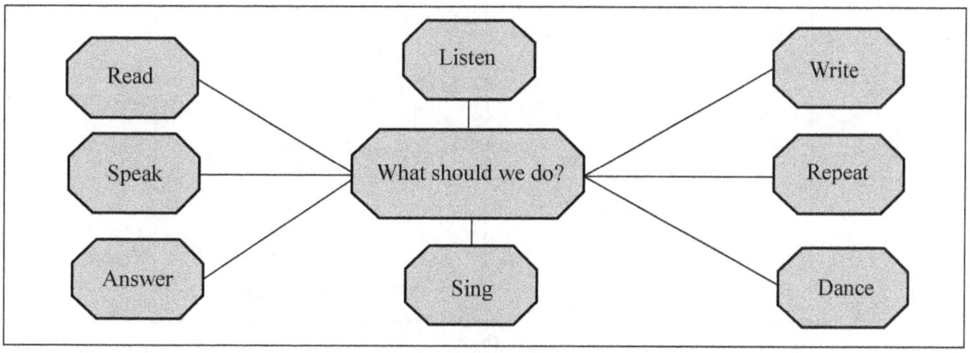

(b)

图 5－5　要点式板书设计

（四）表格式

教师先根据教学内容合理设计表格，然后可以设计一些问题，让学生以回答问题的方式归纳提炼要点、关键词，再填充表格；还可以边讲解知识要点边把词语填入表格；也可以预先在黑板上的合适位置书写、绘制好表格，等课堂教学时再作引导和强调。表格式板书设计如图 5－6 所示。

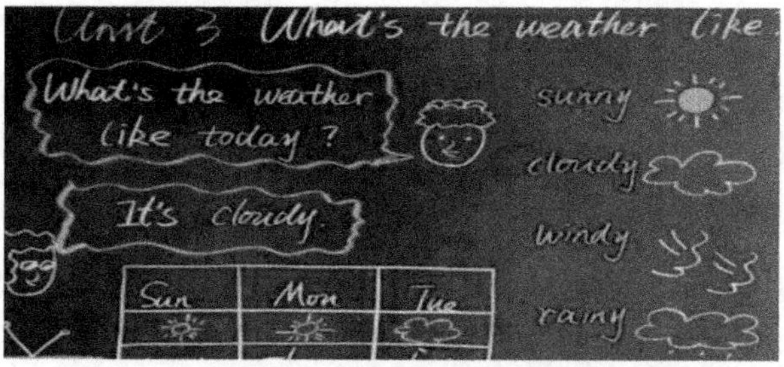

图 5－6　表格式板书设计

（五）总分式

总分式是指教师先作总体概述后再分别讲解教学内容细节。总分式板书从属关系明确，上、下级分明，条理清晰，不仅便于教师教授，也利于学生理解和掌握学习内容。总分式板书设计如图 5－7 所示。

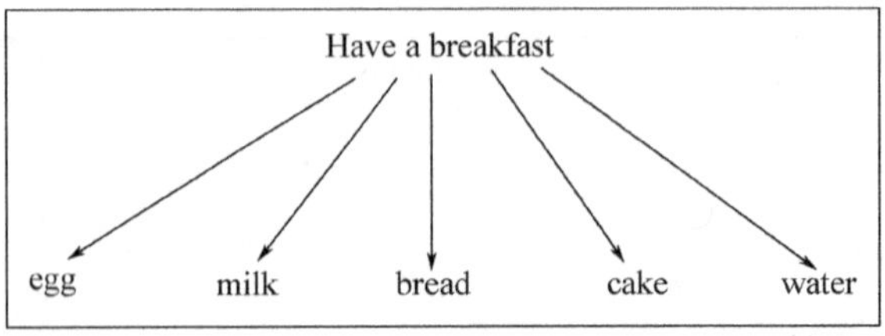

(a)

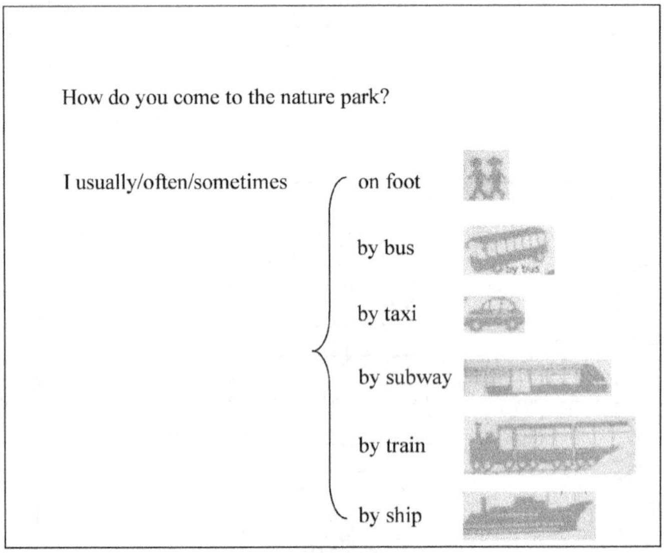

(b)

图 5－7　总分式板书设计

（六）图画式

教师在讲授知识内容时，可以用简笔画的方式在黑板上简单勾勒，为学生形象直观地展现示意图，这不仅有助于激发学生学习兴趣，还能给学生留下深刻记忆。图画式板书设计如图 5－8 所示。

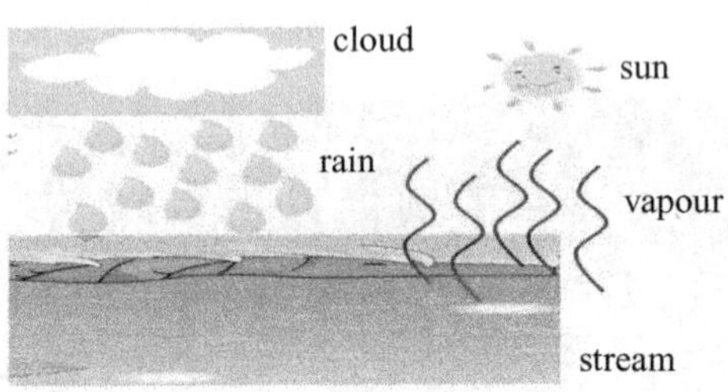

图 5－8　图画式板书设计

（七）综合式

小学英语教学的特点就是内容丰富、实用、有趣，板书设计如果长期都保持机械单一的格式，就很难激发学生的学习兴趣，教师可根据自己的教学需要和想法对基本格式进行创新或综合借鉴。所谓综合式板书是指根据教学目标、内容形成一个全面概括反映课文结构、内容的式样，是融合了图表式、对比式等多种板书形式的综合板书。综合式板书设计如图 5－9 所示。

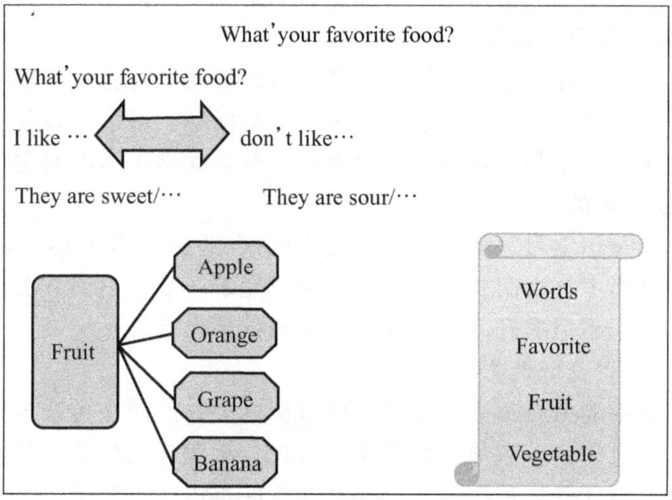

图 5－9　综合式板书设计

思考与练习

1. 举例说明板书的编排原则和编排时的注意事项。
2. 请简述板书的常见格式。
3. 请设计一份综合式板书，并与同学交流设计心得。

第六节　游戏活动的有效设计与组织

什么是游戏？对于游戏的解释有很多。在《朗文语言教学及应用语言学辞典》中，"游戏是一种教学活动，但是与一般的活动不同，具有以下特征：①一项特殊的任务或目标；②一套规则；③游戏参加者之间的竞赛；④游戏参加者之间口头或笔头交流。"

在小学英语教学中，游戏是一个必然也必须存在的重要内容。但很多英语教师却认为游戏只是一种低年级教学活动，不适合高年级的教学需要；或者认为游戏是一种属于学习之外的课外休闲活动，不适合放在课堂。有的教师担心过多的游戏会导致学习质量下降，影响教学内容和教学进度。另外，由于教学资源有限，教师很难找到与教学内容、学生学情相符的游戏资源，致使游戏活动成为小学教学中的"鸡肋"，游戏教学的效果也并不令人满意。

事实上，通过游戏，学生可以在做中学，做中悟，做中得，这在一定程度上能够提高学生语言运用能力、增加语言文化知识积累。因此在小学英语教学阶段，游戏是一种非常有效的教学手段。

一、小学英语课堂中游戏的重要性和意义

（一）促进学生西方文化的习得

英语语言学习与母语学习既有相同的地方也有区别。在小学阶段的英语教学中运用游戏，可以潜移默化地培养学生英语语感以及增强他们对西方文化、思维习惯的了解。在选择游戏时，教师要考虑具有英语味道的不同种类的游戏，如接龙、扑克牌、头脑风暴等。

（二）游戏新奇、有趣，使学生乐于学习

小学阶段的学生的心理与年龄特征是热情、活泼好动、对新鲜事物极其好奇，学习欲望强，爱表现和展示。因此，小学英语教学采用游戏活动，可以激发学生学习的兴趣，从小培养学生正确的学习方法和良好的学习习惯，充分调动学生学习的主动性和自觉性。

（三）增强学生学习的信心

英语学习不同于母语学习，学生在学习过程中会遇到很多困惑和阻碍，以游戏促学习，有助于学生主动思考解决问题的措施和方法。完成一个个学习任务，攻克一个个语言学习难关的同时，学生不但提升了学习能力，也增强了自信。

（四）提高学生口语交际能力

提高学生口语交际能力是英语教学的重要目标之一，然而在传统英语教学课堂中却普遍缺乏语言环境。通过游戏，教师可创设生动有趣、活泼自然的语言环境，使学生在游戏活动中轻松愉悦地完成任务，从而极大地提高学生的英语学习效果。

二、设计、组织游戏时需注意的事项

（一）确定语言学习运用为主要导向

游戏是辅助英语教学的有效工具，教师设计游戏时要依据教学目标对游戏合理管控和引导，明确游戏的最终目的，不能为了“游戏”而“游戏”。

游戏组织

教师组织“说一说”游戏，把学生分成六人一组，发给每个小组两个大纸盒子，一个盒子里放入一些动物图片，另一个盒子里放入六个动作类单词图片，如 jump、fly、climb、swim、run、roll 等。小组内两个学生同时抽出图片，然后随机指定第三个学生来组成一句话，如“The mouse can swim.”，组内其他人判断这句话是否正确并做出回应。此后，小组成员轮流参与游戏，教师做指导和记录。

（二）突出游戏的趣味性

学生喜欢有趣的游戏，因为趣味性强的游戏能够在轻松愉悦的环境中激发他们学习的热情，增强他们的学习自信心，提高他们的语言交际能力，最终使他们获得学习的快乐。为了突出趣味性，教师可以根据课堂气氛，加快课堂节奏，增强紧迫感，提高学生对游戏的关注度，避免学生精神疲倦，注意力转移；可以灵活增加、删减游戏次数，或改变原定游戏角色，打破常规交流方式，甚至教师也可以以学生或其他身份参加游戏；还可以在游戏中加入个人竞争、小组竞争、教师与学生竞争的环节，调动学生的参与性和积极性，增加学生团结合作的意识。

游戏组织

教师组织“商场购物”游戏，课前准备一些新鲜水果、食品、小卡片（标明金额作为钞票使用），把全班学生分为购物者和商场零售员两组，计划游戏时间为15～20分钟。游戏正式开始前，先让学生着重记忆和练习重要词汇和句式，如“cheap”“expensive”“How much is that/this?”“It's…dollars.”“Okay，I'll take it. /No thanks.”等。游戏开始后，教师指导购物者和零售员双方对商场物品的价格进行讨价还价，帮助学生解决购物环节中会遇到的词汇或句式表达困难问题。游戏结束后，教师总结并再次强调重要知识点。一般来说，教师如果不创设实际的语言环境，仅仅让学生对购物词汇和语句进行简单记忆，学生是很难产生学习兴趣的。因此，这个游戏为对话操练提供了一种新的情境和思路。

游戏组织

教师组织“词汇大竞赛”游戏，课前先准备5个类属的词汇，如城市、国家、动物、食物、工具等，同样地，也可以选择名词、动词、副词等。教师将全班同学分为四组，游戏时间计划为15～20分钟。教师在黑板上划分出五个区域，分别标记五个类别，教师随机说一个类别，学生说出属于该类别的词汇，四个小组中任何成员都可抢答。游戏结束后，哪个小组说出的词汇量最多即获得胜利。该游戏还可以先在小组内进行，由小组推荐获胜同学再参加班级竞赛。最后，教师总结并强调单词的记忆及准确拼写。这个游戏相当于对抗竞赛，考查了学生掌握的词汇量，它既能调动学生参与游戏的积极性，也增加学生的词汇储备量。

（三）合理控制游戏时间

学生对新鲜事物充满好奇心，但是注意力却不能长久集中，按照小学英语课程教学计划，每周英语课堂学习时间不超过100分钟，因此，教师对游戏时间的“度”的把握很重要。以游戏承担起一节完整的英语课不实际也很单调乏味，有些游戏甚至还会浪费课堂宝贵的时间，长此以往会使学生失去学习的兴趣。所以，不能以游戏完全取代讲授，教师要科学地计划和分配时间，合理安排游戏和讲授指导。

游戏组织

教师带领学生走出教室，到户外感受春天，学习“Spring is coming”这一课。游戏时间计划为本节课的前20分钟。学生带上笔、纸，在规定区域，如学校后花园内寻找春天的事物，找到后先简单画出它的轮廓，再标注英语。20分钟后教师带领学生回到教室，“比一比哪些同学找到的‘春天’多，画得像，单词拼写多且准确?”教师给予前10名同学优秀奖章，这个过程用时15分钟。在这节课的最后5分钟，教师总结并强调单词的记忆及准确拼写。

这是一个在规定时间内完成，具有竞争性的游戏，教师把握好游戏时间的“度”，确保每个学生都能参加，学生不受坐姿和环境的约束，以自己喜欢的方式或站或坐或爬进行游戏。同时，竞争点燃了学生学习的热情，以一枚小小的奖章达到了“玩中学”的最佳效果。

（四）游戏要难易适中

为学生设计游戏，教师要考虑到难易适中的原则。游戏过于简单或过于困难，都会降低学生参与游戏的积极性，使学习效果大打折扣。教师要全面把握、统筹兼顾，如在小组角色扮演时，给学习基础稍差的学生安排单词量少、句式简单的内容，这样做既能让他参与游戏，还能使其依靠自身努力顺利完成任务；对于学习基础较好的学生则更注重于安排难度较大的挑战，让其发挥自身优势。

游戏组织

教师组织“角色互换”游戏，在游戏开始前，教师先安排学生以不同的身份、职业做自我介绍，如医生、售货员、教师、司机等。介绍结束后，教师安排学生和其随机指定的同学互换身份，再次做自我介绍。同时，教师还可对有了新身份的学生提一些关于职业的简单问题。这个游戏考验学生在短时间内迅速组织语言并进行表达的能力，很多学生在转换新身份后措手不及，因而介绍时容易出错，但是游戏结束后学生会对短期内应对交际的词汇和句式留下深刻印象。因此，此游戏可以极大地提高学生随机应变的能力。

此游戏适合高年级段的学生，因为他们大多英语基础较好，词汇储备量丰富，能够主动学习，适应能力也强，教师应多给这些学生机会展示他们的学习成果；而对低年级段的学生或学习基础相对较差的学生来说，由于他们学习比较被动，因此教师不仅要适当降低他们参与游戏的难度，还要多鼓励表扬，以提高这些学生学习的主动性。

（五）强调教师引导作用

学生喜欢游戏，乐于享受游戏带来的快乐，但对于游戏中的重点知识内容还是需要教师来点拨、提示和强调，教师要承担起“引导者”的角色，要掌控课堂，适时地为学生答疑解惑，强化学生对重点知识的记忆。

游戏组织

教师组织“Cooking food”游戏，游戏中会出现制作东、西方食物的内容。西方的炸鸡块、炸薯条、烤牛排等食物，对于生活在城镇的学生来说司空见惯，而对于生活在农村的学生却很陌生。教师可以先安排对西方食物有所了解的学生提前进行食材、配品的准备，然后将西方食物及制作方法在课堂上与同学分享，教师再适当引导，补充一些词句的听说读写训练。对于大家都熟悉了解的东方食物，教师可以鼓励学生畅所欲言，交流分享东方烹饪文化，帮助学生在认识东、西方饮食文化异同的基础上，得到语言技能的训练。

三、常见的游戏种类

游戏的种类有很多，表 5－1 介绍了几种常见的小学英语游戏。

表 5－1　常见英语游戏种类表

游戏类别	具体过程	适用范围
“猜一猜”游戏	教师可以安排学生根据图片、语言、动作、声音、颜色、视频、谜语等提示猜一些关于动物、职业、玩具、工具等方面的词汇	小学阶段学生

续表

游戏类别	具体过程	适用范围
“记一记”游戏	教师可以安排学生在规定时间内短期记忆一些图片、课文、教学道具、板书中的词汇。随后教师随机点名或让学生以接龙方式回忆、填充之前记忆的词汇、句式。游戏结束后，教师整理错误较多的内容再次要求学生强化记忆	小学阶段学生
“动一动”游戏	教师安排学生做一些动作行为加强其对词汇、句式的记忆。例如“摸鼻子”“贴鼻子”“跳房子”“踢罐子”“投篮球”“捉迷藏”等	小学阶段学生
“角色扮演”游戏	教师设计具体的情境，或安排学生组成团队独立设计一段剧情并进行表演。教师仅强调一些要求和规则，其他方面鼓励学生创新	小学阶段高年级学生
“对抗竞赛”游戏	教师将全班分成几个小组，竞赛在小组间进行，可以采用“报号码”“加减我最行”“词汇我最懂”“拼写我最棒”等游戏形式。比赛结束后，教师统计得分并对得分最高的小组给予奖励	小学阶段学生
Bingo 游戏	安排学生每人准备一张纸，在上面画一个“井”字，将纸划分为 9 个空格。教师随便读 9 个词汇，学生将其分别写在 9 个空格中，教师再随机读其中的 3 个词汇，学生听到后在词汇上画圈，最先连成一条直线的获胜	小学阶段学生

四、游戏活动示例及分析

本部分将通过具体的案例来进行分析。

案例 5-6-1

“Good Manners”教学设计

一、设计理念

英语是一门实践课，英语学习的首要任务是“学”而不是“教”。我们通过开展情景表演等任务活动来培养学生对英语学习的探究精神，激发他们进行语言实践的热情，锻炼学生收集、组织、传递语言信息的能力，让学生学会“用英语做事”，从而提高其实际运用语言的能力。

二、活动目标

(1) 学生能运用所学句型“You/We/He should…”“You/we shouldn't…”进行扩展

性的情景会话。

（2）通过小组讨论各场合人们该做和不该做的事，培养学生的文明意识。

（3）通过自编短剧，以小组形式进行“Model Student”汇报表演，培养学生的语言表达能力和团结协作精神。

三、活动准备

（1）关于学校、图书馆、公园、影院、医院、家庭等场景的图片和影片。

（2）单词卡配图。

准备 student，polite，rude，noisy，rubbish，quiet，corridor，note，signs，rule 等单词及相关句子的卡片。

（3）相关课件。

（4）小组评比使用的奖章。

（5）表演用的道具、服装。

四、活动过程

Step 1：Warm-up

Listen and chant with picture on the screen.

教师通过“chant”这一热身活动，引导学生复习“Good Manners”的内容。随着图片及字幕的播放，全体学生边“chant”边拍手，很快进入英语学习的环境。

Step 2：Revision

Free talk：Revise the words and expression about good manners with word cards and sentences.

T：Boys and girls，can you tell me something about good manners?（What are good manners?）Please show me your ideas one by one.

The teacher helps the students by showing them the word cards with pictures.

S1：Walk in the corridor. /We should walk in the corridor.

T：Good. Next one，please.

S2：Don't run in the corridor. /We shouldn't run in the corridor.

T：Well done. Next one，please.

S3：Be quiet in the classroom. /We should be quiet in the classroom.

S4：Don't be noisy in the classroom. /We shouldn't be noisy in the classroom.

S5：Don't throw rubbish on the floor. /We shouldn't throw rubbish on the floor.

S6：Be polite.

S7：Don't be rude.

T：Pretty well. You all know what are good manners and what are bad manners. Now let's do some activities. I believe all of you will like to do it.

教师通过“Free talk”方式描述什么是“good manners”，激励学生在图片的帮助下练说句型：“We/You should ________ . We/You shouldn't ________ .”

Step 3：Presentation

T：Boys and girls，do you want to be model students? What should we do and what shouldn't we do in these places（At the library/In the park/At home/At the cinema/At school/In the hospital)? Ok，let's divide our class into four groups and have a discussion.

Now please watch these programs and comment on these people's behaviors. Then you can make some short stories about manners according to these short films/pictures and role-play. I hope to see your wonderful manner show. Would you like to do it?

S：Sure. We like performance very much.

T：Let's see the short films and discuss in groups.

师生平等交流，由看影片引出思考“What do you think of these people?”。影片中各种人物的行为举止引发学生的好奇心，促使学生从无意注意转为有意注意。教师顺势让学生用句型“He should/shouldn't…”分组自由讨论，评议影片中人物的行为举止是否文明。影片中的生活情景引发了学生说的欲望，也为他们以后的表演做好了铺垫。

Step 4：Preparation

Each group chooses one of the above topics and makes a story about it. During ten minutes，they can take turns to role-play their story in front of the class. The teacher helps them with pictures and key words on the board.

In the park（picture 1）：pick flowers，climb the tree，fish，walk on the grass，shoot the birds，take photos，sing and dance，etc.

At home（picture 2）：make a noise，jump and run on the sofa，spill milk on the table，help mother cook，watch TV，read and write，do housework，etc.

At the cinema（picture 3）：smoke，talk loudly，eat food，enjoy the film，throw rubbish on the floor，etc.

At school（picture 4）：keep quiet，keep clean，draw/write on the wall，help teachers，help others，be polite/rude，walk/run in the corridors，play basketball in the classroom，put the feet on the seat，put the hands into the rubbish bin，etc.

鲜艳有趣的图片、简单明了的词语，给予学生足够的创造空间和想象空间，同时也降低了他们语言表达的难度。浓郁的生活情景让学生感到真实、亲切，有话可说、有戏可演。学生们先用教师所提供的词语看图说话，然后由组长分配角色，练习表演。

Step 5：Performance

T：I know you have special talents in performance. Are you ready to show here? Come on，please.

The children role-play their stories group by group. The stories may be…

Group 1：…

Group 2：…

Group 3：…

Group 4：…

教师把全班分成四组，要求每组选一个表演主题，一起排练自编的短剧。学生可参照教师提供的图片、句子或剧本，进行自由发挥。教师看谁具备“good manners”就给谁佩戴奖章，反之，则给黑章。教师到各组去指导排练的同时，也可以充当某一角色，与学生同台演出。

Step 6：Summary

T：Boys and girls，our manners show is over. Now，can you tell me who are model people in the stories?

S：Mark，Bob's sisters…

T：Why?

S：Because they are kind，polite and helpful to others. （The teacher show the words and help the students to say）

T：Yes，I believe all of you will be model students if you try your best. But do you know how to be model students? What should we do and what shouldn't we do in our daily life?

S：We should/shouldn't…

学生表演完，教师评出剧中的“Model Student”，再为各组颁发奖品，最后让学生自己总结怎样才能具备“good manners”，怎样才能成为“Model Student”。

资料来源：卢福波．小学英语教学活动设计案例精选［M］．北京：北京大学出版社，2012.

【案例分析】

兴趣是激发学生热爱学习的好老师。通过“chant”导入，激发学生学习兴趣。利用“Free talk”环节指导学生使用句型“You/We/He should…”“You/We/He shouldn't…”，描述哪些是文明行为，哪些是不文明行为。

上述教学设计的亮点在于“Model Student”汇报演出给了学生自由创造和想象的空间，学生可以自编短剧，并以小组形式进行展示。这种真实的情景设置可以让学生充分发挥学习的主动性及创造性。同时，全员参与设计、编排、表演，能够有效提高学生语言应用能力，使教学效果更好。

案例 5－6－2

“Colors”教学设计

一、设计理念

怎样才能让全体学生主动、积极、愉悦地说英语呢？我在这节课的教学目标的设计上，力求以课本为中心，源于教材，但高于教材，尽量挖掘学生的潜能；在教学方法和活动方式的设计上，掌握低龄学生的心理特征，力求以兴趣、活动、情景为核心，在注意学生兴趣的同时，也注重课堂的真实性和交际性；在教学涵盖面上，以全体学生为主体，力求让每个学生都愿意开口说。

二、活动目标

（1）学生进一步熟悉和掌握各种颜色的表达方法。

（2）学生学习和掌握以下句型。

What color is it?

It's…

I like red/green…

学生能对物体的颜色进行简单的描述。

三、活动准备

(1) 学生穿上自己的漂亮衣服。

(2)《丑小鸭》英语故事书、音乐伴奏带、教学软件、词卡、画卡、彩笔、纸张、鼓、彩色脚印纸、交通灯卡纸等。

四、活动过程

Step 1：Warm-up

(1) Appreciation：An ugly duckling.（配乐，教师带学生一起朗诵）

(2) Sing a song：What's this in my classroom?（复习“It's…”句型）

Step 2：Revision

用颜色卡复习上一节课的内容，如 brown、red、orange、yellow、green、blue、pink、purple、black、grey、white 等单词和“This is blue/red…”句型。

Step 3：Presentation

(1) 教师使用英语教学软件播放“Beautiful spring”片段，在情景中呈现重点句型，让学生感受颜色的描述方法。

Hello，Tony! Hello，Jenny!

Hello，Gogo! Hi! Gogo!

What color is this?

It's green.

This is grass. It's green.

What color is this，Tony?

It's red.

This is a flower. It's red.

What color is this?

It is blue.

This is yellow.

The flower is blue.

The flower is yellow.

Thank you!

(2) 学生看完片段后，教师进行提问。

T：Do you like spring?

S：Yes.

T：Spring is coming. It's a colorful world，beautiful flowers，green trees，lovely birds. Let's make a beautiful spring，ok?

教师出示剪好的卡片“小树”，并板书。

T：What's this?

S：It's a tree.

T：What color is it?

S：It's green.

T：I like green.

教师接着出示红的花、蓝的鸟、绿的草，从而完成句型的导入，并拼出一幅靓丽的春天图。

(3) 教师带读句型并做颜色替换练习。

Step 4：Practice and Consolidation

(1) 学生谈谈自己和班里同学的衣服颜色。

T：Hi，You are very beautiful today! Your sweater is beautiful，what color is it?

S1：It's pink.

T：What color do you like?

S1：I like…

T：Your coat is beautiful! What color is it?

S2：It's red.

T：What color do you like?

S2：I like…

教师提问后，小组内讨论成员的衣服颜色。

(2) 师生一起游戏。

① 魔幻花朵。

教师准备各种颜色的卡纸，用相同大的卡纸镂空一朵美丽的花朵，把镂花的卡纸放在前面，变化后面的卡纸，使花不断变换颜色。

T：Let's play a guessing game "Magic flowers". You can guess what color the flower is? Is it red? Is it blue?

让一个学生拿着这朵会变颜色的花背向大家，请其他学生问。

S1：Is it green?

S2：Yes，it is. /No，it isn't.

直到猜对后，换成另一张卡纸，继续猜。

② 踩脚印。

教师把各色脚印纸不规则地贴在活动中心的空地上，请一名学生敲鼓点，另一名学生随着鼓点踩着脚印跑，鼓点停则停，然后其他学生齐声问他踩到的脚印："What color is it?"回答完毕后，两名学生继续敲鼓、踩点。

(3) 学生分组画多彩的图画并进行简单的描述。

每小组发一张大白纸，由教师给出几类主题（以前面学过的单词为主），如水果、学习用品、交通工具等，每小组任选一个主题，用彩笔合作画画，然后分小组上台展示并做简单的描述，如"This is…/I like…"。

Step 5：Extension

教师出示三张圆形卡纸作为交通灯中的红、黄、绿灯，请一名学生当交警，一名学生当司机，其他人当乘客，玩过马路的游戏，师生一起唱下面的儿歌。

Red light，red light，
Stop，stop，stop.
Yellow light，yellow light，
Wait，wait，wait.

Green light, green light,

Go, go, go.

在游戏中，加强学生对遵守交通规则的认识。

资料来源：卢福波．小学英语教学活动设计案例精选［M］．北京：北京大学出版社，2012.

【案例评析】

上述教学设计为了帮助学生学习掌握各种颜色的表达方法，精心安排了《丑小鸭》故事朗诵、魔幻花朵、踩脚印、交通指示灯等多种游戏、活动，旨在丰富课堂教学内容，激发学生的学习兴趣和积极性，让学生边玩边学、边做边记，这种方式的教学效果要好于教师简单讲授。

案例 5－6－3

"I am a little journalist" 教学设计

一、设计理念

(1) 从学生的学习兴趣、生活经验和认知水平出发，设计贴近学生生活的交际活动，让学生在活动中通过参与、实践、体验，最终达到发展综合语言运用能力的目的。

(2) 活动的任务是采访。目的是让学生在完成任务的过程中形成积极的情感与态度，促进他们语言交流功能的实现。

(3) 使英语课堂情景化、生活化、社会化。

二、活动目标

通过采访活动，培养学生用英语收集他人的信息及处理信息的能力。

三、活动准备

三张白纸：两张用于制作话筒，一张用于设计表格、图表等。

四、活动过程

(1) 教师把全班分成6～8个组，每组5～6人。活动以小组为单位进行。

(2) 教师用两张纸制成一个记者采访用话筒：其中一张制成一个正立方体，四面写上电视台的字样；另一张制作成话筒。

这一步看似与主题无关，但它是顺利、高效完成任务的工具。英语教学要求创设尽可能逼真的场景，因为逼真的场景能激发学生交流的激情与冲动，激发学生的兴趣与参与欲望。当学生拿着自制的话筒得意扬扬、跃跃欲试时，你可以预期：活动已成功了一半。

(3) 教师帮助学生设计采访任务。这一环节是开放式的、灵活的，难易度要根据学生的已有水平来确定。低年级段学生可以做一些简单的采访和提问，形式可以是表格、图表、信息卡等。高年级段学生则可相应地增加信息的容量。

低年级段学生的提问方式举例如下。

Name:

Age:

Nationality:

Class:

Grade:

Telephone:

E-mail:

What's your name?

How old are you?

Where are you from?

What's your telephone/E-mail…

What class are you in?

高年级段学生的提问可参考如下形式。

What's your favorite animal/color/fruit/drink/festival…

What subject/sport…do you like best?

How many people are there in your family?

When/where/how often do you play football?

What do you often do after school/at home…

学生可以就某一具体的话题来展开采访，如爱好、行为习惯等，也可以把采访范围再细化，如运动爱好、饮食偏好等。但要注意以下几点。

① 采访对象最好不要是学生最熟悉的朋友，否则就不能形成最有效的信息沟通。

② 表格设计的书写量要少，否则会破坏采访的连贯性。

③ 教师可以鼓励基础较好的学生先采访。

④ 教师先找一个学生作为采访对象，为学生做一个示范。

⑤ 每个小组推荐一名学生做全班交流，然后选出最佳“小记者”。

资料来源：卢福波．小学英语教学活动设计案例精选［M］．北京：北京大学出版社，2012.

【案例分析】

根据学生认知心理特点，教师在开展活动前要先确定适用的学生对象。上述活动建议安排在小学高年级段，因为句型运用多，要求学生有较丰富的单词储备量，所以在有一定英语语言基础的学生中进行提问和回答训练也会更有效。该设计通过“小记者采访”活动，充分调动学生学习的主动性和积极性。为了顺利完成任务，学生要做的准备工作又多又细，这就能够较好地引导学生主动学习、思考。活动还为学生提供了自我展示及语言表达实践的机会，加强了学生之间的沟通交流。

思考与练习

1. 请你谈谈课堂教学中设计游戏活动的意义是什么。
2. 小组讨论交流小学英语教学课堂中常见的游戏活动有哪些，并作简单评价。
3. 举例说明在小学英语课堂中组织游戏活动时需遵循的基本原则和要点。
4. 阐述组织游戏活动时可能会出现的问题和误区，并提出解决的策略和方法。
5. 请你根据教材中某一个单元主题，设计一个15分钟以内的游戏活动。

第七节　小学英语课程资源的开发与利用

现代信息技术的迅猛发展，带动更多科技产品推陈出新，为英语课程提供了丰富的课程资源，也为学生的语言学习提供了更多的途径。教师要充分发挥传统教学资源，如黑板、挂图、实物教具等的作用，在此基础上结合使用具有现代教育技术的课程资源，如广播、电视、音像、网络等，提供有利于学生模仿、游戏、尝试、学习的语境，拓宽学生语言学习和运用的渠道。

有效地利用和开发课程资源，能够为学生提供丰富的语言资料，创设直观、生动、有趣、形象的语言学习环境，从而提高学生的学习兴趣、效率及效果。

一、什么是课程资源

广义的课程资源指的是有利于英语教学目标实现的各种资源，可分为两类：一类是进行教学的材料，如教材、报刊、网络、微信、电视、广播等带来的信息，另一类是帮助教学正常进行的辅助条件和工具，如教室、黑板、实物教具、粉笔、电子多媒体设备等。

传统的课程资源已不能满足英语教学的实际需要，随着教育科技的发展，英语教学的形式及内容也更加丰富，积极开发和利用课程资源成为一项急需开展的工作。

二、如何开发和利用课程资源

（一）建立完善课程资源管理制度

建立健全课程资源管理体系，建章立制，依照规章制度办事，对已纳入管理的课程资源进行妥善、合理的管理及使用，杜绝课程资源闲置、浪费现象。要紧跟时代发展的步伐，不断更新、补充新鲜课程资源，杜绝盲目开发、无效利用的做法，避免造成资源浪费。坚决制止教育行政部门以任何形式编写、销售粗糙的教辅资料给中小学生。

（二）利用电视、广播等多媒体

我国有专门的英语电视频道，如CCTV9，各国的英语学习广播电台，如VOA、BBC等，都制作了大量英语教学节目，其中有详细的学习方法指导，也有丰富的文化知识讲解，能够方便学习者学习。这些节目把文字、影像、声音统一起来，营造出真实的英语运用场景，有助于学生取得良好的学习效果。教师可以有效利用这些英语节目，组织学生观看或收听难易度合适的节目，有针对性地引导学生进行学习训练。教师还可以把部分重要的节目录制、保存下来，多次利用。

（三）推荐阅读图书、报刊

2011版英语课程标准对学生阅读量有明确的规定，除引导学生阅读教材外，教师还可向学生推介大量充满童趣、词汇量多、知识丰富的课外阅读材料。国内市场上有很多适合小学学生阅读的英语图书和报刊，教师要有选择地推荐，以帮助学生提高阅读兴趣、扩大阅读量、积累字词、扩充视野为主要目的，不应推荐附有练习题、考试题、竞赛题等繁杂题目的图书。

（四）发挥新型资源传播平台的优势

随着时代的飞速发展，信息网络技术日新月异，涌现出大量传播信息快、传播信息多的传播方式，如QQ、微信、微博等，这些资源传播方式为学生学习提供了更多的渠道。更为方便的是，学生学习不再受时间、空间的限制。目前，很多学校已经建立了英语学习网站，由教师和学生一起管理、更新、充实网站学习内容，充分调动了学生的学习主动性、积极性和协作性。教师还可以授权学生在英语学习网站中进行网络学习和自我测试。

（五）充分利用丰富的校本资源

学校有丰富的历史文化、优美的环境设施以及大量可供开发的隐性校本资源，如校史馆、图书馆、展览馆、报廊、布告栏、警戒牌、礼堂、文化广场、教室等，另外，学校组织开展的报告会、演讲、辩论会、戏剧表演、运动会等，同样也是课程资源，应该重视开发这些独特的校本资源。

三、基于网络资源平台的课程资源开发

网络资源平台可以从多个方面影响到学校课程资源的开发。首先，网络具有任意链接和资源共享的特点，可以为英语学习拓展出更丰富的学习内容。其次，网络工具能够让师生、学生与学生、校内校外同时交流互动。最后，网络上丰富的资源，如音像视频、音乐、图片等还可以开发出情境学习、游戏活动、剧本排演、专题展示等多种新功能。

基于网络资源平台开发课程资源可以参考以下几种方法。

（1）建设英语课程资源库。

资源库的建设不可能一蹴而就，仅仅依靠一名教师、一所学校，那么资源就会非常有限，并且还会导致重复建设，造成资源浪费。可以多所学校联合开发，把相关资源优化组合，形成资源共享的联合体。

资源库的开发应循序渐进，从点到面。由于资源、经验、网络技术等条件的限制，在建设初期可以有什么资料就放入什么资料，后期再慢慢修改完善，如及时补入与学生生活体验密切相关的知识、游戏、故事、电影，使资源库不断完善并保持新鲜活力。

（2）借助局域网开发英语学习软件。

网络学习软件能够有针对性地集中英语学习中的某一部分内容，如对话学习训练、课本剧表演等。教师可以以课堂教学方式为参考，利用网络学习软件，把涉及该专题学习的相关课程资源联系到一起，使课堂教学内容与课外拓展补充，教师讲授与学生自学，课堂教学与网络虚拟课堂有机地整合在一起，创设出一个网络教学环境。

（3）建立网络化教学课堂。

以真实的课堂教学为基本模式，借助网络信息查询、多方位互动交流等强大的功能虚拟出一种课堂教学的新式样——网络化教学课堂。其具体操作步骤是：创设学习情境—展示学习材料—导、学、析、练—互动交流—展示反馈—总结巩固。

思考与练习

在学校环境中还能挖掘、开发出哪些课程资源？

参考文献

伯格曼，萨姆，2014. 翻转课堂与慕课教学：一场正在到来的教育变革[M]. 宋伟，译 . 北京：中国青年出版社 .

蔡伟，2009. 语文课堂教学技能训练[M]. 上海：华东师范大学出版社 .

曹爱卫，刘荣华，2017.《咕咚》教学录评[J]. 语文教学通讯（18）：31-34.

窦桂梅，2010. 回到教育的原点：窦桂梅教育教学管理精华[M]. 北京：文化艺术出版社 .

杜梅，2016. 让板书设计擦亮语文学习的眼[J]. 小学语文教师（1）：21-22.

杜巍，刘燕玲，2017. 教育实践手册[M]. 上海：华东师范大学出版社 .

顾黄初，顾振彪，2001. 语文课程与语文教材[M]. 北京：社会科学文献出版社 .

顾明远，1999. 教育大辞典：简编本[M]. 上海：上海教育出版社 .

何克抗，2014. 从“翻转课堂”的本质，看“翻转课堂”在我国的未来发展[J]. 电化教育研究，35（7）：5-16.

李广，姜英杰，2005. 个性化学习的理论建构与特征分析[J]. 东北师大学报（3）：152-156.

李进春，2010. 语文课程资源的开发与运用[J]. 知识窗（教师版）（5）：33.

李琴琴，2013. 小学语文说课稿范例：以《四季》为例[J]. 读与写（教育教学刊），10（2）：256-257.

李士錡，张晓霞，金成梁，2010. 小学数学教学案例研究[M]. 北京：高等教育出版社 .

李松岭，2015. 师范生教育实习典型问题案例分析[J]. 科教文汇（下旬刊）（10）：34-35.

李伟忠，2011.《小露珠》教学设计[J]. 语文教学通讯（Z3）：56-57.

李小刚，靳素丽，王运武，2013. 教学视频支持下的网络时代个性化学习研究[J]. 中国远程教育（7）：38-42.

邵华，喻惠群，2015. 基于泛在学习资源共享平台的翻转课堂学习者个性化学习模型研究[J]. 教育评论（7）：88-92.

林枫，2013. 研读文本 聚焦语用 落实实践：苏教版三年级上册《小露珠》文本解读及片段设计[J]. 福建教育（Z5）：45-47.

龙丽嫦，曾祥潘，简子洋，2014. 用技术解决问题：教师信息素养 88 个情境实例[M]. 广州：暨南大学出版社 .

卢福波，2012. 小学英语教学活动设计案例精选[M]. 北京：北京大学出版社 .

卢真金，2007. 教师专业发展的阶段、模式、策略再探[J]. 课程・教材・教法（12）：68-74.

陆香，2011.《小露珠》一课有效教学的案例与反思[J]. 现代中小学教育（5）：26-28.

满忠坤，2019. “应时之需”与“卓越追求”：农村小学全科教师的名与实之辨[J]. 教师教育研究，31（3）：39-44.

钱守旺，2015. 借力翻转课堂 实现少教多学：“认识时间”教学与思考[J]. 小学教学（数学版）（Z1）：55-57.

邵书芳，2014.《桂林山水》教学设计[J]. 中小学电教（3）：65-67.

孙亚玲，2009. 教育科学研究方法[M]. 北京：科学出版社 .

覃丽君，2015. 提升教师教育质量：德国教师教育见习制度发展新趋向[J]. 教师教育研究，27（4）：100-105.

陶贤卫，2004. 参与・体验・认知：《圆的认识》说课[J]. 小学教学设计（32）：25-26.

王春华，陈时见，2012. 奥巴马政府教师教育改革计划述评：基于《我们的未来，我们的教师》的文本分析[J]. 外国中小学教育（8）：26-31.

王道俊，郭文安，2009. 教育学 [M]. 北京：人民教育出版社 .

王娟红，2009. 识曲听其真："圆的认识" 说课稿[J]. 甘肃教育 (20)：49.

王荣生，2006. 解读 "语文实践" [J]. 课程·教材·教法 (4)：33-39.

王荣生，2014. 阅读教学设计的要诀：王荣生给语文教师的建议[M]. 北京：中国轻工业出版社.

王荣生，2016. 阅读教学教什么[M]. 上海：华东师范大学出版社.

王荣生，高晶，2012. "课例研究"：本土经验及多种形态 (上) [J]. 教育发展研究，32 (8)：31-36.

王玮，1999. 小学语文板书设计的美[J]. 陕西教育 (5)：30-31.

韦美日，2010. 广西民族地区的经济文化类型与语文课程资源开发[J]. 民族教育研究，21 (4)：77-82.

薛法根，2014. 真理都是朴素的，好课都是简单的：《剪枝的学问》教学实录及教后感[J]. 小学语文教学 (28)：20-24.

薛法根，2015.《剪枝的学问》实录[J]. 小学教学设计 (22)：20-22.

叶波，2014. 翻转课堂颠覆了什么：论翻转课堂的价值与限度[J]. 课程·教材·教法，34 (10)：29-33.

雍恒一，周甜，李鹏，等，2013. 互动与话语中的身份建构：师范生一项实习的案例分析[J]. 教育探索 (9)：31-34.

曾 婷，李崇爱，2013.《圆的认识》说课稿[J]. 教育教学论坛 (18)：247-248.

赵丹，范先佐，郭清扬，2019. 乡村小规模学校教育质量提升：基于集群发展视角[J]. 教育研究，40 (3)：90-98.

赵虹，2011. 走出说课的误区 提高说课的水平[J]. 内蒙古师范大学学报 (教育科学版)，24 (8)：98-100.

赵茜，2001. 美，大地上永恒的雕像：《小露珠》的审美价值[J]. 小学语文教学 (6)：55-56.

郑建，1990. 浅谈布鲁姆掌握学习理论[J]. 外国教育研究 (1)：27-30.

郑金洲，2005. 教师如何做研究[M]. 上海：华东师范大学出版社.

钟祖荣，张莉娜，2012. 教师专业发展阶段的调查研究及其对职后教师教育的启示[J]. 教师教育研究，24 (6)：20-25.

朱绍禹，2005. 中学语文课程与教学论[M]. 北京：高等教育出版社.

佐藤学，2003. 静悄悄的革命：创造活动、合作、反思的综合学习课程[M]. 李季湄，译. 长春：长春出版社.